清华简与儒家经典

国际学术研讨会论文集

主　编　江林昌　孙　进
副主编　刘国忠　代　生
　　　　李秀亮　马　兴

上海古籍出版社

本书出版受山东省教育厅
"泰山学者论坛"经费资助

本书为国家社科基金重大项目
"清华简与儒家经典的形成发展研究"（16ZDA114）成果

本书为山东省委宣传部
"弘扬中华优秀传统文化重点研究项目"（15BZBJ13）成果

前　　言

2014年12月4～7日，由烟台大学中国学术研究所和清华大学出土文献研究与保护中心联合主办的"泰山学术论坛——清华简与儒家经典国际学术研讨会"在山东烟台大学隆重召开。来自中国社会科学院、国家文物局、故宫博物院、北京大学、清华大学、山东大学、复旦大学、武汉大学，台湾"中研院"、台湾清华大学、台湾中国文化大学、台湾东华大学、美国芝加哥大学、达慕思大学、里海大学，德国纽伦堡大学等国内外高校与科研院所的80余位专家学者及40多位博士、硕士参加了本次会议。著名学者李学勤、艾兰、夏含夷等均在会上做了主题演讲，奉献学术卓见。这次盛会的缘起，自然是因为2008年7月入藏清华大学的战国竹简。这批竹简甫一公布，即受到学界的广泛关注，因为其内容涉及《周易》《尚书》《逸周书》《诗经》《左传》等经、史典籍。2012年下半年，我们即与清华大学领导与清华简负责人李学勤先生商定，在烟台联合举办一次学术会议，后又得到了山东省教育厅"泰山学术论坛"的经费支持，在此表示特别感谢。

2013年11月26日习总书记视察曲阜三孔，2014年9月，在世界儒学联合会等单位举办的纪念孔子诞辰2565周年大会上，习总书记又发表重要讲话。山东是儒家文化的发源地，理应在相关研究中做出特别贡献。因此，我们的会议主题确定为"清华简与儒家经典研究"。为了能够争取更多学者的莅临，我们还将会期做了多次推迟。我们认为，本论文集中专家学者提供的高层次论文是对儒家经典研究的有力推动与开拓。

19世纪末殷墟甲骨卜辞和敦煌遗书的发现，给中国学术思想文化的研究带来了新的契机。1917年，王国维先生发表《殷卜辞中所见先公先王考》，以殷墟甲骨卜辞研究《史记·殷本纪》，证明司马迁所叙殷王世系大致可信，商朝的存在不容置疑，从而为进一步研究夏朝历史奠定了基础。同时，王国维的宏文又纠正了其中一些世系的讹误。1925年，王国维到清华国学研究院任导师，讲授《古史新证》，在分析了"信古"与"疑古"多有偏颇之后，从理论上提出著名的"二重证据法"：

> 吾辈生于今日，幸于纸上之材料外，更得地下之新材料。由此种材料，我辈固得据以补正纸上之材料，亦得证明古书之某部分全为实录，即百家不雅驯之言，亦不无

表示一面之事实。此二重证据法,惟在今日始得为之。

"二重证据法"的提出,对中国学术研究产生了巨大影响。正如陈寅恪先生在《王静安先生遗书序》中所指出,王国维先生的"取地下之实物与纸上之遗文互相释证"的方法,"可以转移一时之风气,而示来者以轨则"。陈寅恪先生还在多个场合进一步阐发王国维先生的"二重证据法",如1930年在《陈垣燉煌劫余录序》里指出:

一时代之学术,必有其新材料与新问题。取用此材料,以研求问题,则为此时代学术之新潮流。治学之士,得预于此潮流者,谓之预流(借用佛教初果之名)。其未得预者,谓之未入流。此古今学术史之通义,非彼闭门造车之徒,所能同喻者也。

王、陈之后,"二重证据法"成了整个20世纪文史研究的主要方法,学界称之为"新证派"。如于省吾先生的《双剑誃尚书新证》《双剑誃易经新证》《泽螺居诗经新证》《泽螺居楚辞新证》,陈垣先生的《史记新证》《汉书新证》,都是影响深远的学术名著。至于后辈学者,以考古发现继作文史新证者,不计其数。我们这次会议,以"清华简与儒家经典研究"为主题,也正是遵循这一传统,从而希望在新的时代做出新的贡献。

学界重视清华简,不仅因为其年代是在秦始皇焚书坑儒前的战国中期,而且因其内容是经、史方面的。大家知道,殷墟甲骨卜辞是有关王室贵族的宗教占卜记录,西周青铜器铭文是王室贵族的祭祀颂辞,都属于王官文化,可以直接印证史事,但毕竟只是片言只语。而清华简则是整篇整篇的文献典籍,内容比甲骨卜辞、青铜铭文丰富多了。20世纪不断发现的简帛,虽然也有许多典籍,但其年代大多是在秦至西汉,如1972年山东临沂银雀山汉墓出土的竹简《孙子兵法》《孙膑兵法》《晏子》《尉缭子》《六韬》《太公》《唐勒赋》等,1973年河北定县八角廊汉墓出土的竹简《论语》《文子》《太公》《哀公问五义》《保傅传》《儒家者言》等,1973年湖南长沙马王堆汉墓出土的帛书《老子》《黄帝四经》《周易》《春秋事语》《战国纵横家书》等,1977年安徽阜阳双古堆汉墓出土的竹简《诗经》《周易》《仓颉篇》等。这些典籍虽然内容重要,但毕竟年代稍晚,在印证先秦传世文献的可信性方面,稍显逊色。还有一些简帛,虽然年代是先秦的,如湖北江陵望山简、天星观简、包山简,河南新蔡葛陵简等,但其内容主要是遣册、日书、民间祭祷之类,属于小传统,不是整篇典籍,文献价值不高。年代既为先秦(战国时期),内容又为典籍的,只有1956年出土的河南信阳长台关简(有《墨子》佚篇),1987年出土的湖南慈利石板村简(涉及《国语》《战国策》《越绝书》等内容),1993年出土的湖北荆门郭店简(儒道文献),1994年从香港购回的上博简(儒道文献),和2008年从香港购回的清华简。尤其是清华简,其内容有关《周易》类、《尚书》类、《诗经》类、《春秋》类、《礼》《乐》类等。这些出土文献,对于我们进一步认识先秦经典文本内容及其起源、发展、流传、分合等问题,无疑具有十分积极的意义。

王国维、陈寅恪等前辈倡导的"二重证据法",为我们探求先秦两汉民族经典原貌提供了科学方法,而大量出土文献又为这种科学方法的实践提供了宝贵资料。我们这些生活于这个时代又从事文献工作的学者,确如王国维先生所说,是十分幸运的。其实,"二重证据法"的意义还不仅于此,我们的工作也不能仅止于"新证"的层面。我们应该在此基础上,在整个中华文明史背景下,去分析总结这些新证后的典籍中所包含的民族文化内涵,揭示民族特色,为今天的中国道路提供历史依据,为今天的道德文化建设提供思想资源。清华简的最终意义应该从这样的高度去认识。正如李学勤先生在《清华简的文献特色和学术价值》一文中所指出的:"我们之所以着重提到清华简中的经史类文献,不但是因为清华简中这些文献所占比例高、数量大,引人注目,更重要的是,经史类文献本身所具有的巨大学术价值和文化意义。"(《文艺研究》2013 年第 8 期)

中华文明由五帝时代起源,经虞夏商周早期文明发展,至春秋战国时代而出现了大变革,迎来了文化大繁荣。学界称春秋战国是中华文明的轴心期,而之前的虞夏商周则为前轴心期。《易》《书》《诗》《礼》《乐》等典籍酝酿于前轴心期,而《春秋》《左传》《国语》《战国策》《世本》以及《老子》《论语》《墨子》《孟子》《庄子》《荀子》《韩非子》《楚辞》等诸子著作则形成于轴心期。这些典籍是在人文理性精神觉醒后的中华先哲们对前二千多年来农耕文明进程中有关民族奋斗、巫史传统、集体经验的全面总结和精炼记录,并在此基础上面对新的文明形态而第一次对宇宙、社会、人生所作的哲学思考。学者们称这些典籍为中华民族元典。秦汉以后的历代中华儿女,都在这些民族元典思想内容的引导下奋力前行。可以说,这些民族元典奠定了中华民族的思维方式,培育了中华民族的价值取向,凝聚了中华民族的精神力量,塑造了中华儿女的文化心理结构。中华文明轴心期的民族元典的重大意义在于,它与印度轴心期的吠陀经、佛经,希腊轴心期的荷马史诗、哲学著作,希伯莱轴心期的《旧约圣经》等一起,共同奠定了整个世界几种不同的文明特质和文化方向。

1947 年,巴基斯坦的一位牧童在死海西岸寻找丢失的羊群时,发现了一卷写满希伯莱文的破羊皮。此后,考古学家循此线索在死海沿岸发现更多的文字羊皮。学者称之为"死海古经"。经专家鉴定,这是公元前 2 世纪至前 1 世纪中叶的犹太古经和其他古文献的手抄本。"死海古经"的发现,迎来了犹太《圣经》及相关古籍研究的新时代。清华简连同前面提到的长台关简、慈利简、郭店简、上博简,都流传于中国的轴心时期,对于我们重建中国古典学,无疑具有重大的意义。我们对中华民族元典怀有崇高敬意,对传承弘扬民族元典精神,并使其在现代化建设中作出转化创新怀有强烈的时代责任感。我们精心组织"清华简与儒家经典"国际学术研讨会,就是希望能在这方面做点有意义的工作。

本次会议得到了与会专家学者的高度认同与重视,会议上的热烈讨论,非"前言"短短几句话所能概括。有关具体情况,还请参看正文。会议的成功举办,还与中国先秦史学会、山东大学易学与中国古代哲学研究中心的大力支持有关。现在,我们将学者的论文结集出版,既是对这次盛会的纪念,更希望以此为契机,推动清华简与儒家经典研究的不断进步。

江林昌

2017 年 9 月于泉城

雅集群贤文　博通清华简

清华简与儒家经典国际学术研讨会在山东烟台大学举行随记

章方松

（福建　温州）

甲午大雪,蓬莱絮飞,漫天皆白,黄海潮起,烟台大学,群贤毕至,雅集研讨,清华大学藏战国竹简,与儒家经典,国际学人,相聚一堂,风华意气,兴会无前。

论坛启幕,众神意举,李公学勤先生统领导航,门生江林昌主持,甲骨大家艾兰论禅让之兴,易学名家夏含夷讲易之道,博通学人邢文阐竹简与国家精神。众家论道,各抒己见,悟思东西,众议思辨,睿智卓识,明德耀光,析远古文明之涵义,释多维视野之博通,阐祖国源流之文脉。人人是太阳,处处闪智光。我为向日葵,向阳倾光源,感应妙理智,殊胜感灵识,竹存古意天人文,名士雅言清华简。学术之妙于人文精神,感发人类自性智慧光芒。简帛隐义成显学,显学为道论,道论宏新中华人文,溯源寻流,理涵深蕴,钩沉探赜,循迹阐秘,先哲遗绪,潜德幽光,默契达道,回归本真。清华简掀中国古文化学术之高潮,扬中华国际学坛之风采,引海内外学人之赴学,兴论当下,博论精辩,乘风破浪,昂然向前！为天下学人皆所注目,此乃李公学勤先生之功也。

山东为泰山岳巅,儒说源地,尼山论坛,名誉世界。今喜逢竹简论坛,儒典今解,名士荟萃,盛会于世,鄙人添于末位,随缘际遇,感恩铭记。

目　　录

前言 ……………………………………………………………… 江林昌　1

雅集群贤文　博通清华简 …………………………………… 章方松　1

清华简《筮法》与《周易》研究

关于清华简《筮法》的五点认识和五个问题——在清华简与儒家经典
　　国际学术研讨会上的演讲 ……………………………… 李学勤　3
筮法还是释法？——由清华简《筮法》重新考虑《左传》筮例 ……… 夏含夷　9
读清华简《筮法》 …………………………………………… 刘大钧　17
清华简《筮法》果占与商代占卜渊源 ……………………… 沈建华　23
清华简《筮法》筮占法探微 ………………………………… 林忠军　29
巽之祟——《筮法》中的阴卦与女性角色 ………………… 柯鹤立　37
从《筮法》与《周礼》谈占筮"三十三命" ………………… 季旭昇　47
谈《别卦》的卦序与卦名及其与《筮法》的关系 ………… 魏慈德　56
关于清华简《筮法》"雠"命解说的若干问题 ……… 姚小鸥　高中华　62
论清华简《筮法》卦位图与四时吉凶 ……………………… 张克宾　66
清华简《筮法》与《周易》卦画之谜 ……………………… 刘光胜　74
清华简《筮法》补释 ………………………………………… 蔡飞舟　82
论清华简《筮法》之祟 ……………………………………… 董　春　93
清华简《筮法》筮数的三种可能演算 ……………………… 刘　彬　101

读清华简《筮法》札记 ………………………………………… 李　锐　108

从清华简《筮法》等出土文献中的相关内容看京房"六十律"及"纳甲"说
　　之渊源 …………………………………………………… 张文智　111

辑本《归藏》源流蠡测 ……………………………………… 程　浩　123

谈数字卦的名称概念与数字卦中的易学思维 ……………… 贾连翔　130

清华简《卦位图》哲学思想考辨 …………………………… 蔡运章　134

清华简与其他历史文化研究

清华简与国家精神 …………………………………………… 邢　文　149

由清华简论"颂"即"容"及其文化学意义 ……………… 江林昌　孙　进　154

清华简《命训》初探 ………………………………………… 刘国忠　175

清华竹简及齐史偶札 ………………………………… 孙敬明　吉树春　181

清华简《系年》所见的"卫叔封" ………………………… 董　珊　188

从吕相绝秦辞看穆、康时代的秦晋关系——清华简《系年》与
　　古书对比研究之二 ………………………………… 代　生　马　兴　192

由清华简《系年》再论"国人暴动"的性质 ……………… 李秀亮　200

清华简《系年》所见"山东时期"越国的军事与外交 …… 陈民镇　205

清华简《系年》"缯人乃降西戎"小札 …………………… 万德良　214

清华简、禹会祭祀遗址与河图的关系初探 ………………… 何艳杰　217

清华简《金縢》、《祭公》"不豫有迟"的经典意涵 ……… 范丽梅　229

清华简《金縢》与武王克殷在位年数研究 ………………… 吕庙军　236

传世古文尚书《说命》篇重审——以清华简《傅说之命》为中心 … 程　薇　247

清华简《说命》补说 ………………………………………… 魏　栋　256

清华简《良臣》散宜生与西周散氏 ………………………… 陈颖飞　261

其他简帛与历史文化研究

论《书》与《尚书》的起源——基于新近出土竹书的视角 …… 艾　兰　277

上博楚简《恒先》新释及其简序与篇章结构新探 …………… 范毓周 285
上博简"诗亡隐志"与先秦楚地诗学抒情传统 …………… 陈 瑶 303
"父为子隐,子为父隐"与相关简帛释读 …………… 刘信芳 313
新蔡简"𨒥追"综论 …………… 蔡丽利 322
利簋为成王世作器考证 …………… 曹汉刚 329

附　　录

清华简(肆)相关图表 …………… 341
后记 …………… 345

 清华简《筮法》与
《周易》研究

关于清华简《筮法》的五点认识和五个问题
——在清华简与儒家经典国际学术研讨会上的演讲

李学勤

(清华大学　出土文献研究与保护中心)

各位领导、各位女士、先生：

今天很荣幸在这里给大家介绍清华简《筮法》。我自己深深知道，在座的许多学者对《筮法》都已经有了很深入的研究。在此，我想根据个人的认识，提出一些问题，请大家批评指正。

今天这里有不少学生，所以我想先用几分钟时间就清华简的基本情况做些介绍，同时也回答大家之前经常问我的一些问题。清华简是在2008年7月入藏清华大学的。这批简是盗掘出土的，所以很多人都问我一个问题，即这批简是什么地点出土的，是什么时候出土的？我们没有办法回答，因为这是盗掘的简，他们不会告诉我们实际具体的地点，我们只能说综合各方面考虑，是从楚国地域内出土的。至于这批简是什么时候被盗掘出土的？经过反复调查，有一些线索，即这批简在2006年冬天已经出土了。因为当时在香港举行了一次学术会议，在此次会议上就流传着这批简的消息。这批简的内容是以经史为中心的，其数量经清理后详细点数、拍照，公布的数字是2 388枚。之后，通过红外线等技术手段，我们又找到了一些小的碎片，加起来共有2 500枚左右。拼合完整的简大约在1 700~1 800支。关于简的书写时代，有两点要说明，一是写定这个简的时代，不是简中内容的成篇时代。从考古学和古文字学角度考察，一般认为简的写定年代应该是属于战国中期偏晚或者战国晚期偏早，大约就是战国中晚期之间。后来，我们用无字残简进行了碳十四测定，结果为公元前305±30年，大约为公元前300年左右。这与考古学和古文字学估计的年代基本相当。为了便于了解公元前300年前后的时代，我常常借用明朝觉浪道盛说过的一段话。他说战国时代有"三子会宗"。"三子"即孟子、庄子和屈原。他们同时在世，但未见过面，公元前300年，孟子已经老了，庄子正当年，屈原还是年轻人。今天的清华简中即载孟子引用过的《尚书》的话，恐怕孟子真的读到过此《尚书》的内容[1]。这是关于清华简的基本情况。

再谈谈关于《筮法》的问题。这里有一个图，我们称这个图为"摹本"。通过这个"摹本"，大家可以看到《筮法》简的大致原貌。这批简于2008年7月15号入藏清华大学后，我们立即着手清理和保护工作。在这个过程中，我们发现这批简虽然来的时候看着是带着泥土的一包完整的东西，但实际上已经散乱了。散乱有两种情形，一是在地下原来就有所散乱，盗墓人当时是否能完整地将所有竹简取出是很难说的；二是在流传过程中，也就是从2006年至2008年之间也可能出现散乱。因此，要将这些简恢复到原状并非易事。我们进行了很长时间的排比、缀合等工作。其间，就看到了有一卷简，原来是卷成一卷，其中有一部分是散乱的，但仍保持着成卷的样子。这个情况是非常罕见，也非常宝贵的。这卷简就是《筮法》。

现在看到的《筮法》简是非常完整的。虽然大家从整理报告的图片上可以看到每支竹简之间有一条缝隙，那是为了便于大家阅读和观看，如果排列太密就分不清楚了。《筮法》简基本保持了简书的原状，没有什么损坏；而且其次序也没有问题，因为每支简的下面有从第1支简到第63支简的编号，不存在排序的疑难问题；简的背面没有字。这是《筮法》简的基本情况。

当我们见到《筮法》简中有明显的数字卦的记载，内心是非常激动的。因为这涉及古文字学界多年来一直关切的数字卦问题。大家知道，用数字来表现的易卦，其为学界所知，最早可追溯到北宋年间。北宋徽宗重和元年（公元1118年），在今湖北省孝感市（古称安州）出土了一批青铜器。通过研究，可以确定这批青铜器的时代为西周昭王时期。由于带铭文的青铜器共有六件，所以被称为"安州六器"。"安州六器"中有一件是中方鼎，其铭文中就附有数字卦。可是当时的人们对金文的研究和认识还是初步的，所以将其中的数字当作字来进行释读。即使到清代陆续有了一些新材料，也没有人进行整理和研究。真正对数字卦展开研究要到20世纪50年代以后。由于西周甲骨文和其他一些材料的出现，一些学者开始注意这一问题。而真正将这一问题提到考古学界、古文字学界是在1978年在长春召开的第一次全国古文字学会议。会上，张政烺先生做了一次讲话，题为《古代筮法与文王演周易》。他提出了上述材料应该是用数字表现的易卦。在这之前，唐兰先生在对这些材料进行整理研究时认为，这是数字，但只是一种佚失的文字。我本人在1956年曾写过一篇文章，认为这些材料应该跟《周易》的九六有关系，当时也只是一种猜测，没有进行细致的考证。而张政烺先生1978年则正式开始讨论这一问题。我个人一直猜想，张先生对这一问题的讨论与湖北天星观简的发现有关系。当时天星观的竹简上已经出现了数字卦。无论如何，张政烺先生从一开始就将甲骨文、金文、楚简中有关数字卦的材料放在一起来研究，而且指出奇数是阳爻，偶数是阴爻。就

---

[1] 清华大学出土文献研究与保护中心编，李学勤主编：《清华大学藏战国竹简（伍）》，中西书局，2015年版；李学勤：《清华简〈厚父〉与〈孟子〉引〈书〉》，《深圳大学学报（人文社科版）》，2015年第3期。

这点来讲,是张先生开启了数字卦的研究。从那时起到现在30多年的时间里,学术界对数字卦的讨论一直没有中断过。期间,虽然各种材料不断被发现,但从没有出现过系统的材料能够完整地论述数字卦问题。而清华简《筮法》则是系统论述数字卦的典籍,这就是我们感觉特别兴奋的原因。以上是讨论《筮法》简的背景。

在《筮法》简的整理过程中,清华大学的同仁们付出了很多努力,提出了很多想法。这些想法是否正确,希望大家指教。

下面,我从个人研究的角度,谈五点对《筮法》简的认识,同时也提出五点理论问题,向在座的各位学者请教。

一、数字卦是一种用蓍草进行占卜的体系。《周易》传统的占卜方式就是用蓍草。在座的各位同学可能没有见过蓍草。记得20多年前我到河南淮阳的少昊陵,看到少昊陵后面有一大片绿色植物。有人告诉我这些都是蓍草。每根蓍草采下来后,很长,又硬又直。我取了一些想带回家,但上不了飞机。有些人提出是不是存在其他方法进行占卜,比如掷色子,或者后来用金钱卦等类似带数字的方法。从《筮法》简的内容本身来看,应该不是这样的。因为《筮法》简的最后有一段概括全篇的话,提到"各当其卦,乃力(扐)占之,占之必力(扐),卦乃不忒"。就是说,要进行占筮,必定要有"扐"这样一个环节,否则,占卦就会出错。大家知道,"扐"的本义是手指之间,指代夹在手指之间。《周易·系辞上》说:"大衍之数五十,其用四十有九,分而为二以象两,挂一以象三,揲之以四以象四时,归奇于扐以象闰。五岁再闰,故再扐而后挂。"正可对照起来理解。既然《筮法》中提到了"扐",那就一定是用蓍草进行占卦,而不是其他的方法。尤其最后一段是用韵语写成,也显示出它贯穿全篇主旨的重要性。

二、《筮法》的数字卦一定是表现成两个并列的六画卦,都是成对的。这一点是特别重要的。我们现在所有能看到的楚简的筮例,如天星观简等,都一定是并着写的一对。大家知道,楚简是很窄的,在这样窄的空间里还要并着写,它一定是有目的的,否则完全可以上下写,比如中方鼎就是上下写的,但楚简一定要并着写,即使是在非常窄的竹简面上也要并着写。我们通过对《筮法》的初步考察,认为这是与四位观念有关的。因为两个六画卦等于四个三画卦,四个三画卦分为四个位。在这一点上六画卦与传世《归藏》是一致的。按照宋朱震写的《汉上易解》记载,传世《归藏》应是六画卦,卦皆六画。罗苹注《路史》:"卦皆六位。"

三、《筮法》占筮吉凶,解读卦象时,跟《周易》的卦、爻辞没有关系,而且连六十四别卦的名称都没有,只有八经卦的名称,当然作者肯定不是不知道别卦的名称,因为我们整理的简中还专门有一个别卦的表,而且此表也与《归藏》有关系。我们看《左传》《国语》中的一些筮例,通常要引《周易》中的卦辞或爻辞。那么如果说它与《周易》没有关系,那是否与《归藏》有关系呢?王家台秦简《归藏》内容与传世《归藏》的佚文也是有卦、爻辞的。

四、《筮法》的八经卦名称与《归藏》是最一致的。其中最具代表性的就是"坤"字,简文作"舆",上面从申,下面从大,这是一种古文写法,见于《归藏》。郭忠恕《汗简》、山西《碧落碑》都见此字,可能都源于《归藏》。《归藏》的特有写法是"奥"[1]。"坎卦"简文作"劳卦",《周易·说卦》第五章称坎"劳卦也",传世《归藏》写作"荣",即"劳"字。最有特点的是《归藏》震卦作"釐卦",而简文作"坴(来)"。至于为什么震卦或称作"来",还需要向在座各位请教。这些都说明,简文八经卦是最接近于《归藏》的。另外,《别卦》表中的卦名也与传世本《归藏》非常接近。这些都可以肯定《筮法》与传世《归藏》辑本有密切关系。有的学者认为传世《归藏》辑本就是商代《归藏》。我个人不敢同意。

五、关于《筮法》卦位图。很高兴在这次会议论文中看到有专家对《筮法》卦位图给予了高度评价。现在所能够看到的古代卦图中,《筮法》是年代最早的,是一种后天八卦,但又与后天八卦不太一样。卦图中间还有一个人形的图像,我们取名为"人身图"。无论如何,除了"劳(坎)"与"罗(离)"两卦的位置背反之外,《筮法》卦位图基本同于《说卦》第五章;"人身图"也是除这点外,同于《说卦》第九章。另外,在筮卦中的讨论有一个很普遍的原则,就是所谓乾坤六子。这一点也与《周易·说卦》第十章所记相符。虽然不是按《说卦》的长、中、少,而是按少、中、长的顺序。这样看来,公元前300年这个《筮法》写本与《说卦》有关。大胆地推测,我认为《筮法》应晚于《说卦》,因为许多人总怀疑《说卦》晚出至汉宣帝时河间女子所得,看来还是可以讨论的。

以上就是我的五点认识,是否正确,在此向大家请教。下面,我想再谈五个问题。我最早看到《筮法》时,曾认为数字卦的问题应该可以解决了。可是读过之后,感觉不是问题减少了,而是问题增多了,不懂的东西更多了。昨天晚上拜读大家的论文,看到也提出了一些类似的问题。现在将自己的五个问题介绍一下。

第一个问题。数字卦自1978年古文字研究会上张政烺先生正式提出并受到学术界的注意之后,所有的人都有一个共同的观点,即商代和西周的数字卦与楚简上的数字卦是一脉相承的。现在我认为这一观点还需要讨论。如果确实是一脉相承,那么需要论证,毕竟还存在许多非常明显的不同之处。比如,北宋重和元年发现的中方鼎材料有2个,786 666和876 666,这是一对。我们试着按张政烺先生讲的原则转换成易卦后,与《周易》的经文比较相符。前几年在陕西沣西西阴村出土的两个陶拍子,上面的卦序也多与今传本《周易》卦序一致,说明应该与《周易》相关。再明显的一个例子,北京大学董珊教授在这儿,他发表了有关鼎卦戈的文章[2],鼎卦戈用的就是《周易》的经文。这样看起来,的确是与《周易》的卦爻辞有关,而在《筮法》中却找不到这样的相似性。那能不能说就是从商代和西周发展到战国呢?中间的春秋到战国前期这几百年又是什么状况呢?我们从未发现过任何材料。这个问题值得

---

[1] [清]马国翰:《玉函山房辑佚书》,上海古籍出版社,1990年版。
[2] 董珊:《论新见鼎卦戈》,复旦大学出土文献与古文字研究中心网站,2014年1月8日,http://www.gwz.fudan.edu.cn/SrcShow.asp?Src_ID=2207。

特别讨论。

第二个问题。传世《周易》的版本也有比较早的，比如上海博物馆藏《周易》简，稍晚点的有安徽阜阳双古堆《周易》，马王堆帛书《周易》。无论卦序怎样，这些出土文献都有卦名、卦爻辞，肯定是《周易》，应该与今传本卦画是一致的。所谓卦画就是阴阳爻"--""—"。当然，无论帛书还是简书，最下面那一笔总有点斜，有时搭上就像一个"六"，有时分开就是一个"八"。大家知道，《连山》《归藏》是用七、八的，《周易》是用九、六的，并不是完全一致，而这个是一样的，所以这是卦画而不应该是数字。那么它是不是从数字演变而来的呢？是从一、六或一、八变来的呢？这是一个关系重大的问题，关系到十三经之首的《周易》这部书是在何时定本的，什么时候才有今传本中的卦画。当然汉代已经有了，这是没有问题的。是不是真正到战国晚期才从数字八和六变成阴爻？如果真是这样，那么《易传·十翼》的说法都不能成立。因为《易传》从来不是这么讲的。相传伏羲氏画八卦，《易》的形成经历了漫长的时期，所谓"世历三古，人更三圣"。所以，这是一个关系重大的问题。

第三个问题。我看这次会上有些学者的论文中也都注意到了，《筮法》卦位图中"坎""离"反转的问题。所有人都认为，"坎"应该属于水，在北方；"离"应该属于火，在南方。而《筮法》卦图正好相反。我本人最早看到这个卦位图，当时就认为是画反了。后来，待《筮法》的整个文本整理完后发现，不是反了，就是这样。而且，"人身图"上也只有"离"卦的位置不对。马王堆帛书中记有"水火不相射"变成"火水相射"也是反的。为什么呢？有什么意义呢？这是一个需要特别讨论的问题。这一点也不同于《说卦》。

第四个问题。《筮法》中数字与地支的关系，引起了学者们的很多讨论。从十二支与数字爻的对应表来看，没有什么问题。从下向上读，数字是四、五、六、一、八、九。这其中的"一"应该是"七"。"七"为什么要改成"一"呢？我多年前曾写过一篇文章，认为商代和西周的数字卦分为两种占法，一种是有"七"的，一种是没有"七"的。这一观点是否正确可以再讨论。可是商代和西周时期有"七"和无"七"的都不会写成"一"。那么《筮法》数字卦是不是继承了商周数字卦中不用"七"的呢？可是又为什么不用"七"呢？这也是需要讨论和解释的。

子午	九
丑未	八
寅申	一
卯酉	六
辰戌	五
巳亥	四

第五个问题。关于《别卦》的卦序。《别卦》简共8支，缺"坎艮"那一支。大家知道，马王堆帛书出土已经40周年了，以裘锡圭先生为首的复旦大学出土文献与古文字研究中心已经

将马王堆出土的所有材料重新整理出版(《长沙马王堆汉墓简帛集成》)。其中有张政烺先生称为《六十四卦》的表,当时只发表了一小部分。饶宗颐先生马上根据这一部分表推出了一整张表。《别卦》的表也是可以推出来的。一面按照八经卦的次序,一面按照"乾坤六子"的次序,排列出来的表与马王堆帛书的《六十四卦》表完全一样。也就是说,马王堆帛书卦序与《别卦》卦序一致。还有另一种排序方法,今天就不谈了。这个卦序到底有什么意义呢?为什么《别卦》要采用这样一种分宫的方法?大家有很多的讨论。如果把《筮法》和《别卦》结合起来可以给我们很多的启示。

以上就是我的五点认识和五个问题,希望与大家一起讨论。

(江林昌、孙进、代生根据录音整理)

筮法还是释法？

——由清华简《筮法》重新考虑《左传》筮例

夏含夷

（美国　芝加哥大学）

　　三十多年前，我对《左传》筮例的"某卦之某卦"用法提出一个新的解释，与传统说法以"之"当作动词，理解为"往"，"某卦之某卦"指筮法得出来的变卦不同，我提出了"之"是一般虚词，意思相当于白话文的"的"，"某卦之某卦"只是指定第一个卦的某一爻。这一新说法原来在拙作博士论文《周易的编纂》里论证[1]，后来又在《周易研究》上发表为《〈周易〉筮法原无"之"卦考》[2]。2010 年，我又在《周易研究》上发表了文章，即《〈周易〉"元亨利贞"新解——兼论周代习贞习惯与〈周易〉卦爻辞的形成》[3]，所探讨的基本问题虽然不同，可是至少也从另一个侧面重新讨论了《周易》筮法与"之卦"问题。第一篇文章在中国国内没有引起多少学术注意，可是第二篇文章似乎打扰了卧龙，2013 年山东大学"易学与中国古代哲学研究中心"博士研究生高原女士在一篇题作《论〈左传〉筮例中的"之卦"问题——与夏含夷先生商榷》里提出了激烈抗议[4]，以为我的"解释明显存在误读"（第 75 页）、"按照夏先生的看法，第一次命辞后得到的只是六十四卦中的某一卦，而第二次命辞后得到的却是某一卦的某一爻，则第二次命辞及其占测就成了从属于第一次命辞及其占测的关系了，这显然是有悖于常理的"（第 79 页）。我不敢说我的解释没有误读，可是说它"显然是有悖于常理的"也许说得过分一点，这个问题恐怕还没有达到能够下定论的时候。

　　《左传》筮例是否有"之卦"问题脱离不了中国古代所有筮法的问题。在高原女士文章的开头，她说："从上世纪中叶以来出土的筮数易卦（数字卦）的情况来看，《周易》的原始筮法可

---

[1] 夏含夷：《周易的编纂》，斯丹福大学 1983 年博士学位论文。
[2] 夏含夷：《〈周易〉筮法原无"之"卦考》，《周易研究》，1988 年第 1 期。
[3] 夏含夷：《〈周易〉"元亨利贞"新解——兼论周代习贞习惯与〈周易〉卦爻辞的形成》，《周易研究》，2010 年第 5 期。
[4] 高原：《论〈左传〉筮例中的"之卦"问题——与夏含夷先生商榷》，《周易研究》，2013 年第 4 期，第 75 页的"摘要"。

能是一个比较麻烦的问题,本文不拟直接探讨"(第76页),在文章最后一段还说:"当然,上述包山、葛陵简确实都有一次贞筮得两个卦的例子。那么,这两个卦(筮数易卦)之间是什么关系呢?应该说这可能是一个比较复杂的疑难问题,本文不拟系统涉及。"(第81页)这两句话说得一点也不过分,这个问题实在既"麻烦"又"复杂"。与高氏文章差不多同时问世的有《清华大学藏战国竹简(四)》所收《筮法》一个文献。在"包山、葛陵简"的出土之后,清华简《筮法》又是一个非常难得的考古发现,现在研究中国古代筮法一定要仔细考察。然而,至少到现在为止,学术界似乎仍然未能根据这些新的资料对古代筮法得出一个统一的解释,对这个问题恐怕也还不能下一个定论,至少我自己还没有一个定论。虽然如此,受到了这两个进展的启发以后,尽管我还不能对整个古代筮法做出圆满的说明,但还是想冒昧撰写这篇小文重新思考《左传》里的筮例及其对中国古代筮法的意义,也许不无学术价值。

我们知道一直到几十年以前,要讨论中国古代筮法,唯一的文献资料是《系辞传》里所谓《大衍章》。此段文字谓:

> 大衍之数五十,其用四十有九。分而为二以象两。挂一以象三,揲之以四以象四时,归奇于扐以象闰。五岁再闰,故再扐而后挂。天数五,地数五。五位相得而各有合,天数二十有五,地数三十。凡天地之数五十有五,此所以成变化而行鬼神也。《乾》之策二百一十有六,《坤》之策百四十有四,凡三百有六十,当期之日。二篇之策万有一千五百二十,当万物之数也。是故四营而成易,十有八变而成卦。八卦而小成,引而伸之,触类而长之,天下之能事毕矣。显道、神德行,是故可与酬酢,可与祐神矣。

"十有八变而成卦",一"变"乃上文所谓"四营",三变就成一爻,经过十八变才得出一个六爻之卦。《大衍章》是《大易》之经典,从王弼《周易注》到孔颖达《周易正义》,注疏家当然有说,但是都没有提到"变卦",更不用说利用变卦来说明《左传》里的筮例。唯有朱熹《周易本义》"谓已成六爻而视其爻之变与不变以为动静,则易卦可变而为六十四卦以定吉凶,凡四千九十六卦也"似乎暗示"变卦"。朱子《筮仪》又申之谓:

> 揲三十六策而为老阳,其画为○,所谓重也。……揲三十二策而为少阴,其画为--,所谓折也。……揲二十八策,所谓少阳,其画为--,所谓单也。……揲二十四策而为老阴,其画为×,所谓交也。

从此以后,用《易》算卦的人,都以为"老阴"和"老阳"为变爻,"少阴"和"少阳"为不变爻,得变占都要考虑"本卦"和"变卦"。这是《易经》常识。然而,我们可以不管《大衍章》是不是明确说明"变卦"筮法,更重要的问题是《大衍章》和先秦时代的筮法有什么关系。由于至少三种原因,我们可以怀疑这种衍数法与古代筮法不一致:

第一，马王堆帛书《周易》没有《大衍章》，可能说明在西汉初年的时候，此文还没有包括在《系辞传》里。

第二，《大衍章》之揲策法只能得出"六"、"七"、"八"、"九"四个数字，而近几十年以来出土数字卦不但包括这四个数字，还包括"一"和"五"，清华战国竹简《筮法》还包括"四"；无论如何，这些数字都与《大衍章》筮法不一致，必须是另外一种筮法所得出的。

第三，《大衍章》筮法似乎与《左传》所载筮例也不一致，至少与《左传》筮例没有必要的关系。

前两个原因是事实，毋庸赘述。第三个原因却比较麻烦，比较复杂，似乎还有需要讨论的余地。

高原女士在《周易研究》上引用《左传》三个筮例来论证中国古代筮法使用了变卦法，即《僖公二十五年》、《庄公二十二年》和《僖公十五年》所载记载。《僖公二十五年》谓：

> 秦伯师于河上，将纳王。狐偃言于晋侯曰："求诸侯，莫如勤王。诸侯信之，且大义也。继文之业，而信宣于诸侯，今为可矣。"使卜偃卜之，曰："吉。遇黄帝战于阪泉之兆。"公曰："吾不堪也。"对曰："周礼未改，今之王，古之帝也。"公曰："筮之！"筮之，遇《大有》䷍之《睽》䷥，曰："吉。遇'公用享于天子'之卦也。战克而王飨，吉孰大焉？且是卦也，天为泽以当日，天子降心以逆公，不亦可乎？《大有》去《睽》而复，亦其所也。"

正如高原女士所说，"天为泽以当日"的"天"指《大有》卦䷍内卦☰，"泽"指《睽》卦䷥内卦☱，"日"乃是《大有》卦和《睽》卦之外卦☲，这是正统《易》学象征，我当然也不否认。然而，问题是，这是筮法还是释法，也就是说，这是筮者所遇到的结果，还是占者解释的那个结果？这段文字说得很清楚"筮"所遇到的结果，不但是"遇《大有》䷍之《睽》䷥"，并且也是"遇'公用享于天子'之卦也"。"公用享于天子"乃是《大有》九三爻辞。这是这次"筮"的唯一结果。如果要再延伸（即"且"的意思）解释这个结果的意义，你可以根据两个卦的卦象来解释，但是这不是"筮"的结果，所以也不是筮法。

《庄公二十二年》谓：

> 陈厉公，蔡出也，故蔡人杀五父而立之。生敬仲。其少也，周史有以《周易》见陈侯者，陈侯使筮之，遇《观》䷓之《否》䷋，曰："是谓'观国之光，利用宾于王'。此其代陈有国乎？不在此，其在异国；非此其身，在其子孙。光，远而自他有耀者也。《坤》，土也；《巽》，风也；《乾》，天也；风为天；于土上，山也。有山之材，而照之以天光，于是乎居土上，故曰'观国之光，利用宾于王'。庭实旅百，奉之以玉帛，天地之美具焉，故曰'利用宾于王'。犹有观焉，故曰其在后乎！风行而着于土，故曰其在异国乎！若在异国，必姜姓也。姜，大岳之后也。山岳则配天。物莫能两大。陈

衰，此其昌乎！"

如高原女士所说，"《坤》，土也；《巽》，风也；《乾》，天也"之"坤"是指《观》卦☷内卦☷、"巽"是指《观》外卦☴、"乾"是指《否》卦☰外卦☰。"风为天"是说《观》☷☴卦之《巽》☴卦变为《乾》☰卦，造成《否》☰☷卦。下面说"风行而着于土"也说明《观》卦和《否》卦两个卦象的关系，这也是《易》学的常识，谁都不能误解。然而，与上面分析一样，这不是这次"筮"的结果（筮的结果是"遇《观》☷☴之《否》☰☷"，也是"是谓'观国之光，利用宾于王'"），而只是占人从另外一个角度来说明结果的意义。

《僖公十五年》谓：

> 初，晋献公筮嫁伯姬于秦，遇《归妹》☳☱之《睽》☲☱。史苏占之，曰："不吉。其繇曰：'士刲羊，亦无衁也；女承筐，亦无贶也。'西邻责言，不可偿也。《归妹》之《睽》，犹无相也。《震》之《离》，亦《离》之《震》，为雷为火，为嬴败姬。车说其𨊠，火焚其旗，不利行师，败于宗丘。《归妹》《睽》孤，寇张之弧。侄其从姑，六年其逋，逃归其国，而弃其家，明年其死于高梁之虚。"及惠公在秦，曰："先君若从史苏之占，吾不及此夫！"韩简侍曰："龟，象也，筮，数也。物生而后有象，象而后有滋，滋而后有数。先君之败德，及可数乎？史苏是占，勿从何益？《诗》曰：'下民之孽，匪降自天。僔沓背憎，职竞由人。'"

"《震》之《离》，亦《离》之《震》，为雷为火，为嬴败姬"与上面的分析相似，可是同中也有异。"震"指《归妹》卦☳外卦☳，"离"指《睽》卦☲外卦☲，"《震》之《离》"当然可以理解为《震》☳上爻变而为《离》卦☲。然而，"《离》之《震》"不能同样理解，只是说两个卦之间的关系。"为雷为火，为嬴败姬"同样也不仅仅是说《震》卦变为《离》卦，而也是说《离》卦还会毁害《震》卦。"车说其𨊠"、"火焚其旗"、"不利行师"和"败于宗丘"也许也是说明这个关系。然而，这些话都和《周易》爻辞很像。其实，"车说其𨊠"显然与《大畜》九二"舆说𨊠"和《小畜》九三"舆说辐，夫妻反目"相同，"火焚其旗"与《旅》九三"旅焚其次"相同，"不利行师"与《谦》上六"鸣谦，利用行师，征邑国"和另外一些爻辞都相同，"败于宗丘"与《贲》六五"贲于丘园，束帛戋戋，吝终吉"至少在形式上比较相同，可是这些象征与《震》卦和《离》卦之象的关系毕竟都相当勉强。高原女士乃强调下面一句话的重要性："但此筮例中，下面有一句'归妹睽孤，寇张之弧'中的'睽孤，寇张之弧'明显是化用《睽》上九爻的爻辞'睽孤，见豕负涂，载鬼一车，先张之弧，后说之弧，匪寇婚媾……'"（第78页）这当然不错。然而，她的结论不一定是最终定论，特别是她对我的研究方法的了解并不完全准确。她说：

> 夏先生在列表统计"《左传》引《周易》的实（筮）例"时，只注意到了其引用《归妹》上六爻爻辞的情况，而恰恰遗漏掉了其对"之卦"《睽》上九爻爻辞的引用情况。恐怕夏先

生也并非故意遗漏统计，因为《左传》此处的化引确实稍有些隐蔽，其将所化引的《睽》上九爻辞的部分文字"睽孤"与《归妹》卦的卦义融合起来，构成一句，若不认真阅读，真有可能不会引起注意。也应该不会是夏先生已经注意到此处与《周易·睽》上九爻辞有一定的相似度，但夏先生不认可是对《睽》上九的引用或化引。因为如果是这种情况，夏先生至少会稍加辨析。然而，夏先生在此未着任何笔墨，看来他确实是遗漏了。

我不会否认在我这篇文章里没有遗漏，可是这一处并不是遗漏的，而是我觉得"归妹睽孤，寇张之弧"像上面的分析一样，只是延伸说明这次筮例的意义。"寇张之弧"与"车说其輹"、"火焚其旗"、"不利行师"和"败于宗丘"有同等价值，是说明筮的结果，而不是筮的结果。筮的结果只是"士刲羊，亦无衁也；女承筐，亦无贶也"。这显然是现传《周易》《归妹》上六"女承筐无实，士刲羊无血"的变形。在《左传》里，"遇《归妹》☱☳之《睽》☲☱"的意思仅是指《归妹》上六爻。这并不是说遇到这个结果以后就不能利用《归妹》和《睽》两个卦的所有象征来发挥它的意义，只是说这是一个释法，而不是筮法。

"遇某卦之某卦"是《左传》的常例，筮例当中几乎都像"遇《归妹》☱☳之《睽》☲☱"那样指出第一个卦的某一爻，如下列表所示：

鲁公年代	所遇卦	繇	《周易》爻辞
庄公二十二年	遇观☷☴之否☷☰	观国之光，利用宾于王。	《观》六四
闵公元年	遇屯☵☳之比☵☷		
闵公二年	遇大有☲☰之乾☰☰	同复于父，敬如君所。	
僖公十五年	其卦遇蛊☶☴	千乘三去，三去之余，获其雄狐。	
僖公十五年	遇归妹☱☳之睽☲☱	士刲羊，亦无衁也；女承筐，亦无贶也。	《归妹》上六
僖公二十五年	遇大有☲☰之睽☲☱	公用享于天子。	《大有》九三
成公十六年	其卦遇复☷☳	南国蹙，射其元王，中厥目。	
襄公九年	遇艮☶☶之八	遇艮☶☶之八。史曰：是谓艮☶☶之随☱☳；随其出也。君必速出。姜曰：亡。是于《周易》曰：随。元亨利贞。无咎。	《随》卦辞
襄公二十五年	遇困☱☵之大过☱☴	困于石，据于蒺藜；入于其宫，不见其妻，凶。	《困》六三
昭公五年	遇明夷☷☲之谦☷☶	明夷于飞，垂其翼；君子于行，三日不食；有攸往，主人有言。	《明夷》初九
昭公七年	遇屯☵☳	元亨……利建侯。	《屯》卦辞
昭公七年	遇屯☵☳之比☵☷	利建侯。	《屯》初六
昭公十二年	遇坤☷☷之比☵☷	黄裳；元吉。	《坤》六五
哀公九年	遇泰☷☰之需☵☰	若帝乙之元子，归妹而有吉禄。	《泰》六五

在这十四个例子当中，有三个例子只是"遇某卦"，传统理解是指那一卦的卦辞。至少《昭公七年》"遇屯☳"的例子应该如此，"元亨"和"利建侯"正好是《屯》卦卦辞的成分；《僖公十五年》的"其卦遇蛊☶"所引"千乘三去，三去之余，获其雄狐"，和《成公十六年》"其卦遇复☷"所引"南国蹙，射其元王，中厥目"，大概也是指《蛊》卦和《复》卦的卦辞，只是所引文字不见于《周易》，很可能是《归藏》或者《归藏》一类的筮书的文字。有一个例子两个卦之间有五个爻不同（《襄公二十五年》），有十个例子两个卦之间只有一个爻不同。我看我们可以暂时不管《襄公二十五年》母姜的故事，因为这是一个非常独特的例外（更不用说，这个例子的"是谓艮☶之随☳"并不是这次贞筮的结果，这次贞筮的结果是"遇艮☶之八"）。在形式上相同的十个例子当中，有八个例子所引用的爻辞正好是第一个卦和第二个卦之间所不同的一爻的第一个卦的爻辞（例外只是《闵公元年》"遇屯☳之比☷"下面没有直接引用筮辞，《闵公二年》"遇大有☰之乾☰"所引用"同复于父，敬如君所"不见于《周易》，不知道应该怎样理解）。这在拙作"《周易》筮法原无'之'卦考"已经详细论证了，于此毋庸赘述。然而，有一点证据高原在她对我文章所作的批评里似乎遗漏了。这一点证据应该是这个问题的关键。

在《左传》里，还有不少地方不使用卜筮而仍然引用《周易》，引用方法与上列筮例都一样。试看下列两个例子：

> 知庄子曰："此师殆哉！《周易》有之，在《师》☷之《临》☷，曰：'师出以律，否臧，凶。'"（《宣公十二年》）

> 告子展曰："楚子将死矣。不修其政德，而贪昧于诸侯，以逞其愿，欲久，得乎？《周易》有之，在《复》☷之《颐》☶，曰：'迷复，凶'，其楚子之谓乎！欲复其愿，而弃其本，复归无所，是谓迷复，能无凶乎？"（《襄公二十八年》）

在这两个例子，在《师》☷卦和《临》☷卦之间跟《复》☷和《颐》☶之间，也都只有一个爻不同，所引用文字也就是那一爻的爻辞："师出以律，否臧，凶"是《师》初九爻辞、"迷复，凶"是《复》上六爻辞。因为这些地方不是贞筮的记载，而仅仅是引用《周易》作为经典旁证，所以这种引用《周易》的方法和筮法完全没有关系。

更重要的是，有语言学证据证明"某卦之某卦"的"之"字并不是动词，而只能是所属代词，也就是说相当于白话文的"的"。在《昭公二十九年》一段文字里，魏献子和蔡墨辩论龙的存在，蔡墨乃引用《周易》的几句话来证明龙确实存在。

> 《周易》有之：在《乾》☰之《姤》☰，曰"潜龙勿用"；其《同人》☰曰"见龙在田"；其《大有》☰曰"飞龙在天"；其《夬》☰曰"亢龙有悔"，其《坤》☷曰"见群龙无首，吉"；《坤》之《剥》☶曰"龙战于野"。若不朝夕见，谁能物之？

"《乾》☰之《姤》☰"当然就是上面所属"某卦之某卦"的用法,《乾》☰和《姤》☰卦卦画之间只有一个爻不同(即初爻),所引用"潜龙勿用"正好是《乾》卦初九爻辞。这和上面的例子相同。然而,下面的"其《同人》☰曰'见龙在田'"等引语乃以"其"来代替"《乾》之"。我们知道在《左传》里,"其"通常用作第三人称所属代词,相当于白话文的"他/它的",代词功能指"《乾》",所述功能指"之"。这就证明"某卦之某卦"引法的意思只能是"某卦的某卦"。这种用法与变卦说法不可能有关系。这当然可以说是"显然是有悖于常理的"的外国学者的怪说。然而,在中国传统说法里,也不是没有前例。孔颖达在《春秋左传正义·庄公二十二年》的疏里引用刘炫说:"《观》之《否》者为《观》卦之《否》爻;《屯》之《比》者,《屯》卦之《比》爻,皆不取后卦之义。"至少在《左传》里面,这个读法恐怕不可怀疑。

要探讨中国古代筮法问题,除了《系辞·大衍章》和《左传》筮例以外,现在还有不少战国时代竹简上的筮例和清华简的《筮法》可以参考。譬如,包山楚简含有六组筮例,每一组都包括两个数字卦,见于 201、210、229、232、239 和 245 号简。这些卦画还很难说是怎样产生的,到底有什么筮法意义。包山楚简整理者很诚实地说:"简文中没有卦画的名称,也没有具体的解说,尚不可了解它们原来的含义。"[1] 201 号简和 229 号简可以作例:

201   229

201 号简可以隶定为"六六六一六六(右边自下) 一一六一一六",229 号简可以隶定为"六一一六六一 六六八五五(?)一"。201 号简是比较典型的例子,只包括"一"和"六"两个数字,一般都以为"一"是奇数,代表阳爻,"六"是偶数,代表阴爻。过去也有人以为"一"和"∧"分别就相当于原始阳爻和阴爻符号。然而,229 号简不但也有"一"和"六"两个数字,还有"八"和"五"。因为"八"是偶数,所以一般定为阴爻,在《系辞·大衍章》系统里,"八"相当于"少阴"。"五"是奇数,一般定为阳爻,但是无论如何,与只能产出"六"、"七"、"八"和"九"的《大衍》系统不一致。过去,也有人以为"八"和"五"都只是"六"字的变形,写稍微草率的时候,"∧"容易写为"八"或"×"。虽然如此,在 2014 年出版的《清华大学藏战国竹简(肆)》《筮法》一文里,载有众多数字卦,多半也是由"一"和"∧"造成的,可是除了这两个字以外《筮法》卦画还也是由"四"(写作"⌣")、"五"

---

[1] 湖北省荆沙铁路考古队编:《包山楚简》,文物出版社,1991年版,第12页。

("㐅")、"八"("八")和"九"("㇈")四个数字造成的,下面《得》部分四个例子即其证(分别引自简16～17、18～19、20～21和22～23)。

```
六 三
八 㐅     春见八乃亦得

八 八
㐅 六     夏见五乃亦得

八 八
㐅 三     秋见九乃亦得

八 三
六 ㇈     冬见四乃亦得
```

不但《筮法》卦画含有这四个数字,并且其他几个段落也论到这些数字的意义,诸如:

巽祟字殇五八乃巫九柂窀子四非狂乃缢者。(《祟》50号简)

凡肴象八为风为水为言……五象为天为贵人为兵……九象为大战为木为备戒……四之象为地为员为鼓。(《爻象》52～58号简)

因此,我们确知"四"、"五"、"八"、"九"是数字,而不是符号。因此"一"和"六"也应该是数字,而不是符号,这也毫无疑问。然而,应该再强调一遍,无论如何,这些数字是《系辞·大衍章》系统所不能造成的。《大衍》系统当然是古代的一个筮法系统(我们现在可以不管它的年代到底多古),可是绝对不是先秦时代唯一的筮法。同样,《大衍章》所暗示的变卦法也应该是一个筮法,可是也不是先秦时代唯一的筮法。

清华简《筮法》还没有发表之前,也许有理由以为《左传》筮例只能按照《系辞·大衍章》的筮法去理解。现在我们知道中国古代并不是这样简单,不但有《大衍》筮法和《筮法》的筮法两种,肯定至少还有《归藏》一类的筮法(可能与《左传·襄公九年》"遇艮䷳之八"一致),并且恐怕还有不少其他的筮法,也许包括上面所述《左传》"某卦之某卦"的筮法。我知道我很多年以前对这个用法提出的解释仅仅是一个推测,还要等待更多考古资料的发现我们才可以对它作最后的判断。然而,问题是考古资料也不一定能够说明这个问题。中国先秦时代如果真的有几种不同的筮法,这些筮法之间不一定完全一致,甚至有的可能彼此矛盾。我们如果一定要找出统一的解释,恐怕这过于勉强,不如实事求是地给每一筮法都找出它自有的特征。

读清华简《筮法》

刘大钧

（山东大学　易学与中国古代哲学研究中心）

清华简《筮法》的时代与性质

通观此简，我认为《筮法》篇应当是战国时代数术之士的作品。"数术"也作"术数"，数术之士，汉人称之为"数术者"。《汉书·艺文志》在排列了天文、历谱、五行、蓍龟、杂占、形法之后说："数术者，皆明堂羲和史卜之职也。"故《素问·上古天真论》："上古之人，其知道者，法于阴阳，和于术数。"数术者的社会地位较高，其学可被人主所用。《管子·形势篇》："人主务学术数，务行正理，则化变日进于大功。"案《鹖冠子》一书之内容多有与清华简《筮法》中的文字相合者，二者之成书时间应相去不远。《鹖冠子》中亦不断提到"术数之士"，其《天则》篇说："圣王者，有听微决疑之道，能屏谗权实，逆淫辞，绝流语，去无用，杜绝朋党之门，嫉妒之人，不得著明。非君子术数之士，莫得当前。"又说："临利而后可以见信，临财而后可以见仁，临难而后可以见勇，临事而后可以见术数之士。"《鹖冠子·道端》说："君道知人，臣术知事。"并提到"筭"："阴阳不接者，其理无从相及也，筭不相当者，人不应上也。"《鹖冠子·学问》说："卦世得失顺逆之经。"清华简文提到"月朝纯牝""月夕纯牡"，《鹖冠子·王鈇》："天者信其月刑也，月信死信生，终则有始。"又于《泰宏》篇说："月信死信生，进退有常，数之稽也。"今从"信死信生，终则有始"及"进退有常，数之稽也"中，可以看到清华简文第二十二节"乾坤运转"及汉人所传"天体纳甲"说的影子。

清华简《筮法》第二十六节专门讲"祟"，有乾、坤、艮、兑、坎、离、震、巽八卦之"祟"，每"祟"都有相应的不祥，又以辞记之，并在最后说："夫天之道，男戬（胜）女，众戬（胜）募（寡）。"而《鹖冠子·道端》亦知此说："动逆天时，不祥有祟。"

清华简第二十七节讲地支与震、巽、坎、离、艮、兑的关系（见下图）。

六卦的干支组合排列在《淮南子》中称之为"六府"。案《淮南子·天文训》："何谓'六府'？子午、丑未、寅申、卯酉、辰戌、巳亥是也。"而汉人所传的"纳甲"筮法中，将此称之为"六冲"，

巳亥	唇（辰）戌	卯菡（酉）	寅申	丑未	子午
兌	艮	羅（離）	袋（勞）	巽	罍（震）
〔五七〕	〔五六〕	〔五五〕	〔五四〕	〔五三〕	〔五二〕

《鹖冠子》一书亦言及"五官""六府""八风""五正"等，此等内容皆可与清华简中第四节"支"、第五节"至"、第二十五节"天干与卦"、第二十七节"地支与卦"及第二十四节"卦位图、人身图"诸说相印证，以此证明其说战国时代确实早已有之。

由《筮法》中记载的所占人物内容以及环境考之，其整理者当为一些民间的数术之士，他们依数术之法为民排忧解难。他们将人们所问之事及所断之卦记录在竹简上，以作传授数术及总结卦例之用。人们将这些竹简的内容保存下来，代代相传，清华大学藏竹简《筮法》就是此类珍贵竹简之一。有赖于它，我们可以对今本《周易》经文与"十翼"传文的来源，以及汉人所传诸象数学的内容和年代做出正本清源的考辨，因而具有极高的学术价值。

清华简《筮法》中的"天体纳甲"说

清华简《筮法》第三节（见下图）：

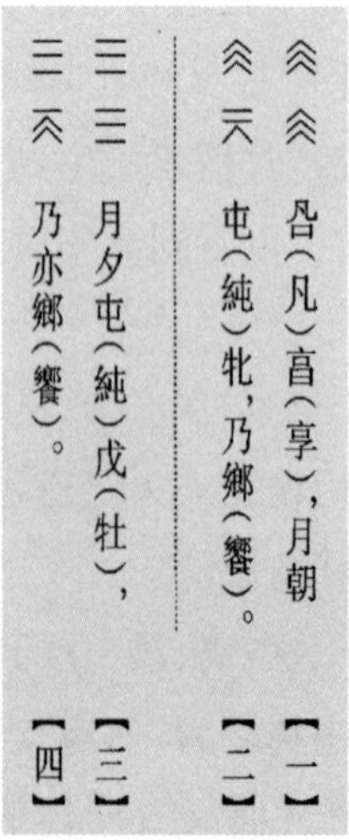

☰☰ 乃亦鄉（饗）。	☰☰ 月夕屯（純）戊（牡），	☰☰ 屯（純）牝，乃鄉（饗）。	☰☰ 凡（凡）亯（享），月朝
〔四〕	〔三〕	〔二〕	〔一〕

读清华简《筮法》 · 19 ·

清华简此段简文与第二十二节之整理者定名为"乾坤运转"的简文,其内容疑皆是以"天体纳甲"说释月亮之晦朔盈亏。案李鼎祚《周易集解》引汉末虞翻注《系辞传》之"悬象著明,莫大乎日月"说:

> 谓日月悬天,成八卦象。三日莫,震象出庚;八日,兑象见丁;十五日,乾象盈甲;十七日旦,巽象退辛;二十三日,艮象消丙;三十日,坤象灭乙;晦夕朔旦,坎象流戊,日中则离,离象就己,戊己土位,象见于中。"日月相推而明生焉",故"悬象著明,莫大乎日月"者也。

而在《周易参同契》中亦有与此相似的记载:

> 三日出为爽,震庚受西方。八日兑受丁,上弦平如绳。十五乾体就,盛满甲东方。……十六转受统,巽辛见平明。艮直于丙南,下弦二十三。坤乙三十日,东方丧其明。……壬癸配甲乙,乾坤括始终。

古人以每月上旬为月之朝,中旬为月之中,下旬为月之夕。若以今本《周易》读之,此段简文第一组两卦由坤、巽组成,如以虞翻之"天体纳甲"说和《参同契》中的阐述,象征月亮由"三十日,坤象灭乙"至"十七日旦,巽象退辛"或"十六转受统,巽辛见平明",此一由月晦至月盈的过程,其时间段是由一个月的上旬及中旬组成,故以"月朝"概之。而第二组两卦由乾、艮组成,象征月亮由"十五日,乾象盈甲"至"二十三日,艮象消丙"之由月盈转月晦的过程,其时间段是由一个月的中旬及下旬组成,故以"月夕"概之。

而简文中运用天体纳甲说最明确的证据是第二十二节讲"乾坤运转"的如下文字:

> 舍(凡)靬(乾),月=(月夕)吉;巽(坤),月朝吉。巽(坤)朝(晦)之日,逆靬(乾)以长(当)巽;内(入)月五日豫(舍)巽,靬(乾)巽(坤)长(当)艮;旬,靬(乾)巽(坤)乃各彼(返)亓(其)所。[四〇]

现试解之:凡月夕时,得乾则吉;月朝时,得坤则吉。应引起我们注意的是,简文特别点明"坤晦之日",显然指明"坤晦"是有具体日子的,此说正与"三十日,坤象灭乙"说相合。且看下文"逆乾以当巽",由"三十日,坤象灭乙"后,再逆数十四五天,即"十五日,乾象盈甲"及"十五乾体就,盛满甲东方……十六转受统,巽辛见平明",故"逆乾以当巽"。此"逆"字之确义,当为"说卦传"之"数往者顺,知来者逆,是故《易》逆数也"之"逆"。"内月五日豫巽"之"内"字在此当读为"纳",纳月五日即十七日加五日,乃二十二日,"豫巽"指二十二日后即舍离巽象了。"乾坤当艮,旬,乾坤乃各返其所"。此段文字阐述了月亮由乾盈向坤晦的运行中,依天体纳甲说"二十三日,艮象消丙",故"乾坤当艮"。"旬"是说在旬日之内,由二十三日"艮象消丙"逆数八日,又回到了"十五日,乾象盈甲",而由二十三日顺数七日,亦回到"三十日,坤象灭乙",至此,"旬,乾坤乃各返其所"。简文由"乾坤乃各返其所"一句,极明白地道出了乾坤在月象中各

有其固定位置,这种位置《周易集解》引虞翻注《说卦传》之"万物之所成终成始也"有更明白的解说:

> 万物成始于乾甲,成终于坤癸。艮东北是甲癸之间,故"万物之所成终而成始"者也。

李道平疏解此释曰:

> 乾纳甲,甲居东方,故"万物成始于乾甲"。坤纳癸,癸居北方,故"成终坤癸"。艮见于丙,而言"东北是甲癸之间"者,乾十五日,坤三十日,艮二十三日,去乾坤各八日,故称"甲癸之间",甲癸之间,则东北也。始于甲,终于癸,故"万物之所成终而成始"。(《周易集解纂疏》)

虞翻此条注文与李道平疏语,可作对简文之"乾坤乃各返其所"的最好补注之语。依此注文,乾十五日,坤三十日,艮二十三日,艮去乾坤各八日,在乾甲坤癸之间,此即简文所谓"乾坤当艮"之旨也。

此段简文再与第三节之简文互读,可证战国时代早已有了以八卦"纳甲"言月体晦朔弦望之说,简文若非以此说释之,则文中"坤晦之日"作何讲? 且何以"坤晦"之后,又"逆乾以当巽"? 又何以"内月五日豫(舍)巽"? 且"舍巽"之后又何以会"乾坤当艮",且又"旬,乾坤各返其所"? 此"各返其所"一句无可辩驳地说明了月体是以固定的八卦之象在天空运行,如不以八卦之象运行,何以能"乾坤乃各返其所"? 这段文字,若非以"天体纳甲"释之,则"坤晦之日"及伴随乾坤出现的"当巽""舍巽""乾坤当艮"及"乾坤各返其所"等等,凡此种种文字让人看了全然不着边际,使人读之如堕五里雾中。

过去我即认为纳甲筮法绝非汉人所说的由京房传之,但我仅在《淮南子》一书中找到了汉初即有此说的证据,苦于没有再早的资料证据,而只能臆测而无法向前再推,清华简《筮法》的整理面世,不仅使我们找到了天干地支在先秦战国时代早已纳入八卦卦体的证据,更由此两段简文中,我们亦见到了《周易集解》所引虞翻以天体八卦纳甲说《易》"悬象著明,莫大乎日月",实为战国时代即已有传之说。且战国时代甚至更早恐已有其说。行笔至此,我想到现代某些古史辨派疑古过勇的论断不断被出土文献所彻底驳倒的例证,深感做学问绝不可情绪化,古人的一些作品和立论,不但不应将其写作年代大大向后推,而是恰恰相反,某些作品应该大大向前推,像被传统立论定为汉人京房的学说,今以清华简文证之,其实早在战国时代甚至更早就已有之了!

清华简文中的八卦互体说

第十二节(见下图):

此段简文证明了汉代象数易学中的八卦互体之说，战国时代早已有之：简文之"凸（凡）男，上去弍（二）下去弌（一），中男乃男，女乃女"，所谓"上去二，下去一"者，乃指八卦互体之说也。"上去二，下去一"是指六画卦除去上爻、五爻和初爻。"中男乃男，女乃女"是指中间二、三、四爻互体所成之卦为阳卦则生男，为阴卦则生女。简文中第［一九］之卦，若依今本《周易》读之，应为地山谦卦。该卦"上去二，下去一"之后，中间二、三、四爻互体成坎卦，坎为阳卦，是为"中男乃男"之占。第［二○］之卦，依今本《周易》读之，应为风火家人卦。该卦"上去二，下去一"后，中间二、三、四爻互体亦为坎卦，也是"中男乃男"之占。

今由此段简文可证：（一）汉人象数易学中的八卦互体之说战国时代早已有之；（二）今本《周易》八卦取象中的乾、震、坎、艮为男，坤、巽、离、兑为女的取象，简文卦例中的八卦之象应与今本相同。可证，今本《周易》之八卦取象，其由来者久矣。此论由清华简第八节之简文可得到进一步证实（见下图）：

第[一][二]两卦中有坤巽,为女,坎为男,所以说是"三女同男";第[三][四]两卦乾、震、艮为男,离为女,所以说是"三男同女"。由此两组卦可证,清华简所载占筮文字中所记录的八卦男女之象,确与今本《周易·说卦传》相同。

除此之外,《筮法》中一些八卦取象与传世说法也有相歧异的地方,如第十一节(见下图):

☱☴ 金木相見
☵☶ 才（在）上，𠆢（陰）。水
火相見才（在）下，風。

一六
一七
一八

简文"金木相见才（在）上"是指兑卦与巽卦,兑为金,巽为木;"水火相见才（在）下",则是指坎卦与艮卦。案《筮法》第二十二节"卦位图",坎居南方,"南方也,火也,赤色也",离居北方,"北方也,水也,黑色也",显然是以坎属火,离属水。第二十一节讲"四季吉凶"时,艮离为一组,冬季大吉,则其五行属性是相同的,都属水。所以,第十一节之"水火相见在下"之水指艮卦,火指坎卦。兑为金,巽为木与《说卦传》及汉易相同,但坎为火、离艮为水则与《说卦传》不同。《说卦传》明确以"坎为水""离为火""艮为山"(山当属土)。由此可见,《筮法》中的八卦取象与《说卦传》及汉易有同有异,且由其筮占之独特性来看,当属于今传本《周易》之外的筮占术。

今日有关清华简《筮法》的研究,切忌像当年有关马王堆帛书《周易》研究那样,其文字刚刚整理发表出来,人们就纷纷赶时髦,著文以述高见,还是"板凳宁坐十年冷",结合今本《周易》、帛书《周易》及上博竹书《周易》,一步步回归到产生简文的那个时代中去,以期有所感悟,有所领会,从而最终有所收获。

清华简《筮法》果占与商代占卜渊源[*]

沈建华

（清华大学　出土文献研究与保护中心）

最近清华战国楚简第四辑公布了《筮法》，从目前来看是出土文献中所发现时代最早的一部筮书，其中含有的数字卦，与天星观、包山简、葛陵简的形式相同，被李学勤称之为"占筮的理论和方法，并且列举许多数字卦作为占例"[1]的完整战国筮书，值得注意的现象是简本《筮法》有些卦名和使用的字形与《归藏》一致。我们都知道《归藏》隋代以后就已失传[2]，所幸今天的传世文献中仍保存了一些佚文和辑录，如《山海经》、《太平御览》、马国翰《玉函山房辑佚书》等[3]。

1993年湖北江陵王家台15号秦墓出土了秦简"易占"[4]，从卦辞来看，大多反映的是夏商神话传说，这显然要比《周易》要早得多，经过学者与现存文献《归藏》佚文比较考证，正是失传千年的《归藏》[5]，由此也证明了传本《归藏》不是伪书。

20世纪70年代末张政烺考证殷周甲骨和金文铜器上的数字为《周易》符号，证实了郑玄所言："殷曰《归藏》"是可信的。今天我们看到的秦简本《归藏》，虽然从时代上可以说是战国晚期的作品，但不能否认《归藏》起源于商代的说法，《周礼》言《归藏》排在《周易》之前，并非没有道理[6]。

先秦时期一部书的成型过程相当复杂，尤其是像《筮书》一类的数术占卜书，既有商周时

---

[*]　本文系国家社科基金重大项目"中国国家起源研究的理论与方法"（12&ZD133）的阶段性成果。

[1]　李学勤：《清华简〈筮法〉与数字卦问题》；廖明春：《清华简〈筮法〉篇与〈说卦传〉》，《文物》，2013年第8期。

[2]　清人朱彝尊云："《归藏》隋时尚存，至宋犹有《初经》、《齐母》、《本蓍》三篇，其见于传注所引者。"

[3]　[清]马国翰《玉函山房辑佚书》；[晋]郭璞《山海经注》引《归藏·郑母经》《庄子释文》《汉艺文志考》卷一《太平御览》卷八五、卷八三一、九二九引《归藏》。

[4]　荆州地区博物馆：《江陵王家台15号秦墓》，《文物》，1995第1期。王明钦：《王家台秦墓竹简概述》，武汉大学海峡两岸青年易学论文发表会，2001年。

[5]　王明钦：《试论〈归藏〉的几个问题》；连劭名：《江陵王家台秦简与〈归藏〉》；李家浩：《王家台秦简〈易占〉为〈归藏〉考》，《传统文化与现代化》，1997第1期。王宁：《秦墓〈易占〉与〈归藏〉之关系》；李零：《跳出〈周易〉看〈周易〉——数字卦的再认识》，《传统文化与现代化》，1997第6期。

[6]　《周礼》曰："太卜掌三易之法，一曰《连山》，二曰《归藏》，三曰《周易》。其经卦皆八，其别皆六十有四。"

代留传下的资料，同时也经历了楚国地方流行文化的改造演变，不断层累才逐步完成，因而无论在记事和使用文字上，总有一些商代占卜格式的原始痕迹。

一

简本《筮法》对占问有十七命分类：

  凡（凡）十七命：曰果，曰至，曰亯（享），曰死生，曰导（得），曰见，曰瘳，曰咎，曰男女，曰雨，曰取（娶）妻，曰战，曰成，曰行，曰仇（售），曰宇（旱），（简 62）曰祟……（简 63）

李学勤对比《周礼·大卜》邦事作龟之八命，认为"十七命"是从"八命"延伸而来[1]，除了先后次序不同，大部分同名，其中《筮法》第一命类："果"（简 63），《说文》曰："果，木实也"，在文献中引申为含有实现和应验的意思。《周礼·春官·大卜》："五曰果。"郑玄注引郑司农曰："谓事成与不也。"《墨子·修身》："言不信者行不果。"孙诒让《墨子闲诂》引毕云注："果，成也。"马国翰的《玉函山房辑佚书》卷一《经编·易类·归藏》就辑录了《归藏》有关"果"的占辞佚文：

  昔黄帝与炎帝争斗涿鹿之野，将战，筮于巫咸，巫咸曰："果哉而有咎。"[2]
  昔者羿善射，毕十日，果毕之。（《山海经·海外东经》郭璞注）

以上所引《归藏》佚文，"果哉而有咎"和"果毕之"，与卜辞占法程序格式十分相近，我们都知道一条完整的卜辞，都由前辞、命辞、占辞、验辞组成。如省去前辞的卜辞：

（1）a 贞，翌辛丑，不其启（晴）。（命辞）
  b 王占曰：今夕其雨，翌辛【丑】……（占辞）
  c 之夕允雨，辛丑启（晴）。（验辞）

                （《合集》3297 反　《菁》7）

上述 c "之夕允雨，辛丑启（晴）"是验辞，是针对前面的命辞和占辞而言，验辞是肯定事实的记录，无论是晴或不晴，与果辞非常接近。早期李学勤先生根据卜辞的内容性质，在前人基础上又增加了"果辞"一项，将卜辞果辞"王占曰"直接释作"王果曰"来表述，如：

（2）癸丑卜争贞，自今至于丁巳，我弗其戈𢆶。（命辞）
  一、二、三、四、五。（兆辞）
  王果曰："丁巳我毋其戈，于来甲子戈。"（果辞）

---

[1] 李学勤：《清华简〈筮法〉与数字卦问题》，《文物》，2013 年第 8 期。
[2] ［清］马国翰：《玉函山房辑佚书》，广陵书社，2005 年。

旬又一日癸亥,车弗㸔,之夕　；甲子允㸔哉。(验辞)[1]

(《合集》6834 正)

除此外还有一种情况,裘锡圭先生注意到"位置总是在占辞之后验辞之前"一个长期被误释的"㝬"字,相当于果辞读作"孚"的字[2]。孚,本义为孵卵,引申为生也,即无可疑,含有实现的意思。故《说文》曰:"孚,卵孚也。从爪从子,一曰信也。"

(3) 辛丑卜:翌日壬不雨。吉

其雨。孚。雨小　　　　　　　　　　　　　　　　　　　　　　(《屯南》2713)

(4) 戊申:其雨。孚。己酉雨。　　　　　　　　　　　　　　　(《合集》22384)

二

清华《筮法》简第 23 节将"果"又划分为大、中、小事与岁、月、日在前互为对应:

凡(凡)果,大事戠(岁)才(在)(简40)前,果;中事月才(在)前,果;省(小)事日乃前,果;亓(其)余(余)佋(昭)穆,果。奴(如)卦(卦)奴(如)肴(爻),卡=(上下)同𠂤(状),果。外事。(简 41)

整理者按:"岁、月、日在前,疑指所指干支在卦象的上卦出现。据此当时似已有用干支纪月、纪年的制度。"这也印证了李零对长沙子弹库帛书的看法:"它的图像是按四方八位和十二度而划分,代表岁、时、日的阴阳消长,文字是讲顺令知岁,四时之产生,以及各月的宜忌。"[3] 古人这种占卜纪时制度可以追溯到商代晚期卜辞和铜器,与《筮法》简"果"的形式很接近,所不同的是黄组卜辞是先以干支、月、祀(年)[4]为相次的纪时格式,如:

(5) 癸未王卜贞:酯乡日,自上甲至于多后衣亡𡆥,自昕在四月,惟王二祀。

(《合集》37850)

(6) 丁巳,王省夒京,王赐小臣俞夒贝,惟王来正(征)夷方,惟王十祀又五乡日。

(《集成》11.5990)

(7) 己酉,王在㭰,邟其易贝。在四月,唯王四祀,羽日。　　(《集成》10.5413)

古人占卦的目的是卜事吉凶,必然与时间有密切关系,纪年是以一年所发生大事来计算年份,《春秋左氏传》序杜预曰:"记事者,以事系日,以日系月,以月系时,以时系年,所以纪远

---

[1] 李学勤:《关于甲骨的基础知识》,《历史教学》,1959 年第 7 期。
[2] 裘锡圭:《释"厄"》,载《裘锡圭学术文选·甲骨文卷》第一册,复旦大学出版社,2012 年版,第 449~460 页。
[3] 李零:《楚帛书的再认识》,《楚帛书研究(十一种)》,中西书局,2013 年版,第 223 页。
[4] 卜辞中的"祀"用于殷末周祭,主要有"乡日""羽日""畜日"三个"祀季"祭法,一祀约当一年,但卜辞资料尚未建全整祀,36 旬的周祭实际上并不与天文历年同步,因而至今受到学者怀疑。冯时主张:"殷代晚期可能同时并行着两种纪时方法,卜辞显示的历月及历日干支反映了天文历年的系统,祀周及祭日则反映了与历年并存的祀周不与历年同步。"《百年来甲骨文天文历法研究》,中国社会科学出版社,2011 年版,第 266 页。

近、别同异也。故史之所记,必表年以首事,年有四时,故错举以为所记之名也。"随着农业发展商代先民为掌握农作不失时机,便产生历法,陈梦家认为:殷末以日、月、祀、祀季为基本的纪时法,反映了其所借用农历的'祀'与'祀季'是周祀祀谱本身所产生的。他指出:"祀周以旬、祀季、祀三者为单位,农历以月、岁为单位。"[1]"所谓周祭祀谱者就是上节开端所说先王妣的祭祀中的次序和祀周的组合。"[2]祀相当于年,以干支记日始,以年祀为终,记事卜辞在其中如:"酒乡日,自上甲至于多后衣亡巷"或者附纪年中大事如:"惟王来正(征)夷方"、"王在栋,郯其易贝"。西周铜器铭文证明周人沿袭殷采用"祀"纪时的原因,出于一祀需时一年的缘故。西周晚期的纪时顺序与楚简以岁、月、日纪时的制度基本相同。

三

如果说殷末王室的周祭产生于"年"这一概念的话,那么周祭的缘由其实起源于旬祭,在卜辞中我们发现殷人历法中已经有了"三旬又一"(《怀特》993)"二旬又八"(《怀特》958)。很显然殷人以农历"月"为单位,二十九或三十一满为一个太阴月。西周金文有既死霸,为初一初吉在上旬,既生霸是十二、三日,既望是月满,以此为分界。《荀子·礼论》:"月朝卜日,月夕卜宅。"杨倞注:"月朝,月初也。"(《太平御览》卷六九九)从简本第三节《筮法·享》"月朝"和"月夕"的占卜形式来推测,这种古老的祭法很容易使人联想到源自于殷人的周祭(见下图)。而使用纯色的祭牲颜色进行占卜,表明颜色在祭祀中有特殊的含义,与殷人祭祀非常接近。

∽∽∽∽	丹(凡)亯(享),月朝	【一】
∽∽—∽	屯(纯)牝,乃鄉(饗)。	【二】
——————		
———	月夕屯(纯)戊(牡),	【三】
——∽∽	乃亦鄉(饗)。	【四】

通过占卜我们知道,商人在举行祭祖、祭妣时,除了用牲之外,对于所使用的祭牲的颜色也是有严格要求的,裘锡圭指出甲骨文中的两个'刃''牣'字:"通常都用来指用作牺牲的牛的毛色,古代牺牲用牛尚驿。卜辞常以'叀刃'或'叀牣'与'叀羍(驿)'对贞可知'刃'和'牣'指较次的毛色",如:

(8) 庚子卜:祖辛岁,吉,不用。

叀羍(驿)

---
[1] 陈梦家:《殷墟卜辞综述》,中华书局,1956年版,第385~386页。
[2] 陈梦家:《殷墟卜辞综述》,中华书局,1956年版,第386页。

叀幽牛

叀刃牛。 (《屯南》139)

(9) 丁丑卜，姒庚史(事)，

叀黑牛，其用惟。

叀羍(驿)。

叀幽牛。叀黄牛。 (《屯南》2363)

《周礼·地官·牧人》："凡祭祀，共其牺牲。"郑玄注："牺牲，毛羽完具也。"《国语·周语上》："使太宰以祝，史帅狸姓，奉牺牲、粢盛、玉帛往献焉，无有祈也。"韦昭注："纯色曰牺。"《汉书·礼乐志》："河龙供鲤醇牺牲。"颜师古注："醇谓色不杂也。牺牲，牛羊全体者也。"《筮法》所见享祭"月朝纯牝，乃饗；月夕纯牡，乃亦饗。"将阴爻配以纯牝，阳爻配以纯牡，这种战国筮法习俗遗迹可以追溯到商代祭祀卜辞，起源于商人祭祖。一般商人祭祀时以先公配以牝，先母配以牡，正好阴阳相反，这种祭牲配置现象，并非出于偶然，显然混合了商人对生育崇拜的原始信仰，如：

(10) 壬申卜，母戊岁叀牡。

叀牝。 (《合集》27583)

(11) 己亥卜，母己岁叀牡。

□牝。□用 (《合集》27596)

(12) 翌乙巳侑祖乙侑牝。

贞勿侑牝，叀牡。 (《合集》6653 正)

(13) 叀黄牛。

侑于上甲十牡。 (《合集》1142 正)

《筮法》中看似简单的祭祀习俗，沿袭于商代的传统祭法。颜色在原始宗教信仰中所扮演的角色，尽管经过千年不断变迁，但却始终保持着一个不变的定律。这种颜色不是物体所固有的特性，重要的是物体背后所反射出来的思想理念，乃至后来延伸成为五行方位的代表与象征。

结　语

清华简《筮法》带有非常浓厚的楚国地区特色，与其他战国简多有不同之处，其中包括包山楚简。清华《筮法》简具有广泛的实用性。《筮法》全篇基本都围绕"十七命"筮占的具体内容展开，其中的"果"被列为首位，这与《周礼·大卜》占问："五曰果"列序不同。战国时期的"果"占与传统的商代占卜在内容上有很大不同，更趋于多元化。但是，我们通过追溯商代占卜演变，仍然可以找到《筮法》简"果"占发展的轨迹。

如果说秦简《归藏》是一部战国晚期的筮书,那么清华简《筮法》为我们再次提供了比秦简《归藏》更早的一部战国完整系统的筮书。它的价值是不言而喻的,相信这部《筮法》对研究以往出土古代筮书将有更深的启发。

清华简《筮法》筮占法探微

林忠军

（山东大学　易学与中国古代哲学研究中心）

象数起源、数字卦筮法及大衍筮法关系、数字卦与卦爻符号、八卦占等一直是多年来学界关注的问题。学者借助于数字卦的发现，从不同角度对这些数字卦及相关问题作了不懈的努力和深入的探索，取得了一些极为有价值的研究成果，但是由于资料短缺，许多问题仍然悬而未决，而且已有的研究往往仅停留在臆想和推测层面上，难以推进。近期《清华大学藏战国竹简（肆）》（以下简称"清华简"）[1]正式出版，公布了由李学勤先生等整理《筮法》和《别卦》两篇释文。同时，李学勤先生、廖名春先生于《文物》发表了两篇关于清华简《筮法》的研究文章[2]，李尚信、程浩于在《周易研究》上就《清华简》涉及的具体问题发表了自己的见解[3]。清华简为我们了解和研究战国易学，尤其数字卦、《归藏》、《周易》筮法等相关问题提供了新的证据。兹就清华简《筮法》谈一点不成熟的看法，就教于学界诸位同仁。

一、清华简与《周易》大衍筮法

清华简中的六画卦使用一、六、九、八、五、四等六个数表示，使用频率相差悬殊。按照廖名春先生的统计，清华简《筮法》有114个六画卦，其中，纯由一、六构成的就高达89个，而杂有九、八、五、四的则只有25个。114个六画卦共684爻（数），其中一、六出现高达631次，而八、五、九、四一共才出现53次，且高度集中于几卦之中。对于这种数字使用的悬殊，廖名春教授的解释是一、六相当于阴阳爻，而八、五、九、四是在特殊情况下使用的，不再转为阴阳符

---

*　本文系国家社会科学基金重点项目"象数易学史研究"（编号11AZX004）的成果，泰州学者工程专项经费资助。
[1]　李学勤主编：《清华大学藏战国竹简（肆）》，中西书局，2013年。为注释方便，本注之后均简称为"清华简（肆）"等。
[2]　李学勤：《清华简〈筮法〉与数字卦问题》；廖名春：《清华简〈筮法〉篇与〈说卦传〉》，《文物》，2013年第8期。
[3]　李尚信：《论清华简〈筮法〉的筮数系统及其相关问题》；程浩：《清华简〈筮法〉与周代占筮系统》，《周易研究》，2013年第6期。

号,这是成卦法所致。《筮法·爻象》一节专门解释了八、五、九、四的意义,不讲一、六的意义,一、六不是简单的七、六(廖名春教授以为"一"即"七"),已上升到阴阳爻了,而八、五、九、四还是筮数,有其具体的特殊意义[1]。李尚信教授又有另一种解释:清华简用数不相等,不排除在某些情况下,可能将九、八、五、四并到七、六中的情形,从清华简筮例筮数出现的实际情况并参照大衍筮法筮数出现的概率来看,清华简筮法所得各种筮数出现的概率,也极有可能是不相等的。大衍筮法主要取九、六之变,而清华简筮法则更可能是取八、五、九、四之象。无论是一、六,还是八、五、九、四都不是可变的筮数[2]。笔者认为,清华简筮法的筮数,可能与大衍筮法有关,理由如下:

其一,清华简《筮法》有关于筮法的记载:

凡是,各当其卦,乃扐(扐)占之,占之必扐(扐),卦乃不忒。(《筮法·十七命》)

马融曰:"扐,指间也。"[3]虞翻曰:"扐,所揲之余。不一则二,不三则四也,取奇以归扐,扐并合挂左手之小指为一扐。"[4]按大衍筮法,扐,是将行蓍过程中出现的余数置于手指之间,即所谓"归奇于扐"(《系辞》),从《清华简》使用的一、四、五、六、八、九数看,虽然与大衍筮法不同,但有一点可以肯定,即其占筮所用的也是蓍草之类可以记数的工具,而且从其与大衍筮法都强调"扐"来看,其所用的筮法应当与大衍筮法有内在的联系。从出土文献看,包山简、天星观简、葛陵简记载的筮占工有"大英"、"大央"、"漆蓍"、"新长刺"、"长苇"等[5],说明战国时楚人流行用竹签或草作为筮具[6]。

其二,清华简高度关注八、五、九、四这四个筮数,而且对其意义做了专门说明,这也证明了清华简筮法与大衍筮法有关。众所周知,大衍筮法的最早记载保存在今本《易传》中,《系辞传》曰:"大衍之数五十,其用四十有九。分而为二以象两,挂一以象三。揲之以四以象四时。归奇于扐以象闰,五岁再闰,故再扐而后挂。乾之策二百一十有六,坤之策百四十有四,凡三百有六十,当期之日。二篇之策,万有一千五百二十,当万物之数也。是故四营而成易,十有八变而成卦。八卦而小成,引而伸之,触类而长之,天下之能事毕矣。"据后人研究,其行蓍方法有二:

一是"过揲法"。所谓"过揲法",宋人朱熹在《周易本义》中有详细记载,以五十根蓍草为工具,经过"参伍以变错综其数"三次推演,即三次"分而为二以象两,挂一以象三。揲之以四以象四时。归奇于扐以象闰,五岁再闰,故再扐而后挂"的变化,获得或二十八、或三十二、或三十六、或二十四,然后以四除之,则为七、八、九、六等数字。然后将七、八、九、六转化为阴阳

---

[1] 廖名春:《清华简〈筮法〉篇与〈说卦传〉》,《文物》,2013年第8期。
[2] 李尚信:《论清华简〈筮法〉的筮数系统及其相关问题》,《周易研究》,2013年第6期。
[3] [唐]陆德明:《经典释文》,《文渊阁四库全书》第182册,台湾商务印书馆,1986年版,第395页。
[4] [唐]李鼎祚:《周易集解》,《文渊阁四库全书》第7册,台湾商务印书馆,1986年版,第824页。
[5] 晏昌贵:《天星观卜筮祭祷简释文辑校》,《简帛数术与历史地理论集》,商务印书馆,第126~155页。
[6] 林忠军:《试论易学象数起源与〈周易〉文本形成》,《哲学研究》,2012年第10期。

符号[1]。

二是"挂扐法"。"挂扐法"是用三变后指间余数之多少定阴阳吉凶,即前面所说的"乃力(扐)占之,占之必力(扐)"。而对于"挂扐法",《周易正义》有明确解说:

> "十有八变而成卦"者,每一爻有三变,谓初一揲,不五则九,是一变也。第二揲,不四则八,是二变也。第三揲,亦不四则八,是三变也。若三者俱多为老阴,谓初得九,第二、第三俱得八也。若三者俱少为老阳,谓初得五,第二第三,俱得四也。若两少一多为少阴,谓初与二、三之间,或有四或有五而有八也。或有二个四而有一个九,此为两少一多也。其两多一少为少阳者,谓三揲之间,或有一个九,有一个八而有一个四,或有二个八,而有一个五,此为两多一少也。如此三变既毕,乃定一爻。六爻则十有八变,乃始成卦也[2]。

按照《周易正义》的解释,每一爻有三变,一变所得挂扐之数或五或九,二变所得挂扐之数或四或八,三变所得挂扐之数或四或八。三变据"五、九、四、八"之多少画出一爻之阴阳符号,经过十八变得出一卦六爻之阴阳符号,以定吉凶。因此,八、五、九、四是大衍筮法行蓍之数,是由数转化为阴阳符号的媒介,在大衍筮法中占有极为重要的地位。而清华简的数字卦运用八、五、九、四数,并专门解释其意义,证明了清华简与大衍筮法有着特殊的联系。如从清华简强调"占之必扐,卦乃不忒"来看,《周易》大衍筮法在战国时更多地是用"挂扐法"而不是"过揲法"。

同时,大衍筮法之所以成立,除了有筮数外,也必须有现成的固定卦爻符号作为卦。清华简有六十四卦卦名及相关的符号。虽然符号有所区别,但卦名大致相似。更为重要的是,如果把一、六视为阴阳符号的话,用大衍筮法"挂扐法"可以毫不费力地推演出占大多数的由一、六构成的卦。因此,清华简的筮法应该与《周易》大衍筮法是近亲。

然而,问题并不那么简单。清华简并非完全是由一、六构成的卦,还有掺杂了少量的"八、五、九、四"的卦,这恐怕与战国楚地的筮占的传统习惯有关,具体言之,当地筮占规定了大衍筮法在行蓍过程中,在什么情况下只用一、六,又在什么情况下取"五、九、四、八"当中一个数,可能与大衍筮法行蓍三变获得三个数有关,也可能与筮占的事情有关。关于如何取"五、九、四、八"数的规定应当是大衍筮法在不同地域和不同时期的一种特殊的形态。

除此以外,清华简筮法还有其特色:从占断看,大衍筮法推出的卦有爻变和变卦,用的爻占和六画卦占体现了"以变为占";而清华简虽有六画卦,从已有的筮例看,则无一例用爻变和变卦,即清华简无变卦,不用变爻和变卦占,用的不是六画占,而是八卦占,体现了"以不变为占"。从卦构成看,大衍筮法行蓍过程用数,而结果用阴阳符号表示卦,每一卦有卦名;而清华

---

[1] [宋]朱熹:《周易本义》之《筮仪》,广州出版社,1994年版,第3～6页。
[2] [唐]孔颖达:《周易正义》卷七,北京大学出版社,1999年版,第282页。

简《筮法》不记卦名,且符号仍然用数字表示,保留了数字卦的属性。从占问结果看,大衍筮法借助于《周易》卦爻符号的意义实现,而卦爻辞则是卦爻符号意义的表达,所谓"象者言乎象也",通过卦爻辞推断吉凶,所谓的"辨吉凶存乎辞"、"系辞焉以断吉凶";而清华简筮法虽有以筮占为内容的文字,涉及社会中家庭婚姻、行动、生死、成败、战争等多方面,还有数字、八卦意义的诸多方面的解释,但却显得繁杂,未有一套像《周易》文本一样的严密的文辞系统。

由此看来,清华简筮法虽然与《周易》大衍筮法"挂扐法"有某种联系,但又与《周易》的大衍筮法有很大的不同。这种筮法保持着早期数字卦的特征,应是本于数字占而不同于《周易》的另一种筮法。而从根源看,清华简虽然为战国简,其筮法不可能晚于《周易》的大衍筮法。

二、清华简与数字卦占法

根据有关学者统计,商代和西周皆使用一、五、六、七、八、九,商使用最多的是六、七、八,西周使用最多的是一、六、八。战国天星观楚简使用的是一、六、八、九,包山简用的是一、五、六、八,两简用得最多的也是一、六、八[1],其中用得最多的是一、六。张政烺曾经统计过商周数字卦168个数字,用最多的是一、六:一36次,六64次,七33次,八24次。战国天星观楚简十六组数字卦使用一、六、八、九,一37次,六49次,八5次,九4次,用得最多的也是一、六[2]。笔者初略统计,包山简六组数字卦72个数,"一、六"为64次,八、五7次。葛陵简数字卦十四组,除了缺数外,一、六149次,八、五10次。无论是殷周时期出土数字卦还是战国简数字卦,从使用的数看,有一共同的特点,使用一、六最多,这与清华简极为相似。有的学者研究认为一、六是奇偶符号:一是奇数、是阳数;六是偶数、是阴数。一、六是阴阳符号的前身,后世的《周易》符号皆源于数字卦的一、六。六的古老写法为∧,它包含二、四、六3个数,变成一个符号。商人用八,周初也用八,后来周人又将九加入筮数中,与一、七相通,由八变来,将一称为九。从而一、六转化为九、六[3]。有学者对于这个过程作了详细描述:"当筮数只用一、六两个数目字记录时,一、六的具体数值已降为次要,甚至可以置而不论,而其数的性质则上升为主要的了,即作为所有奇偶数的代表,成为记录筮数的专用数字。这是由具体筮数到抽象符号(爻象)演变的一个关键过程。……一、六两个数虽已由具体筮数演变为筮数中一切奇偶数的代表,且进而抽象化为符号式的爻象,然而在易卦中它的数值称呼并未消失,直至今本《易经》卦画中的'--'还是以'六'来称呼它的。"[4]也有的学者提出,《周易》阴阳符号形成,大致上经历了由∧、━到⌐⌐、━━再到

---

[1] 韩自强:《阜阳汉简周易研究》,《道家文化研究》(第18辑),生活·读书·新知三联书店,2000年版。
[2] 张政烺:《试释周初青铜器铭文中的易卦》,《考古学报》,1980年第4期。
[3] 张政烺:《帛书六十四卦跋》,《文物》,1984年第3期。
[4] 楼宇烈:《易卦爻象原始》,《北京大学学报(哲学社会科学版)》,1986年第1期。

一一、——的过程。我们认为,一、六是阴阳符号雏形的观点是有道理的,考帛书《衷篇》:"易之义谇阴与阳,六画而成章,曲句焉柔,正直焉刚。"[1]"曲句焉柔"是言符号阴爻弯曲,用数字表示则为"∧(六)或八。"正直焉刚"是言阳爻符号平直,用数字表示则为"一"。战国简与阜阳简《周易》阴爻用"八",王家台《归藏》阴爻用∧,而马王堆《周易》阴爻用⌐ ⌐这一点可以从清华简得到进一步的印证。清华简有由一、六构成的数字卦,又有一、六、四、五、八、九构成的数字卦,更为重要的是,清华简的数字被赋予了特定的意义,以供筮占之用。这些赋予了特定意义的数字,是数而非爻,却承担了爻的职能,说明清华简保留了战国前流行的数字的特征,而有大量用于筮占的具有阴阳意义一、六构成的数字卦和关于"乃力(扐)占之,占之必力(扐)"记载。因此,透过清华简可以看到数字卦由数字过渡到一、六,再转化为阴阳符号是一个过程。这也是为何清华简不解释一、六数字一个非常重要的原因。就其文辞而言,清华简占辞涉及死生、得失、会见、娶妻、灾咎、病瘿、祭祀、战争、生育、成败、出行、天气等方面内容,这与出土的其他战国简数字卦的文辞更为接近。如天星观简、包山简、葛陵简等所见数字卦皆有两组六个数字组成的卦,而且还有筮占的文字,分为前辞、命辞和占辞,多以问病、身体、问官、居家等为内容[2]。

清华简的公布,也为早期数字卦之用提供了新的证据。笔者曾经推测,数字卦之占问,起自单数占。采用了"一次得一位数,以一位数占;二次得两位数,以两位数占;三次得三个数,以三位数占;四次得四位数,以四位数占;五次得五位数,以五位数占;六次得六位数,以六位数占。这样能够解释为何数字卦有多少不同的数构成"。[3] 早期数字卦中三位数与六位数居多,恐与筮占几率有关。一次卜筮结果往往会使人生疑,两次卜筮则会出现两种结果,若皆吉皆凶,则容易决断吉凶。但若一吉一凶,则不知何从。三次卜筮结果,或两凶一吉,或两吉一凶,则易于决断。《礼记·曲礼》曰:"卜筮不过三。"按照有些学者的理解,"卜筮不过三",是指卜筮可一次,可两次,可三次,以三次常见[4]。三人同时占一事应当与一人占三次同,《尚书·洪范》曰:"立时人作卜筮,三人占则从二人之言。"此是说,同时用三个人卜筮,则从二人之占,即两人言吉,则以吉断;两人言凶,则以凶断。无论是一人三次占一事,还是三人同时占一事,皆以多为胜,此今本《系辞传》所谓"吉凶者,贞胜者也"。

数字占之所以能够实施的前提,是数字卦中每个数字都有一定与筮占相关的意义,而已出土的早期数字卦极少有文字的记录,无单数意义的记录,战国天星观简、包山简、葛陵简等虽有文字,也无每一位数字意义说明。而清华简对于数字做了明确的说明,每一位数字有确

---

[1] 廖名春:《帛书〈衷〉释文》,《帛书〈周易〉论集》,上海古籍出版社,2008年版,第381页。
[2] 李零:《中国方术正考》,中华书局,2006年版,第219~220页。
[3] 林忠军:《试论易学象数起源与〈周易〉文本形成》,《哲学研究》,2012年第10期。五位数字卦未发现,但据有学者考证,古代有五位之卦。见季旭昇:《古文字中的易卦材料》,《象数易学研究》(第三辑),巴蜀书社,2003年版。
[4] 张亚初、刘雨:《从商周八卦数字卦谈筮法的几个问题》,《考古》,1981年第2期。

定的意义。如一、六、五、四、九、八有时间意义：九为子午，八为丑未，一为寅申，六为卯酉，五为辰戌，四为巳亥。(《地支与爻》)又如八、五、九、四数字的物象意义：

> 八为风，为水，为言，为飞鸟，为肿胀，为鱼……
> 五象为天，为日，为贵人，为兵，为血，为车，为方，为忧、惧，为饥。
> 九象为大兽，为木，为备戒，为首，为蛇，为曲，为玦，为弓，琥、璜。
> 四之象为地，为圆，为鼓，为珥，为环，为踵，为雪，为露，为霰。(《爻象》)

不仅如此，清华简《筮法》还将数字的特定意义用于筮占中。如用八、五、九、四占。卦中各显八、四、五、九，故辞曰"春见八，乃亦得"。"夏见五，乃亦得"。"秋见九，乃亦得"。"冬见四，乃亦得"。(《筮法·得》)此言八、五、九、四在不同的季节则有特定的意义。而八、五、九、四出现于不同的卦，其意义也不同。如《筮法》第二十六节占祟，乾卦有五、九如何，坤卦有八、四如何，劳卦有五、九、四如何，罗卦有一四一五如何，有二五夹四如何；震卦有五、九如何，巽卦有五、九、四如何，各不相同。每一卦中数字所表达意义形式上是用于卦占，其实是用爻占，也是单一数字占。从而证明了早期数字起源于单数占。

其次，清华简证明了早期数字卦三位数占的存在。如前所言，早期的数字卦单数占发展到三数占，三数占形成基于当时人们对于单数筮占的怀疑的观念，而有"卜筮不过三"之说。而长期反复使用三位数占，三位数固定意义逐渐被确立。这一点也被清华简所印证。清华简有类似三画卦的三位数字卦，有确定的意义，如三位数字的时间意义，坎、罗、震、兑四方四季意义是其例(《筮法·四季吉凶》)，八卦五行意义(《筮法·卦位图、人身图》)及干支意义(《筮法·天干与卦》)。清华简《筮法》已经大量使用三位数字占方法。由三位数构成的卦是清华简数筮占的主体，三数占更多是用一、六表示，一、六已具有了阴阳符号的意义，而具有了八卦名字，其基本意义与今本八卦意义相差无几。由此可以看出，清华简体现了早期单数占过渡到三位数占的过程。如在"娶妻"节中，有两组数字自上而下为：六六六一六六、一六一六一一，若将数转换为卦，则为谦、睽，用经卦示之如下：

| ☷ 坤 | ☲ 罗 |
| ☶ 艮 | ☱ 兑 |

文辞言"凡娶妻，三女同男，吉"。(《筮法·娶妻》)谦上坤下艮，睽上离(罗)下兑，坤、离、兑为三女，艮为一男，故"三女同男"。又如在"雨旱"节中，有两组数字卦自上而下为六一一一六六、一一六六一六，将数字转换成卦则为咸、涣，用经卦示之如下：

| ☱ 兑 | ☴ 巽 |
| ☶ 艮 | ☵ 劳 |

其文辞："金木相见在上,阴。水火相见在下,风。"(《筮法·雨旱》)咸上兑为金,涣卦上巽为木,故"金木相见"。咸下艮为东北属水,涣卦下劳为火,故"水火相见"。

因此,清华简虽然有六位数字组成的卦,却只有三位数字卦占,而无六数字占。有六十四卦卦名而只用三个数字卦表示。反映出早期八卦占,以三位数占为形式。而后世的八卦占当本之如此。如汉代流行的八卦占。《易纬》有八卦卦气占。《通卦验》指出:

> 凡易八卦之气,验应各如其法度,则阴阳和,六律调,风雨时,五谷成熟,人民取昌,此圣帝明王所以致太平法。故设卦观象以知其有亡。夫八卦缪乱,则纲纪坏败,日月星辰失其行,阴阳不和,四时易政,八卦气不效则灾异、臻八卦气应失常。

与之相同的是,《是类谋》也言八卦占。在《是类谋》的作者看来,帝王的灭亡,皆有征兆,这个征兆就是八卦之气不效。这里的三画之八卦已被自然界八风所取代,八卦已经不仅仅是八种符号,而是自然八风象征。透过后世八卦占,虽然已无数字的影子,但我们仍然可以发现三位数字的痕迹。因此,清华简八卦占可能与三个数字占有着内在联系,后世的八卦占与清华简一脉相承,也就是说后世八卦占本之早期的三个数字占,是可信的。

三、清华简《筮法》与《归藏》筮占方法

既然清华简筮法与《周易》大衍筮法有特殊关系却又有所不同,那么它与《归藏》筮法是什么关系呢？李学勤先生在对比传世的辑本《归藏》、出土的王家台《归藏》、马王堆帛书《周易》与清华简之后,发现清华简的经卦卦名写法与楚文字写法"没有特异之处"。如"乾,《说文》从乙倝声,简文只做'倝',是假借字。离,简文作'罗',同于马王堆帛书《周易》,也系通假。坤,简文作'𡔈',是《归藏》特有的写法。……坎,作'𡘿',即'劳'字,同于王家台秦简《归藏》,辑本《归藏》作'犖'""其震卦有时作'垈(来)',按辑本《归藏》震卦作'釐',与'来'均作来母之部字。"由此,推断出"《筮法》经卦卦名近于《归藏》""与《归藏》有关"[1]。程浩则从八卦卦序和八卦方位中兑罗两卦的秋收冬藏的意义,进一步证明了清华简《筮法》与《归藏》应该有共同的八卦系统[2]。其实,在清华简中还有与《归藏》相关的,如王家台简《归藏》又有"散"卦,清华简也作"散",传本作"散家人"。而各种版本的《周易》皆作"家人"。王家台简《归藏》有"介"卦,清华简也作"介"。而《周易》多作"豫"。又清华简无变爻和变卦,与《连山》《归藏》同。因此李学勤先生与程浩博士的观点可信。

清华简与《归藏》的关系,为我们研究清华简《筮法》筮占方法提供一种新的思路。对于

---

[1] 李学勤:《清华简〈筮法〉与数字卦问题》,《文物》,2013年第8期。
[2] 程浩:《清华简〈筮法〉与周代占筮系统》,《周易研究》,2013年6期。

《归藏》的筮法前人作了种种推测，如孔颖达指出："周世之卜，杂用《连山》《归藏》《周易》也……《连山》《归藏》以不变为占，占七八之爻。二易并亡，不知实然如否。"[1]贾公彦曰："筮时《连山》《归藏》《周易》亦三易并用，夏殷以不变为占，周易以变者为占。"[2]吴莱曰："及推其所用之策，《连山》三十有六，《归藏》四十有五，《周易》则四十有九。"[3]王应麟：" 郑氏以为《连山》用三十六策，《归藏》用四十五策，《周易》用四十九策。"[4]这些缺乏证据的推测，正如孔颖达所言"不知实然如否"。在此我们不妨再考察湖北江陵王家台出土秦简《归藏》。在湖北江陵王家台15号秦墓出土的随葬物品中除了有竹简《归藏》外，还有占卜用具，如"算筹60支，较细长，断面呈圆形，一端为骨制，另一端为竹制……出土时置于一竹筒内。"还有骰子23件，且大小不同。大的9件，边长2.9厘米，小的14件，边长2.4厘米。说明此法在当时当地比较流行。"有两件上面和底面为空白，四个侧面分别对刻'一'与'六'字"。23件骰子中，有大小不同的"六面分别阴刻有一、二、三、四、五、六数字"[5]。由此可以断定王家台秦简筮法，一种是使用骨制和竹制作为行蓍之具，运用这些筮具运算完成筮法。一种是简化的筮法，即用刻有一六的骰子，或刻有一、二、三、四、五、六数字"的骰子完成筮法，获得由一六构成的卦，然后用《归藏》文辞占断吉凶。既然清华简数字卦属于《归藏》系统，而且与出土王家台秦简《归藏》同属于一个地域，二者之间应该有某种联系。王家台秦简《归藏》有算筹，清华简有"力（扐）占之，占之必力（扐）"记载，可知清华简的筮具是用蓍草或蓍草替代物，其筮法如前所言，是类似《周易》大衍筮法的另一套筮法。另一可能是也像王家台出土秦简《归藏》一样简化了用蓍草推演的筮法，代之于用刻有数字的实物作为筮具：或用木制或石制的骰子，其六面分别刻有一、六、四、五、八、九数，使一、六居骰子上下，代表阴阳，四、五、八、九分居骰子四侧面，代表四时四方。通过六次投掷可以求得一、六、四、五、八、九构成的卦。而清华简一、六概率多，而其他数少，有可能将骰子制成长宽相等、而高短于长宽的立方体，上下各自面积相同，分别大于四个侧面面积。六次投掷骰子一、六居多，其他数则少。因为用蓍草作为筮具的筮法过于复杂，无法满足当时社会筮占的需求，掷骰子取代推演蓍草，以达到化繁为简是合情合理的。因此，还有一种可能是，清华简筮法如王家台秦简一样，以蓍草为筮具的复杂筮法和以刻有数字的骰子为筮具的简化筮法并用。在现实生活中，更多是用简化的筮法。

---

[1] [晋]杜预注，[唐]孔颖达疏：《春秋左传正义》卷三〇，上海古籍出版社，1997年版，第1942页。
[2] [汉]郑玄注，[唐]贾公彦疏：《仪礼注疏》卷一，上海古籍出版社，1997年版，第946页。
[3] [元]吴莱：《三坟辩》，《渊颖吴先生文集》第七卷，《四部丛刊》本。
[4] [宋]王应麟著，张三夕、杨毅点校：《汉制考·汉艺文志考证》，中华书局，2011年版，第131页。
[5] 荆州地区博物馆：《江陵王家台15号秦墓》，《文物》，1995年第1期。

巽 之 祟

——《筮法》中的阴卦与女性角色

柯鹤立(著) 胡文嘉(译)

(美国 理海大学)(中国 北京师范大学)

新近面世的清华简(肆)《筮法》篇所记录的占筮方法有别于广为人知的《周易》。组成数字卦的三爻卦有性别之分,八个中的四个体现女性角色。这为研究先秦筮法和中国公元前4世纪女性角色提供了新的材料。在分析《筮法》记载的内容时,与之时代相同的占筮方法和文献也是可以共同参考的材料。[1]

《筮法》中的每个数字卦由十二个数字组成。占筮所得的十二个数字骈列为两组,也即四个三爻卦。三爻卦自身属性及其组合后产生的性质将决定占筮结果的吉凶。每个三爻卦所对应的概念包括了性别、季节、历日、身体部位、方位、颜色、神性(自然神灵和人类灵魂)。组成三爻卦的每个数字也有其特定影响力。虽然在文本中一般不以"阴"和"阳"称之,但卦内每一爻都有阴性、阳性之分。数字一(有时也用七)和六分别表示实线形的阳爻和虚线形的阴爻。偶数四和八、奇数五和九处在一些特定的位置时,则预示着危险。相关插图也表明这四个数字很可能影响贞人的占筮结果,影响的方式在文本中没有具体说明。总体说来,与偶数

---

[1] 有关先秦占卜研究的著作,参见朴载福:《先秦卜法研究》(北京大学震旦古代文明研究中心学术丛书之二十四),上海古籍出版社,2011年版。Lisa Raphals, *Divination and Prediction in Early China and Ancient Greece*, Cambridge University, 2013. 近年有关《周易》文本的研究,详见 E. Shaughnessy, *Unearthing the Changes: Recently Discovered Manuscripts of the Yi Jing and Related Texts*, Columbia, 2014. 有关历书及相关研究,详见刘乐贤:《睡虎地秦简日书研究》,文津出版社,1994年版;M. Kalinowski, "Diviners and Astrologers under the Eastern Zhou: Transmitted Texts and Recent Archaeological Discoveries", In *Early Chinese Religion*, Part One: Shang through Han (1250 BC - 220AD), ed. J. Lagerwey and M. Kalinowski, Vol. 1, Brill, 2009, pp. 341~396. 有关战国巫鬼研究,详见 D. Harper, "Warring States Natural Philosophy and Occult Thought", In *The Cambridge History of Ancient China*, Volume 1: From the Origins of Civilization to 221 B. C., ed. M. Loewe and E. Shaughnessy, Cambridge, 1999, pp. 813~884; C. A. Cook, *Death in Ancient China: The Tale of One Man's Journey*, Brill, 2006;晏昌贵:《巫鬼与淫祀:楚简所见方术宗教考》(楚地出土战国简册研究丛书第七册),武汉大学出版社,2010年版。

(四和八)相配的图属阴,与奇数(五和九)相配的图属阳[1]。这些数字可能与诅咒(可对占筮对象的身体造成伤害)有关。总之,诅咒的来源与三爻卦所表示的性别是一致的。

占筮者占问的内容涉及职业、健康、婚姻、战争、家庭、居所、生死、访客、出行、所得等等。在随后的公元前3世纪的历书《日书》中,记载的主要也是这些内容。但《日书》只判断在某一特定时间进行某种行为的吉凶情况,从而为人们的日常行为提供指导和预测,却并不追究问题产生的原因。《周易》爻辞对上述内容也有所反映,但与之相配的意象却似乎来源于上古歌谣和祝祷,并与爻之阴阳运转结合。清华简《筮法》篇由六十三枚竹简组成,展开后像一张地图。右侧是成组的数字卦占例及其对应读法,左侧有插图、表格和解卦方法。

《筮法》和历书的另一个共性就是它们都借助人体结构来进行占筮。历书中插入的"人字"图,其轮廓被分成了十二个区域分别与地支相配。如果新生儿的诞生日恰与图中相应季节的某一地支对应,新生儿的命途则会受到该地支所对应身体部位的吉凶、富贵等性质的影响。这一模式同样适用于预测分娩对母体产生的影响以及走失或出走者能否被找到。十二地支顺时针排列,春、夏两季以人体右手为起点,秋、冬两季则以右脚为起点[2]。

例如,湖北云梦睡虎地所出公元前3世纪秦简《日书》甲篇云:

> 人字,其日在首,富难胜也。夹颈者贵。在奎者富。在掖(腋)者爱。在手者巧盗。在足下者贱。在外者奔亡。女子以巳字,不复字。戊子以有求也,必得之。虽求頯宭(帝)必得。丙寅以求人,得之。

然而,在《筮法》文本中,人体图像则被分为八个区域与八经卦对应。其中体现男性角色的卦对应人体的首、耳、手、足,体现女性角色的卦对应人体的体腔如口、胸、腹、股。尽管简文没有明确说明,但我们可以推测将三爻卦与身体部位对应当是为了诊断疾病。此外,其他一些同出于湖北、湖南的公元前4世纪的卜筮类文献也显示,时人相信身体出现疾病实际上是由于受到了先祖或周遭的神灵降下的诅咒。据此推测,《筮法》中每个三爻卦对应的诅咒、作祟内容有助于时人对疾病的诊断。

有趣的是,在睡虎地秦简《日书》乙种的一节中,十二地支有了男、女性别之分:

> 男子日,寅、卯、子、巳、戌、酉
>
> 女子日,辰、午、未、申、亥、丑

---

[1] 传世本《周易》使用数字九代表阳,数字六代表阴。汉代早期以前的爻辞使用数字一表示阳爻,数字六或八表示阴爻。与《筮法》所采用的奇、偶数系统相似,这些数字只被用作记录符号,不具有计数作用。

[2] 马继兴:《马王堆古医书考释》,湖南科学技术出版社,1992年版,第814~821页;D. Harper, *Early Chinese Medical Literature: The Mawangdui Medical Manuscripts*, Kegan Paul International, 1998, pp. 373~374;刘乐贤:《睡虎地秦简日书研究》,文津出版社,1994年,第187、192~193页;睡虎地秦墓竹简整理小组编:《睡虎地秦墓竹简》,文物出版社,2001年,第206页。有趣的是,"亥"这一地支在秋、冬季与胯部对应,而在春、夏季则移动到了人体右侧腋下部位。有关《胎产书》中妊娠及确保孕育男婴的内容的研究,详见吕亚虎:《帛书〈胎产书〉所见早期孕育信仰浅析》,《江汉论坛》,2009年第6期,第70~77页。

历书中的"人字"图根据季节,分两张图表示人体与地支的对应关系。如果将性别的阴阳也标示在图中,则可发现性别与地支的序数并没有奇、偶方面的对应关系。此外,胯部是睡虎地秦简插图中唯一出现的体腔部位,与之相配的刚好是阴月的女日和阳月的男日。考虑到胯这一部位通常与生育相联系,这或许也预示了相应季节出生的新生儿的性别。无论在阴性季节还是阳性季节,头部、右手和右脚总是和男性相联系,左手、左颈和右侧腋下总是和女性相联系。这看上去像是阴阳对分的方式,虽然不全然取决于季节,但仍受到季节的些许影响。

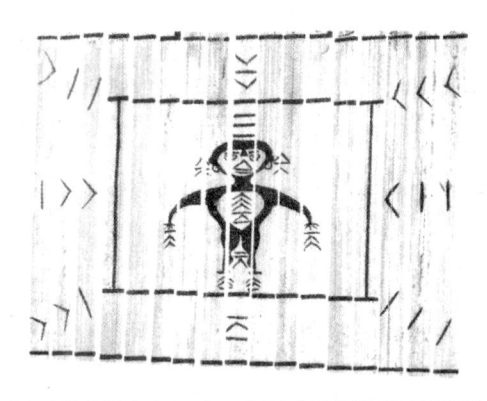

图一　人身图(此为笔者2014年3月于达特茅斯学院拍摄的海报插图)

《筮法》人身图外有矩形线,周围简文标示相关方位对应的季节、颜色和自然神灵。矩形内部有卦位,按照顺时针顺序解读各卦可以分析数字卦的卦义。在一些占例中,数字卦的解读方式则取决于它在环形卦位的哪个半区。右半个环形区域为坎、乾两个男性卦在外侧,其间夹有坤、兑两个女性卦在内侧;相反左半区为离、巽两个女性卦在外侧,其间为艮、震两个男性卦在内侧。右半区涵盖夏、秋两季,左半区包括冬、春两季。夏季位于南方,和头部相配。冬季位于北方,和双足相配,双手分别和春季和秋季相配。

尽管《日书》和《筮法》所采用的体系不完全相同,但它们都反映了卦所具有的男女或阴阳的性质。《筮法》更将阴阳配组,如同我们在《周易》六爻卦中所见的奇偶数字或阴爻阳爻相配一般。《说卦》在汉代被辑入《十翼》,其采用的这种阴、阳成组的作用体系在《筮法》中已见萌芽[1]。阴爻、阳爻组合成的三爻卦也有性别之分:乾为父,坤为母,艮、兑二卦中体现性别的爻在最上,代表最年轻、力量最弱的男女配组;坎、离二卦中体现性别的爻在中间,坎男离女;震、巽这一组的力量仅次于父母。这种力量强弱的等级在《说卦》中与兄弟姐妹的长幼排序相对应。此外,《说卦》还将三爻卦与身体部位对应图示,其中的一些对应关系与《筮法》相似。可见,《说卦》作为解读《易经》的纬书,影响《说卦》和《筮法》成书的因素中很可能有相同的部

---

[1] 李学勤:《清华简〈筮法〉与数字卦问题》,《文物》,2013年第8期,第66~69页;廖名春:《清华简〈筮法〉与〈说卦传〉》,《文物》,2013年第8期,第70~72页。

分。如果我们把《说卦》中的等级关系和《筮法》中的阴阳配组结合起来,则可依据下图所示来考察卦之影响:

等级	卦名	身体部位	方位	天干	自然与五行神
男性:奇数 1/5/7/9					
夫	111 乾	首	西北	甲、壬	
长男	661 震	足[1]	东	庚	司雷木青
中男	616 坎	耳	南	戊	司树火赤
少男	166 艮	手[2]	东北	丙	
女性:偶数 4/6/8					
妻	666 坤	胸	西南	乙、癸	
长女	116 巽	股[3]	东南	辛	
中女	161 离	腹	北	己	司藏水黑
少女	611 兑	口	西	丁	司收金白

《筮法》和《周易》的一个明显区别在于坎、离二卦与水、火的对应是相反的。《筮法》中坎卦为男,与南方、火、夏季相配;同等级的阴卦为离,与北方、水、冬季相配。这种搭配情况恰与《周易》相反,或许是南方楚国为尊楚而有意为之(《筮法》很可能源自楚地),也或许《筮法》根本就是一个有别于《周易》的占筮体系[4]。类似的,离卦在《筮法》中对应人体的腹部,在《说卦》中却对应眼部。尽管"离"与"大腹"的对应只是其众多属性之一,但这种差别仍然是显著的。值得注意的是,在《筮法》面世之前,曾宪通先生就曾撰文对离卦九四爻做出新的诠释,指出其含义与妇人因伤孕而导致流产有关[5]。但我们尚不能基于这些微妙的联系就断定《筮法》和《说卦》在来源上有交集。《筮法》中其他阴卦与身体部位的对应情况与《说卦》基本相同,唯独在《说卦》中"腹为坤",没有"胸"这一部位,而《筮法》人身图中"离"到了"坤"的下方,"坤"所在的位置到了胸的部分。除此之外,《筮法》和《说卦》中的巽、兑二卦都分别对应"股"和"口",这点是一致的。

另一个引人关注的地方是,传世本《周易》将天、雷、水、山、地、风、火、泽八个意象分别与乾、震、坎、艮、坤、巽、离、兑八卦相配,在《说卦》中也有提及,但这种配组却几乎不见于《筮

---

[1] 包括膝盖以下部位。
[2] 包括手肘以下部位。
[3] 包括膝盖以上部位。
[4] 学者研究以为属火的是离卦,和人的眼部相对应(根据《说卦》),相关论述详见:文小成《〈离卦〉释义》,《湖南科技学院学报》,2012年第3期,第9~12页;陈硕:《〈周易〉中"离"的文化原型及转义探析》,《湖北社会科学》,2017年第1期,第110~115页。
[5] 曾宪通:《〈周易·离〉卦卦辞及九四爻辞新诠》,《古籍整理研究学刊》,2004年第4期,第45~48页。

法》，只有震与雷相配，并且简文中的"雷"并不指自然意象，而是指司雷的神灵。每个基本方位都有对应的神灵与之相配，并体现阴阳之分。与阴卦兑（西）、离（北）相关的神灵掌管"内入"，如司收、司藏；而与阳卦震（东）、坎（南）相关的神灵则司雷、司树，皆与"外出"相关。

在《筮法》中，对阴、阳的划分是解读数字卦内各三爻卦之间关系的基础，其他诸如时间和空间上的关联则居于次要。这一总括性的解卦原则可从《筮法》的卦例和图表中看出。例如，左侧从简 51 开始记载了与"祟"相关的内容，解读卦象的首要原则即是"夫天之道，男胜女，众胜寡"[1]。其中"天之道"指自然法则、宇宙法则。这一原则正契合了当时父权社会的社会准则。

在等级和力量方面"阳"胜"阴"的总体原则在"死生"一节的简 1 - 2 中也有所体现。观察骈列的两组六爻卦，如果一爻的位置被阳爻而非阴爻占据，那么占问的结果则通常会是肯定的。即使占卜疾病，也会得到肯定的答案，以如下占例为例：

巽(116)　乾(111)
离(161)　乾(111)

简文云："六虚，其病哭死。"[2] 合观骈列的两组以数字表示的六爻卦，六爻的每个位置都有阳爻。此卦中的四个三爻卦，右侧为两个乾卦相叠，左侧为巽卦居于离卦之上。由于右侧六爻之位均是阳爻，左侧两条阴爻的力量就被右侧对应位置的阳爻抵消掉了。

在另一个占例中，爻的性别角色仍然具有影响力，但若某一性别占据多数，占卜就可能会得到正面的结果。例如"得"一节的简 7 - 8 占问占卜者是否能够得其所求。由于占得的四个三爻卦中阳卦占据多数，所以占卜结果为吉，占卜者将得其所求。其卦为：

震(661)　坎(616)
巽(916)　震(661)

简文云："三男同女，乃得"。在其他一些卦中，数字 9 可能表示不吉，虽然此处左下方巽卦也

---

[1] 需要明确的一点是，与"天之道"相对的"地之道"并非是像道家那样更加强调女性所具有的柔顺的性质。《说卦》传云："昔者圣人之作《易》也，将以顺性命之理，是以立天之道曰阴与阳，立地之道曰柔与刚，立人之道曰仁与义。兼三才而两之，故《易》六画而成卦。分阴分阳，迭用柔刚，故《易》六位而成章。"《系辞·下》篇中也有类似表述）《象辞》常以"刚柔并立"来强调"平衡"，虽然从有关婚媾的占例中可以看到"柔克刚"的现象（参见咸卦），但在这种柔"遇"刚的情况中，女性多会被认为太强，不宜婚姻（参见姤卦）。所以，所谓的"地之道"，其实反映的也是父权体系下的等级关系。

[2] 此处"虚"字可读为"處"。目前关于此字的读法尚无定论。虽相距此简不远的简 14 有一"尻"字，整理者读为"處"，但笔者以为其可读为"居"（详见简 12 - 14），其文为"三凶同吉，恶爻居之，今焉死"。相关文字的上古音韵参照 Baxter、Sagart，*Old Chinese Reconstructions*，1.1 版电子资源，又见于 W. Baxter 与 L. Sagart 合著，*Old Chinese: A New Reconstruction*，Oxford University，2014。

出现了 9,但由于总体上阳卦仍占多数,所以还是吉兆。

《筮法》的主要占筮对象是贵族男性,这一点是无甚疑问的。第二十节的简 32 - 36 为"四位表",包含军旅、家族、君臣和居所四个表,每个表内都有四个不同的等级位置。在家族和君臣两个表中,表示"自己"的"身"或"躬身"位置都在右下,"妻"位于"家族"这张表的左下。显然,每张表中四个区位的等级关系当有助于理解数字卦中分处于四个位置的三爻卦的含义[1]。在"家族"这张表中,"躬身"代表丈夫,"妻"在其左侧,后代"子姓"位于"躬身"之上,"臣妾"在"妻"之上。除此之外,有关社会繁殖(也可理解为社会结构的持续复制)的内容在《筮法》其他一些章节也能见到。

在"娶妻"一节和"贞丈夫女子"一节中,贞人帮助占卜者占算娶妻的吉日(两节都是从男子娶妻的角度进行的占问,没有女子嫁夫的角度)。需要注意的是,一个占例中的四个三爻卦,若是三阴一阳,婚配则为吉,若反过来是三阳一阴,则为凶。这表明当占卜的内容为婚配时,三爻卦的性别影响力更强,是决定吉凶的主要因素,而不取决于某一性别是否占据多数。

新生儿的性别也可以通过占卜得出。两个三爻卦叠成六爻,去掉最上两爻和最下一爻后可得到一个新的三爻卦,新生儿的性别则由此卦决定。第十二节"男女"简 19 - 21 提供的卦例,右侧 66[616]6 中间得到 616,即坎卦,属男;左侧 11[616]1 中间也得到 616,则是男婴降生的预兆。

有关女性生育和繁殖的内容在对应"长女"的巽卦中体现得尤为明显。在《筮法》的人身图中,巽为股,属木,在东南,表季春。简文第二十六节"祟",分别给出了祟与八经卦各卦可能具有的来源关系,首先从代表丈夫的乾卦开始,然后是同等级与之对应的坤卦,其后从家庭等级中最幼一级逐级向上,每级内部仍是先男后女进行叙述(在《筮法》的其他一些章节也能见到这种叙述顺序,详见下文)。阴卦体现的阴性神力往往与人的神灵相关,尤其指向横死的女性,母亲、长女、奴、妾以及在分娩时死亡的女性都包括在内。巽卦作祟的内容在章节最后,叙述了有关生育和分娩的内容。

四个阴性三爻卦作祟的内容,体现了阴性神力所具有的广泛的影响力,是贞人在卜筮时不可忽视的:[2]

> 坤祟:门、行。纯乃母。八乃奴以死,乃西祭。四乃缢者。(简 44)
> 兑祟:女子大面端觥死,长女为妾而死。(简 46)
> 离祟:热、溺者。四,缢者。一四一五,长女殇。二五夹四,辜者。(简 48)

---

[1] 有关《筮法》占卜原理在包山楚简的卜筮祭祷简中的应用情况,详见柯鹤立:《试用清华简〈筮法〉解读包山占卜记录中的卦义》,《简帛研究(2016 春夏卷)》,广西师范大学出版社,2016 年版,第 12~22 页。
[2] 此节详见清华简(肆),第 115 页。

巽祟：字殇。五八乃巫[1]，九。柆、孪子[2]。四，非狂乃缢者。（简50）

巽祟多与分娩（简文中以"字"表示）相关，多指女性在生产时死亡。此外，如果出现具有强大阳性力量的奇数9（代表阳性的典型数字是1，有时也用9），女性则会由于创伤性分娩而死亡，此类分娩常常为一胎多子。相关记载很少见，但我们可以对比参照清华简《楚居》篇记述的胁生故事来理解。简文中的"柆"字，《说文》释为"折木"，但笔者以为可以读为"胁生"之"胁"（《楚居》篇假借"臘"字记录"胁生"之"胁"，而"臘"与"柆"读音近同）。《楚居》篇的胁生故事中，创伤性分娩一般指一胎多子或二子中的幺子自"胁"而出，而导致其母死亡。多子胁生故事是战国时期及其后非周族（夏、商与楚）先祖诞生神话故事中的一个重要特征[3]。

其他占筮类文献中，唯一涉及多子生育的记载见于王家台出土的秦代竹简，王家台旧属楚地。学者识得简中有一部亡佚的上古易书《归藏》。这篇文献中使用的卦名和《周易》相似，但爻辞截然不同[4]。例如，《周易》第八卦比卦上为坎，下为坤，一般认为这一卦意在占卜人际交往的吉凶。《周易》的爻辞往往表述得比较晦涩，因而人们也得以在后续解卦的过程中赋予其多种哲理和意涵。就比卦而言，《周易》爻辞中唯一的具体场景和君王狩猎有关，而《归藏》爻辞则说的是葱郁的景色以及司阴、司阳双子的诞生。司阴、司阳与《筮法》中将方位配以所司神灵的方式相似。"比"常用为相伴、在旁、协助等义（但"比"字在商代卜辞中表示女性先祖，即后来的"妣"），从这些意义来看，"比"似乎与春季、孕育之所，甚至司木之神灵有关。

比曰：比之荣荣，比之苍苍。生子二人，或司阴司阳。不□姓□☐（简216）[5]

在残损的《归藏》简文中，仅有此句提到了女性生产或与性别有关的内容。遗憾的是，巽卦位列《周易》第五十七卦，《归藏》中的巽卦爻辞没能保存下来。而《周易》巽卦的爻辞则没有表现出对性别的划分。唯一一句让人联想到性别的爻辞是"巽在床下"。"床"在《诗经·斯干》篇中是男婴出生后放置的地方，女婴一般会被放在地上，故而这一句爻辞可能暗含了一定的性别指向，但总体说来《周易》巽卦并没有涉及孕育、分娩方面的内容。

《周易》中涉及"生育"主题的是第五十三卦"渐卦"（上为巽，下为艮），根据爻辞，渐卦九三和九五两条阳爻均与女性怀孕相关，前者言"妇孕不育"，怀孕了却没能生产，后者言"妇三岁不育"，三年没有怀孕。三年不孕的情况也与楚国有微妙的联系。根据楚国传说，圣王大禹其母怀孕三年，然后"背剖"产下大禹。另一说是禹父死后三年，其腹被剖开，大禹才被取出。楚

---

[1]《说卦》将"巫"、"决"与兑卦相关联，其文云："兑为泽，为少女，为巫，为口舌，为毁折，为附决。"
[2] 清华简（肆），第117页，整理者注释认为"兹子"（多子）疑读为"孪子"（两子）。
[3] 柯鹤立：《楚先祖的诞生故事》，《楚简楚文化与先秦历史文化国际学术研讨会论文集》，湖北教育出版社，2013年版，第134～150页。相关讨论详见：C. A. Cook and Luo Xinhui, *Birth in Ancient China: A Study of Metaphor and Cultural Identity in Pre-Imperial China*, State University of New York, 2017.
[4] 有关不同版本《周易》文本的比较，参见丁四新编：《楚竹书与汉帛书〈周易〉校注》，上海古籍出版社，2011年版，第27～34页。
[5] 王明钦：《王家台秦简概述》，《新出简帛研究：新出简帛国际学术研讨会文集》，文物出版社，2004年版，第30页。

人将这一神话嫁接到了追述自己先祖的歌谣中[1]。就渐卦而言，无论不吉或者缓吉，都被配以鸿鸟聚集的景象。《归藏》渐卦的爻辞中则没有鸿鸟聚集，而是预测会有云雨，且说云围绕大山是吉兆。《周易》渐卦九五爻以鸿鸟渐于陵的意象来表明吉运终于随之而来，妇女三年不孕的情况即将终结。《周易》中关注不孕问题的是第三卦屯卦。屯卦上坎下震，其六二爻预测妇女十年才会产子。《归藏》的屯卦则是关于蛟龙卜为上天的内容，与生育、繁殖没有明显关联。

根据《筮法》的记载，巽卦的阴性力量很强，数字9作为阳数之极，如果出现在巽卦中（与其所在位置没有明显关联），则可能导致难产或创伤性分娩等危险。除此之外，巽卦所具有的神力还可以作祟。这些祟可能会阻碍男性仕途和家族延续，也可以引起健康问题（取决于特殊数字所在的三爻卦对应四位表中的哪个位置）。这些祟可能来源于在分娩过程中死亡的女性、巫婆或疯狂的女性。阴卦下提及的鬼怪还可能死于斩首或其他非正常原因，如缢死、肢解、焚烧和溺亡等，但我们尚不知晓这些鬼怪是否包括女性神灵。然而，震卦代表男性，震祟的来源是疯癫而死的鬼怪；坎卦也代表男性，坎祟的来源是遭肢解而死的鬼怪；这说明在这些祟中，重点并不在于性别，而在于疯狂或横死的原因。还需注意的是，阳卦作祟的来源中没有女性鬼怪，所以很可能即便是对于疯狂的或遭肢解的人，也存在性别区分。

至于代表阴性影响力的数字，如果出现了8或4，而非常见的6，那么根据《筮法》第二十九节"爻象"简52，对应爻象则有流体、圆形和肿胀，皆暗含妊娠和分娩之义[2]。简文将与偶数8和4关联的意象分别列在了奇数5和9的旁边。

　　凡爻象，八为风、为水、为言、为飞鸟、为肿胀、为鱼、为罐筩。在上为醪，下为汱。
　　四之象为地、为圆、为鼓、为珥、为环、为踵、为雪、为露、为霰。

《筮法》中的性别区分总体上与汉代建立的阴阳五行体系在原理上一致，但还只有四方和四行。四个与阴有关的卦皆在身体内部，与体腔部位相关联，而与阳有关的卦则占据外端。这种内外分配反映了战国晚期人们对理想社会的描绘。卦的阴、阳所体现的内向、外向的属性也会影响占卜结果。例如第十三节"行"简22-23，当阳卦的影响较大时，渴求之结果会"数而出"，暗示占卜主体可"出"而求取；反之当阴卦的影响较大时，则建议占卜主体"数而内（＝入）"，来避免吉逆动、反转为凶。

---

[1] 完整研究详见：C. A. Cook and Luo Xinhui, *Birth in Ancient China*。
[2] 清华简整理者认为"八"象中已有"肿胀"，此处"四"象之"肿"可能是同音"踵"字之误，所以将其暂释为"踵"（清华简（肆），第120～121页）。此说有其道理。其一，在"四"象之前的"九"象中提及了其他身体部位（如首、足）。其二，在马王堆出土古医书记载的阴阳经脉理论中，足后跟也是巨阳脉上的一个点（参见 Harper, Early Chinese Medical Literature; The Mawangdui Medical Manuscripts, 1998, p. 203）。关于"四象之"肿"的另一种可能是，其与"八"象之"肿"是不同的肿胀。章节首段出现的八"象"之"肿"以"瘫胀"二字书之，首字"瘫"可如整理者读为"肿"，也可读为"痛"（"痛"字中的"甬"在简文中常写作"童"，"童"、"重"音近）。"胀"表肿胀义，读音与表示肿瘤的"疮"相近。事实上"肿胀"二字上古音双声叠韵，和谐对应。

有关卦间关系的研究表明,逆动与反转可能与阴性影响力有关。第二十五节简43-50描述的天干与卦的对应关系可图示如下(图二):丈夫(乾)编号第一(甲),妻子(坤)第二(乙),之后转而从家庭等级下方开始逐级往上:少男(艮)第三(丙),少女(兑)第四(丁),中男(坎)第五(戊),中女(离)第六(己),长男(震)第七(庚),长女(巽)第八(辛),最后回到丈夫(乾)第九(壬),妻子(坤)第十(癸)。

逆、反的概念也明显出现于"乾坤运转"中,且与一个月内的不同时段有关,如第二十二节简39-40所示。在月末的"晦"日,月光消失,阴性力量最强,"坤"迎"乾"入"巽"(长女)。新月第五天后,"乾"和"坤"一起离开巽而"当艮"(艮为少男),暗喻新月在巽的帮助下完成孕育以及新月的出生。第十日后,代表新生的新月已经建立起来,"乾"和"坤"才返回初始之位(图三)。显然,在新月孕育和重生的过程中,妻与长女具有重要角色。若不计实际家庭等级,只单纯将妻和长女看作两股阴性影响力,则可知新月的出生不仅需要"坤"所代表的至阴之力,还需要和《筮法》中描述的与春季、生育相关的"巽"所具有的次强阴力。在占筮中,"坤"代表一月中最为晦暗的日子,"乾"代表最光明的日子,这是《筮法》体系采用阴阳二分的一个典型表现。此外,清华简《筮法》第二十一节,整理者命名为"四季吉凶",其中的简37-39也可见阴阳二分成组的内容。"乾"和"坤"在此节根本没有出现,只有力量等级处在其下的卦才被分出吉凶四个等级(大吉、少吉、大凶、少凶),并分别与四季对应。具体说来,春季长男(震)、长女(巽)为大吉之象;夏季中男(坎)大吉;秋季少女(兑)大吉;冬季是少男(艮)和中女(离)大吉。反过来说,冬季震、巽大凶;秋季坎大凶;夏季兑大凶,春季艮、离大凶。这些配组情况大体上与人身图外围卦与方位的对应情况是一致的。

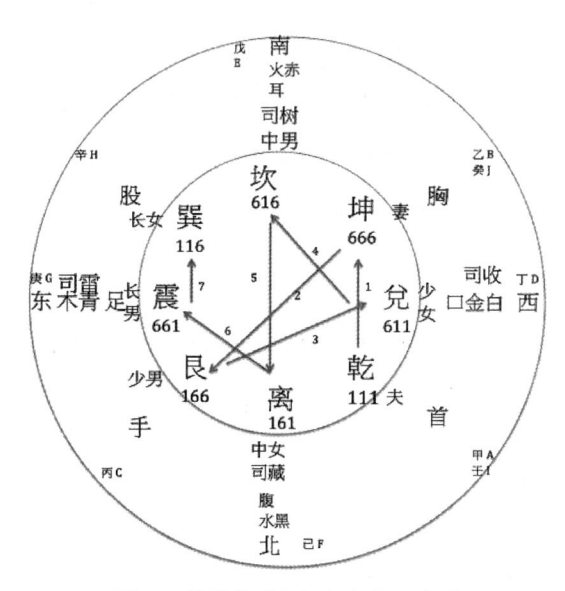

图二　卦间关系和运行方向示意图

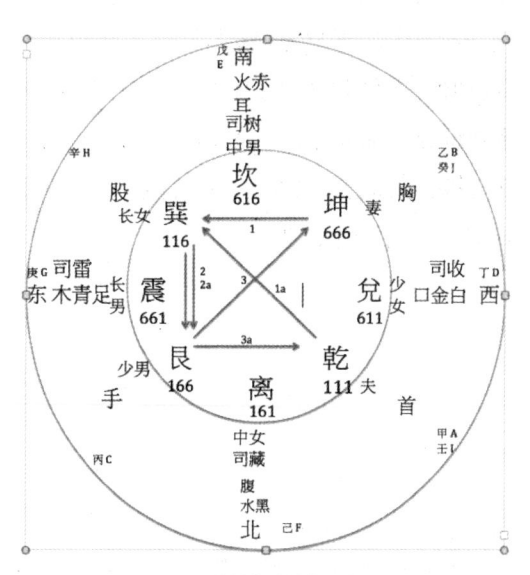

图三　"乾"、"坤"运行图

在《筮法》中，宇宙万物所具有影响力的性别之分，虽不一定以"阴"、"阳"之名相称，但无甚疑问的是，古人以性别作为基本划分类型，对这种宇宙影响力，或者说"气"加以分类（虽然《筮法》中并没有出现"气"这个术语）。大到宇宙万物，小到日常生活，这种影响力几乎无处不在。从这一角度来看，历书将时间和空间赋予性别角色的模式也可以看作是《筮法》中的这种"宇宙性别"观念的体现。例如，古人相信"田"受到"田祖"这种超自然力量的守护，并且有"田父"和"田母"之分[1]。睡虎地秦简《日书》"男日女日"篇将十二地支分为男、女日，日的性别对丧葬、嫁娶、土功和疾病都有影响。在男日或女日去世的人，如果在同样性别的日子下葬，则属不吉，会导致丧事的再次发生。春季的乙亥日、秋季的辛亥日和冬季的癸亥日是女日中诸事不吉的日子，若行土功，则会惊扰地气，而伤害到活着的女性。月份也被分为男月和女月。男子在女月中的男日娶妻为大吉。学者据此推测，男月中的女日很可能也是娶妻的吉日（《筮法》第六节"娶女"并没有特别强调这方面的内容，只是说阴卦必须占据主导地位才能为吉）。放马滩《日书》中，男日、女日及牡月、牝月与传世文献中的阴、阳日、刚、柔日、奇、偶月在追求阴阳调和上是一致的[2]。

总之，这种将月、日分为男、女以决策婚姻的方式暗含了对生育问题的考量，同时体现了上古文献对社会繁殖的关注。《筮法》和《日书》中强调了女性作为女儿、妻子和母亲的角色。同时，《筮法》、《周易》和《日书》占筮的内容也涉及社会繁殖、婚姻、生育子女、政事、军事等诸多方面，对这些问题的关注可以上溯到殷商甲骨文时期[3]。据此推测，很可能"宇宙性别"这一概念也有更早的来源。处于等级中的男性先祖和女性先祖，其相对力量据历日而不同，进而可对其后代在相应方面施加影响力。这种关系形成之时，其实就已经具备了"宇宙性别"观念产生的基础[4]。到了公元前4世纪，原本高居等级体系上层的贵族先祖已不再具有如原先一般强大的影响力，基本隐入了历史。取而代之的是自然力量中的等级关系，如八卦、历日、地形、方位和其他宇宙元素。于是解读数字、符号和预兆成了人们和这些自然力量沟通的主要倚仗。而其中以女性来代表的阴性力量不仅可以作祟和毁坏，也是新生命的来源。故而，这种对社会繁殖关涉的各种事项所进行的预测和控制，无疑对于社会结构和现状的延续具有至关重要的意义。

（2017年3月10日修改完稿于理海）

---

[1] 刘乐贤：《睡虎地秦简日书研究》，文津出版社，1994年，第47~48页。
[2] 刘乐贤：《睡虎地秦简日书研究》，文津出版社，1994年，第69~72、291~292页。
[3] 刘乐贤：《睡虎地秦简日书研究》，文津出版社，1994年，第179~197页。
[4] 详见 C. A. Cook and Luo Xinhui, *Birth in Ancient China*.

从《筮法》与《周礼》谈占筮"三十三命"

季旭昇

(台湾中国文化大学　中文系)

一、前　言

《周礼》一书,其真伪之辨,历代异议非常多。西汉末刘歆以为它是"周公致太平之书",东汉后期的林孝存(或作"临孝存")指出"武帝知《周官》末世渎乱不验之书",何休则斥之为"六国阴谋书"。张心澂作《伪书通考》,广泛搜集各家之说,结论是:"周礼一书,为战国前期儒家而通法理经济者所草拟之建国方略。至西汉前期发现而入秘府。及王莽时,刘歆见之,改窜而公布。"[1]这个结论,除最后一句外,其他大体适当。

李学勤先生在《简帛佚籍与学术史》中说:

  《周礼》自西汉时期发现以来,就不断引起争论,唐代贾公彦疏所附《序〈周礼〉兴废》已述其大略。晚清以来,由于经学今文学派及疑古思潮的盛行,《周礼》的真伪问题更纷如聚讼,……虽然如此,几乎所有涉及古代历史文化的作品,包括各种法律史,又都不能离开《周礼》。这是因为《周礼》蕴含许多宝贵材料,是研究者无法避而不视的。

  在以前,人们只能通过分析《周礼》本书或以《周礼》与其他文献对比,来谈论该书的真伪问题。……近年来,中国考古工作迅速发展,使我们能运用考古学及古文字学的研究成果,去印证检验《周礼》。最近有学者综合考察青铜器铭文,认为"《周礼》在主要内容上,与西周铭文所反映的西周官制,颇多一致或相近的地方",即其一例。[2]

---

[1] 张心澂:《伪书通考》,商务印书馆,1939年版,第282～327页。
[2] 李学勤:《简帛佚籍与学术史》,江苏教育出版社,2001年版,第117、118页。

李先生这篇文章主要是从《睡虎地秦墓竹简》与《张家山汉简》来说明秦汉很多法律制度是由《周礼》演变而来的。可以证明《周礼》保留了很多珍贵的先秦材料,并非渎乱不验的阴谋书。

今天,我们可以看到更多的出土材料,尤其是战国简牍,其中也有一些可以和《周礼》互相参验。

《周礼·春官·大卜》有"八命"之说,其中有些解释郑众与郑玄就已不同,历代学者各有主张,但都难有定论。《清华大学藏战国竹简(肆)》公布后,其中有《筮法》一篇,可以为我们解决一些历代的争议。此外,《周礼·大卜》所掌其实不只"八命",综合大卜所掌,其实也有"十六命"。加上同属《周礼·春官》的《筮人》有"九筮",再加上《清华三·筮法·十七命》,去其重,占筮共有"三十三命"。

二、从《筮法》看《大卜》"八命"的解释

《周礼·春官·大卜》"八命"原文如下:

> 大卜:掌《三兆》之法,一曰《玉兆》,二曰《瓦兆》,三曰《原兆》。其经兆之体,皆百有二十,其颂皆千有二百。掌《三易》之法,一曰《连山》,二曰《归藏》,三曰《周易》。其经卦皆八,其别皆六十有四。掌《三梦》之法,一曰《致梦》,二曰《觭梦》,三曰《咸陟》。其经运十,其别九十。以邦事作龟之八命,一曰征,二曰象,三曰与,四曰谋,五曰果,六曰至,七曰雨,八曰瘳。以八命者赞《三兆》、《三易》、《三梦》之占,以观国家之吉凶,以诏救政。凡国大贞,卜立君,卜大封,则视高作龟。大祭祀,则视高命龟。凡小事,莅卜。国大迁、大师,则贞龟。凡旅,陈龟。凡丧事,命龟。[1]

这"大卜八命"的解释,郑众与郑玄不同。《周礼·大卜》"八命"下郑注云:

> 国之大事待蓍龟而决者有八,定作其辞,于将卜以命龟也。郑司农云:"征,谓征伐人也。象,谓灾变云物,如众赤鸟之属,有所象似,《易》曰'天垂象见吉凶'、《春秋传》曰'天事恒象',皆是也。与,谓予人物也。谋,谓谋议也。果,谓事成与不也。至,谓至不也。雨,谓雨不也。瘳,谓疾瘳不也。"玄谓:征,亦云行,巡守也。象,谓有所造立也,《易》曰:"以制器者尚其象。"与,谓所与共事也。果,谓以勇决为之,若吴伐楚,楚司马子鱼卜战,令龟曰:"鲋也,以其属死之,楚师继之,尚大克之。"吉,是也。

---

[1] 李学勤主编:《十三经注疏·周礼注疏》,北京大学出版社,1999年版,第744~757页。以下出于本节的经注疏,不再加注。

所谓"命",郑玄注说得很清楚:"国之大事待蓍龟而决者有八,定作其辞,于将卜以命龟也。"因此"命"可以看成蓍筮与龟卜要卜问的"事类"。至于这八命的解释,郑众和郑玄的不同有四:

一、征:郑众以为"征伐人",郑玄释为"亦云行,巡守也"。

二、象:郑众释为"灾变云物如众赤鸟之属,有所象似",郑玄释为"有所造立"。

三、与:郑众释为"予人物",郑玄释为"所与共事"。

四、果:郑众释为"事成与不",郑玄释为"以勇决为之"。

郑玄与郑众看法相同的"谋、至、雨、瘳"四项,学者多无异议,这里就不予讨论。以下分别讨论郑玄与郑众看法不同的四项。

一、征。贾公彦疏以为郑注是补充郑司农:

> 先郑云:"征谓征伐人也。"后郑从之。……玄谓"征亦云行,巡守也"者,增成先郑义。知"征"兼有"巡守"者,《左氏传》郑良霄云:"先王卜征五年,岁袭其祥。"是征亦得为巡狩之事也。

"征伐人"和"巡守"是完全不同的两回事,贾疏谓郑玄"增成先郑义",有点调和的味道。学者或二说并列,如宋王与之《周礼订义》[1]、孙诒让《周礼正义》都二说并存,不论断孰是孰非[2]。王安石《周官新义》释为"行役讨伐"[3],从郑众;刘沅《周官恒解》[4]、林尹师《周礼今注今译》[5]、杨天宇先生《周礼译注》[6]等近代学者多从郑众,但其实也没有什么坚强的证据。

《清华四·筮法》十七命第十二项"曰战",与《周礼》作"征"不同。但是,《筮法》第十六节的内容一开始说的是"凡是……"依《筮法》十七命"占例"的体例,"凡"字之下的字即是该节要卜问的内容,所以本节应该称为"是",而《筮法》原考释把标题定为"战",虽是从《十七命》,但与"占例"的体例并不相符。原考释隶定为"是"之字,字形作"⿱丁止",学者或释为"正"字上加声符"丁",但是《筮法》第廿四节《卦位图》"是故谓之兑/是故谓之劳",二"是"字一作"⿱丁止"一作"⿱丁止",足以证这个字就是"是"字。春秋《臧孙钟》作"⿱丁止",即其所承。上古音"是"属禅母支部,"正"属章母耕部,二字声母同属舌头音,韵为阴阳对转,因此可以通用。《诗·曹风·鸤鸠》"正是四国",毛传:"正,是也。"《说文》卷二:"正,是也。"这样的解释,过去大都以为是义

---

[1] [宋]王与之:《周礼订义》卷四二,叶四,《通志堂经解》,台北汉京文化事业有限公司,1979年版,第廿八册,第16122页。
[2] [清]孙诒让撰,王文锦、陈玉霞点校:《周礼正义》,中华书局,1987年版,第1936～1937页。
[3] [宋]王安石:《周官新义》,台湾商务印书馆,1969年版,第146页。
[4] [清]刘沅:《周礼恒解》,上海古籍出版社,2002年版,第3、42页。
[5] 林尹:《周礼今注今译》,台湾商务印书馆,1972年版,第252页。
[6] 杨天宇:《周礼译注》,上海古籍出版社,2004年版,第351页。

训，现在我们知道，它其实也是声训。

　　研究古文字的学者大都同意"正"的本义是"征行"，即向着某个城邑前进，不过在甲骨文中已经开始用为"征伐"义[1]。因此《筮法》此处的"是"字应读为"征"，与《周礼》八命的"一曰征"，说的是一回事。至于《筮法》十七命作"战"，"征（禅耕）"和"战（章元）"的声音关系也很近，二字上古音都属舌头音，耕元可以旁转（例证参陈新雄师文史哲版《古音学发微》第1069页）。二字音义俱近，可以互用。

　　由此看来，《周礼》八命"一曰征"，郑司农"谓征伐人"是对的，郑玄"亦云行巡守也"是错的（《筮法》本节说内胜外，外胜内，当然与征战有关，不可能是巡行）。郑注引《左传》襄公十三年郑良霄云："先王卜征五年，岁袭其祥。"证明"征"有征战义，也有巡守义。杨伯峻先生《春秋左传注》在襄公十三年下的注有解释：

> 《周礼·春官·太卜》谓八事必卜，第一为征。征，郑众解为征伐，是。郑玄解为征行、巡守，非。然征伐于五年以前开始卜卦，似无此事理，他书亦无此记载。沈彤《小疏》谓"此盖楚先王之故事，因楚子伐郑不利，在不能修德，故援此立说"。云云，似可通。[2]

无论《左传》本条如何解释，某一事件属于征伐的就不可能称为巡行，属于巡行的就不可能称为征伐，断无一件"征"的事情既属征战也属巡行之理。"征"当然应该释为"征战"[3]。

　　二、象。郑众释为"灾变云物如众赤鸟之属，有所象似"，郑玄释为"有所造立"。宋王安石《周官新义》释为"天象变动"，此后的学者大抵都从郑众，以郑玄之说为非，如林尹师《周礼今注今译》说：

> 按先郑之意谓象系天之垂象，如日月之蚀，五星乱行，水火之灾等；后郑之意谓象系象法，盖器物之制订法爻卦之象，如法小过之象而造杵臼也。窃谓当以先郑义为长。盖天之垂象，以见吉凶，故卜之以问其意，知其为何也。若谓象法爻卦而成器物，则器物之成，其要在用，宜则存之，不宜则废之，何需卜乎？[4]

不过，郑众之说这么简单明了，郑玄不用，一定有他的理由，"象，谓有所造立"，未尝没有可能，只是他引《易》曰"以制器者尚其象"，令人难以接受，"制器"很难说成是"造立"。我们知道"大卜八命"和"筮人九筮"有很多共同之处，"筮人九筮"，其中第三项是"巫式"，郑玄注："式，谓筮制作法式也。"与"大卜八命"中的"二曰象"郑注"有所造立"不就是同一回事吗！可惜《筮法·

---

[1] 参徐中舒：《甲骨文字典》，四川辞书出版社，1985年版，第146页。
[2] 杨伯峻：《春秋左传注》，中华书局，1990年版，第1003页。
[3] 本条的初稿曾在简帛网上发表，名为《清华四匕议：闻问，凡是（征）》，2014年1月10日。其后较详细的讨论见《清华四匕议：闻问，凡是（征），昭穆》，已收在复旦大学出土文献与古文字研究中心成立十周年论文集。本文择要录入。
[4] 林尹：《周礼今注今译》，台湾商务印书馆，1972年版，第252页。

十七命》中没有类似的项目，无法为我们提供进一步的判断。

三、与。郑众释为"予人物"，郑玄释为"所与共事"。对本条学者看法不一致，宋王与之《周礼订义》提出三种说法："郑锷曰：'与者，将合人以共事。'郑司农曰：'与，谓予人物。'刘执中曰：'与夺之利害。'"[1]林尹师《周礼今注今译》赞同郑玄[2]、杨天宇先生《周礼译注》赞同郑众[3]。案："予人物"没什么好占卜，典籍尟见占卜"予人物"的例证。《筮法·十七命》中也没有类似的项目，反倒是楚简中占卜"出入侍王"多见，与郑玄之说"与人共事"类似。郑玄说似乎比郑众说合理。

四、果。郑众释为"事成与不"，郑玄释为"以勇决为之"。林尹师《周礼今注今译》[4]、杨天宇先生《周礼译注》[5]从郑众；刘沅《周礼恒解》则谓："果，理所必行，而迟速轻重需酌者。"[6]从郑玄。二说在训诂上都有依据。"果"的本义是树木结果，引申才有"果敢"的意思，如《论语·雍也》："由也果，于从政乎何有？"二说都合理，难以判断孰是孰非。

《清华四·筮法》第二十三节"果"：

> 凡果，大事岁在前，果；中事月在前，果；小事，日乃前，果；其余昭穆，果。如卦如爻，上下同状，果。外事数而出，乃果；内事数而入，亦果。

《筮法》原考释说："果，意指事的遂成。"显然是赞成郑众的意见。从"外事数而出，乃果；内事数而入，亦果"的句法来看，"乃"后的"果"释为"遂成"较好。

释"果"为"遂成"，有可能与《筮法》第十七节"成"重复，因此《筮法》原考释把"成"释为"讲和，与'战'相对"，避开了"果"、"成"重复的问题。不过，从《筮法》原文来看，也很难判断"成"一定是"讲和，与'战'相对"。

三、《大卜》、《筮人》、《筮法》合计"三十三命"

《周礼·春官·宗伯·大卜》所掌，除了"八命"之外，其实还有其他类似"命"的部分：

> 凡国大贞，卜立君，卜大封，则视高作龟。大祭祀，则视高命龟。凡小事，莅卜。国大迁、大师，则贞龟。凡旅，陈龟。凡丧事，命龟。

这一段话中属于"大卜"所掌贞卜的事情还有"立君"、"大封"、"大祭祀"、"小事"、"大迁"、

---

[1] [宋]王与之：《周礼订义》卷四二，叶四，见《通志堂经解》，汉京文化事业有限公司，1979年版，第廿八册，第16122页。
[2] 林尹：《周礼今注今译》，台湾商务印书馆，1972年版，第252页。
[3] 杨天宇：《周礼译注》，上海古籍出版社，2004年版，第351页。
[4] 林尹：《周礼今注今译》，台湾商务印书馆，1972年版，第252页。
[5] 杨天宇：《周礼译注》，上海古籍出版社，2004年版，第351页。
[6] [清]刘沅：《周礼恒解》，上海古籍出版社，2002年，第42页。

"大师"、"旅"、"丧事"等八类。依郑注及学者之说,这八类的意义如下(标号承"八命"自九算起):

九、卜立君,郑玄注:"君无冢适,卜可立者。"

十、卜大封,郑玄注:"谓竟界侵削,卜以兵征之。"孙诒让以为是大封国,《周礼正义》云:"李钟伦云:'大封盖封国,《大宗伯》曰:"王大封,则先告后土"是也'案:李说近是。下云'国大迁、大师则贞龟',注谓大师轻于大祭祀,傥大封是竟界侵削以兵征之,则当于大师之内,不宜反重于大祭祀也。郑义为短。"[1]孙说合理可从。

十一、大祭祀,郑玄注无说。孙诒让《周礼正义》:"谓天地宗庙之祭。"[2]

十二、小事。这一类有点突兀,郑玄在"凡小事,莅卜"下注云:"代宗伯。"也就是说,贞卜大事,都由宗伯亲临,贞卜小事时,宗伯不来,则由大卜代替。后世的注解家大都采用郑玄的这个说法。但是,周代大事用卜、小事用筮[3],小事怎么可以列在"大祭祀"、"大迁"等贞卜大事中间呢?贾公彦也觉得郑注这样讲有点问题,他说:

> 凡大事卜,小事筮,若事小当入九筮,不合入此大卜。《大卜》云小事者,此谓就大事中差小者,非谓筮人之小事也。

贾公彦的说法解决了"大事卜,小事筮","小事"不应在《大卜》筮事之列。但是说为"就大事中差小者",仍嫌笼统。孙诒让《周礼正义》认为:

> 此冢[4]上大祭祀而云小事,疑当指小祭祀言之。《乐师》云:"凡国之小事用乐者,令奏钟鼓。"注云:"小事,小祭祀之事。"此义或与彼同。[5]

孙说有一定的道理,也许"事(庄纽之部)"就应该读为"祀(邪纽之部)",二字声为齿舌邻纽,韵属同部。国之大事,在祀与戎。与祭祀之外的其他事相较,祭祀是大事;但在诸多祭祀之中,当然还是有大小之别的。

十三、国大迁,郑玄注无说。当指国家迁徙之事。

十四、大师,郑玄注无说。当指发军行将,大规模军旅之事。案:《大卜》"八命"中已有"征",此处释为"发军行将",似与"征"重复。可能"征/战"是筮实际开战之胜败,大师则是开战之前的军事行为。

十五、旅,郑玄注无说。贾公彦疏云:"《大宗伯》:'国有故,旅上帝及四望。'则祀天亦是大祭,而轻于大迁、大师,退在下者,郑以旅为非常祭故也。"

---

[1] [清]孙诒让撰,王文锦、陈玉霞点校:《周礼正义》,中华书局,1987年版,第1940页。
[2] [清]孙诒让撰,王文锦、陈玉霞点校:《周礼正义》,中华书局,1987年版,第1943页。
[3] 《礼记·表记》:"卜筮不相袭也。"郑玄注:"袭,因也。大事则卜,小事则筮。"当然,熟悉先秦典籍的学者都知道,实际卜筮的运作并没有这么严格的界限。
[4] 冢,当为蒙字之讹。
[5] [清]孙诒让撰,王文锦、陈玉霞点校:《周礼正义》,中华书局,1987年版,第1943页。

十六、丧事，郑玄注无说。当指国之大丧。

除了《大卜》十六命之外，《周礼·春官·籨[1]人》也有"九籨"之名：

> 籨人掌《三易》，以辨九籨之名。一曰《连山》，二曰《归藏》，三曰《周易》。九籨之名：一曰巫更，二曰巫咸，三曰巫式，四曰巫目，五曰巫易，六曰巫比，七曰巫祠，八曰巫参，九曰巫环，以辨吉凶。凡国之大事，先籨而后卜。

郑玄注：

> 此九巫皆当读为筮，字之误也。更，谓筮迁都邑也。咸，犹筮也，谓筮众心欢不也。式，谓筮制作法式也。目，谓事众筮其要所当也。易，谓民众不说，筮所改易也。比，谓筮与民和比也。祠，谓筮牲与日也。参，谓筮御与右也。环，谓筮可致师不也。

贾公彦在《大卜·八命》郑注"国之大事待蓍龟而决者有八"下疏云："云国之大事待蓍龟而决者有八者，谓此八者皆大事，除此八者即小事，入于九籨也。若然，大事卜，小事筮。"可知"籨人九籨"与"大卜八命"性质相同，都可以视为占筮的"命"。至于"九籨"的解释，由于没有其他佐证，郑玄对这九籨的解释合理与否？我们完全无从讨论，只能姑且依照郑注吧！

以下，我们把《筮法》"十七命"、《筮法》"占例"、《大卜》"十六命"、《籨人》"九籨"列表对照如下（标题后打〇的表示《筮法》有实际的占例，打×的表示没有实际的占例），以观察其异同：

筮法十七命	《筮法》占例	大卜十六命	籨人九籨
01 果	23 果（总）×	五曰果	
02 至	05 至〇	六曰至	
03 享	03 享〇	十一大祭祀	七曰巫祠（筮牲与日）
		十二小事（祀）	
04 死生	01 死生〇		
05 寻（得）	02 得〇		
	15 小得〇		
06 见	08 见〇		
07 瘳	10 瘳〇	八曰瘳	
08 咎	09 咎〇		
09 男女	12 男女〇		
10 雨	11 雨旱〇	七曰雨	
11 取妻	06 娶妻〇		

---

[1] "籨"为"筮"之古字，以下除引经文外，一般叙述径作"筮"。

续表

筮法十七命	《筮法》占例	大卜十六命	筮人九筮
12 战	16 战[是](征)○	一曰征	八曰巫参(筮御与右)
13 成	17 成○(讲和?)		
14 行	13 行○		
15 雠(售)	07 雠(总)○		
16 宇(旱)	11 雨旱○	七曰雨	
17 祟	26 祟×		
18	04 支○		
19	14 贞丈夫女子○		
20	18 志事(总)×		
21	19(志事)军旅○	十四大师	九曰巫环(可致师不)
22	21 四季吉凶×		
23		二曰象	三曰巫式(制作法式)
24		三曰与	
25		四曰谋	五曰巫易(筮所改易)
26		十立君	
27		十一大封	
28		十三国大迁	一曰巫更(迁都邑)
29		十五旅	
30		十六丧事	
31			二曰巫咸(众心欢不)
32			四曰巫目(筮其要所当)
33			六曰巫比(与民和比)

由上表可以看出以下几点：

一、"十七命"的内容,有些是针对一事,如：至、言、死生、见、瘳、男女、雨、取妻、战、行、旱、祟。有些则是笼统地不专门针对一事,如：果、得、咎、雠(售)。《周礼·大卜》"十六命"应该也是这样,笼统地不专门针对一事的,如：果、与、谋。《筮人》"九筮"则都是针对一事而发。

二、"十七命"(含"占例")和"大卜、筮人"[1]共同有的是：果、至、言、瘳、雨、征(战)六种。

---

[1] "筮人九筮"与"大卜十七命"同属国事,因此以"大卜十七命"为讨论对象。

共同的比例不高,原因应该是:"大卜、筮人"所占卜都是国事,而《筮法》(含"占例")所占卜多属于个人的私事,二者不同。

三、《筮法》十七命中的"享"应该是"祭享",因此可以与《大卜》十六命的"大祭祀"及《筮人》九筮的"巫祠"对应。

《筮法》"十七命"有"亯",对应的"占例"第三节云:"凡(凡)亯(享),月朝屯(纯)牝,乃鄉(饗);月夕屯(纯)戊(牡),乃亦鄉(饗)。"前文用"亯(享)",后文用"鄉(饗)",二字完全同音,但是本义不同。甲骨文"亯"字作"盒"(京津1046),像祭祀的建筑场所;"鄉(饗)"作"卿"(前1.36.3),像二人对着簋相向而食。不过,这两个字在东周文献中就已经开始混用了,因此,本节的"享/鄉"可能有祭享、飨食两个可能。不过,从《仪礼》来看,只有《冠礼》有"筮宾"、《聘礼》有"筮尸"、《士丧礼》及《既夕礼》有"筮宅"、《特牲馈食礼》及《少牢馈食礼》有"筮日",其余飨食礼未见筮。因此《十七命》及"占例"的"亯、乡"应该是祭享。《大卜》的"大祭祀"显然属于祭享类;《筮人》"七曰巫祠",郑注以为"谓筮牲与日也",显然也是祭享之事。因此三者为同类。

其余事类相同,一望可知的,这儿就不多作说明了。

综上所述,《周礼·春官·大卜》、《筮人》、《筮法》的"命"综合起来应该有三十三类,分别是(先列"十七命",其余依次编号):

01. 果　　　　　　02. 至　　　　　　03. 亯、大祭祀、巫祠、小事
04. 死生　　　　　05. 得　　　　　　06. 见
07. 瘳　　　　　　08. 咎　　　　　　09. 男女
10. 雨、雨旱　　　11. 取妻　　　　　12. 战、是、征、军旅、大师、巫参
13. 成　　　　　　14. 行　　　　　　15. 雠
16. 旱、雨旱　　　17. 祟　　　　　　18. 支
19. 贞丈夫女子　　20. 志事　　　　　21. 军旅、巫环
22. 四季吉凶　　　23. 象、巫式　　　24. 与
25. 谋、巫易　　　26. 立君　　　　　27. 大封
28. 大迁、巫更　　29. 旅　　　　　　30. 丧事
31. 巫咸　　　　　32. 巫目　　　　　33. 巫比

谈《别卦》的卦序与卦名及其与《筮法》的关系

魏慈德

（台湾东华大学　中文系）

《清华大学藏战国竹简》（肆）之《别卦》的形制据整理者言："现存七支简。从内容推断，原来应为八支，第三支缺失。每简长16厘米，宽1.1厘米，右侧有两处契口，原来应有两道编绳。"今所见两道编绳的简，都将文字分散书写于编绳的上中下三段，《别卦》也不例外，将卦象及合文算作一字的话，《别卦》以两道编绳为界线，由上而下分别写了4、7、3个字，文字的上下左右分布整齐一致，略带有图表的性质。目前公布的上博简、清华简等书籍类简中，两道编绳类简中最长者是《郑子家丧·乙》（47.5厘米），最短者是《柬大王泊旱》（23厘米），而这类简的长度大都集中在34～32厘米之间（《庄王既成》、《平王问郑寿》、《王居》、《成王为城濮之行》、《邦人不称》等）[1]，然而《别卦》相形见短[2]。长度与《别卦》最接近的是《郭店》简的《语丛二》（15.1～15.2厘米）与《语丛四》（15.1～15.2厘米），但前者是三道编绳类，后者是两道编绳类，所以《别卦》的形制最接近已公布的《语丛四》。而《语丛四》每支简上抄写的文字略有不同，粗估约略集中在15到16字上下，略多于《别卦》。《语丛四》的内容为格言摘抄，带有汇编的性质，今从其与《别卦》形制相似这点来看，推测两者都属可随身携带，可随时翻检查阅性质的文件。

---

[1]　魏慈德：《新出楚简中的楚国语料与史料》，五南图书出版有限公司，2014年版，第41页。
[2]　与《别卦》性质接近，皆与筮占有关的《筮法》，简长35厘米，三道编线，留有天头地角，亦为同类型简中的短简。三道编线且留有天头地角简，在已公布的上博简中最长者为《孔子见季桓子》简（54.6厘米），最短者为《季康子问于孔子》简（39厘米）；清华简中的此类简则约在45厘米上下，包括《尹至》、《尹诰》、《赤鹄之集汤之屋》、《程寤》、《耆夜》、《金滕》、《说命》等等，只有《楚居》稍长为47.6厘米。而简长接近35厘米却用二道编绳者，如《史蒥问于夫子》（37厘米）、《君人者何必安哉·甲》（34厘米）、《庄王既成》（33.8厘米），说明《筮法》、《别卦》这类实用内容的简，通常会比同类型的简稍短。而《筮法》简背蔑青面的竹节有整治刮削的痕迹，然却未如《皇门》、《尹至》等在刮削处写序码，而将序码书于简面的第三道编绳下（即地角部分），或也凸显这类实用内容的简一旦编绳断绝，则难以复原。在第三道编线下书写简序讯息的还有北大藏简的《里程简册》、《穿门》、《制衣》，写了十二月和廿八宿的名称。

谈《别卦》的卦序与卦名及其与《筮法》的关系 · 57 ·

整理者还推测《别卦》"现存七支简。从内容推断,原来应为八支,第三支缺失"。原来八简的推论是据简文内容而来的,《别卦》每支简上有个固定而重复书写的八卦卦象,分别是"☰(乾)"(简1)、"☶(艮)"(简2)、"☳(震)"(简4)、"☷(坤)"(简5)、"☱(兑)"(简6)、"☲(离)"(简7)、"☴(巽)"(简8),少了书写"☵(坎)"卦的卦象,故缺一简可信。

而《别卦》简除了每简有一个固定而重复书写七次的卦象符号外,每个卦象后都有一卦名(部分为合文),如简1为"☰罟☰敜☰頯☰讼☰冥₌☰盍₌☰鰥",整理者已指出"本篇卦象为经卦,卦名为别卦。每简上的卦象都是此卦所包含的上卦"。因此若配合六十四卦卦名来看,所书内容为:乾坤"否(罟)"、乾艮"遯(敜)"、乾兑"履(頯)"、乾坎"讼"、乾离"同人"、乾震"无妄(亡盍)"、乾巽"姤(鰥)",再加上本简隐去的乾乾"乾",知此简上书写的卦名都是以乾卦为上卦的六十四卦卦名。若再扩大到八支简来看,则当共隐去了八个上下卦重复卦象的卦名(乾、艮、坎、震、坤、兑、离、巽),加上五十六个卦名,即六十四卦,因此本篇简内容为八卦卦象组合与六十四卦名。因为六十四卦卦名不易记诵,故根据此简即可快速找到同一上卦者的一组卦名,所以《别卦》可视为《周易》六十四卦卦名表,故整理者以为此篇可视为"经卦衍生谱"。

《别卦》中如此整齐排列的卦象相配所得的卦名表中,隐含着一个八卦的排列顺序原则,即乾→坤→艮→兑→坎→离→震→巽,每支简上都是根据这样的卦序与其固定的上卦卦象相配,因为每简尾端不见有简序编号,所以使用者一定要能熟记此顺序,才能很快地找到所欲查询的卦名。若上下与前后相邻二卦皆依这个顺序,《别卦》的六十四卦名排列当是这样的:(以上下卦的组合代表卦名,括号内为隐去的卦名)

(乾乾)	乾坤	乾艮	乾兑	乾坎	乾离	乾震	乾巽
坤乾	(坤坤)	坤艮	坤兑	坤坎	坤离	坤震	坤巽
艮乾	艮坤	(艮艮)	艮兑	艮坎	艮离	艮震	艮巽
兑乾	兑坤	兑艮	(兑兑)	兑坎	兑离	兑震	兑巽
坎乾	坎坤	坎艮	坎兑	(坎坎)	坎离	坎震	坎巽
离乾	离坤	离艮	离兑	离坎	(离离)	离震	离巽
震乾	震坤	震艮	震兑	震坎	震离	(震震)	震巽
巽乾	巽坤	巽艮	巽兑	巽坎	巽离	巽震	(巽巽)

而整理者所公布的《别卦》简序为下:

乾坤	乾艮	乾兑	乾坎	乾离	乾震	乾巽	简1
艮乾	艮坤	艮兑	艮坎	艮离	艮震	艮巽	简2
							简3
震乾	震坤	震艮	震兑	震坎	震离	震巽	简4

续表

坤乾	坤艮	坤兑	坤坎	坤离	坤震	坤巽	简5
兑乾	兑坤	兑艮	兑坎	兑离	兑震	兑巽	简6
离乾	离坤	离艮	离兑	离坎	离震	离巽	简7
巽乾	巽坤	巽艮	巽兑	巽坎	巽离	巽震	简8

不同者在于认定不同简之间的顺序是根据乾→艮→坎→震→坤→兑→离→巽的排列原则，而每简内与同一上卦的结合顺序则依乾→坤→艮→兑→坎→离→震→巽排列，两者皆是始乾终巽。

对于《别卦》简与简之间的先后排列原则，整理者并未提出说明，也由于每一简的契口位置都相当接近，因此似乎也无更客观的证据来判定先后。然而整理者如此安排的理由，很可能是基于马王堆汉墓帛书《周易》六十四卦的书写顺序。帛书《周易》顺序始"键（乾）"终"益（嗌）"，李学勤先生以为是根据《易之义》的一段话"天地定立，山泽通气，火水（水火）相射，雷风相榑"（异于《说卦》的"雷风相薄，水火不相射"）而来。其物象所代表的卦序即乾坤、艮兑、坎离、震巽八组[1]。可写成：

→ 乾坤
↓ 艮兑
　 坎离
　 震巽

依据这样的排列可得一个纵的序列（乾艮坎震→坤兑离巽）和横的序列（乾坤→艮兑→坎离→震巽）。而后以纵的序列为上卦序，分别一个个与横序列的下卦序组合，一个上卦与八个不同下卦相配合后，再轮到下一个上卦。即上卦的次第是乾、艮、坎、震、坤、兑、离、巽，而下卦的次第是先取与上卦同者，然后以乾、坤、艮、兑、坎、离、震、巽为序，形成乾乾、乾坤、乾艮、乾兑、乾坎、乾离、乾震、乾巽→艮艮、艮乾、艮坤、艮兑、艮坎、艮离、艮震、艮巽……的卦序。

因为帛书内容不会像竹简在编绳断掉后，有简序重组的多重可能性，因此帛书《周易》六十四卦的顺序在整理过程中不会有错，所以若《别卦》的整理者据帛书《周易》来定《别卦》的简序，有其道理在。也可以说帛书《周易》这套汉初书写的六十四卦序，非常可能与战国时的《别卦》有渊源关系，也就是说帛书《周易》的顺序是由《别卦》这一系列的图表发展而来的。

若从《别卦》的形式特征来看帛书《周易》的排列，更可以解释其中的道理。如《别卦》每简隐去一个上下卦重复卦象的卦名，而帛书不隐，这个不隐的卦名，帛书都列在以该卦为上卦的八个

---

[1] 参见李学勤：《简帛佚籍与学术史》，江苏教育出版社，2001年版，第249页。李先生以为帛书中的"火水"是误倒，邢文则以为帛书中的"火水相射"并非误倒。在帛书的传文中，"火水"不再是火、水之卦，而是火、水之象；在天地、山泽、雷风诸卦卦象的"阳阴"体系中，火与水只能以卦象的意义出现，而不能以火、水之卦的意义出现，所以须作"火水相射"。参氏著：《帛书周易研究》，人民出版社，1997年版，第131页。

卦之首。这种排列原则,其实违反了上卦相同的卦象组中,下卦据乾→坤→艮→兑→坎→离→震→巽的顺序与上卦相配的原则。但若把这个上下卦相同的卦名当作分界(键、根、赣、辰、川、夺、罗、筭),则可以很清楚地将帛书《周易》的六十四卦卦名分为八组,每一组内都是相同的上卦与其他八卦的组合。对应《别卦》来看,利用八支简将六十四卦分为八组,每支简抄写一组上卦相同而分别与七个不同下卦组合的卦名。虽然隐去了一个卦名,但每简上重复出现七次的相同卦象,更具有明显的标志作用。所以帛书将上下卦象相同的卦名列在每组之首的写法,可能受了竹简书写形式的影响。进一步还可论断帛书《周易》的顺序是抄录自《别卦》这类书写于竹简上类似图表的资料而来,并不只是根据如《易之义》这类话语而来,而是有更早的来源。

又因为《别卦》故意隐去了上下卦相同卦象的卦名,因此无从说其违反上卦相同的卦象组中,下卦据乾→坤→艮→兑→坎→离→震→巽顺序与上卦相配的原则,所以整体看来《别卦》比帛书《周易》的排列合理。再者,所被隐去的卦名,皆与单个八卦的卦名一致,因此竹简不特别标注。也因为《别卦》的性质在于辅助记诵六十四卦的卦名,故只记了八卦外的五十六个卦名;而帛书《周易》除了卦名,还抄录了每卦的卦辞、爻辞,所以需详列六十四卦,同时又要让阅读者很快找到卦名,因此详细分组是很重要的,故将相同卦象者列在每组之前有其必要性。由此可知,如何让使用者很快地在六十四卦中翻检到所欲查找的卦,是这类带有实用性质的六十四卦图表编排的重要原则之一,故今日可见的出土《周易》写本,或以同一简中相同卦象提示,或以颜色区块,或以分组来提示。

帛书《周易》中根据《易之义》一段话里所得到的这种"纵的序列"和"横的序列"是否有更早的理论根据?若将其写法,移录到简上,则成为:

简4　　简3　　简2　　简1

震　　坎　　艮　　乾

巽　　离　　兑　　坤

所谓"纵的序列"即不同简的左右卦;"横的序列"即同一简的上下卦。分别以左右及上下为序,来作为占筮决断的依据者,大量见于清华简的《筮法》,《筮法》大抵以两个六十四卦卦象(即上下左右四个卦象并列)并排来占卜吉凶,名曰"四位"(如简33"凡筮志事,而见同次于四位之中,乃曰争之,且相恶也"),还有《四位表》将右上、右下、左上、左下区块,分成四个区位。右上左上即"纵的序列";右上右下即"横的序列"。以纵的序列来占吉凶者,在《筮法》中有:

(1)《死生》☶☶筮死妻

　　　　☷者相见在上,乃曰死。(简15～17)

(2)《死生》☷☷筮死夫者

　　　　☰☰相见在上,乃曰死。(简21～23)

(3)《雨旱》☷☷金木相见

☷☷在上,阴。水火相见在下,风。(简16~18)

(1)的两个上卦(右上左上)分别为震长男与巽长女相对,故曰"相见在上"。(2)的两个上卦分别是坎中男与离中女相对,故曰"相见在上"。(3)的两个上卦分别为兑与巽,兑为金,巽为木,故曰"金木相见在上";两个下卦分别为艮与坎,艮为水,坎为火,故曰"水火相见在下"[1]。而从此也知右上左上的两个上卦在《筮法》中名为"上",右下左下的两个下卦则名为"下"。

而横的序列的排列在《筮法》中见有《天干与卦》(简43~50)、《崇》(简43~51),依乾坤、艮兑、坎离、震巽排列,《得》中与春夏秋冬相配合的卦(简16~23),则作乾坤(春)、震巽(夏)、坎离(秋)、艮兑(冬)。

因此帛书《周易》这种上下卦轮流相配的序列方式,其实是根据简的形制而来,上卦依循右上左上即"纵的序列",而下卦则依"横的序列"而来。当然就《别卦》的抄写形式来看,纵使记不住"纵的序列",只要能记住"横的序列",依然可以快速找到所欲查询的卦名,但一旦变成了帛书这种形式,就得同时记住这两种序列,才能找到所欲查询的卦名了。

李学勤先生指出《别卦》卦名与《归藏》有关,如"豫"卦两者皆作"介",临卦前者作"▨"后者作"林祸",随卦前者作"▨"后者作"规"[2]。六十四卦卦名的用字相同是否可代表两个本子之间有传抄关系呢?这是一个可以思考的问题。上博简《周易》中曾出现卦名与卦爻辞用字不一的情形[3],我曾以为是沿袭底本用字现象所成的,即卦名的保守性比卦爻辞强,所以当底本被转抄了数次后,卦名仍保留原貌,而卦爻辞已改用较为通行的写法。且整体看来上博简《周易》中的卦名用字和传世本《周易》的用字差异并不大。然而《别卦》的用字就与传世本《周易》六十四卦卦名有很大的不同。上文说到《别卦》与帛书《周易》或有传承的关系,但视其用字又有很大的不同,或者是六十四卦卦名在流传的过程中渐渐被统一,使用易写易识的文字,而《别卦》则呈现早期较为原始且多元的写法。当然还有一种可能是《别卦》并非儒家系统的写本,也因此卦名未被规范化。清华简中保存了非儒家本子的看法,已有学者指出,如裘锡圭先生以为清华简的主人,未受儒家《诗》、《书》选本的影响,其所搜集的《诗》篇、《书》篇,绝大部分不见于儒家选本;即使是见于儒家选本的,其篇名也不相同,其文本也全都明显有异[4]。

因此《别卦》卦名中那些非常见的楚文字,如上举的临卦、随卦,还有"▨"(泰)、"▨"

---

[1] 见于《清华大学藏战国竹简(肆)》第80、95页。另李学勤也提到"上卦的次序则系乾坤各率三子,而三子仍依少、中、长为次"。《〈归藏〉与清华简〈筮法〉、〈别卦〉》,《吉林大学社会科学学报》,2014年第1期,第6页。
[2] 李学勤:《〈归藏〉与清华简〈筮法〉、〈别卦〉》,《吉林大学社会科学学报》,2014年第1期,第7页。
[3] 卦名借"余"为"豫",而爻辞借"豫"为"舍"("豫尔灵龟);卦名借"乳"为"需",而爻辞中已见"需"("需有衣袽"、"需其首");卦名借"坒"为"畜",而爻辞中已见"畜"("不耕而获,不菑之"、"畜臣妾")。参魏慈德:《新出楚简中的楚国语料与史料》,五南图书出版有限公司,2014年版,第159页。
[4] 裘锡圭:《出土文献与古典学重建》,《出土文献》第四辑,中西书局,2013年版,第14页。

（睽）、"▆"（噬）、"▆"（渐）卦等，或许有些是卦名未规范化前的异称或异写，故某些卦名以今六十四卦卦名通读时显得音韵远隔，如将"系"通读为"姤"、"纏"通读为"解"，"愳"通读为"随"。而《别卦》中有些卦名繁加了心旁，如"恅"（蒙）、"慼"（咸）、"慽"（革）、"愳"（随）、"懼"（晋）、"▆"（睽）、"濟"（济）、"愌"（涣），也是个值得注意的现象。

关于清华简《筮法》"雠"命解说的若干问题

姚小鸥　高中华

（中国传媒大学　文学院）

《周易》卦爻辞中存在着与《诗经》相类的语词及句式[1]。简帛文献所见《周易》以外的其他《易》类文献亦多本《诗》语设占。清华简《筮法》之"妻夫相见，雠"即为其例。

《筮法》将"常见的占问事项分作十七类，称为'十七命'"[2]，其中"雠"命筮辞二则，其第一则云：

凡雠，三男同女，女在卟上，妻夫相见，雠。[3]

"雠"，整理者注："疑即'售'字，指售卖而言。"[4]整理者断"雠"为"售"，是。然注解中"售卖"连言，用字未确。何以言此？由《诗经·邶风·谷风》经传可得其解。《谷风》第五章云：

不我能慉，反以我为仇。既阻我德，贾用不售。[5]

"贾用不售"，《郑笺》谓"如卖物之不售"[6]；朱熹《诗集传》谓"虽勤劳如此，而不见取，如贾之不见售也"[7]。先儒以"卖"训"贾"，"售"则训为"售出"。

《谷风》之"售"字，本作"雠"。阮元《十三经校勘记》云：

---

[1] 高亨先生《周易古经今注》(《高亨著作集林》(第一卷)，清华大学出版社，2004年版，第281～282页)指出：《大畜·上九》"何天之衢"即《诗经·商颂·长发》"何天之休"；并指出该爻句法、文义与《小雅·桑扈》、《大雅·下武》"受天之祜"等"相类"。李镜池指出：《明夷·初九》"明夷于飞"与《诗经》之常见句式"XX于飞"相类(李镜池：《周易探源》，中华书局，1978年版，第41～46页)。
[2] 清华简(肆)，第75页。
[3] 清华简(肆)，第89页。
[4] 清华简(肆)，第89页。
[5] [清]阮元刻：《十三经注疏(附校勘记)》，中华书局，1980年版，第304页。
[6] [清]阮元刻：《十三经注疏(附校勘记)》，中华书局，1980年版，第304页。
[7] [宋]朱熹：《诗集传》，中华书局，1958年版，第22页。

售,小字本、相台本同。唐石经"售"字磨改。案钱大昕《唐石经考异》云:"盖本作'雠'。"段玉裁云:"'雠'正字,'售'俗字。《史记》《汉书》尚多用'雠'。"今考《释文》"售,布救反",是《释文》本作"售",石经磨改所从也。[1]

清华简《筮法》"售"作"雠",正用本字。上文所引"雠"命筮辞中,"三男同女,女在叴上,妻夫相见",为卦象的具体内容;"雠"为断占结果。该卦象何以断占为"雠"即"售",值得进一步探究。

"三男同女,女在叴上",整理者已有详注[2]。"妻夫相见",整理者注:

> 兑与艮左右相对,为少女、少男,是为"妻夫相见"。[3]

以"相对"释"相见",乃就卦象而言,其具体意指,似可作进一步说明。按"相见"一词又见于"死生"及"雨旱"两命,为《筮法》专门术语之一。其中"死生"命筮辞云:

> 筮死妻者,相见在上,乃曰死。
> 筮死夫者,相见在上,乃曰死。[4]

整理者注:

> 右上震依《周易·说卦》第十章为长男,左上巽为长女,两者"相见在上"。
> 右上坎为中男,左上离为中女,亦"相见在上"。[5]

"雨旱"命筮辞:

> 金木相见在上,阴。
> 水火相见在下,风。[6]

整理者注:

> 据《卦位图》,本卦例上方兑在西方,属金,巽在东南,属木,是"金木相见在上"卦象。
> 下方艮在东北,属水,坎在南方,属火,是"水火相见在下"卦象。[7]

据筮辞及整理者注,可将《筮法》篇"雠"、"死生"、"雨旱"三命中的五组"相见"所涉卦名及其取象表列如下:

---

[1] [清]阮元刻:《十三经注疏(附校勘记)》,中华书局,1980年版,第307页。
[2] 清华简(肆),第89页。
[3] 按注中"兑"、"艮"乃据简文数字卦卦象转写而成。下同此。
[4] 清华简(肆),第80页。
[5] 清华简(肆),第80页。
[6] 清华简(肆),第94页。
[7] 清华简(肆),第95页。

		卦 名		取 象	
		右	左	右	左
1	雠	艮	兑	少男	少女
2	死生	震	巽	长男	长女
3		坎	离	中男	中女
4	雨旱	兑	巽	金	木
5		艮	坎	水	火

不难看出，五组"相见"之象，少男、长男、中男与少女、长女、中女(123)，金与木(4)，水与火(5)，皆"相反而相成"[1]。于此可推知"相见"之意。

按《尔雅·释诂》："遘、遇，见也。""遘"，《易》又作"姤"。姤卦《释文》："薛云古文作遘。郑同。"[2]《周易》经传凡言及"遘"、"遇"者，多就阴阳对待而言。《姤·彖传》谓："姤，遇也。柔遇刚也。"又云："天地相遇，品物咸章。"均为其例。是《筮法》之"相见"，实蕴相反相成意。

又《筮法》"水火相见"，似可比较《说卦传》"水火不相射"、"水火相逮"之语。《说文》"逮，及也"；"不相射"，帛书《易传》作"相射"[3]。古人以为，水火"相灭亦相生"（《汉书·艺文志》）[4]，"水火异处，则庶类无生成之用，品物无变化之理"（《周易正义》孔疏），故有"相射"、"相逮"语，言其作用变化之功。

夫妇为敌体，《易传》云"女正位乎内，男正位乎外"（《家人·彖传》）；《太玄》谓"夫妻反道，维家之保"（《戾·次四》），司马光注云："夫治外，妻治内，内外相成以保其家。"[5]"妻夫相见"，得遂其遘，故断占为"售"。售者，今言"卖出"。

由《邶风·谷风》，可窥见《筮法》措辞旨趣。《谷风》篇旨，《毛诗序》谓"刺夫妇失道也"。《谷风》以妇之见弃于夫，譬诸"卖物之不售"。《筮法》断夫妻之相见，曰卖物之得售。两者理念相类。

《谷风》作年，孔颖达《正义》谓于卫宣公时（公元前718～前700年）。《筮法》篇所载数字卦"与天星观简、包山简、葛陵简等楚简所载实占的数字卦形式基本一致"[6]，可知写定于战国。《筮法》与《谷风》以"售"言事，语词相类，逻辑相通，其合理解释当是《筮法》篇作者化用《诗经》成典，施诸占辞。

同为战国筮书的王家台秦简《归藏》中亦有类《诗》之语。其《介卦》云："北北黄鸟，杂（集）

---

[1] [汉]班固：《汉书》，中华书局，1962年版，第1746页。
[2] [唐]陆德明：《经典释文》，中华书局，1983年版，第27页。
[3] 廖名春：《帛书〈周易〉论集》，上海古籍出版社，2008年版，第383页。
[4] [汉]班固：《汉书》，中华书局，1962年版，第1746页。
[5] [宋]司马光：《太玄集注》，中华书局，1998年版，第16页。
[6] 李学勤：《清华简〈筮法〉与数字卦问题》，《文物》，2013年第8期。

彼秀虚。"王辉先生指出:"秦文字'交'字作'㐅',北字作'北',《归藏》简又不很清楚,疑北为交之讹或误释。"[1]王辉先生判定《介卦》"北北黄鸟,集彼秀虚"与《秦风·黄鸟》"交交黄鸟,止于棘"句式相类,可谓有见。进一步研究可以发现,《介卦》与《小雅·黄鸟》在句式与取象上更近。《小雅·黄鸟》首章云:

> 黄鸟黄鸟,无集于榖,无啄我粟。此邦之人,不我肯榖。言旋言归,复我邦族。

《小雅·黄鸟》"无集于榖"句与《归藏·介卦》"集彼秀虚"同用"集"字。《介卦》言黄鸟"集于有穗之墟,有禾实可食,自甚豫乐"[2],而诗人以黄鸟之"集木啄粟"(《毛传》语)伤己之无榖,旨在言其"困"。《孔子诗论》第9简云:

> 《黄鸟》,则困而欲反其故也。……[3]

"困"为《周易》六十四卦卦名之一,《诗论》用"困"字断《黄鸟》篇旨,可见作者兼通《易》理。又《诗论》第26简谓"《邶·柏舟》闷"[4]。"闷"亦为《周易》专门术语,出自《乾卦·文言》"遁世无闷"。

众所周知,《诗经》与《周易》均与孔子关系密切。《诗》《易》并传,孔子以来成为学统。孔门高弟子夏兼擅《诗》《易》[5],七十子后学荀卿亦然[6],汉初《韩诗外传》更多次以《诗》《易》并举[7],此为学术史之尤著明者。我们曾经指出,《孔子诗论》"对《诗经》诸篇进行评述时所使用的话语系统与《周易》经传高度重叠,在思想方法上《诗论》与《周易》经传有着密切的内在联系"[8]。是可见战国时期《易》学对于《诗》说影响之大。清华简《筮法》与王家台秦简《归藏》则表明《诗经》对于先秦时期《易》类文献浸润之深。这一现象的揭示,对于我们认识春秋以降的《诗》学及《易》学源流或不无启示。

---

[1] 王辉:《王家台秦简〈归藏〉校释(28则)》,《江汉考古》,2003年第1期。
[2] 王辉:《王家台秦简〈归藏〉校释(28则)》,《江汉考古》,2003年第1期。
[3] 李学勤:《诗论分章释文》,《中国古代文明研究》,华东师范大学出版社,2009年版。
[4] 此用李学勤先生释读。详《诗论分章释文》,《中国古代文明研究》,华东师范大学出版社,2009年版。
[5] 朱彝尊谓"《诗》《易》俱传自子夏"。并详毕如飞:《子夏及其学派研究》第四章《子夏与儒家经典》,山东大学2007年博士学位论文。
[6] 荀子于《毛诗》、《鲁诗》、《韩诗》授受皆大有关系,刘向谓"荀卿善为《易》"。详汪中《荀卿子通论》、胡元仪《郇卿别传》《郇卿别传考异》、皮锡瑞《经学通论》。汪、胡二文俱载于《荀子集解》卷首([清]王先谦:《荀子集解》,中华书局,1988年版)。
[7] 据笔者初步统计,《韩诗外传》中同时引用《周易》与《诗经》者多达六处。
[8] 姚小鸥:《〈周易〉经传与〈孔子诗论〉的哲学品格》,《文学评论》,2003年第5期。

论清华简《筮法》卦位图与四时吉凶

张克宾

(山东大学 易学与中国古代哲学研究中心)

新近公布的清华简《筮法》篇,专讲占筮,许多内容前所未知,令人耳目一新,对于研究早期易占、"数字卦"、《周易》文本的形成等问题都可能具有重要的意义和价值。作为整理者,李学勤先生已经对之做了许多有益的解读,但由于该篇文辞简略、语涉专门,其中大量的问题尚待探索。笔者不揣谫陋,拟就其中的卦位图与四时吉凶等问题略述己见,不当之处,敬祈识者指正。

一

清华简《筮法》第二十四节整理者名之为"卦位图"、"人身图"(图一),其卦位图与《说卦传》第五章"帝出乎震"一段所记八卦方位(图二)大体相同,唯独坎离两卦位置互易。诚如李学勤先生所说,《筮法》中许多地方同卦位图息息相关,图上的卦位并无误绘之处[1]。那么,

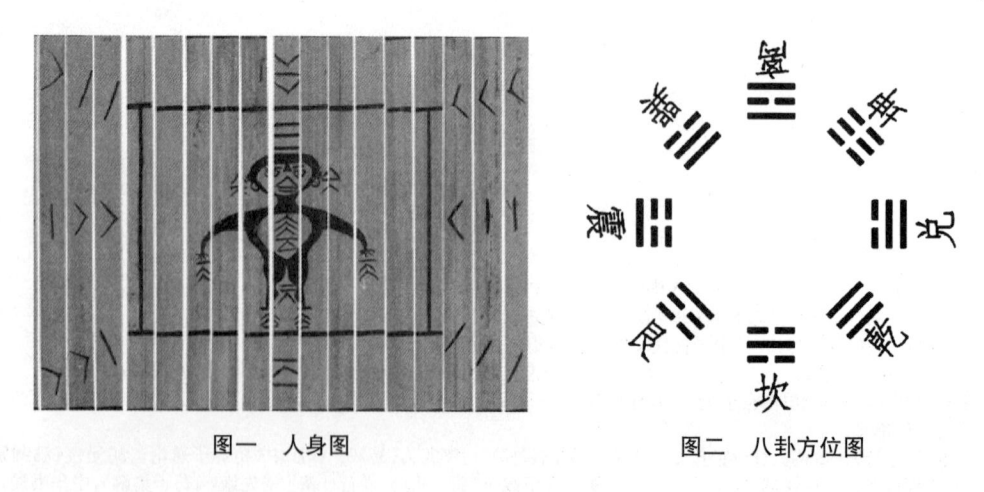

图一 人身图　　　　　　　　图二 八卦方位图

---

[1] 李学勤:《清华简〈筮法〉与数字卦问题》,《文物》,2013年第8期。

《筮法》卦位图与《说卦传》所表达的八卦图式,究竟何者更为原本呢? 还是说两者本是各自独立的系统,谈不上有什么密切的关系?

显然,《筮法》与《说卦传》有非常密切的关系。《筮法》人身图所标八卦之象,与《说卦传》第九章所记"乾为首,坤为腹,震为足,巽为股,坎为耳,离为目,艮为手,兑为口"基本相同,唯一不同之处是人身图中离不为目,而是位于下腹部,但这正符合《说卦传》第十一章所记离"其于人也为大腹"之象。廖名春先生认为,《筮法》将"离为目"改为离居腹下,是与其卦位图坎上离下相呼应的[1]。其实,人身图将离标在下腹部未必是要与卦位图相呼应,因为人身图标示的八卦人身之象,除离之外七卦的位置也都不与卦位图相应,卦位图与人身图是意义不同的两个图。

《筮法》中八经卦的排列次序,大体有两种(以今传本《周易》卦名表示):一种是乾坤、艮兑、坎离、震巽(见第二十五、二十六节),另一种是乾坤、震巽、坎离、艮兑(见第三节、第二十七节)。《说卦传》第三章"天地定位,山泽通气,雷风相薄,水火不相射",马王堆帛书《衷》篇作"天地定位,[山泽通气],火水相射,雷风相榑(薄)",依《筮法》卦位图坎南离北,坎为火,离为水,则《衷》篇所载正是乾坤、艮兑、坎离、震巽之序。《说卦》第七章以下诸章则皆是乾坤、震巽、坎离、艮兑之序。可见,《筮法》中的两种卦序也都与《说卦传》有关。

《筮法》卦位图与《说卦传》"帝出乎震"章一样,都是将八卦与方位、四时相结合,是一种时空一体的宇宙图式。值得注意的是,《筮法》卦位图在方位、四时以外,其上下左右还配有五行及所属颜色:"东方也,木也,青色也";"南方也,火也,赤色也";"西方也,金也,白色也";"北方也,水也,黑色也"[2]。这是《说卦传》所没有的。今传本《周易》经传并没有明确地将五行观念纳入到八卦系统,马王堆帛书《易传》则粗略地将五行作为易学的内容[3]。而清华简《筮法》不仅将八卦与五行相配,而且将卦的五行关系作为占断方法之一。《筮法》第十一节占雨旱:"☱☴金木相见才(在)上,佥(阴)。水火相见才(在)下,风。"[4]右上兑卦为金,左上巽卦为木,故"金木相见在上";右下艮为水,左下坎为火(依《筮法》艮离为水,坎为火),故"水火相见在下"。这可以视为易学与五行观念的真正结合。如果清华简的可靠年代确实是公元前300年左右的话,那么八卦与五行相结合的时间也就不晚于此时。因此,学界所谓西汉时才开始以五行解《易》的观点也就站不住脚了[5]。

---

[1] 廖名春:《清华简〈筮法〉篇与〈说卦传〉》,《文物》,2013年第8期。
[2] 清华简(肆),第111页。
[3] 帛书《要》篇云:"故《易》又(有)天道焉,而不可以日月生(星)辰尽称也,故为之以阴阳;又(有)地道焉,不可以水火金土木尽称也,故律之以柔刚;……"帛书《二三子》云:"圣人之立正也,必尊天而敬众,理顺五行,天地䉈蓄,民[人]不伤,甘露时雨聚降,剽风苦雨不至,民愿相酭以寿。"(引自廖名春:《帛书〈周易〉经传释文》,载氏著《帛书〈周易〉论集》,上海古籍出版社,2008年版,第389、371页)
[4] 清华简(肆),第94页。
[5] 如朱伯崑先生说:"以五行说解《周易》,始于汉易京房。"(见所著《易学哲学史》第一卷,昆仑出版社,2005年版,第150页)梁韦弦先生也说:"五行与四时、八风、八卦的结合当始于西汉。"(氏著《汉易卦气学研究》,齐鲁书社,2007年版,第140页。)

《筮法》卦位图的上下方有对震、劳（坎）、兑、罗（离）四正卦的解释：

> 奚古（故）谓之䨓（震）？司雷，是古（故）谓之䨓（震）。奚故谓之𤢏（劳）？司树，是故谓之𤢏（劳）。奚故谓之兑？司收，是故谓之兑。奚故谓之罗（离）？司藏，是故谓之罗（离）。[1]

文中从四时春生夏长秋收冬藏的角度解释四正卦。震司雷、兑司收、罗司藏比较容易理解，都与词义有关，《说卦传》云"震为雷"，李鼎祚《周易集解·震》引郑玄注："雷，动物之气也。"[2]《周易集解·噬嗑》引侯果注："雷，所以动物。"[3] 震、雷皆有使物发动之意，因此以之象征万物生发之春。兑，帛书《周易》作"夺"，段玉裁以"敓"为"争夺"之"夺"的正字[4]，则知帛《易》读"兑"为"敓"而借为"夺"也。《玉篇·奞部》云："夺，取也。"《玉篇·又部》云："取，收也。"《筮法》云"司收，故谓之兑"，也是读"兑"为"敓"。罗者网也，网罗有收藏之意，司马迁《报任少卿书》："近自托于无能之辞，网罗天下放失旧闻。"所以《筮法》说："司藏，故谓之罗。"

而《筮法》又说："司树，故谓之𤢏（劳）。"《说文解字·木部》云："树，木生植之总名也。"但劳字并不没有生植的意思。廖名春先生说："劳有劳作、劳累义，而'春生夏长'，夏天正是劳作、劳累的季节，故以配夏。"[5] 但春、秋作为播种、收获的季节，又何尝不是劳作、劳累的季节。考索劳字各种义项，以"树"解之，总觉勉强。案《说文解字·力部》："勞，剧也。从力，熒省。熒火烧冂，用力者勞。恷，古文勞从悉。"许慎以劳字从力从荧。古人每以五星配四时，其中荧惑为火，主夏。《史记·天官书》云："察刚气以处荧惑，曰南方火，主夏，曰丙丁。"据此，《筮法》以劳为火，居南，主夏，很可能是就劳字从荧，而取荧惑之意。当然，许慎认为劳字从荧，也未必确实。清儒王筠即说："劳字形不可解，许君委屈以通之。"[6] 所以，也有可能是《筮法》简单地以𤢏字从两火而将之置于南方，主夏。

以劳（坎）为南为火、罗（离）为北为水，目前已知文献中仅见于清华简《筮法》，与《周易》经传之取象不相符。《说卦传》《彖传》《象传》都以坎为水、离为火，此不必赘言。就六十四卦而言，晋卦、明夷卦都取象于离为火为日。晋卦离上坤下，离为火为日，坤为地，日出地上之象，故名之为晋。"晋，进也，日出而万物进。从日从臸。"（《说文·日部》）晋卦之晋，古《归藏》辑本同[7]，王家台秦简《归藏》作"䜅"、帛书《周易》作"溍"，清华简《别卦》作"𣦼"，这些异文都应读为"晋"。明夷卦坤上离下，离为日为明，明入地中，故名之为明夷。"夷者，伤也。"（《序卦传》）王家台秦简《归藏》、帛书《周易》、阜阳汉简《周易》也均作"明夷"，古《归藏》辑本作"明

---

[1] 清华简（肆），第 111～112 页。
[2] [清]李道平：《周易集解纂疏》，中华书局，1994 年版，第 452 页。
[3] [清]李道平：《周易集解纂疏》，中华书局，1994 年版，第 239 页。
[4] [清]段玉裁：《说文解字注》，浙江古籍出版社，2006 年版，第 124 页。
[5] 廖名春：《清华简〈筮法〉篇与〈说卦传〉》，《文物》，2013 年第 8 期。
[6] [清]王筠：《说文解字句读》，中华书局，1988 年版，第 558 页。
[7] [清]马国翰：《玉函山房辑佚书》，广陵书社，2005 年版。

尸"，尼为古文夷字（《玉篇·尸部》）。清华简《别卦》则作"亡尼"，整理者指出："亡声与明声字每相通用。"[1] 诚若如此，则"亡尼"也即明夷。可见，《周易》《归藏》之卦名都是以离为火，自然也都是以坎为水，无需再证。此外，《左传》《国语》所载筮例也都是以离为火，以坎为水[2]。由上可知，离为火，坎为水，渊源有自，是先秦易学之常例，而清华简《筮法》以离为水、坎为火应属晚起，是对当时常例的特意修改，以至于和清华简的《别卦》篇也自相抵牾。

另外，《筮法》第二节占"得"，有一种从卦的左右方位来占断的方法。它说："☲☲三右同左，乃得。☵☵三左同右，乃得。"据此例之内容并对照卦位图，李学勤先生指出，左右卦的划分，乃是从卦位图乾、离至巽、坎之间作一斜线，以此分卦之左右[3]。从方位上说，卦位图左右分割线是自西北至东南。这可能与先秦时期"天不足西北，地不满东南"的宇宙时空观念有关[4]。

二

《筮法》第二十一节讲"四季吉凶"，是对其卦位图的具体运用之一。其文曰：

音（春）：坴（来）巽大吉，袋（劳）少吉，艮罗（离）大凶，兑少凶。
顕（夏）：袋（劳）大吉，坴（来）巽少吉，艮罗（离）少凶，兑大凶。
䎽（秋）：兑大吉，艮罗（离）少吉，袋（劳）大凶，[坴（来）巽少凶]。
各（冬）：艮罗（离）大吉，兑少吉，坴（来）巽大凶，[袋（劳）少凶]。[5]

"坴"读为来，即今传本《周易》之震，古《归藏》辑本作"釐"，读与来同。《汉书·楚元王传》"饴我釐麰"，颜师古注："釐"又读于来同"[6]。案，震卦之震，《筮法》前文作"坴"，后文又作"晨（震）"。另外，坤，《筮法》作"夷"，古《归藏》辑本作"寅"，字形相近；乾，《筮法》作"乾"，读作"乾"，王家台秦简《归藏》作"天"；坎，《筮法》作"袋"（劳），王家台秦简《归藏》亦作"袋"。可见，《筮法》中八卦卦名杂糅了《归藏》和《周易》两家。结合上文所论《筮法》故意修改坎离之位，自我标新，非但与《归藏》《周易》不合，与清华简《别卦》也有扞格之处，再加上其将天干地支与八卦相配（第二十五、二十七节），我们推断清华简《筮法》篇极有可能是战国中期糅合《归藏》《周

---

[1] 清华简（肆），第132～133页。
[2] 《左传》昭公五年："穆子之生也，穆庄叔以《周易》筮之，……离，火也；艮，山也。"《国语·晋语四》："晋重耳筮得国，……坎，水也；坤，土也。"
[3] 清华简（肆），第82页。
[4] 《黄帝内经·素问》、《列子·汤问》皆有"天不足西北，地不满东南"之说。郭店楚墓竹简《太一生水》篇亦云："[天不足]于西北，其下高以强；地不足于东南，其上[远以旷]。"西汉之《淮南子·天文》、《史记·日者列传》亦主此说。纬书《河图括地象》云："西北为天门，东南为地户。"
[5] 清华简（肆），第107页。
[6] [汉] 班固撰，[唐] 颜师古注：《汉书》，中华书局，1962年版，第1934页。

易》以及某些占验之术的产物,以至于其所载占断方法显得有些杂乱,逻辑不完整,不够成熟。

《筮法》将震巽、坎、兑、艮离六卦分为四组,论其四时之吉凶。以春季为例,春属木,震巽属木,大吉;坎属火,小吉;艮离属水,大凶;兑属金,小凶。如依五行生克而论,春之时,诸卦五行与时同者大吉,时生者小吉,生时者大凶,克时者小凶。而比照夏、秋、冬三者则又不同,以夏为例,夏属火,坎大吉,震巽小吉,兑大凶,艮离小凶,则是诸卦五行与时同者大吉,生时者小吉,时克者大凶,克时者小凶。可见,四时六卦之吉凶并不是由其五行生克关系决定的。

寻绎诸卦五行吉凶之排列,我们发现《筮法》是从四时运行的角度来排定六卦之吉凶的,其中又有顺有逆。春木、夏火、秋金、冬水,震巽属木主春、兑属金主秋,自所主之时开始,依四时之序顺行,依次对应大吉、小吉、小凶、大凶;坎属火主夏、艮离属水主冬,自所主之时开始,依四时之序逆行,依次对应大吉、小吉、小凶、大凶。如下:

	震巽	坎	兑	艮离
大吉	春	夏	秋	冬
小吉	夏	春	冬	秋
小凶	秋	冬	春	夏
大凶	冬	秋	夏	春

《筮法》以四时运行论六卦之吉凶,其吉凶之转化是一个渐变的过程,震巽与兑体现了由吉到凶的渐变,如震巽当春则大吉,继而当夏变小吉,继而当秋变小凶,最后当冬变大凶;坎与艮离体现了由凶到吉的渐变,如艮离当春而大凶,继而当夏而小凶,继而当秋而小吉,继而当冬而大吉。换一个角度看,震巽与兑之由吉而凶,是顺行四时;坎与艮离之由吉而凶,是逆行四时,亦即六卦之吉凶变化有顺有逆。于《筮法》卦位图观之,则六卦四时之吉凶呈现为顺逆交合的态势,六卦、五行之四时吉凶是交互变易的,是动态的,体现了变通趣时的精神。

在《筮法》这一四时吉凶模式中,有三个引人注目的地方:一是四时配五行,春木、夏火、秋金、冬水,没有土;二是艮为山,当属土,却将之与离归为一类,属水。三是只列六卦的四时吉凶,没有乾坤。

在《管子・四时》《礼记・月令》中,都以木火金水配春夏秋冬,而将土置于中央。《管子・四时》云:"东方曰星,其时曰春,……南方曰日,其时曰夏,……中央曰土,土德实辅四德出入,……西方曰辰,其时曰秋,……北方曰星,其时曰冬,……"[1]四时与五行不可能一一对应,故而古人依四时五行相生之序,将土置于夏火、秋金之间。《管子・四时》认为土辅木火金水四时运行,较之四者更为基本,但四时中并没有属土的。《太平御览》卷一七引《乐记》佚文:

---

[1] [清]戴望:《管子校正》,《诸子集成》第5册,上海书店,1986年版,第238～240页。

"春生夏长,秋收冬藏,土所以不名时者:地,土之别名也,比于五行最尊,故不自居部职也。"[1]也认为土高于其他四者,故不在四时之列。这些应该是五行与四时相结合之初始阶段的理论反映,是战国中期阴阳与五行两大学说合流的产物[2]。战国末期以后才有"季夏为土"说、"土王于四季"说等变通方法的出现。《筮法》所反映的四时五行关系与《管子·四时》相一致,其年代也应大致相当,属于战国中期,这也与清华简的年代在公元前300年左右相吻合。四时五行缺土,也可能正是《筮法》从四时运行的角度来排定六卦之吉凶,而不是从卦的五行生克关系上来推定其吉凶的原因[3]。

艮为山,五行当属土,而《筮法》却将之归于水,这可能是其四时五行缺土所导致的一个结果。在上文注[3]所说的生旺墓绝说中,土与水一致,生于申,旺于子,墓于辰,绝于巳。就此而论,《筮法》将艮之四时吉凶从属于水,在后世易占中也仍有所见。但在上文所引《筮法》占雨旱一节中,明确以艮为水,则《筮法》又不是将艮土之吉凶从于离水,而是认为艮就属水,这又与"纳甲筮法"不同。

《筮法》将乾坤二卦置于四时吉凶之外,比较容易理解,因为乾为天,坤为地,天地是万物四时变化之统体,并不是四时变化中之一物,所以不以四时运转论乾坤之吉凶。但是《筮法》既然以四时论各卦之吉凶,却又不包括乾坤,如占问时遇到了乾卦或坤卦,就不能像其他六卦那样从四时吉凶的角度来占断,这在理论上是不完整的。当然,即便不以四时吉凶论乾坤,占断时也可以用其他方法加以变通,《筮法》所记的占断方法是多种多样的。在乾坤吉凶的时间问题上,《筮法》第二十二节"乾坤运转",认为乾月夕吉,坤月朝吉。月夕即月末,月朝即月初。月夕、月朝与四时并不是同一时间层面,因此,《筮法》的"四季吉凶"与"乾坤运转"所说的也就是两个理论层面的问题,不能直接将二者视为互相补充的关系。

三

在四时吉凶问题上,《筮法》中不仅有卦的四时吉凶,而且有爻的四时吉凶。如第二节占

---

[1] [宋]李昉等:《太平御览》,中华书局,1960年版,第86页。
[2] 参见白奚:《中国古代阴阳与五行说的合流——〈管子〉阴阳五行思想新探》,《中国社会科学》,1997年第5期。
[3] 四时五行之吉凶,秦汉时已有两种模式:一是以时令与五行的生克关系而论其旺相休囚死。《淮南子·地形》说:"木壮,水老,火生,金囚,土死;火壮,木老,土生,水囚,金死;土壮,火老,金生,木囚,水死;金壮,土老,水生,火囚,木死;水壮,金老,木生,土囚,火死。"如春之时,木当令,故壮;水生木,木旺水衰,故水老;木生火,故火生;金克木,木壮,金不能克之,故囚;木克土,故土死。其他依此类推。此五行之壮、老、生、囚、死在《火珠林》等书所传西汉京房"纳甲筮法"中被表述为旺、休、相、囚、死。二是以四时运行论五行之生旺墓绝。天水放马滩秦简《日书》乙种之《五行书》说:"木生亥,牡(壮)卯,者(老)未";"火生寅,牡(壮)午,者(老)戌";"金生巳,牡(壮)酉,者(老)丑";"水生申,牡(壮)子,者(老)长"。《淮南子·天文训》中亦有类似表述。《京氏易传》中也有以四时运行论五行生旺的内容:"寅中有生火,亥中有生木,巳中有生金,申中有生水;丑中有死金,戌中有死火,未中有死木,辰中有死水,土兼于中。"此即纳甲筮法中的五行生旺墓绝说。火生于寅,旺于午,墓于戌,绝于亥;木之生、旺、墓、绝为亥、卯、未;金之生、旺、墓、绝为巳、酉、丑、寅;水之生、旺、墓、绝为申、子、辰、巳。五行之生旺墓绝说,也是依四时之序而列,较之《筮法》的四时吉凶说更为成熟、合理。

"得"云：

> 旾（春）见八，乃亦导（得）。顕（夏）见五，乃亦导（得）。秌（秋）见九，乃亦导（得）。各（冬）见四，乃亦导（得）。[1]

《筮法》之爻数有六个，即四、五、六、一（七）、八、九。据廖名春先生统计，清华简《筮法》中共有114个六画卦，其中纯由一、∧（六）组成的六画卦多达89个，而杂有四、五、八或九的六画卦只有25个；就爻数而言，114个六画卦共684爻，其中为一或∧的爻出现631次，为四、五、八或九的爻出现了53次。之所以一、∧爻如此之多，廖先生说："这是因为'一'和'∧'不是简单的'七'和'六'，已经上升为阳爻和阴爻了；而'九''八''五''四'则还是筮数，有其具体的特殊的意义。"[2]对此，我们非常赞同。

《筮法》中的"一"、"∧"可以视作爻数的常态，基本已经脱离其数字性而成为阴阳符号，而四、五、八、九则非常独特，占问时如果所遇之卦含有四、五、八或九，就有特别含义。《筮法》第二十六节占祟，就专门讲了四、五、八、九所象征的各类神怪；第二十九节则专门讲八、五、九、四之爻象。李学勤先生指出，清华简《筮法》讲爻象"以八、五、九、四为序，或许还有深意。看现已发现的楚简实占数字卦，除常见的一、六外，八较多，五次之，九更少，四则尚未见到，这或者不是偶然的"。[3]八、五、九、四次序的深意，除了可能与其出现的几率有关外，我们认为当与四时之序相关。从上引《筮法》第二节占"得"的内容来看，八、五、九、四与春夏秋冬之间有非常密切的对应关系，可以理解为《筮法》是将八、五、九、四与春、夏、秋、冬相配。春数为八，夏数为五，秋数为九，冬数为四。故而春占遇八，夏占遇五，秋占遇九，冬占遇四，则所谋皆可得。

四时、五行、五方与数相配，习见于战国典籍。《管子·幼官》、《礼记·月令》《吕氏春秋》十二纪，都以东方为木，其时为春，其数为八，其色为青；南方为火，其时为夏，其数为七，其色为赤；西方为金，其时为秋，其数为九，其色为白；北方为水，其时为冬，其数为六，其色为黑；中央为土，其数为五，其色为黄。《墨子·迎敌祠》也以八、七、九、六、五配五方、五色。可见，八、七、九、六、五作为四时五行之数在战国时期具有普遍性。《筮法》为了与其筮数系统中具有特殊地位的八、五、九、四相应，故而以五替换七作夏之数，以四替换六作冬之数。虽然五是中央土之数，但在《筮法》四时吉凶中五行缺土，其卦位图也只记有四方，而没有中央，所以将五改作夏之数也算为之找到了新位置，没有使之落空。我们认为，与坎火离水一样，夏数五、冬数四也应是《筮法》对当时常例的特意修改。

《筮法》第二十九节专讲八、五、九、四之象，形式与《说卦传》讲八卦之象类似。传世易学

---

[1] 清华简（肆），第84页。
[2] 廖名春：《清华简〈筮法〉篇与〈说卦传〉》，《文物》，2013年第8期。
[3] 李学勤：《清华简〈筮法〉与数字卦问题》，《文物》，2013年第8期。

中只讲卦象,从来没有像《筮法》这样大讲爻数之象的记载。专讲作为数的爻象,这也是《筮法》的一个奇异之处。八、五、九、四既然是春夏秋冬之数,那么其爻象也应有与四时有相应的地方。《筮法》以八之象为风,这与《管子·四时》所言春之气为风相应;五之象为日,这与夏为火为热相应;四之象为雪(雪),为霁(露),为霓(霰),这与冬为水为寒相应。但也不尽然,八之象又为水,与春为木不相应;九之象为木,与秋为金不相应。可见,《筮法》的四时之爻数与爻象并不完全一致。如此,则《筮法》篇就存在前后内容不相应甚或相冲突的问题。

除了以四时论吉凶外,《筮法》也非常重视所占之卦与岁、月、日的关系。其第二十三节占"果"云:"凡果,大事,岁在前,果;中事,月在前,果;小事,日乃前,果。"所谓"在前",李学勤先生认为可能是指所值干支在卦象的上卦出现[1]。占事之成与不成,据其大小,看所占之卦是否值岁、值月、值日。其方法是将卦与干支相配,再看所占卦的干支与年、月、日干支是否相当。天干与卦相配,《筮法》以乾配甲、壬,坤配乙、癸,艮配丙,兑配丁,坎配戊,离配己,震配庚,巽配辛。这与西汉京房的纳甲法是一致的。地支与卦相配,《筮法》以震配子午,巽配丑未,坎配寅申,离配卯酉,艮配辰戌,兑配巳亥[2]。李尚信先生已指出,《筮法》是将地支之"六府"与六卦相配[3]。此较之京氏纳甲法之纳支要疏略得多,而且没有乾坤两卦[4]。这与《筮法》只讲震巽等六卦的四时吉凶,而不讲乾坤四时之吉凶一样,在理论上都是不完整的。其占断方法也较为简单,只是看所占卦之干支是否当日、当辰或值岁、值月,没有从干支所属五行关系上来深化它们之间的关系。可见,《筮法》以干支配卦的占断法是初步性的,比较粗糙。其实,八卦与干支相配,如同四时与五行相配一样,不可能一一对应,况且干支序列之意义及关系与八卦之意义及关系也是不相同的,要将二者糅合在一起存在理论上难以对接甚至矛盾的地方,但也如四时五行相配有一个前后发展过程一样,干支配卦也存在一个发展过程,清华简《筮法》大概反映了其早期形态,而京房纳甲法则标志其理论的成熟。

---

[1] 清华简(肆),第110页。
[2] 清华简(肆),第114、118页。
[3] 李尚信:《论清华简〈筮法〉的筮数及其相关问题》,《周易研究》,2013年第6期。
[4] 京氏是将十二支与卦之六爻相配,乾内卦纳子寅辰,外卦纳午申戌;坤内卦纳未巳卯,外卦纳丑亥酉;震内卦纳子寅辰,外卦纳午申戌;巽内卦纳丑亥酉,外卦纳未巳卯;坎内卦纳寅辰午,外卦纳申戌子;离内卦纳卯丑亥,外卦纳酉未巳;艮居内卦辰午申,外卦纳戌子寅。

清华简《筮法》与《周易》卦画之谜

刘光胜

（上海师范大学　人文学院）

《周易》最初为卜筮之学，吉凶的预测必观乎卦，观卦必察乎爻；爻变而卦变，卦变而吉凶生，因此爻是《周易》研究中最基本、最重要的单位。《周易》占筮之爻最初是卦画，还是从其他内容演变而来？包山简、葛陵简上的易卦符号是卦画，还是数字？它们和《周易》卦画之间是何关系？林林总总的问题困惑着我们，可以说，对《周易》阴阳爻起源的追问，是易学研究中最常见却最难取得突破的问题[1]。2008年7月，清华大学从香港文物市场购进一批楚简，其中有用战国古文字书写的《筮法》（以下简称清华简《筮法》），为我们切入《周易》卦画的形成，提供了难得的契机。

一、筮数是卦画的前身

关于《周易》卦画起源，众说纷纭。有筮数说、结绳记事说、生殖崇拜说、土圭测影说、数理说、龟卜说等不同说法。可以说，"卦爻原始"的真相，是《周易》研究中难以理清的学术谜团。唐代孔颖达引先儒之说云："圣人以《易》占事之时，先用蓍以求数，得数以定爻，累爻而成卦，因卦以生辞，则蓍为爻卦之本，爻卦为蓍之末。"[2]在众多说法之中，卦画源于筮数，由来已久，是目前学界最有影响力的说法。此说之所以难以坐实，关键的一点是在出土文献中，至今尚未找到筮数演变为卦画的具体例证。

李学勤先生指出，战国竹简数字卦中的有些"数字"，实际上只是毛笔在狭窄的竹简上骈书两行时信笔所为而成；而包山与天星观楚简上的所谓"五"、"六"、"七"、"八"、"九"的数字，

---

[1] 参戴琏璋：《出土文物对易学研究的贡献》，《国文天地》第33期，1988年。本文引用时有改动。
[2] [清]阮元校刻：《十三经注疏·周易正义》卷一，中华书局，1980年版，第13页。

与楚简所见相应数字的写法皆有区别,说明战国楚简上的数字卦并非是用毛笔表现的数字,而是卦画[1]。我们以包山楚简为例,见下表:

包山简原图	释　　文	简　　号
		【201】
		【210】
		【229】

战国文字"五"写作"✕","六"写作"穴","七"写作"十"[2],八写作"八"[3],与包山简的易卦文字确实有些差异,因此李先生之说确实有些道理。

新见清华简《筮法》易卦符号有六个:

两组易卦符号,连起来分别是"九八七六五四"、"四五六七八九",证明"四"可以写作"◻","五"写作"✕","六"写作"∧","七"写作"一","八"写作"八","九"写作"⋺一",有些数字的写法就与战国时代常见的字体不同。以此反观包山简229易卦符号,应为"七六五八六六"、"七六六七七六",因此明确可以肯定包山楚简、葛陵简等易卦符号皆是数字,而不是卦画。

《汉书·律历志》云:"自伏羲画八卦,由数起。"但张政烺先生根据出土文献资料,推断卦画是由筮数演变而来的,"卦画源于筮数"说成立最大的困难,就是筮数演变为卦画的过程,一直未能从考古实物中得到明确的印证。清华简《筮法》不仅有筮数,而且出现了卦画,生动地展现了筮数演变为卦画的具体过程(图一)。

---

[1] 李学勤:《周易溯源》,巴蜀书社,2005年版,第276～277、283页。但据笔者所知,李先生目前的看法已有所转变。
[2] 参张守中等撰集:《郭店楚简文字编》,文物出版社,2000年版,第194页。
[3] 清华简(肆),第188页。本文竹简释文及图片皆见于此书。
[4] 清华简(肆),第102页。

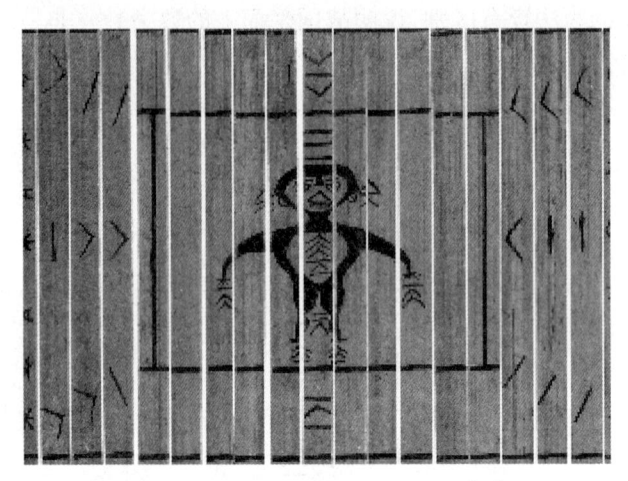

图一　清华简《筮法》人身八卦图[1]

从《筮法》人身八卦图来看,卦画符号全部由六、七担任,证明六、七已经转进为阴阳爻符号了。清华简《筮法》说:"乾祟:纯五,灭宗。九乃山。……坤祟:……八乃奴以死……四乃缢者。"[2]六、七转变为阴阳符号之后,八、五、九、四就成为预测吉凶的主要征兆。

清华简《筮法》684爻,"六"、"七"出现了631次,出现概率明显比"四"、"五"、"八"、"九"高。清华简《筮法》给我们重要的启示,是筮数应分为两组,出现频率高的为一组,频率低的为另一组。《筮法》出现频率高的六、七不仅是筮数,而更多地上升为代表全体筮数的阴阳爻符号。八、五、九、四因为出现的几率小,被赋予特别的意义,转而成为预测吉凶的主要风向标。这种由出现概率高低而引发的筮数功能分工,是过去我们从未想到过的。

商周筮数是一、五、六、七、八、九,天星观楚简是一、六、八、九,秦简《归藏》是一、六、八。楼宇烈先生说,从现在掌握的考古文物资料看,易卦爻象的形成,大致经历了两个"简易"过程:一是由多个筮数简化成(集中于)几个筮数;一是由具体数值简化成(抽象为)筮数符号,楼先生描述的总体趋势是对的,但细节略有出入[3]。清华简《筮法》的时代是战国,其筮数有四、五、六、七、八、九,因此商周到战国筮数逐渐减少的趋势,从清华简《筮法》文本看并不成立。《筮法》卦画的形成过程先是六、七爻上升为阴阳符号,然后其他筮数按照阴阳属性,归并其中,和楼先生所说的"简易"过程并不相同。

二、《周易》阳爻为七,阴爻为八

《周易·乾卦》阳爻爻题,自下而上依次为初九、九二、九三、九四、九五、上九;《周易·坤

---

[1]　清华简(肆),第5页。
[2]　清华简(肆),第115页。
[3]　楼宇烈:《易卦爻象原始》,《北京大学学报(哲学社会科学版)》,1986年第1期。

卦》阴爻爻题，自下而上为初六、六二、六三、六四、六五、上六。《周易》凡"—"称九，而"--"称六，是妇孺皆知的通识。《周易》偶数有六、八，奇数有七、九，但为何"—"单称九，"--"单称六呢？唐孔颖达《周易正义》归纳为两点："一者《乾》体有三画，《坤》体有六画，阳得兼阴，故其数九，阴不得兼阳，故其数六。二者老阳数九，老阴数六，老阴老阳皆变，《周易》以变者为占，故杜元凯注襄九年《传》遇《艮》之八，及郑康成注《易》，皆称《周易》以变者为占，故称九、称六。"[1]阳可以兼容阴，阴不能兼容阳之说，总觉得有些牵强，因此学者多倾向于第二种说法，即卦变之说。《易童子问》卷一说："童子问曰：'《乾》曰用九，《坤》曰用六，何谓也？'曰：'释所以不用七、八也。《乾》爻七九则变，《坤》爻八六则变。《易》用变以为占，故以名其爻也。'"[2]《周易》揲蓍四营十八变，所得筮数是六、七、八、九。为何不用八、七称呼阴阳爻呢？八、七为不变爻，静而不动。六、九为变爻，《周易》以变为占，所以"—"称九，"--"称六。孔颖达之后，欧阳修、朱熹、尚秉和等学者皆从此说。

《周易》以变为占，因此爻看九、六。但爻看九、六，并不等于爻体是九、六。阴阳爻的九、六之称，实际是从《周易》揲蓍之法而来。《周易》大衍筮法揲蓍的结果是九、八、七、六，九、六频见于《易传》爻辞，我们关注的是，筮数七、八去哪儿了？

从出土的易学资料看，数字卦出现在商周晚期，甚至可追溯至新石器时代，而《周易》卦画最早的见于春秋战国时期，目前学界多数学者倾向于卦画出于筮数。张政烺先生认为，一、六是奇偶符号：一是奇数、阳数，六是偶数、阴数；一、六是阴阳符号的前身，后世的《周易》符号皆源于数字卦的一、六[3]。楼宇烈先生说："当筮数只用一、六两个数目字记录时，一、六的具体数值已降为次要，甚至可以置而不论，而其数的性质则上升为主要的了，……七、六两个数已经由具体筮数演变为一切奇偶数的代表，且进而抽象化为符号式的爻象。"[4]林忠军先生以帛书《衷篇》"易之义谇阴与阳，六画而成章，曲句焉柔，正直焉刚"为据，也主张七、六是阴阳符号的雏形[5]。六、七在出土易学筮数资料中出现的次数最多，因此张政烺等学者都把六、七作为《周易》卦画的前身。

上博简《周易》是目前所见时代最早的《周易》传本，其阴爻作"〰"，阳爻作"—"，整理者认为阴爻为六，阳爻为九[6]（图二）。我们认为这种看法是错误的，上博简《周易》阴爻应为八，阳爻应为七。证据一：古文字"九"的写法，

---

[1] [清]阮元校刻：《十三经注疏·周易正义》卷一，中华书局，1980年版，第13页。
[2] [宋]欧阳修：《欧阳修集编年笺注》卷七六，巴蜀书社，2007年版，第515页。原本卷后校云："一作'《乾》爻七九，九则变；《坤》爻八六，六则变'。"
[3] 张政烺：《帛书六十四卦跋》，《文物》，1984年第3期。
[4] 楼宇烈：《易卦爻象原始》，《北京大学学报（哲学社会科学版）》，1986年第1期。
[5] 林忠军：《清华简〈筮法〉筮占法探微》，《周易研究》，2014年第2期。
[6] 马承源主编：《上海博物馆藏战国楚竹书（三）》，上海古籍出版社，2003年版，第134页。

九 老子乙前一[1]。清华简《筮法》"九"字作" "。与上博简《周易》" "字形明显不同。必须说明的是，上博简" "与古文字"七"常见的字形也不合。学者曾根据《周易乾凿度》卷下"易变而为一，一变而为七，七变而为九。九者，气变之究也，乃复变而为一"，怀疑数字卦中的"一"为"七"[2]。但《乾凿度》"一"既能变为"七"，也能变为"九"，为何说"一"是"七"，不是"九"？因此结论并不能坐实。

但清华简《筮法》中以十二地支配卦画，"地支与爻"的关系如下[4]：

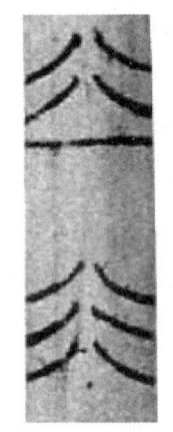

图二 上博简《周易》易卦符号[3]

巳亥	辰戌	卯酉	寅申	丑未	子午
四	×	∧	一	八	九

从"四"、"五"、"六"、"一"、"八"、"九"的顺序看，《筮法》"一"代表的筮数就是七[5]。而上博简《周易》阳爻作" "，与清华简《筮法》"七"字形相同，为上博简《周易》阳爻" "为"七"提供了文字学上的坚强证据。七，睡虎地秦简一○•五写作" "，与上博简《周易》" "只差一点。战国时期，文字异形，我们猜想，上博简《周易》阳爻作" "，可能是"七"字的省写。根据大衍筮法，《周易》筮数为六、七、八、九，根本没有"一"，因此上博简《周易》易卦符号" "也不可能是"一"，而只能是"七"[6]。

证据二：古文字"六"写作： 前七•三九， 师至父鼎， 睡虎地简二三•三， 老子乙二五[7]。上博简《周易》阴爻作" "，与战国文字"六"字形明显不合。我们看"八"古文字的写法，")(" 甲骨前二•三二•四， 戈叔鼎， 中山王壶， 睡虎地简二三•三， 一号墓竹简六八， 武威简•服传三八[8]，清华简《筮法》"八"也作"八"。因此从字形上看，上博简《周易》中的" "明显是八，而不是六。

证据三：张政烺等学者对易卦筮数作过统计，六、七出现的频率最高，所以他们认为六、七是《周易》卦画的前身。清华简《筮法》六、七爻出现的频率高，而后用作阴阳爻符号，证明张先生确有先见之明。殷墟甲骨上的"奇异数字"是易卦，是张政烺先生的卓越贡献，但也把学界带入了数字卦等同《周易》的误区。

数字卦是数字卦，《周易》是《周易》，二者有相同之处，也有差异之处。《周易》所用筮

---

[1] 参徐中舒主编：《汉语大字典》，四川辞书出版社、湖北辞书出版社，1986～1990年版，第48页。
[2] 张朋：《春秋易学研究》，上海人民出版社，2012年版，第129页。
[3] 马承源主编：《上海博物馆藏战国楚竹书(三)》，上海古籍出版社，2003年版，第155页
[4] 清华简(肆)，第119页。
[5] 参廖名春：《清华简〈筮法〉篇与〈说卦传〉》，《文物》，2013年第8期；马楠：《清华简〈筮法〉二题》，《深圳大学学报》，2014年第1期。
[6] 另外，马王堆帛书《周易》、阜阳汉简《周易》中的易卦符号"一"，也应作"七"解。
[7] 参徐中舒主编：《汉语大字典》，四川辞书出版社、湖北辞书出版社，1986～1990年版，第241页。
[8] 参徐中舒主编：《汉语大字典》，四川辞书出版社、湖北辞书出版社，1986～1990年版，第241页。

法为大衍筮法,大衍筮法揲蓍出来的筮数只有六、七、八、九。而据董光璧先生推算的结果,《周易》六、九、七、八出现的概率依次是1/16,3/16,5/16,7/16[1]。数字卦中出现频率高的是六、七,但具体到《周易》而言,出现频率高的是七、八,而不是九、六。根据频率高的筮数用作阴阳爻符号的原则,《周易》中担任阳爻、阴爻的筮数也应该是七、八。筮数七、八上升为阴阳爻符号后,六、九则按照奇偶属性,归并到阴阳爻符号之中,卦画至此方为形成。

证据四:如果《周易》中阴阳爻指八、七,那为何爻辞中只用九、六,却无七、八,对此该如何解释呢?清华简《筮法》六、七符号化后,八、五、九、四出现的频率低,承担了预测吉凶的主要功能,成为预测吉凶悔吝的主要征兆。以此推测,《周易》出现频率高的八、七上升为阴阳爻后,预测吉凶的功能主要落在小概率的六、九身上。《周易》阳爻可以为七,也可以为九,阴爻可以为八,也可以为六,但在观察吉凶征兆时,只看九、六,不看七、八。《周易·乾卦》:"初九,潜龙勿用。九二,见龙在田,利见大人。"以《乾卦》为例,初爻为九时,才是"潜龙勿用",初爻为七,则不能预测吉凶。《周易》爻辞中只有九、六,没有七、八的原因,即在于此。

实际上,已有学者主张七、八为爻体之说。唐代孔颖达引张氏之说:"《周易》以变者为占……阳数有七有九,阴数有八有六,但七为少阳,八为少阴,质而不变,为爻之本体。九为老阳,六为老阴,文而从变,故为爻之别名。"[2]变者以不变者为本,不变者以变者为用,张氏爻体、别名之说,立论的基础依然是《周易》成卦之后的爻变,并不是卦画生成的真实情形。出土文献却使我们把目光投放到《周易》成卦之前,我们讲八、七为爻之本体,着眼点在《周易》爻体的生成。现在由清华简《筮法》看,八、七与九、六的最初分野,不是因为爻变,而是出于筮数的功能分工。八、七出现频率高,上升为阴阳爻的卦画符号;九、六出现频率低,在吉凶预测方面具有特别的意义,遂成为爻辞的主体。九六居于《周易》的核心,九六之学备受研易者关注,而八七的地位长期遭到忽视。现在看来,八、七与九、六的关系是:只有职责分工不同,并无地位高低之别。过去对九、六过于重视的观点,现在应有所修正。

三、余　论

《周易》以变为占,变异是《周易》的主旋律,在这种意义上说,九六之变是《周易》的思想核心与灵魂。如果《周易》爻体是七、八,不是九、六,如果爻辞中九、六的出现,不是因为爻变,而是九、六作为筮数,揲蓍时出现的概率比较低,那么七、八与九、六的关系,就需要重新

---

[1] 董光璧:《易学科学史纲》,武汉出版社,1993年版,第66页。
[2] [清]阮元校刻:《十三经注疏·周易正义》卷一,中华书局,1980年版,第13页。

定位。

爻题之称，是高亨先生的发明。高先生说，《周易》每卦有六爻组成，自下而上，依次用初、二、三、四、五、上表示六爻位次，阳爻称九，阴爻称六，标明爻为之一个字，与标明爻性之一字结合，即为爻题[1]。高先生爻题之说提出之后，即得到学术界的普遍认可。《周易》爻辞设立本为占卜吉凶，九、六为吉凶之兆，所以爻辞只关乎九、六，不关乎七八。但《周易》用爻辞九、六占筮，和把爻体称为九、六，是明显不同的概念。既然八、七是《周易》卦画的前身，九、六之数是后来并入，则如高先生之说，反客为主，把阴爻称为六，阳爻称为九，则忽视了七、八在爻体生成中的作用，明显是不妥当的。

《周礼·春官宗伯》说："（大卜）掌三易之法，一曰'连山'，二曰'归藏'，三曰'周易'。其经卦皆八，其别皆六十有四。掌三梦之法，一曰'致梦'，二曰'觭梦'，三曰'咸陟'。其经运十，其别九十。以邦事作龟之八命，一曰征，二曰象，三曰与，四曰谋，五曰果，六曰至，七曰雨，八曰瘳。"[2]关于《周礼》的成书，过去学者多怀疑是刘歆伪造。现在学者对《周礼》成书的讨论，虽不如以前热烈，但质疑的声音依然存在。清华简《筮法》说："凡十七命：曰果，曰至，曰享，曰死生，曰得，曰见，曰瘳，曰咎，曰男女，曰雨，曰娶妻，曰战，曰成，曰行，曰雠，曰旱，曰祟。"[3]《周礼》龟卜八命，与《筮法》相同的有四命，即果、至、瘳、雨。征、战含义接近，如果加上"征"的话，相同的就是五命。《周礼》八命中，有五命得到印证。《归藏》神龙见尾不见首，其文献传流一直是学界不曾解决的公案。由于清华简《筮法》的支撑，《周礼》对《归藏》的叙述，无疑将成为《归藏》研究的重要基点。

《周礼》说"经卦皆八，其别皆六十有四"，指出了三易的共同之处，但它们之间的区别在哪里呢？《周礼》作者是如何识别出哪是《归藏》，哪是《周易》的呢？1993年，湖北省江陵县荆州镇郢北村发掘清理出一批墓葬群，出土了大批秦代"易占"文献，有数条内容与今传《归藏》相似或直接对应[4]，如"昔者羿善射，毕十日，果毕之"等，证明秦简《归藏》与传本《归藏》紧密相关。

王家台秦简《归藏》可辨识的卦画符号约50多个，但图版至今尚未发表。最初整理者认为秦简卦画是以"一"表示阳爻，以"六"或"八"表示阴爻，即"一"、"六"、"八"3个数字。后经王明钦等学者改释，秦简《归藏》卦画皆是阳爻"━"、阴爻"∧"符号[5]。根据清华简《筮法》，我们认为秦简《归藏》"━"即是七，"∧"即是"六"。

《连山》、《归藏》用七、八，以示确定不易；《周易》改用九、六，以求变易。此说出于汉代贾

---

[1] 高亨：《周易古经今注》（重订本），中华书局，1984年版，第13～14页。
[2] ［清］阮元：《十三经注疏·周礼注疏》，中华书局，1980年，第802～803页。
[3] 清华简（肆），第122页。
[4] 王明钦：《王家台秦墓竹简概述》，《新出简帛研究》，文物出版社，2004年版，第35页。
[5] 参荆州地区博物馆：《江陵王家台15号秦墓》，《文物》，1995年第1期；王明钦：《王家台秦墓竹简概述》，《新出简帛研究》，文物出版社，2004年版，第35页。

逵、郑玄等人。《周易》用九、六,《归藏》用七、八,是区分《周易》与《归藏》的关键所在。《周易》有九、六,是因为九、六出现的概率低,那么《归藏》用七、八,是因为七、八概率低吗?《归藏》用七、八,那筮数七、八应为一组,九、六等剩余的筮数为另一组,但为何王家台秦简《归藏》却以筮数六、七为一组,用六、七作为卦画符号呢?殷墟卜骨易卦也是六、七出现的最多,与《归藏》也对不上号,难道汉儒《归藏》用七、八,本是个子虚乌有的传说? 如果《归藏》不用七、八,那我们又该如何定义《周易》与《归藏》的差异呢? 这些看似微小的改变,如果细致推绎,实际上却可以从根本上推动我们对早期易学史的研究。

综上所述,关于卦画的起源,"筮数说"是目前学界的主流说法。但"卦画源于筮数"之所以难以坐实,就是出土文献中找不到筮数直接演变为卦画的例证。清华简《筮法》八、五、九、四承担吉凶预测功能,六、七上升为阴阳爻符号,特别是人身八卦图中八卦完全由爻六、七组成,为"卦画源于筮数"提供了坚强的证据支撑。九六为变爻,七八为不变爻,阳爻为九,阴爻为六,是千百年来研易者一贯的成说。但立论的基础皆据《周易》成卦之后的爻变,并不是爻体生成时的真实情形。清华简《筮法》启发我们,《周易》九、六出现概率低,成为占筮吉凶的主要表征;八、七出现概率高,上升为阴阳爻符号,因此从爻体生成过程看,八、七才是《周易》卦画的来源——真正的前身。

清华简《筮法》补释

蔡飞舟

（福建师范大学　文学院）

前人释楚地筮数，或以《易》之"之卦"解[1]，今者清华大学所藏战国竹简《筮法》公布，则以"之卦"解者皆非。故在数千年下，假以遗篇断简，而论数千年前事者，可不慎欤？

《筮法》一篇，有甚难解者，于文则廛（简一）、寺（简八）、旄（简十一）、帀譻（简十一）、梨肴（简廿一）、是（简廿四）、臾（简廿七）、楒蔜（简四十五）、祟（简四十七）、权衕（简五十三）[2]是也。于章则卦祟、爻象是也。盖文约而义晦，理深而形简。于不可得处，宁付阙如。于可解处，必也披析通帙之理，印证他篇之文，旁稽传世之书，谨审再三，乃敢书其论断。如此，庶可无大过也夫。

今于《筮法》之疑滞处，谨择覃思而有微得者三，撰成小文曰六廛、曰帀譻、曰八卦吉凶者，总题补释，敬呈如左，伏惟贤达君子，为余匡之。

一、六　　廛

六廛，亓（其）癋（病）哭，死[3]。（《死生章》，简一至二）

五廛，同弌（一）廛，死。（《死生章》，简三至四）

---

[1] 清华简《筮法》公布前，释楚地筮数，主之卦说者，如于茀《包山楚简中的数字卦》（《北方论丛》，2005年第2期）一文以本卦、之卦并以互卦解包山楚简卦例。史善刚《数字卦与简帛易》（《中州学刊》，2005年第6期）亦以之卦解出土筮数。今以《筮法》观之，固不确也。案，《筮法》公布前，质疑之卦说者，如吴勇《从竹简看所谓数字卦问题》（《周易研究》，2006年第4期）一文疑二组卦非本卦之卦关系，若是本卦之卦，则定有不同揲蓍或起卦之法。张朋《数字卦与占筮》（《周易研究》，2007年第4期）所论数字卦，虽不限楚地，然彼意亦主张视部分二组卦为同一事件之两次占筮记录。王化平《〈左传〉与〈国语〉之筮例与战国楚简数字卦画的比较》（《考古》，2011年第10期）亦反对以之卦解，赞同徐中舒说，以彝族数占法左右手各计总数而加以揲算，而成二对立数占。吴、张诸家之说，在清华简公布前于楚地筮数之探讨，实较为合理。

[2] 案，所举诸例，学者多有讨究，然疑问仍多，犹待新材料之发见，庶能得以通释。

[3] 案，拙文引《筮法》，隶定与清华简整理者或不同。以今文转写古文，其较可信者，以括号标出。为便查检，引文后悉标简次。整理者分段为三十节，拙文节改作章，余同。

清华简《筮法》补释 · 83 ·

清华简整理者据上博简《灵王遂申》类似字"虍""严"二符相混例,证䖒当为虚。复引《系辞》"周流六虚"韩注,遂以六䖒为六位也。彼解云:"此处前一卦例,合观左右,六爻之位皆有阳爻,故云'六虚'。后一卦例,则其两上卦中间一爻没有阳爻,故云'五虚'。左下卦唯有一阳爻,故为'同一虚'。"[1]其说稍觉不协者,以前一例左下卦实有二阳爻,筮词但言六虚,而未言六虚同二虚,是知整理者说之难以自圆也。

子居因驳之,其说仍读六䖒为六虚,复感于先秦孤虚及后世四柱八字之法,遂因《筮法》之《天干与卦章》,定此处前一卦例四位乾[2]、乾、巽、离含天干甲壬、甲壬、辛、己,是为六虚,定后一卦例四位艮、乾、离、震含天干丙、甲壬、己、庚,是为五虚。彼解云:"若筮死生,四位筮得之卦皆无乾、坤二卦的话,则当不死;四位筮得之卦有乾、坤二卦中任意两卦及以上的,则是必死,这对应于第一个卦例。四位筮得之卦有乾、坤二卦中任意一卦时,则看当日天干是否有与五虚吻合者,若有吻合,则必死。所以第二个卦例才说'五虚同一虚,死'。"[3]其说虽辩,然窃觉不安者有四。

其一,《筮法》所举筮例,言筮之日辰有"䵣日"、"见述日"之例。"䵣日"者,当日也,谓出现与当日干支相当之卦,《至章》:"㕚亓(其)余(徐),䟽(易)向,乃亦至。䵣(当)日,不䟽(易)向,齰齰不至。"(简十一至十三)《雨旱章》:"凡雨,䵣(当)日才(在)下,䜝而内(人),雨。䵣(当)日才(在)上,䜝而出,乃旱。"(简十二至十五)是也。"见述日"者,犹见遂日也,《咎章》:"凡咎,见述日、妻夫、卲(昭)穆,亡咎。"(简七至八)《瘥章》:"凡瘥,见述日,上毁,瘥。"(简十至十一)是也。此二例关乎日辰干支,皆明言"日"字。是知"同某䖒"者,当非就日辰言也。

其二,《筮法》所举四位卦,有"同"或"同某"[4]之例。除上揭"同式䖒"例不计外,凡十有八见。其中言卦者十五见,《死生章》:"参(三)吉同凶,寺死。参(三)凶同吉,寺死。参(三)吉同凶,亚(恶)肴(爻)凥(处)之,今旐死。参(三)凶同吉,亚(恶)肴(爻)凥(处)之,今旐死。"(简五至十四)《得章》:"夫妻同人,乃旻(得)。参(三)右(左)同右,乃旻(得)。参(三)右同右(左),乃旻(得)。参(三)男同女,乃旻(得)。参(三)女同男,乃旻(得)。"(简一至十)《取妻章》:"凡取妻,参(三)女同男,吉。凡取妻,参(三)男同女,凶。"(简十四至十七)《雔章》:"凡雔,参(三)男同女(女,女)才(在)旮(绾)上,夫妻相见,雔。"(简十八至二十)《见章》:"凡见,参(三)女同男(男,男)见。凡见,参(三)男同女(女,女)见。"(简一至四)《小得章》:"参(三)同式

---

[1] 清华简(肆),第78页。
[2] 案,简文八卦名作"䩒巺䜌(又作䒗)巽䘺罗艮兑",拙文除引文外,论述径以后世通行之"乾坤震巽坎离艮兑"称之。下同,不一一注明。
[3] 子居撰:《清华简〈筮法〉解析》,《学灯》第30期,2014年4月。
[4] 案,拙文措辞又名之"甲同乙"、"同某"例,皆随文而称,其实则一,读者识之。

(一),乃夏(得)之。"(简廿八至廿九)是也。言爻者三见,《成章》:"☷☲凸(凡)成,同,乃成。☰☰不同,乃不成。"(简廿八至廿九)《志事军旅章》:"☷☲凸(凡)簪(筮)志事,而见同㐌(次)于四立(位)之中,乃曰争之,叟(且)相亚(恶)也。"(简卅二至卅四)是也。上举"同"及"同某"之例,俱在四位卦爻异同中,皆未尝以日辰解之。又《果章》曰:"奴(如)刲(卦)奴(如)肴(爻),卡=(上下)同脜(状),果。"(简四一)是知卦爻之形貌,其有深切于筮解者也。

其三,依子居之推论,若果如四柱八字之法,以四位卦略同于年月日时,则甲壬、甲壬、辛、己自当以六计,则合乎某日天干者,又当独视日干之卦,不应兼及年月时三卦。若需虑及四卦所含天干,而断当日天干是否与之同者,又似不当以四位卦仿诸四柱八字,则甲壬、甲壬、辛、己恐不宜以六而应以四计之,此其说之龃龉处也。

其四,依子居之推论,设若筮得四位卦皆为乾,则得八虚。而世传六甲孤虚,不过六虚,曾未闻有七虚、八虚者。又传世《易》注,虞翻以六甲孤虚解"周流六虚"曰:"六虚,六位也。日月周流,终则复始,故周流六虚。谓甲子之旬辰巳虚。坎戊为月,离己为日,入在中宫,其处空虚,故称'六虚'。五甲如次者也。"[1]其说虽以孤虚解《易》,然恪守六甲孤虚应有之意。子居氏之法,实类纳甲[2],而援用"孤虚"以附会筮词"六虚"之名也。况《筮法》为筮例之书,所举卦例,贵在特殊,疑开篇所谓六虚者,当是虚之极矣。故以卦合天干虽是《筮法》卜吉条例,而其所谓六虘、五虘者,则恐与日辰无干,更遑论六甲孤虚矣。

凡此四端,是知以四位应辰说之不安也。然则"六虘"、"五虘"、"同弋虘"者,其又何以说之?余尝于此三处字眼详加斟酌,今有所悟,又喜其洵有依据可寻,乃谨述考索思路如下。

《筮法》筮词言数者,或为卦数,或为爻题,或为爻数。卦分四位,有三一、二二之分,五六数大,非卦数也。爻题有四五六七八九,二例中筮数无五六,是知非爻题也。乃疑其为爻数,《志事军旅章》曰:"☷☲凸(凡)簪(筮)志事,而见同㐌(次)于四立(位)之中,乃曰争之,叟(且)相亚(恶)也。"(简卅二至卅四)整理者以四位之中爻断志事,其说可通,是知《筮法》本有以爻之阴阳解卦也。

案《筮法》所举"同某"例者,除《取妻章》[☷☲凸(凡)取妻,参(三)女同男,吉。(简十四至十五)]"某"在右下位外,其余多在左下位。因推第二例所言"同弋虘"者,此"弋虘"疑在左下卦。第二例左下卦震,第一例左下卦离,震之所以异于离者,阳卦也。因推所谓"弋虘"者,疑指阳卦震之阳画。乃历数二例阳卦之阳画数,第一例乾三、乾三、巽〇、离〇,计其数六。第二例震一、乾三、离〇、震一,计其数五。"六虘"、"五虘"者,果如是耶?吾又甚疑之也。乃详考《筮法》通例,凡"甲同乙"者,甲不得包乙,乙亦不得包甲,"参(三)吉同凶"、"参(三)右(左)同右"、"参(三)男同女"是也。然则"五虘同弋虘"者,似为"甲同甲"之例也,然其以后甲包于前

---

[1] [唐]李鼎祚撰:《周易集解》卷一六,中国书店,1987年版,第4页。
[2] 案,《天干与卦章》八卦所配天干,与京房"纳甲"八卦所纳同。

甲也。倘若如此，则作《筮法》者，但如上例"六虘"之辞而径言"五虘，死"可也，岂必言"五虘同一虘"耶？倘必言"五虘同式虘"，则必以右上、右下、左上阳卦之阳画数恰好有五，合左下震之阳画数一，方合"五虘同式虘"之象，否则，如象但可言"四虘同式虘"耳。以此推之，是知以阳经卦阳画数定虘之法实不合于《筮法》条例也。除此一法，穷举四位经卦阴阳画之各种画数，均与六五一之数不契，此略而不论。

以四位经卦某画之数说解筮词不可通，则虑其是否有以合左右别卦之某爻位为虘之可能？某遂于《筮法》篇中求其端倪。终于《男女章》得之，彼章曰："☲☵ 凸（凡）男，上去式（二），下去式（一）。中，男乃男，女乃女。"（简十九至廿一）考乎所举卦例，所谓式、弌者，实以"一⌒"为一单位。以此考乎《死生章》可知所谓虘者，盖有二种，一为含阳爻之虘，"一一"、"一⌒"、"⌒一"是也；一为纯阴爻之虘，"⌒⌒"是也。第一例中，"六虘"谓自下而上皆为含阳之虘也。第二例中，"五虘"谓初、二、三、四、上共有五含阳之虘也。而"同一虘"者，则谓五位独有一纯阴之虘也。以此求之象、词，判然可通[1]。案吾说之立也，有旁证二焉。

其一，以左右二别卦之某爻为一，除上举《男女章》可证。又《战章》曰："☲☵ 凸（凡）是，内戜（胜）外。☲☵ 凸（凡）是，外戜（胜）内。"（简廿四至廿七）实亦视二别卦之同位爻为一而考察筮象也。故当时之视卦爻也，或以卦论，或以爻别。其爻有二别卦分察者，有二别卦合观者。悉因筮类不同而有异焉。

其二，筮类若言数且以"甲同乙"行文者，甲乙二数之和必同。如"参（三）吉同凶"与"参（三）凶同吉"同在一筮类下，其和同为四，是知四为此类之极，彼四经卦之分布四位明矣。考乎《死生》、《得》、《取妻》、《雠》、《见》、《小得》诸章，曾无一例不合，是知"六虘"与"五虘同式虘"者，其和俱为六，六为虘之极，其为二别卦同位合爻共计六数，似可不言而喻矣。

至此，吾是以知《男女章》所谓式、弌者，当是式虘、弌虘之省也。整理者于六虘、五虘，知合左右别卦之爻观之，而不知视左右别卦之爻为一，至依左下卦位寻一虘之所在而致与前例违牾者，是其疏也。《死生章》"虘"字读为"虚"，当属可通，训亦当略同韩伯之说也。

二、丌嚳

☲☵ 见丌嚳，乃亦夏（得）。（《得章》简十一至十二）

清华简整理者以"嚳"为兑卦。而"丌"字，整理者依李学勤说隶定为"丁"，复引郭永秉说

---

[1] 案，近日读王化平《读清华简〈筮法〉随札》（《周易研究》，2014年第3期）一文，彼论"虚"曰："从两个占例来看，前一个称'六虚'的原因是很明显的，难的是解释后一个。后一个占例中，右边两个三爻卦，共六个位置，阳爻占了四个；左边两个三爻卦，阳爻占了三个，有两个与右边的位置相同。左右两边综合看，阳爻占了五个位置，故称'五虚'，只有一个位置，即上卦的中爻，被阴爻占据，故称'一虚'。因此，所谓虚是指左或右边两组卦中，某个位置被筮数占据。"此说与鄙意略同，惜其论证似未详耳。甲午年九月廿六日补记。

释为"覆"。彼解云:"是则此处'见覆数'可能是指左侧上兑下巽卦画互为反覆。"[1]子居则读丁为颠,训为倒。又因兑卦写法特殊,巽卦写法如常,而以整理者二卦互为覆卦说为非。彼解云:"兑卦三爻是由数位爻九、五、四自下而上构成的,其相对于各数字大小的顺序而言正为倒置,因此筮辞中称'见丁数',即指见到数字爻倒序排列的兑卦。"[2]窃谓整理者疑此处用覆卦者,恐不确。而子居以数字爻倒序排列之兑卦解之,亦不甚妥帖。下详论之。

整理者疑此处以覆卦解者,试推其因,盖有二焉:一为训倒山之字"帀"为覆,遂以之比附后世《易》例,而以之为相覆也。一为涉"嚣"之卦所含兑卦,内则多在左下位,外则多在右上位,因推"见帀嚣"者,当指左下位巽为嚣之覆也。"帀"之形义且不论矣。先论涉"嚣"之卦。"嚣"字,见上博简《容成氏》、《曹沫之陈》、《君子为礼》诸篇,音与"数"近,其于《筮法》中作何解,则尚未明。《筮法》一篇,"嚣"字凡十见。除《得章》外,其余九例依简之次第为:《支章》:"☰☱ 凸(凡)支,嚣而出,乃述。☱☰ 凸(凡)支,嚣而入,乃得。"(简五至八)《雠章》:"☱☰ 杲肴,雠。嚣出,乃亦雠。"(简廿一至廿二)《雨宇章》:"☰☱ 凸(凡)雨,堂(当)日才(在)下,嚣而内(入),雨。堂(当)日才(在)上,嚣而出,乃宇。"(简十二至十五)《行章》:"☰☱ 凸(凡)行,嚣出,述;嚣内,得。"(简廿二至廿三)《果章》:"凸(凡)果,大事戠(岁)才(在)前,果;中事月才(在)前,果;省(小)事日乃前,果;亓(其)余(馀)卲(昭)穆,果。奴(如)刲(卦)奴(如)肴(爻),卡(上下)同痂(状),果。外事嚣而出,乃果;内事嚣内(入),亦果。"(简四〇至四二)综考诸例,四位卦多以左下为内,而以右上为外,"嚣出"者,兑居于右上,"嚣入"者,兑处于左下,《支章》所举二卦例是也。而《雨宇》、《行》二章四位卦兑皆在外,辄但举"嚣出"而已。至若《雠章》一例,整理者读"杲肴"为"少淆",谓左上有九八,稍显淆乱。"雠"字整理者读为售,训为售卖;网友或读为仇,训为匹配;子居读为仇,训为仇怨。诸说中以读为匹配为最切。《尔雅·释诂上》:"雠,匹也。"[3]是雠、仇、俦本一声之转。况《雠章》在《取妻章》下,且章内实论男女夫妻事,又"嚣出"有吉象,实不应以仇怨解之。是"杲肴,雠"者,谓此卦筮数稍淆,然三男同女,且女在昏上,艮、离有男女相见之象,故可以为雠匹也。然则卦未见兑,是"嚣出,乃亦雠"者,当是假定之语。同章此例之上尚有一例:"☰☱ 凸(凡)雠,参(三)男同女=(女,女)才(在)昏(昬)上,夫妻相见,雠。"(简十八至廿一)所谓参男者,右上艮、右下乾、左下震也。女者,左上兑也。"杲肴"例紧随其后,而其四位布局实亦与上例"参(三)男同女"同,右上艮、右下乾、左下艮,是参男也。左上离,是女也。离为中女,而含恶爻,是所谓"杲肴"者也。故其言"嚣出,乃亦雠"者,当是参照上例☰☱,而以嚣兑更易☰☱之左上离位,换言之,即以☰☱易☰☱也。☰☱中嚣兑虽亦有恶爻居之,然嚣本有吉象,且兑为少女,四卦正合《雠》之三男同女例,是亦可以为雠也。

---

[1] 清华简(肆),第83页。案,反、覆有别,整理者言"反覆"者,但相覆耳。拙文论述,反、覆各义。
[2] 子居撰:《清华简〈筮法〉解析》,《学灯》第30期,2014年4月。
[3] [晋]郭璞注,[宋]邢昺疏:《尔雅注疏》,中华书局,1980年版,第3页。

然自《支》、《雨宇》、《行》三章,可知涉"䚟"之卦,已知者,皆以左下为内,右上为外。又《得章》曰:"☷☱复(作)于阳,内(入)于佘(阴),亦旻(得),兀(其)䘪(失)十三。"(简十三至十四)此处兑亦以左下、右上为内、外,似可为涉"䚟"之卦有固定内外位之一力证。虽然,依《筮法》一篇,内外之位实未严加规定于某二隅。《战章》曰:"☱凡(凡)是,内戬(胜)外。☱凡(凡)是,外戬(胜)内。"(简廿四至廿七)《爻象章》曰:"凡(凡)肴(爻),奴(如)大奴(如)少(小),复(作)于上,外又(有)娶(咎);复(作)于下,内又(有)娶(咎)。"(简六一)由此,可推知《筮法》实以下二卦为内,以外二卦为外。又《四位表章》"表四"则明标左上为外之位。故不能依涉"䚟"卦之常例而径断《雒章》䚟兑之方位必居左下或右上也。以上下文及卦理考之,《雒章》所言"䚟出"者,立论当在左上位为最切。以此观之,《得章》☷☱"见爪䚟"之"䚟",当亦指左上兑卦也。究其由,同章☷☱之上一卦例曰:"☷☱参(三)女同男,乃旻(得)。"(简九至十)其左上位正为兑卦,故疑下例"见爪䚟"者,如《雒章》然,实为上例之补充,而䚟兑之位,亦当如上例也。是以解此卦者,可径以左上卦解,似不必牵出䚟兑常处之左下或右上位,故子居径以左上立论。而整理者则因䚟兑之常位,遂以《得章》☷☱之左下位巽为左上位兑之覆卦而以此二卦同佐乎占筮也。其说余疑之者久。

夫兑之为䚟,据涉"䚟"诸章推出,可成定说。又"䚟"之出入,常有化吉成事之功,自《果章》及诸章用例可推,亦无大疑。然则兑之所以异于其余诸卦者何哉?《祟章》举诸卦咎祟,独兑祟无四五八九之祸,岂其有以异于他卦者乎?虽则不知,然其异乎他卦则碻。筮词用"乃亦"例,除此之外,尚有七见:《得章》:"☷☱昏(春)见八,乃亦旻(得)。☷☱顗(夏)见五,乃亦旻(得)。☷☱䬃(秋)见九,乃亦旻(得)。☷☱各(冬)见四,乃亦旻(得)。"(简十六至廿三)《䣧章》:"☷☱凡(凡)䣧(享),月朝屯(纯)牝,乃鄉(饗)。☲月夕屯(纯)戊(牡),乃亦鄉(饗)。"(简一至四)《至章》:"☷☱至,四正之刲(卦)见,乃至。☷☱其余(馀),禓(易)向,乃亦至。壬(当)日,不禓(易)向,酺酻不至。"(简九至十三)《雒章》:"☷☱凡(凡)雒,参(三)男同女=(女,女)才(在)盱(艹)上,夫妻相见,雒。☷☱梁肴,雒。䚟出,乃亦雒。"(简十八至廿二)除《䣧章》训为也、同外,详考其余诸例语气,皆当训为尚、犹也。故"乃亦得"者,对"乃得"而言;"乃亦至"者,对"乃至"而言;"乃亦雒"者,对"乃雒"而言。事本可成,却有纤瑕害之,然终无碍于事之成也。故"乃亦"者,有庶几之意[1]。然则害之者何?反常也。反常者何?于卦为四隅之卦,非四正之卦也。于爻为四五八九之爻,非六七之爻也。所举诸例,除《䣧》、《至》章筮数皆为常数不论。其余诸卦所以致咎者,皆由四五八九而来,然则所以救之者,盖时位也。夫在《周易》,卦有"时位"。"时"依上下经卦而定,是为大局。"位"因六爻变动而来,是为小局。小

---

[1] 案,《筮法》谋篇虽则整饬,然文中"乃"与"乃亦"实有区分,"乃亦"例多见于含恶爻卦之筮例中。李守奎《清华简〈筮法〉文字与文本特点略说》一文言"乃亦得"与"乃得"语义无别,说盖失之。该文见《深圳大学学报(人文社会科学版)》,2014年第1期。

之从于大也，故有取象及夫爻辞贞象之异。窃谓《筮法》虽为四位卦，然亦有"时位"焉。彼"时"也，不由四经卦而得，实缘乎所占事也。彼"位"也，则依四经卦之分布而得。遂以其所占事为大局，而以其四卦排列为小局也。故于"得"之时，"参男同女"为得，而于"取妻"之时，"参男同女"为凶。"参男同女"则同，而筮果则一得一凶者，"时"之异也。是以值"死生"之时，☰☷有"参吉同凶"之位，恶爻处之，足以速其死；当"得"之时，☰☷有"参男同女"之位，恶爻居之，不能阻其得。定其所以死与得者，非恶爻也，时局也，此可为《筮法》之一大关捩。

以此观之，《得章》☰☷一例，处"得"之时，虽恶爻居之，然巽、兑、震、坎四卦所成格局仍属可得，故有"乃亦得"之占。换言之，以六七常数而得此四卦者，其格局本足以推导"乃得"之象，故不当于左上含恶爻之嚣兑，而因嚣兑亨利，复因寻其左下巽卦而求其佐助也。兹有佐证，谨述如下。彼同在《得章》者，有四季筮例颇值玩味。其例曰："☰☷旾（春）见八，乃亦复（得）。☰☷顕（夏）见五，乃亦复（得）。☰☷穌（秋）见九，乃亦复（得）。☰☷各（冬）见四，乃亦复（得）。"此四例者，释读者多留心于右八经卦次第为乾坤震巽坎离艮兑，而其所以有"乃亦得"之象者，则多恝置。今详检四例，所知者，皆以"得"为卦之时，且同为"参女同男"卦位，春卦兑巽坤女，乾男；夏卦离兑巽女，震男；秋卦巽兑离女，坎男；冬卦巽离兑女，艮男是也。而春、秋之左别卦，若依今名，一为中孚，一为大过，俱成兑巽相覆，且中有恶爻。此颇类"见丌嚣"之左别卦。倘如整理者所疑覆卦有佐于解筮。则夏之左下何不排一巽，而冬之左上何不排一兑？倘整理者所疑可成，则夏之右下巽、冬之右下兑，又乌可为求一八卦次第而强安之哉？故作《筮法》者，为四季安排"参女同男"，用心虽妙，而实出随意。吾是以知兑巽上下相覆，有之无补于筮，无之无损于占也。不独四季卦如此，同在《得章》之☰☷（见丌嚣）及夫☰☷、☰☷、☰☷诸例，亦当作如是观。

巽为兑之覆卦，以后世《易》例观之虽是，若果于《得章》可通，则必合乎以下推论。其一，嚣兑含吉，巽为其覆，则必沾染兑之吉，二者合力，方推出此例筮验"乃亦复"。其二，巽为嚣之覆，则其地位及其于诸卦之筮占，必有与嚣相似或稍近之用。余以此二端责诸《得章》及他章涉巽诸卦，实不可得[1]。是知整理者疑"见丌嚣"左侧上兑下巽卦画相覆之说恐不可立也。

于《卦位图章》四正卦之分布、《得章》四季右别卦排序、《死生章》以震巽、坎离相见筮死妻死夫、《雠章》以艮兑俱上象夫妻相见，实已略见卦中用"反"之端矣。然竟览《筮法》一篇，以"覆"解卦者，则未之见。盖兑自是兑，巽自是巽。以巽为兑之覆，而携有兑之性情者，后世解卦者之衍说也。"见丌嚣"所在卦☰☷有不可明者，卦中二左二右，二男二女，无相应筮例可证

---

[1] 案，《得章》兑巽相覆之卦已如上文所举，筮时并未假二者之力以救时局之变。而涉巽诸章，巽与他卦泯然无别，并无有用法如兑者。又案，《祟章》言兑祟曰："长女为妾而死。"若长女果取象于巽，而妾亦果取象于兑，则巽之为兑似如清华简整理者言成覆卦。然自罗（离）祟"一四一五，长女殇"推之。《筮法》中长女倘真与巽有关，巽之与兑当非覆倒而成，实应与罗一致，盖由爻动或卦变而来也。

其卦之时位,从阙。

然则《得章》所谓"见丌嚳"者,将何以解之?嚳是兑卦,自是无疑,依上博简可知嚳读作数。然"数"于《筮法》篇中又颇难通。所知者,嚳当是名词。诸章言"嚳而出"、"嚳而内"之"而",当训作若。而"丌"字原简作"🝊",整理者隶定作"丁",然"丁"字同篇《天干与卦章》作"▼",二字不当作一字,"🝊"当隶定为倒山之"丌"为宜。"丌"之考证,今则尚存争议,然其从倒山之象,且其韵与覆近,则无大疑。若依此径训为倒覆,而以巽为嚳之覆者,上文已证其不可通。而以"丌嚳"为"数字爻倒序排列之兑卦"者,既读嚳为数,又释嚳为兑。依其意,筮词恐当作"丌嚳嚳"矣。考乎《筮法》,数序之与于卦也,唯《战章》耳。且未见何处明言数序上下大小孰为正倒。故以自下而上九五四为数之倒者,臆说也。今据通篇四五八九诸爻用例,乃为"丌嚳"寻一较妥帖之诠解。"嚳"系兑卦之别称,"丌嚳"为兑卦筮数之非常者,如以九五四构成之兑也。"见丌嚳"谓卦中见有筮数非常之兑,与兑旁近之卦无干。此谨就通篇文脉及卦象言之,至若"丌"于《筮法》中确作何解,则阙如也。

三、八 卦 吉 凶

旾(春):㚔(来)巽大吉,袰(劳)少(小)吉,艮罗(离)大凶,兑少(小)凶。

頣(夏):袰(劳)大吉,㚔(来)巽少(小)吉,艮罗(离)㟌₌(小凶),兑大凶。

䟽(秋):兑大吉,艮罗(离)少(小)吉,袰(劳)大凶,[㚔(来)巽少(小)凶。]

各(冬):艮罗(离)大吉,兑少(小)吉,㚔(来)巽大凶,[袰(劳)少(小)凶。]

凡(凡)𥬇(筮)志事及甸(军)遬(旅),乃蠚(惟)凶之所集于四立(位)是视,乃㠯(以)名亓(其)凶。(以上《四季吉凶章》,简卅七至卅九)

凡(凡)乾(乾),月₌(月夕)吉。巺(坤),月朝吉。巺(坤)朝(晦)之日逆乾(乾)以长巽;内(入)月五日豫巽,乾(乾)巺(坤)长艮;旬,乾(乾)、巺(坤)乃各𠬝(返)亓(其)所。(《乾坤运转章》,简卅九至四〇)

上揭二章,可见八卦吉凶。然其于筮例,则鲜见焉。

震巽坎离艮兑吉凶之卦,最显著者,当属《死生章》所举"参(三)吉同凶"与"参(三)凶同吉"诸例:"☳☴参(三)吉同凶,寺死。☵☶参(三)凶同吉,寺死。☳☴参(三)吉同凶,亚(恶)肴(爻)屁(处)之,今旂死。☶☵参(三)凶同吉,亚(恶)肴(爻)屁(处)之,今旂死。"(简五至十四)清华简整理者依《四季吉凶章》定以上卦例之吉凶同乎春季诸卦吉凶。案,依《四季吉凶章》可知以上卦例,就春、夏言也。整理者但言春季,稍欠。又子居径以阳卦艮、坎、震为吉,以阴卦兑、离、巽为凶。然原简☵☶左上位为离,子居撰文误作震,故其三吉卦、三凶卦之说与原简例四不协,说之谬,可知之矣。或曰:"此处卦例未标四季,当为四时通则,不应以之系之某季。"

果其然耶？窃谓若未标四季即为四时之通则，作《筮法》者又何必于《贞丈夫女子章》下再申"亡䜆（春）顗（夏）趚（秋）各（冬）"之语？盖行文简约，而未遑标明故也。又尝疑此处未明言季节，是否四位卦中有某卦暗藏四时信息？考乎所举四例，例一、例三震、坎居于右上、右下、左上，而例二、例四震、巽独居于左下，是知其无有定时之卦也。此又可证当时筮数，必有揲蓍之法，固不以时日起也。

此六卦之吉凶则易知，而乾坤二卦之吉凶则难辨。乾坤吉凶见《乾坤运转章》，乾以月夕为吉，而坤以月朝为吉。《贞丈夫女子章》："䷀䷀䷀䷀ 凸（凡）自（贞）丈夫，月夕軏（乾）之卒（萃），乃屯（纯）吉，亡䜆（春）顗（夏）趚（秋）各（冬）。䷁䷁䷁䷁ 凸（凡）自（贞）女子，月朝巺（坤）之卒（萃），乃吉，亡䜆（春）顗（夏）趚（秋）各（冬）。"（简廿四至卅一）是也。月朝、月夕者，清华简整理者用《后汉书》李贤注引郑玄语，以上旬为月朝，中旬为月中，下旬为月夕。乾以下旬为吉，坤以上旬为吉。而坤之中下旬、乾之上中旬，其吉凶如何，则未之知也。整理者释《乾坤运转章》曰："此处论筮四位之卦而见乾、坤时的吉凶推断。乾在月夕时恒吉，坤在月朝时恒吉。同时，在一个月内，乾、坤在卦位四隅上运动：在晦日，坤迎乾一起'长巽'，'长'读为同属端母阳部的'当'。《吕氏春秋·大乐》注：'当，合也。'乾、坤合巽意指按巽的吉凶判定。'入月五日'即初五日，乾、坤'豫艮'，豫读为舍，意即乾、坤离开巽，而一起'长艮'，即改合于'艮'，指按艮的吉凶判定。'旬'，即至初十日，乾、坤各返回原位。乾、坤这样以十日为周期的运动，推想在每个月十一至二十日、二十一至三十日照样进行。"[1] 依整理者之说，乾坤之吉凶可列表如下：

		月　朝		月　中		月　夕	
		前五日	后五日	前五日	后五日	前五日	后五日
乾	春	大吉	大凶	大吉	大凶	吉	
	夏	小吉	小凶	小吉	小凶	吉	
	秋	小凶	小吉	小凶	小吉	吉	
	冬	大凶	大吉	大凶	大吉	吉	
坤	春	吉		大吉	大凶	大吉	大凶
	夏	吉		小吉	小凶	小吉	小凶
	秋	吉		小凶	小吉	小凶	小吉
	冬	吉		大凶	大吉	大凶	大吉

余于《筮法》中求相应筮例，竟未之得，后于包山楚简得之。包山简中详记年月日及筮卦命占之辞者有六。例一，宋客盛公鶎甹（聘）于楚之歲（岁），習屋之月乙未之日，贞得䷀䷀，占

---

[1] 清华简（肆），第109页。

之:"死(恒)贞吉,少又(有)悫于躬身,虔(且)雀(爵)立(位)迟遾(逮)。"(简二〇一至二〇二)例二,东周之客譻䛇至祚(胙)于茲郢之哉(岁),顕(夏)层之月乙丑之日,贞得☷☰,占之:"死(恒)贞吉,少有悫于躬身与宫室,虔(且)外又(有)不训(顺)。"(简二一〇)例三,大司马悼(悼)髋(滑)送(将)楚邦之帀(师)徒以救郙之哉(岁),郘层之月己卯之日,贞得☷☰,占之:"死(恒)贞吉,少有悫于宫室。"(简二二八至二二九)例四,与上例同日,贞得☰☷,占之:"死(恒)贞吉,少有悫于宫室,痛(蔽)。"(简二三二至二三三)例五,与上例同日,贞得☷☰,占之:"死(恒)贞吉,疾良,又(有)癔,递瘥。"(简二三九至二四〇)例六,与上例同日,贞得☷☰,占之:"死(恒)贞吉,疾良,疠㾒。"(简二四五至二四六)案盛公鹠之岁郘层之月,朔在乙亥[1],推得例一"乙未之日"为该月廿一日。譻䛇之岁顕层之月,朔在己亥,推得例二"乙丑之日"为该月廿七日。悫髋之岁郘层之月,朔在癸亥,推得后四例"己卯之日"为该月十七日。又郘层、顕层合夏历春之正月、二月,因楚国正月建亥为冬夕,故郘层、顕层实为楚地四、五月也,于季则为夏。故今所以考察此间筮数者,亦当以楚之夏季论之[2]。包山简涉乾坤二卦者,除例四外,其余五例皆是。又《筮法》所载《四位表》,足资考稽包山筮数者,其图有三,兹列如下:

之臣 立妾	之子 立眚	立臣 也之	立君 也之	立外 也之	立门 也之
立妻 也之	之躬 立身	之大 立夫	立身 也之	之宫 立廷	立室 也之

(四位表,简卅二至卅六)

例一若依清华简整理者言推之,☷☰右上震小吉、右下坤小吉、左上兑大凶、左下兑大凶,据《四位表》,右下为躬身之位,包山简占词曰"少有悫于躬身",谓躬身小有戚也,是以据整理者之说推出此卦右下坤为小吉不合卦象明矣。案《筮法》中四位卦例左右位常与《四位表》所举卦位相反,倘占筮者以左下位为躬身,则兑大凶正合戚征,而右下位坤之吉凶恐与贞验无关。此虽是可疑处,然倘真与《四位表》相反,左下兑为小戚之象可通,而右侧震、坤俱吉,讵得有"虔(且)雀(爵)立(位)迟遾(逮)"之占?"虔(且)"者,盖谓爵位之卦实与躬身之卦,俱为凶也。故包山简之四位,当与《四位表》同。例二若依清华简整理者言推之,☷☰右上艮小凶、右下兑大凶、左上坤小凶、左下兑大凶。而占词曰"死(恒)贞吉",今者四卦皆凶,吾不知何处吉也。包山简例一震吉、例三巽吉、例四震吉、例五震吉、例六震巽吉,皆有吉卦,是以皆得"死

---

[1] 案,此处朔日干支据刘信芳《战国楚历复原研究》一文之考证。该文见刘信芳《包山楚简解诂》附录,艺文印书馆,2003年版。拙文引包山简隶定悉依刘氏书,四位卦则据该书所附竹简图版转写。
[2] 案,马楠《清华简〈筮法〉二题》[《深圳大学学报(人文社会科学版)》,2014年第1期]以郘层、顕层对应夏历之寅、卯月而定为春季,盖因今人习用夏历而误也。此处既是楚国筮法,则当以楚历论,故应以郘层、顕层为楚地夏季之月。四季者,据岁首而定,是不得援夏历之四季而例楚也。马氏又据《四时吉凶章》春季震巽坎离艮兑之吉凶论包山筮数,洵未之审。

(恒)贞吉"之断。以此推之,例二不当独缺吉卦,故依整理者言推左上坤为小凶恐非。例三若依清华简整理者言推之,☷☴右上艮小凶,右下巽小吉,左上离小凶,左下坤小凶。右下巽小吉,故曰"悑(恒)贞吉"。右下巽小吉为室之位,左下坤小凶为宫廷之位,而占词云"少有慼于宫室"者,除右下巽吉外,则左下坤必凶也,此整理者言与包山筮数相合例也。例五若依整理者言推之,☷☴右上艮小凶、右下震小吉、左上乾小凶、左下震小吉。例六若依整理者言推之,☰☴右上震小吉、右下巽小吉、左上坎大吉、左下乾小凶。此二例占词与卦象之关联甚难考,从阙。

今以例一、例二、例三观之,坤之吉凶除例三与清华简整理者推论相同外,其余二例均与整理者推论相悖。盖例一坤当以凶为是,例二坤当以吉为宜。例一☷☴右上震小吉、右下坤凶、左上兑大凶、左下兑大凶。右上震吉,故曰"丕(恒)贞吉"。坤凶在右下躬身位,故有忧戚之占。左上为臣之位,左下为大夫之位,俱为兑大凶,故有"雀(爵)立(位)迟遂(践)"之兆也。夫以大凶为爵位迟践者,盖史巫之讳言也。例二☷☴右上艮小凶、右下兑大凶、左上坤吉、左下兑大凶。以坤存一吉,故于占有"恒贞吉"之辞。下二兑大凶,故身之与宫室皆有戚。艮卦小凶居上,故"外又(有)不训(顺)"[1]。以此解之二筮例,理皆畅然。

《乾坤运转章》但载"軋(乾),月=(月夕)吉。巺(坤),月朝吉",并未言坤乾长巽及长艮之时吉凶是否同于巽艮,清华简整理者径以断其吉凶,反不合包山筮例,是其失也。至若乾坤月内三旬吉凶其详如何,则未之知,从阙。

附记:小满后二日,张师善文先生以《清华大学藏战国竹简》第肆辑一函二卷示余,并嘱为文论之。余怀抱是书,寻绎诸家论说,继而有所辨断。然迟迟不能涉笔者,盖思之出于胸臆,若无佐证,则郢书燕说耳。余遂冥搜极讨,条通篇之理,核众说之殊,鄙意评骘,乃敢妄付毫楮。夫冢中书之见于今世者多,而世治其学者亦纷然众矣。握其简而象千载疑异,执其卷以甄众说是非,是其高妙处。至若其失,亦不胜举。以古音通转而恣破假借者有之,以不明假借而曲为之说者有之;以形似而以为同文者有之,以体别而以为异字有之。以义阙而强为之解者有之,以文显而复诞其说者有之;以佚书为全是而以传本为皆非者有之,以今本为皆是而以亡籍为尽误者亦有之。故非临淮之学,不能彰鲁壁之书;必济北之才,始得订汲冢之册。盖其于真谊也,撷择不限存湮,其于缪辂也,论说必出审慎,庶能免夫斯难矣。今者以余谫庸之资,强撰是文,惟是不胜惶恐,所赖言似有据,于所不知,亦恪遵圣人阙如之训云。甲午夏至前一日晋江蔡飞舟谨识。

---

[1] 案,依《四位表》,左上为外之位,例二占词曰"外又(有)不训(顺)",则此处坤或当为凶也。然则四位皆凶,"丕(恒)贞吉"之占无从获见。抑"丕(恒)贞吉"亦史巫之讳言欤?诚若是,则四位皆凶或可立矣。如此,例二与例一、例三坤卦皆凶,似可推出坤于夏季,除恒吉日月朝外,月中、月夕日计二十日,或皆为凶也,存疑待考。又案,因虑及卦中若无吉卦,则难得"丕(恒)贞吉"之占。又因门之位已近外,且《筮法》卦例中习见以下二卦为内以上二卦为外者,故拙文此处径以艮小凶居上释占词"外又(有)不训(顺)"也。

论清华简《筮法》之祟

董 春

（山东大学　易学与中国古代哲学研究中心）

《后汉书·方术列传》云："仲尼称《易》有君子之道四焉，曰卜筮者尚其占。占也者，先王所以定祸福，决嫌疑，幽赞于神明，遂知来物者也。"卜筮作为先秦时期人们"定祸福，决嫌疑"的一种手段，以蓍草作为媒介感通天地，其内容涉及生活的方方面面。由于当时人们的认识水平有限，将灾难的原因归结为鬼神作祟，故占祟、祛祟便成为巫卜的重要工作之一。新公布的清华简《筮法》篇第二十六节《祟》便是关于这方面的记录。

一、祟

祟者"神祸也"，段玉裁注曰："谓鬼神作灾祸也。"[1]《易传·系辞》亦曰："夫大人者，与天地合其德，与日月合其明，与四时合其序，与鬼神合其吉凶。"鬼神与人之祸福有密切的关系，如果不敬鬼神会给自身带来灾祸。与鬼神沟通去避免这种灾祸成为古代卜筮的一个重要内容。在古人看来人的精神和鬼神是相通的，祟病便是鬼神对人的精神的侵扰，"凡所谓祟者，魂魄去而精神乱，精神乱则无德"。"鬼，祟也，疾人之谓鬼伤人，人逐除之之谓人伤鬼也"（《韩非子·解老篇》）。然而鬼神的种类是多种多样的，如何确定祟病的起因成为占卜的一项重要的内容。

在20世纪出土的战国楚地竹简中有许多这方面的记录，如"齐客绅获问王于戚郢之岁月己酉之日……諆然有外慼，有敓（祟），敓（说）之……"[2]（天星观简），"大司马邵滑将楚邦之师徒以救郙之岁……既腹心疾……母有祟……"[3]（包山简），《史记》亦有类似记载，如"三月

---

[1]　[清]段玉裁：《说文解字注》，上海古籍出版社，2012年版，第8页。
[2]　黄锡全：《湖北出土商周文字辑证》，武汉大学出版社，1992年版，第179页。
[3]　湖北省荆沙铁路考古队：《包山楚简》，文物出版社，1991年版，第36页。

中,吕后被,还过轵道,见物如苍犬,据高后掖,忽弗复见。卜之,云赵王如意为祟。高后遂病掖伤"[1]。《史记·龟册列传》对龟卜占祟的原理进行了详细说明:"今病有祟无呈,无祟有呈。兆有中祟有内,外祟有外。"(第3241页)"命曰外高内下。卜病不死,有祟。"(第3247页)"命曰呈兆首仰足开外高内下。以占病,不死,有外祟。系者出,有忧。"(第3247页)这里只有如何通过不同的兆象对祟病进行判定,但并未对占断的原理进行说明。

清华简《筮法》篇将各种祟病与八经卦以及一、四、五、六、八、九这六个筮数相结合,形成了一套独特的占筮体系。在这个系统当中,每个数字在不同的卦当中都有不同的含义:

乾祟:屯(纯)。五,宴(灭)宗。九乃山。肴(淆)乃父之不瘗(葬死)。莫(暮)屯(纯)乃室中,乃父。

坤祟:门、行。屯(纯)乃母,八乃妑(奴)㠯(以)死,乃西祭。四乃蘎(缢)者。

艮祟:隶(棣)。九乃祟(虞)。五乃椴毂(魃)。

兑祟:女子大面端虞(吓)死、长女为妾而死。

劳祟:风、长殇(殇)。五,伏鎽(剑)者。九戊(牡)祟(虞)。四,蘎(缢)者。弌(一)四弌(一)五,乃殀(辜)者。

离祟:寅(热)、尿(溺)者。四,蘎(缢)者。一四一五,长女殇。二五夹四,乃殀(辜)者。

震祟:日出东方。代(食)日,监天。臭(畏)天。莫日。雨帀(师)。五乃瘽(狂)者,九乃户。

巽祟:孛(字)殇(殇)。五,八乃笟(巫)。九,粒、兹子。四非瘽(狂)乃蘎(缢)者。

夫天之道,男戠(胜)女,众戠(胜)寡。[2]

在这一节当中,不同的卦分别代表了不同的祟,在不同的卦当中每个数字都象征不同的鬼神,如《乾》之"五,灭宗",《坤》之"四,缢者",《艮》之"五乃椴魃",《劳》之"五,伏剑者",《离》之"四,缢者",《震》之"五乃狂者",《巽》之"五、八乃巫"等等。这种在不同的卦中以筮数象征不同的"祟"的形式在以往的占筮方法中不曾出现,那么不同的卦中的"四""五"、"八"、"九"所代表的"祟"是否具有一定的规律,与卦象是否有一定的联系呢?

二、筮数与祟

在清华简《筮法》篇当中,卦画使用一、四、五、六、八、九6个数字表示,这6个数字出现的频率各不相同,以一、六出现的次数最多,而四、五、八、九共计出现53次,按照或然率一、四、五、六、八、九"6位筮数出现的频率应该大致相等,不应该如此悬殊,可能的解释就是,

---

[1] [汉]司马迁:《史记·吕太后本纪》,中华书局,2013年版,第405页,下引《史记》仅随文标注页码。
[2] 为书写方便,在下文均使用整理者所注解文字。

这些六画卦一和六已相当于阳爻和阴爻,只是在特殊情况下,才将四、五、八、九照样写出,不再转为一和六,这当是其成卦筮法所致"[1]。从《祟》这一节来看,如占筮结果为《乾》卦,且在占卦过程中出现了九,那么可断定为山神作祟,如果包含有五那么就可以断定为灭绝之宗族作祟,其他情况亦是如此,这样看来确实符合廖名春教授所言,在占祟这种情况下将四、五、八、九照样写出,但这是否为一种"特殊的情况"则值得商榷,一与六是否相当于阴爻和阳爻?是否存在将四、五、八、九转为一和六的情况?许多学者同廖名春先生一样,认为卦的形成经历了数字卦、数字的奇偶、再到阴阳符号的过程,其中张政烺先生[2],楼宇烈先生[3]都持这种观点,而林忠军先生认为"透过清华简可以看到易卦由数字过渡到一、六,再转化为阴阳符号是一个过程。这也是为何清华简只对八、五、九、四作专门解释,而不对一、六作专门解释的一个非常重要的原因"[4]。这些观点都是基于理论的产生必然是一个由繁至简,由个别到一般的过程,阴阳符号具有高度的归纳性,故其产生可能源自数字卦。但是事实是否如此,清华简当中一与六是否已经具有奇偶数的这种抽象程度?我们可以对这一节的筮数进行简单分析：

在这一节当中,每个筮数在不同的卦中都代表了不同的祟,例如"五"在《乾》卦中代表了"灭宗",在艮卦中为"楒魅",在《劳》卦中为"伏剑者",在《震》卦中为"狂者",在《巽》卦中为"巫"。九在《乾》卦中为"山",在《艮》卦中为"虞",在《劳》卦中为"牡虞",在《震》卦中为"户",在《巽》卦中为"粒",孪生子。八在《坤》卦中为"奴以死"、"西祭",在《巽》卦中则为"巫"。但唯有"四"在《坤》、《劳》、《离》卦中皆为"缢者",而在《巽》卦中为"非狂乃缢",均与缢相关。而在之前的出土文献当中从未出现过筮数"四",在清华简当中出现"四"并且与"五"、"八"、"九"不同,可能是为了凸显筮数"四"的重要性。另外在"爻象"一节当中,仅有"四"、"五"、"八"、"九"之爻象,而无一与六,如此看来,相对于一和六而言四、五、八、九确实较为特殊。但并不意味着一与六没有意义,例如《乾》祟中有"纯。五,灭宗","暮纯乃室中,乃父",坤祟有"纯乃母"。李学勤先生认为全部由筮数"一"构成的乾,或者全部由筮数"六"构成的坤可以称为"纯",由此我们是否可以推断在《艮》祟、《兑》祟、《劳》祟、《离》祟、《震》祟、《巽》祟中不出现四、五、八、九的,如《艮》祟之"瘌"、《兑》祟之"女子大面端吓死"等只由筮数"一"和"六"组成,因此,一和六也就代表了"瘌"或"女子大面端吓死"等意。

除了以单个数字占祟的情形以外,在这一节当中还出现了以两个甚至三个数字占祟的情况,但是仅出现在《劳》卦、《离》卦当中。《劳》祟"一四一五,乃辜",《离》祟"一四一五,长女殇","二五夹四,辜者"。在《筮法》当中,劳、离两卦与先秦的易学体例是相反的,其在"卦位

---

[1] 廖名春:《清华简〈筮法〉篇与〈说卦传〉》,《文物》,2013年第8期。
[2] 张政烺:《试释周初青铜器铭文中的易卦》,《考古学报》,1980年第4期。
[3] 楼宇烈:《易卦爻象原始》,《北京大学学报(哲学社会科学版)》,1986年第1期。
[4] 林忠军:《清华简〈筮法〉筮占法探微》,《周易研究》,2014年第2期。

图、人身图"一节当中提到:"东方也,木也,青色。南方也,火也,赤色。西方也,金也,白色。北方也,水也,黑色。奚故谓之震？司雷,是故谓之震。奚故谓之劳？司树,是故谓之劳。奚故谓之兑？司收,是故谓之兑。奚故谓之罗？司藏,是故谓之罗。"以劳(坎)卦象征火,为南方之卦,而离卦象征水,为北方之卦,与《说卦》传之坎水为北,离火为南之说法恰恰相反,而在这里又特意在劳卦和离卦当中放入"一四一五"、"二五夹四"两种情况,可见《筮法》的作者对《劳》、《离》两卦非常重视。[1]

由此观之,就本节而言,四、五、八、九相对于一和六来讲确实有其特殊之处,但是并不存在四、五、八、九转化为一和六的状况。四、五、八、九与《周易》筮法当中的动爻之功用相似,实为在占筮过程中所实际占得结果的记录。但相对于《周易》之大衍筮法将筮数转换为阴阳符号而言,《筮法》仍将筮数作为占断之工具,在各卦出现所代表的"祟"之情状并无特定的规律。清华简《筮法》与大衍筮法不同,大衍筮法所重视的为爻变以及卦变,而清华简则更重视筮数,特别是《祟》这一节更是以数字作为占断的结果,这种筮法保持了早期数字卦的特征,是本于数字占筮体系的一种筮法。这种理论体系比较简单,有可能是一种糅合了战国中期《归藏》、《周易》等多种占筮方法的粗糙的占筮体系,其理论体系比较粗糙,内部逻辑混乱,为一种不成熟的占筮方式。

三、八卦与祟

《祟》节中出现的祟的种类极其繁多,既包括风伯、雨师、山神等神灵,亦包括"伏剑者"、"缢者"、"殇"、"热"、"溺"者等人鬼,还有各种祭祀方式,如门、行、室中、户等等,作为一单纯的占筮理论,《筮法》篇中各类鬼神与筮数的搭配并无特定的规律,其在八卦中所处的位置是否也是随机的,并无特定的规律而言呢？

在祟当中值得注意的是《乾》祟有"纯乃父",《坤》祟有"纯乃母",《兑》祟有"长女为妾而死",《离》祟有"长女殇",《劳》祟有"长殇"的说法,《礼记·丧服小记》云:"男子冠而不为殇,女子笄而不为殇。"郑玄曰:"殇者,男女未冠笄而死。"以此观之,如占筮得出此种情况为亲人作祟。而《说卦传》有云:"乾,天也,故称父,坤地也,故称母。震一索而得男,故谓之长男,巽一索而得女,故谓之长女,坎再索而得男,故谓之中男。离再索而得女,故谓之中女。艮三索而得男,故谓之少男。兑三索而得女,故谓之少女。"以爻所处之位置来象征父母、男女。同时在《筮法》中亦多次出现了"三男同女"之说。例如在第二节得中就有"三男同女,乃得","三女同

---

[1] 对《劳》、《离》两卦在卦位图、人身图中的位置,廖名春先生在《清华简〈筮法〉篇与〈说卦传〉》(《文物》,2013年第8期),张克宾在《论清华简〈筮法〉卦位图与四时吉凶》(《周易研究》,2014年第2期),王化平在《读清华简〈筮法〉随札》(《周易研究》,2014年第3期),梁韦弦在《有关清华简〈筮法〉的几个问题》(《周易研究》,2014年第4期)对此问题均有说明。

男,乃得"的说法。

$$\begin{array}{c}参（三）男同\\女,乃导（得）。\end{array}\quad\begin{array}{c}参（三）女同\\男,乃导（得）。\end{array}$$

此卦左面一卦右上为坤,右下为离,左上为兑,左下为乾,《说卦》坤为母,离为中女,兑为少女,乾为父,所以为三女同男,同样的右面一卦为两震一坎为男,而巽为长女,故曰"三男同女"。同样的在第六节当中的"三男同女","三女同男"亦与《说卦传》相同。但是在"祟"这一节当中,乾为父,坤为母没有发生变化,但是却在兑祟当中有"长女为妾而死",离祟当中有"长女殇",劳祟当中有"长殇"之说,虽然其以阴卦象征女,阳卦象征男之说法不变,但是长男、长女之次序与《说卦传》却完全不同。并且在之前的占筮结果当中,虽有"三男同女","三女同男"之说,但是并未有长男、长女之说。故有一种可能为虽然在《筮法》当中出现了以阳卦象征男性,阴卦象征女性之区分,但是并未像《说卦传》那样有着明确的长男、少男,长女、少女之区分。

但是在第十二节"男女"当中却出现了"中男乃男,女乃女"之说：

$$\begin{array}{c}坕（凡）男,上去\\弌（二）,下去弌（一）,\\中男乃男,女乃女。\end{array}$$

这一卦为求生男生女之卦,注释云："这一卦右上方卦去其自上二爻,下卦去其自下一爻,左方卦操作相同,结果中间都是'六一六'即坎卦为中男,是为得男之象。"由此可知其以《坎》为中男之卦,那么在《筮法》当中已经有同《说卦》传相同的"乾坤六子"之说,但为何祟会出现这种情况呢？可能是由于"占祟"的特殊性,在这一节当中,长女处在兑卦与离卦当中,而长殇位于劳(坎)卦当中,意味着长女、长男处在不当的位置,所以会有鬼神作祟的情况。

在这一节当中还有"五祀"之内容，分别是室中、门、行以及户四种，分别位于乾、坤、震卦当中。五祀为有事而祭，在郑玄看来其并非为大事而祭祀，而是为了处理生活当中的日常小事，"此非大神所祈报大事者也，小神居人之间，司察小过，作谴告者尔。孔颖达曰：'小神居人之间，司察小过，作谴告'者，以其非郊庙社稷大神，故云'小神'。以其门、户、灶等，故知居人间也。以小神所祈，故知司察小过。作谴告，谓作谴责以告人。"[1]每种祭祀均为因事而起，并且与四时有密切联系，在《礼记·月令》篇就有春季祭户，夏季祭灶，季夏祭中霤（室中），秋季祭门，冬季祭行之说。

在《筮法》当中，震为春季，劳（坎）为夏季，兑为秋季，罗（离）为冬季，如以四季来讲，秋季祀门，门应位于兑卦之中，冬季祀行，行应位于艮离当中，春季祀户，户应位于震巽之中。而在这四个当中《筮法》篇只有"户"处于震祟之中，震五行属木，代表四季中的春季，而"户"确为春季之祭祀，这样可将"户"与震卦相配。但"室中"、"门"、"行"却与季节没有对应关系，那么将"室中"、"门"、"行"位于乾、坤当中且位置相连，是否有别的特殊的含义。

在其他三卦当中，有乾祟"纯乃室中"，坤祟"门、行"之说，李学勤先生认为室中相当于五祀之中的中霤，中霤通中溜，原意为房屋的正中间，《礼记·郊法》曰"家主中霤而国主社"为在家的正中之祀，《礼记·月令》记载："中央土，其日戊己，其祀中霤。"在五祀当中一般为门户连称，门更多侧重于于门外，而户为户内，而行则是指在外行走，相比较而言门与户的关系更为紧密一些。在清华简当中却以门行相连，户则位于震祟当中，与五祀之常理相违背。由此可见，五祀之所处位置与八卦所象征之四时、五行均无特定的联系。

四、其　他

在艮祟当中出现了"殔"，按《小尔雅·广名》解释："埋柩谓之殔"，看起来与五祀毫不相关。但《礼记正义·檀弓上》郑玄注云："掘中霤而浴，毁灶以缀足，及葬，毁宗躐行，出于大门，殷道也。"乾之"室中"、坤之"门"、"行"、艮之"殔"，按殷礼而言人死之后于室中掘地作坎，告知死者此室于死者无用，在床上给死者洗浴后将水倒入坑中，故曰"掘中霤而浴"，之所以毁灶是为了告诉死者再无饮食之事，而毁宗躐行，出于大门，按孔颖达解释为"毁宗"，毁庙也。殷人殡于庙，至葬，柩出，毁庙门西边墙而出于大门。"今向毁宗处出，仍得躐此行坛，如生时之出也。"如依此，《筮法》篇的乾、坤、艮的室中、门、行以及殔当属郑玄所云之殷礼。如不依此礼进行丧葬可能会引起鬼神作祟。

在祟当中有各种枉死者，如"奴以死"，"缢者"、"伏剑者""狂"者等恶鬼，有些多见于战国楚地竹简当中，如"伏剑者"，当为战争过程中为剑所杀，类似于包山简当中的"兵死"，连劭名

---

[1]　郑玄：《礼记正义》，北京大学出版社，2000年版，第1522页。

先生认为："凡为利器所害,皆为兵死。"[1]有"溺者"同于包山简的思攻解于水上与溺人(包山简246),有"殇"者与有祟见新父王、殇(包山简222)。在劳卦和离卦当中出现了"一四一五,乃辜者"、"二五夹四,乃辜者",可见在筮法当中是将"辜"者看作是作祟之鬼的,但在包山简(217)和天星观(166)中都出现了"思攻解于不辜"。所谓辜者"辠也",许慎注曰:"《周礼》杀王之亲者,辜之。郑注辜之言枯也。谓磔之。按辜本非常重罪。引申之凡有罪皆曰辜。"《周礼·掌戮》篇云:"凡杀其亲者焚之,杀王之亲者辜之。"孙诒让注曰:"云辜之言枯也,谓磔之。荀子正论云'斩断枯磔'。《说苑·善说》云:"朽者扬其灰,不朽者磔其尸。"由此可见,辜乃是一种重刑,将有罪之人分尸以儆效尤。所谓辜者乃是犯重罪之人受之以分尸之刑,故作祟。但不辜者为何依然为祟？此处之辜不应当作磔来解,而应按罪来讲,所谓不辜者,乃是不因其罪而受刑而亡。《尚书·大禹谟》:"帝德罔愆,临下以简,御众以宽……与其杀不辜,宁失不经;好生之德,洽于民心,兹用不犯于有司。"颜师古注之曰:"辜,罪也。经,常也。言人命至重,治狱宜慎,宁失不常之过,不滥杀无罪之人,所以祟宽恕也。"因此,辜与不辜均可为祟。

王化平先生认为李学勤先生所注之灭宗为"已灭绝的宗族"不妥,因在这一节当中"祟"均指某位鬼神,故"灭宗"当为已死的宗主,或嫡长子作祟[2]。按"宗"字之意为"尊祖庙也",段玉裁注解宗同尊也,凡尊者谓之宗,如将宗看作为尊长的话,那么在这里则可以将灭宗看作为已死去的宗主,但是在《战国策·齐策四》中记载齐闵王贬斥孟尝君回乡,魏惠王派遣使者聘请孟尝君为魏国之相,齐闵王写信给孟尝君("寡人不祥,被于宗庙之祟……")试图挽回孟尝君。《史记·韩世家第十五》亦记载:"晋景公十七年,病,卜大业之不遂者为祟。"(1866)此为辅助景公成大业之功臣赵成季被后代断了祭祀而引起的宗庙之祟。可见在古人看来,如后人不祭祀或者做出不当的行为会引起祖先宗庙的不安而作祟,故被毁灭之宗族如无后人之祭祀,其祖先也会作祟,由此可见李学勤先生之见更为妥当。

五、结　　语

《筮法》的这种占祟理论在前面的十七命中没有一个具体的筮例,据《史记》记载占祟大多因病,在之前的筮例当中只有第一节有占病之说。"筮疾者,一卦亢之,乃曰将死。"按李学勤先生解释,此卦因乾坤两卦被艮卦所遮蔽,故占疾而得凶,这里并没有用到具体的数字占祟。

在已出土的文献当中有许多占筮实例,我们可以借助其中的一个对《筮法》的占祟原理进行理解,如在包山简中有:

大司马邵滑将楚邦之师徒以救郙之岁,刑夷之月己卯之日,陈乙以共命为左尹

---

[1] 连劭名:《包山简所见楚地巫祷活动中的神灵》,《考古》,2001年第6期。
[2] 王化平:《读清华简〈筮法〉随札》,《周易研究》,2014年第3期。

佗贞,既腹心疾,以上气,不甘飤,旧不阻,尚兼阻,毋有祟。占之,恒贞吉。[1] 一六六八六一,一一一六六一(包山简)

此筮例为陈乙用共命为一个叫左尹佗的人进行占病,结果为恒贞吉。如依《筮法》占祟之原理,此卦左上为艮,左下为震,右上为乾,右下为震,在震卦当中出现了八,但在震卦当中只有五、九为祟,八并无特殊的含义,左上之乾为单由"一"构成的纯卦,可能有"灭宗"作祟。但由于包山简和《筮法》为两个占筮系统,判断原理有很大的差别,所以占断结果不同。

这种占祟系统也存在不足,因为《筮法》所用的四位占筮系统在所列的四个卦中有多种情况出现,以上面的包山简为例左上为艮,左下为震,右上为乾,右下为震,如在艮卦中有九,震卦中五,应该如何判断,以哪一卦为主,如果更复杂的话在四卦当中都出现代表鬼神之数字,应该以哪个为主,《筮法》中均无具体说明,故可能依靠当时巫卜的经验进行判断。

古之占祟方式多样,因"世俗信祸祟,以为人之疾病死亡,及更患被罪,戮辱欢笑,皆有所犯。起功、移徙、祭祀、丧葬、行作、入官、嫁娶,不择吉日,不避岁、月,触鬼逢神,忌时相害。故发病生祸,絓法入罪,至于死亡,殚家灭门,皆不重慎,犯触忌讳之所致也"。(《论衡·辨祟》)人在日常行为当中因"不择吉日,不避岁、月,触鬼逢神,忌时相害"都可能沾染鬼祟,而导致发病生祸,絓法入罪,甚至"至于死亡,殚家灭门"。对《筮法》中的"祟"的理解可以为我们了解当时的时代状况打下基础,虽然《筮法》中所涉及的占筮方法、理论比较简单,但其所提出的用具体数字断祟为我们理解占筮记录提供了一个新的视野。

---

[1] 湖北省荆沙铁路考古队:《包山楚简》,文物出版社,1991年,第36页。

清华简《筮法》筮数的三种可能演算

刘 彬

(曲阜师范大学 孔子文化研究院)

清华简《筮法》的数字卦是由六个筮数,即九、八、七、六、五、四组成的[1]。关于这六个筮数的来源,即六个筮数是怎样通过筮占演算得出来的是《筮法》研究的重点和难点。清华大学出土文献研究与保护中心的贾连翔和程浩发表了《清华简〈筮法〉与楚地数字卦演算方法的推求》和《〈筮法〉占法与大衍之数》两文[2],对此问题提出两种解决方案,研究较为深入。笔者拟在此基础上,略陈管见,以求教于方家。

李学勤先生根据《筮法》中"各当其卦,乃扐占之,占之必扐,卦乃不忒"的记载认为:"扐"是蓍草占筮过程中的一种程序,《筮法》其间有"扐",可知其一定是使用蓍草的占法[3]。这种看法是正确的。贾连翔和程浩接受李先生的意见,并以今本《系辞上》大衍筮法为参照,进行研究,这种思路也是可行的。实际上文献中关于古代筮法具体演算的记载,也仅见于《系辞上》的大衍筮法。除了参照大衍筮法,我们也很难找到筮法研究的切入点。

贾连翔认为,《系辞上》大衍筮法"分二"、"挂一"、"揲四"、"取余"的"四营"中,"挂一"应该理解为1捆蓍草,这样通过"分二"、"挂一"的两个步骤,实际上是将49根蓍草随机分成了3捆,再对3捆蓍草分别进行"揲四"、"取余"两个步骤,这就是四营一变,然后进行三变而完成一爻。此种演算方法符合《系辞》"大衍之数"章的描述。其演算如下表:

---

[1] 关于"一"实为"七",廖名春师、马楠都有论证,见廖名春师《清华简〈筮法〉篇与〈说卦传〉》,《文物》,2013年第8期,第70页;马楠《清华简〈筮法〉二题》,《深圳大学学报(人文社会科学版)》,2014年第1期,第64~65页。李尚信也有讨论,见《论清华简〈筮法〉的筮数系统及其相关问题》,《周易研究》,2013年第6期,第9~10页。
[2] 贾连翔:《清华简〈筮法〉与楚地数字卦演算方法的推求》,清华大学出土文献研究与保护中心网站,网址:http://www.tsinghua.edu.cn/publish/cetrp/6842/2014/20140108105135814709656/20140108105135814709656_.html,2014年1月8日。程浩:《〈筮法〉占法与大衍之数》,《深圳大学学报(人文社会科学版)》,2014年第1期,第62~63页。
[3] 李学勤:《清华简〈筮法〉与数字卦问题》,《文物》,2013年第8期,第66页。

变数	蓍草数	49
	取余数	结果
一	5　9	44　40
二	4　8　12	40　36　32　28
三	4　8　12	36　32　28　24　20　16

49根蓍草经过三变得到36、32、28、24、20、16,除以4后,便得到了九、八、七、六、五、四六个筮数,这恰是清华简《筮法》的六个筮数[1]。贾连翔的推算指出了《筮法》筮数的一种可能来源,是重要的研究成果。但其推演的前提——对大衍筮法"挂一"的理解是值得商榷的。因为若将蓍草分为3梱,《系辞上》应直言"分三",而不是"分二",也不需要再言"挂一";"分"与"挂"的区别是很明确的,不可能是同一的,从来也没有学者将"挂一"理解为分出1梱蓍草,而是解释为取出1根蓍草。实际上,上述筮数演算方法是对《系辞上》大衍筮法的变通使用,即将原"分二"改为"分三",并取消了"挂一",不需要刻意强调该方法与《系辞上》"大衍之数"章的相符。

程浩则用《系辞上》所言"天地之数五十有五",参照大衍筮法,将原"三变"改为"五变",亦得出《筮法》的六个筮数。其具体演算是:将55分为两份,即"分二",然后"挂一"、"揲四"、"归奇于扐",完成"一变",通过"五变",得出《筮法》的六个筮数。如下表:

运算步骤	余数之和	运算结果
原　数		55
第一变	3　7	52　48
第二变	4　8	48　44　40
第三变	4　8	44　40　36　32
第四变	4　8	40　36　32　28　24
第五变	4　8	36　32　28　24　20　16

将"第五变"所得36、32、28、24、20、16除以4以后,得出《筮法》九、八、七、六、五、四[2]。程浩的方法很机智,是重要的研究成果。此种方法,基本依据《系辞上》大衍筮法,又有所变通,但有一个明显区别:《系辞上》大衍筮法是将总蓍草首先取出1根不用,然后才进行"分二"、"挂一"等步骤,而程浩则直接将55"分二"、"挂一"等,没有"其一不用",这是与《系辞上》占法很不同的一点。

对于两位的研究,笔者深受启发。1993年湖北江陵王家台出土《归藏》,同时出土放置于

---

[1] 贾连翔:《清华简〈筮法〉与楚地数字卦演算方法的推求》,清华大学出土文献研究与保护中心网站,网址:http://www.tsinghua.edu.cn/publish/cetrp/6842/2014/20140108105135814709656/20140108105135814709656_.html,2014年1月8日。
[2] 程浩:《〈筮法〉占法与大衍之数》,《深圳大学学报(人文社会科学版)》,2014年第1期,第63页。

一竹筒内的六十支算筹。学者认为,这六十支算筹当与古代筮占有关[1]。这是正确的。可以推想,古人是以不多于六十支算筹(或蓍草)进行占筮的。参照《系辞上》的大衍筮法,通过推算,我们发现了三种蓍草总数:五十六或五十七或五十八根,经过取一(即取出一根不用)、分二(即将蓍草随机分为两份,置于左、右手中)、挂一(即右手任取一根置于左手小指与无名指之间)、揲四(即四四分数左、右手蓍草,先用右手数左手,再用左手数右手)、归奇于扐(即左手余数扐于左手无名指与中指之间,右手余数扐于左手中指与食指之间),形成一变(出现两组数字:挂扐数和过揲数,挂扐数即左手三个指缝间蓍草数之和,过揲数即左、右手掌中的蓍草数之和),然后再循环经过四变(每一变都经过分二、挂一、揲四、归奇于扐),共五变,可以得出《筮法》筮数九、八、七、六、五、四。

下面对用五十六、五十七、五十八根三种蓍草数的筮占演算进行证明。由于筮占过程实际上是数学推演,为严谨性,我们使用数论方法[2]。同时为简明直观,我们列表示之。

第一种,用五十六根蓍草,通过演算,得出筮数九、八、七、六、五、四:

预备:如果 a 与 b 除以 m 余数相同,其中 a,b 是整数,m 是正整数,那么可记做 $a \equiv b \pmod{m}$,读作 a 与 b 关于模 m 同余。可以证明:如果 $a \equiv b \pmod{m}$,$c \equiv d \pmod{m}$,那么 $a+c \equiv b+d \pmod{m}$。

第零步:设有 $a+2$ 根蓍草,去掉一根则剩 $a+1$ 根。

现在开始以下循环步骤:

第一步:将左手所持蓍草分成四组:A,B,C,D,其中 A 为食指与中指之间,B 为中指与无名指之间,C 为无名指与小指之间,D 为左手掌中。然后把 $a+1$ 根蓍草随机分为两份,设其中一份为 x,则另一份为 $a+1-x$ 根。将 x 置于 D 组,剩余的放于右手。

第二步:右手取出一根放在 C 组,那么这时左手:$|A|=0,|B|=0,|C|=1,|D|=x$,右手为 $a-x$ 根,其中 $|A|$ 代表 A 中蓍草的根数,以此类推。

第三步:设 $x \equiv b \pmod{4}$,$a-x \equiv c \pmod{4}$,其中 b,c 为左、右手揲四之后所余蓍草根数,然后将 b 放至 B 组,将 c 放至 A 组,那么左手指缝之间的蓍草:$|A|=c,|B|=b,|C|=1$。

第四步:求过揲数:$a+1-(b+c+1)=a-(b+c)$。

注意到 $b+c \equiv x+(a-x) \pmod{4}$,即 $a \equiv b+c \pmod{4}$,其中 $b,c \in \{1,2,3,4\}$,那么 $b+c \in \{2,3,4,5,6,7,8\}$。因此要求 $b+c$,只需求与 a 关于模 4 同余且属于 $\{2,3,4,5,6,7,8\}$ 的数即可,那么问题可简化为如下步骤:

第零步:同上

循环:

---

[1] 王明钦:《王家台秦墓竹简概述》,《新出简帛研究》,文物出版社,2004 年版,第 37 页。
[2] 参考欧阳维诚:《周易的数学原理》,湖北教育出版社,1993 年版,第 108～124 页。

第一步：求 b+c，其中 b+c≡a(mod 4)，b+c∈{2,3,4,5,6,7,8}

第二步：求 a−(b+c)

这时令 a+2=56,则根据简化的步骤：

第零步：a+1=55

第一步：a=54,b+c≡a≡54≡2,6(mod 4)

第二步：a−(b+c)=52,48

循环：

第一步：a+1=52,48,a=51,47,b+c≡51≡47≡3,7(mod 4)

第二步：a−(b+c)=48,44,40

循环：

第一步：a+1=48,44,40,a=47,43,39,b+c≡47≡43≡39≡3,7(mod 4)

第二步：a−(b+c)=44,40,36,32

循环：

第一步：a+1=44,40,36,32,a=43,39,35,31,b+c≡43≡39≡35≡31≡3,7(mod 4)

第二步：a−(b+c)=40,36,32,28,24

循环：

第一步：a+1=40,36,32,28,24,a=39,35,31,27,23,b+c≡39≡35≡31≡27≡23≡3,7（mod 4）

第二步：a−(b+c)=36,32,28,24,20,16

（说明：这里每一步的 a,b,c，都是经过前一步骤计算之后所得新的常量，为简便，不新标注，下同）

把这六个数同时除以 4，就得到 9,8,7,6,5,4。

列表示之：

蓍草总数	56	
取一	55	
变数	挂扐数	过揲数
一变	3,7	52,48
二变	4,8	48,44,40
三变	4,8	44,40,36,32
四变	4,8	40,36,32,28,24
五变	4,8	36,32,28,24,20,16
筮数	9,8,7,6,5,4	

第二种,用五十七根蓍草,通过演算,可得出筮数九、八、七、六、五、四。

根据简化步骤,这时令 a+2=57,则:

第零步：a+1=56

第一步：a=55,b+c≡a≡55≡3,7(mod 4)

第二步：a－(b+c)=52,48

循环：

第一步：a+1=52,48,a=51,47,b+c≡51≡47≡3,7(mod 4)

第二步：a－(b+c)=48,44,40

循环：

第一步：a+1=48,44,40,a=47,43,39,b+c≡47≡43≡39≡3,7(mod 4)

第二步：a－(b+c)=44,40,36,32

循环：

第一步：a+1=44,40,36,32,a=43,39,35,31,b+c≡43≡39≡35≡31≡3,7(mod 4)

第二步：a－(b+c)=40,36,32,28,24

循环：

第一步：a+1=40,36,32,28,24,a=39,35,31,27,23,b+c≡39≡35≡31≡27≡23≡3,7(mod 4)

第二步：a－(b+c)=36,32,28,24,20,16

把这六个数同时除以 4,就得到 9,8,7,6,5,4。

列表示之：

蓍草总数	57	
取一	56	
变数	挂扐数	过揲数
一变	4,8	52,48
二变	4,8	48,44,40
三变	4,8	44,40,36,32
四变	4,8	40,36,32,28,24
五变	4,8	36,32,28,24,20,16
筮数	9,8,7,6,5,4	

第三种,用五十八根蓍草,通过演算,可得出筮数九、八、七、六、五、四。

根据简化步骤,这时令 a+2=58,则:

第零步：a+1=57

第一步：a＝56,b＋c≡a≡56≡4,8(mod 4)

第二步：a－(b＋c)＝52,48

循环：

第一步：a＋1＝52,48,a＝51,47,b＋c≡51≡47≡3,7(mod 4)

第二步：a－(b＋c)＝48,44,40

循环：

第一步：a＋1＝48,44,40,a＝47,43,39,b＋c≡47≡43≡39≡3,7(mod 4)

第二步：a－(b＋c)＝44,40,36,32

循环：

第一步：a＋1＝44,40,36,32,a＝43,39,35,31,b＋c≡43≡39≡35≡31≡3,7(mod 4)

第二步：a－(b＋c)＝40,36,32,28,24

循环：

第一步：a＋1＝40,36,32,28,24,a＝39,35,31,27,23,b＋c≡39≡35≡31≡27≡23≡3,7（mod 4）

第二步：a－(b＋c)＝36,32,28,24,20,16

把这六个数同时除以 4，就得到 9,8,7,6,5,4。

列表示之：

蓍草总数	58	
取一	57	
变数	挂扐数	过揲数
一变	5,9	52,48
二变	4,8	48,44,40
三变	4,8	44,40,36,32
四变	4,8	40,36,32,28,24
五变	4,8	36,32,28,24,20,16
筮数	9,8,7,6,5,4	

以上证明，给出清华简《筮法》筮数三种可能的演算：使用五十六或五十七或五十八根蓍草，在按照《系辞上》大衍筮法"一变"前的步骤，经过"五变"可以得出筮数九、八、七、六、五、四。当然，如贾连翔和程浩用 50 或 55 根蓍草，参照、改变《系辞上》大衍筮法的步骤，也可以得出《筮法》六个筮数。这说明，清华简《筮法》筮数的演算方法不止一种，而是若干种。

在使用 56、57、58 根蓍草总数的情况下，六个筮数出现概率如下：

蓍草数＼筮数	九	八	七	六	五	四
56	1/64	7/64	18/64	22/64	13/64	3/64
57	2/64	10/64	20/64	20/64	10/64	2/64
58	3/64	13/64	22/64	18/64	7/64	1/64

用百分比表示：

蓍草数＼筮数	九	八	七	六	五	四
56	1.56%	10.93%	28.12%	34.37%	20.31%	4.68%
57	3.12%	15.62%	31.25%	31.25%	15.62%	3.12%
58	4.68%	20.31%	34.37%	28.12%	10.93%	1.56%

可见，在三种情况下，筮数七和六出现的概率最高，二者概率最低为18/64(28.12%)，最高为22/64(34.37%)，二者之和恒为40/64(62.49%)，接近三分之二。九和四出现概率最低，二者最低为1/64(1.56%)，最高为3/64(4.68%)，二者之和恒为4/64(6.24%)。八和五介乎其中，二者最低为7/64(10.93%)，最高为13/64(20.31%)，二者之和恒为20/64(31.24%)。因此，六个筮数出现概率的规律是：六和七最多，五和八次之，四和九最少。《筮法》第一至十九节228个三画卦中六个筮数出现频率情况，与其出现概率规律有相同处，也有不同处。《筮法》228个三画卦、684个爻，六个筮数出现频率的情况是：

筮　数	九	八	七	六	五	四
出现次数	23	10	308	323	13	7
出现频率	3.36%	1.46%	45.02%	47.22%	1.90%	1.02%

可以看出，七和六出现频率最高，四最低，这与其出现概率规律是相同的。但是也有几点不同：七和六的频率达45.02%和47.22%，超出34.37%的最高出现概率；八、五、四的出现频率皆低于其最低出现概率；九的频率虽然在正常出现概率范围内，但超出八和五的频率，也与出现概率规律不同。这可能有两个原因：一是由于筮例样本数量较少，故不能充分体现筮数概率规律；二是由于《筮法》中筮例的选择性，《筮法》第一至十九节是按照主题，有意选择相符合的筮例编订而成的，影响了对筮数概率规律的充分表达。

读清华简《筮法》札记

李 锐

(北京师范大学 历史学院史学研究所)

清华简中的《筮法》篇提供了大量与易学相关的资料,对于我们理解有关易学史的问题有极大帮助,然而还有很多谜题有待于探求。笔者在研读过程中,发现《筮法》有助于读解包山简乃至葛陵简、天星关简中的数字卦,但也有殆因筮法不同而尚待探求之处。因作札记数则,以就教于大方之家。

1. 包山简 201~204 占"躬身尚毋有咎",占筮结果得☷,解为"少有忧于躬身",但敓文内有祷宫地主,故知是躬身与宫皆有事。查清华简四《筮法》十九《志事、军旅》云:"见同次于四位之中","乃曰争之,且相恶也",卦中左上、左下皆兑卦,疑即"同次",故知躬身有忧。而二十《四位表》(见下图)表明,宫廷之位当左下,外之位当左上,疑左上、左下卦相同,表明宫、外有事。但包山简文没有言及外。

门之 立(位)也	室之 立(位)也	君之 立(位)也	身之 立(位)也
外之 立(位)也	宫廷 之立(位)	臣之 立(位)也	大夫 之立(位)
子眚(姓) 之立(位)	躬身 之立(位)	上甸(军) 之立(位)	中甸(军) 之立(位)
臣妾 之立(位)	妻之 立(位)也	下甸(军) 之立(位)	弔(次)甸(军) 之立(位)

四位表

---

* 本文为国家社科基金青年自选项目"新出简帛与百家争鸣的重要论题研究"(12CZS013)、国家社科基金重大项目"出土简帛文献与古代中国哲学新发现综合研究"(11&ZD086)、"中国国家起源研究的理论与方法"(12&ZD133)子课题、上海 085 社会学学科内涵建设科研项目的阶段性成果。

2. 包山简 209~211 占"躬身尚毋有咎",占筮结果得 ▩,解为"少有忧于躬身与宫室,且外有不顺",祷祠中有移祟,但人、事不详。疑此卦左下、右下皆为兑卦,且均是六变八,据《筮法》十九《志事、军旅》、二十《四位表》,正是身、宫室有事。但简文还说"外有不顺",与《四位表》外之位不同,据何而言,待考;而二十六节《祟》讲"兑祟",不知与移祟是否有关。

3. 包山简 228~229 占"躬身尚毋有咎",占筮结果得 ▩,解为"少有忧于宫室",祷祠为祭"宫、行",卦中无"同次",左边上离卦有一变五,下坤卦有六变八。二十六节《祟》讲"坤祟:门、行……离祟:热、溺者",其中坤祟有门、行,疑此与"少有忧于宫室",祷祠"宫、行"相关。

4. 包山简 232~233 占"躬身尚毋有咎",占筮结果得 ▩,解为"少有忧于宫室 ▩",祷祠为祭宫、行、门。卦中左上、左下皆为离卦,"同次",照前说简 201~204 当躬身有忧,宫有事。今仅是宫室有事。第九节《咎》云:"凡咎,见述曰……亡咎。"本简占日为己卯,二十五节《天干与卦》云离卦对应己,二十七节《地支与卦》云离卦对应卯酉,疑由此故躬身无咎。而简 201~204 乃乙未之日占,干支皆不当日。但《四位表》右上有门之位,在包山简似不当有事。不过本简因有字尚存在争论,祭门不得而详。

5. 包山简 239~241 占腹心疾"尚速瘥,毋有祟",占筮结果得 ▩,占筮结果不好,病变,有祟。考卦中左下、右下皆为震卦,且右下六变八,疑当"同次",躬身与室皆有事。但简文未言宫室之类,说明可能因有右下的变卦,故非"同次"。简文亦未占"躬身尚毋有咎",故亦未言躬身,但有病已表明有咎(天星观简是有病之后问"尚毋有咎","尚毋以是故有大咎")。考二十九节《爻象》云八"为肿胀",或表病情加深。有祟之事,与二十六节《祟》似不相关,不知根据何种占卜方术书得之。

6. 包山简 245~246 占腹心疾"尚速瘥,毋有祟",占筮结果得 ▩,占筮结果不好,病变,看其"攻解于水上与溺人",也是显示有祟。考卦中无同卦者,左上坎(劳)卦六变八,右下巽卦六变八,二十九节《爻象》云八"为肿胀",二十六节《祟》云"劳祟:风、长殇……巽祟:字殇。五、八乃巫",或与祟有关,但二十六节《祟》中,离卦之祟才对应溺者。

7. 由上面的解释方法,看葛陵楚简中可考者,有乙二:2+乙二:30(据宋华强编联[1]):"……毋又(有)咎。▩占之曰:吉。宜少迟(迟)瘥(瘥)。以亓(其)古(故)敓(说)之。遥(逐)彭定之祝(祟)于北方一静(靖),先之……",卦中左上右下同,乃躬身有咎之象,故为迟瘥。右上坤卦有六变八,《祟》云:"坤祟:……八乃奴以死,乃西祭",简文中彭定不知是否为奴,乃是移祟于北,有不同。又根据《筮法》,当室有事,但简文没有谈宫室的问题。不过此处为残简,参考包山简情况,其下或可补与室(葛陵残简中似无谈宫之内容)有关之断简。

此外有甲三:112 占"尚毋有祟",占筮结果是"无亘(亟)祟",其卦为 ▩,确无变爻。

---

[1] 宋华强:《新蔡葛陵楚简初探》,武汉大学出版社,2010 年版,第 389 页。

8. 天星观简因残断、尚未正式公布，从略（其简 41 左下、右下为坤卦，左上艮卦六皆变为八，右上为乾卦，却云"无咎，有祟"。疑简文是接癸巳之日占，则为"述日"；其祟为缢死者，与《祟》所讲不同）。

根据上面的比较，疑清华简所记《筮法》中，"同次"可能是指有同卦者，卦之祟可能是指有变爻者。

清华简所记《筮法》，应该是某一占筮方术的解读方法，与包山简某些占者所本的书有同有异。包山简主要是占"躬身尚毋有咎"和病情，所关联者尚有宫室，而清华简《筮法》十七命所包罗者很广。由包山简所占看，占筮的解释可以说大同小异。

上述对于包山简、葛陵简等的解释若大体方向不误，则说明占筮结果虽然看起来像是《周易》的之卦并列，但是实际上的解释方法却是分析上下左右四经卦而不是两重卦，这对于我们认识以往的数字卦问题是极有启发意义的。

因此，清华简所记《筮法》只能是某一地、某一家的解卦方法，恐不能作为甲骨、金文中的数字卦纵向发展的必然结果，甲骨、金文数字卦之间也未必是直线发展，目前或不宜据这些材料作数字卦的历时性研究，恐还要做细分类研究。清华简简文有四，无七，而此前的数字卦皆尚未见四；此前的数字卦中七多见，而清华简简文无七，因此廖名春先生怀疑一即七是有道理的[1]。但是葛陵简中有一也有七，七少见。一和七皆为奇数，是否有某种变化或转化，可以考虑。

2014 年 1 月 17 日

补记：文成后，曾寄赠数同好以请教，未获回音。后见到几位学者也谈到了包山简中的六个数字卦，本文的解释与之多有不同。

---

[1] 廖名春：《清华简〈筮法〉篇与〈说卦传〉》，《文物》，2013 年第 8 期。

从清华简《筮法》等出土文献中的相关内容看京房"六十律"及"纳甲"说之渊源

张文智

(山东大学 易学与中国古代哲学研究中心)

京房(公元前77～前37年)是西汉著名的象数易学家,因在言灾异方面"先言其将然,近数月,远一岁,所言屡中"(《汉书·京房传》)而受汉元帝(公元前49～前33年在位)的宠幸,京氏易学亦因之于元帝时期立于学官,成为官方易学。《汉书·艺文志》称:"《易》道深矣,人更三圣,世历三古。及秦燔书,而《易》为筮卜之事,传者不绝。汉兴,田何传之。讫于宣、元,有施、孟、梁丘、京氏列于学官,而民间有费、高二家之说。"对于施(雠)、孟(喜)、梁丘(贺)易学之源流,《汉书》皆有清晰的梳理,而对于京房易学之渊源则不甚了了,故《汉书·儒林传》才说:"至成帝(公元前33～前7年在位)时,刘向校书,考《易》说,以为诸《易》家说皆祖田何、杨叔元、丁将军,大谊略同,唯京房为异,党焦延寿独得隐士之说,托之孟氏,不相与同。"京氏"纳甲"说是其易学的重要组成部分。对于其"纳甲"说之渊源及建构原则,笔者曾著文进行过探讨[1]。但由于当时资料有限,对其渊源之推论尚不能完全予以肯定且有待于完善。现在,我们有幸能见到秦简《日书》、清华简《筮法》等出土文献中的相关内容,为我们论证京氏"六十律"及"纳甲"说之渊源提供了坚实的证据。本文拟就此问题进行探讨,不当之处,敬请方家不吝批评指正。

众所周知,在自唐末宋初以来逐渐兴盛、在当今社会上仍十分流行的"八字术"(又称"四柱命理学")中,有一种推算人年命的表格,称为"六十甲子纳音表"(表1):

---

[1] 请参见张文智:《京氏易学中的阴阳对待与流行——兼论京易纳甲、建候、积算的建构原则》,《周易研究》,2002年第2期,第39～47页;张文智:《京氏易学"纳甲"说再探》,《周易研究》,2012年第6期,第19～27页。

表 1　六十甲子纳音表

甲子　乙丑 海中金	丙寅　丁卯 炉中火	戊辰　己巳 大林木	庚午　辛未 路旁土	壬申　癸酉 剑锋金
甲戌　乙亥 山头火	丙子　丁丑 洞下水	戊寅　己卯 城墙土	庚辰　辛巳 白腊金	壬午　癸未 杨柳木
甲申　乙酉 泉中水	丙戌　丁亥 屋上土	戊子　己丑 霹雷火	庚寅　辛卯 松柏木	壬辰　癸巳 常流水
甲午　乙未 沙中金	丙申　丁酉 山下火	丁戌　己亥 平地木	庚子　辛丑 壁上土	壬寅　癸卯 金箔金
甲辰　乙巳 佛灯火	丙午　丁未 天河水	戊申　乙酉 大驿土	庚戌　辛亥 钗钏金	壬子　癸丑 桑松木
甲寅　乙卯 大溪水	丙辰　丁巳 沙中土	戊午　己未 天上火	庚申　辛酉 石榴木	壬戌　癸亥 大海水

在对命运进行推算之时,除了运用天干地支的原始五行(如就天干来讲,甲乙属木,丙丁属火,戊己属土,庚辛属金,壬癸属水;对地支来讲,寅卯属木,巳午属火,申酉属金,亥子属水,辰戌丑未属土)以外,有的数术家还十分重视"纳音五行"。所谓"纳音五行",是指除了天干地支所属的原始五行之外,在由十个天干与十二个地支组合而成从甲子到癸亥的六十个干支对中,每个干支对还具有与音律相关的"纳音五行"的属性。如"甲子"中的"甲"与"子"的原始五行分别为木与水,而二者合在一起即"甲子"的纳音五行则是"(海中)金"。同样地,乙丑的纳音五行亦属"金",丙寅、丁卯之纳音五行属"火",戊辰、己巳之纳音五行属"木",庚午、辛未之纳音五行属"土",等等。在八字术中,纳音五行主要用来推算人的年命之所在。如据此说可知,甲子年与乙丑年出生的人属"海中金"命,丙寅年与丁卯年出生的人属"炉中火"命,等等。也有人在推算中将"四柱"(即年干支、月干支、日干支及时干支)之纳音五行全部考虑进来。《渊海之平》、《三命通会》等权威命书只是列出了该表,而对于怎样推出这些纳音五行,却没有较详细的说明。

东晋的葛洪(284~364)在其所著《抱朴子内篇》卷十一《仙药》中曾提到以"五音六属"推人年命之说。清代学者惠栋对此做出解释并推断"纳甲"之渊源云:

《抱朴子》曰:"案《玉策记》及《开名经》皆以五音六属,知人年命之所在。子午属庚(原注庚主震,初爻庚子、庚午),丑未属辛(巽初爻辛丑、辛未),寅申属戊(坎初爻戊寅、戊申),卯酉属己(离初爻己卯、己酉),辰戌属丙(艮初爻丙辰、丙戌),巳亥属丁(兑初爻丁巳、丁亥)。"《礼记月令正义》引《易林》云(今《易林》无之):"震主庚子午,巽主辛丑未,坎主戊寅申,离主己卯酉,艮主丙辰戌,兑主丁巳亥。"案:《玉策记》、《开名经》皆周秦时书,京氏之说本之焦氏,焦氏又得之周秦以来先师之所传,不始于汉也。[1]

---

[1] [清]惠栋:《易汉学·卷四》,清光绪二十二年彙文轩刊本影印本,第100页。

根据近几十年来出土的资料可知,惠栋的说法确为的见。只是由于我们无从知晓《玉策记》与《开名经》成书的具体年代,京氏"纳甲"说之源头也就无从得知。从下面的分析可知,推知年命所属必须以"六属"或"纳甲"说为前提。

　　这里所说的"六属",正与京氏"纳甲"之法相契合,即将十个天干纳入卦体之中。由于"甲"为十干之首,故以"甲"代表十个天干,简称"纳甲"。广义的纳甲亦包含纳支。为了便于分析,今将京氏纳甲之说图示如下(图一):

	乾	震	坎	艮
上爻	壬戌 ―	庚戌 ― ―	戊子 ― ―	丙寅 ―
五爻	壬申 ―	庚申 ― ―	戊戌 ― ―	丙子 ― ―
四爻	壬午 ―	庚午 ― ―	戊申 ― ―	丙戌 ― ―
三爻	甲辰 ―	庚辰 ― ―	戊午 ― ―	丙申 ―
二爻	甲寅 ―	庚寅 ― ―	戊辰 ―	丙午 ― ―
初爻	甲子 ―	庚子 ―	戊寅 ― ―	丙辰 ― ―

	坤	巽	离	兑
上爻	癸酉 ― ―	辛卯 ―	己巳 ―	丁未 ― ―
五爻	癸亥 ― ―	辛巳 ―	己未 ― ―	丁酉 ―
四爻	癸丑 ― ―	辛未 ― ―	己酉 ―	丁亥 ―
三爻	乙卯 ― ―	辛酉 ―	己亥 ―	丁丑 ― ―
二爻	乙巳 ― ―	辛亥 ―	己丑 ― ―	丁卯 ―
初爻	乙未 ― ―	辛丑 ― ―	己卯 ―	丁巳 ―

图一　京氏纳甲图

将《抱朴子》所说的"六属"与上图对号入座可知,所谓"子午属庚",对应的是震卦(䷲),其所纳天干为"庚",初爻所纳地支为"子",四爻所纳地支为"午";"丑未属辛"对应的是巽卦(䷸),其所纳天干为"辛",初爻、四爻所纳地支分别为"丑"、"未";"寅申属戊"对应是坎卦(䷜),其所纳天干为"戊",初爻、四爻所纳地支分别为"寅"、"申";"卯酉属己"对应的是离卦(䷝),其所纳天干为"己",初爻、四爻所纳地支分别为"卯"、"酉";"辰戌属丙"对应的是艮卦(䷳),其所纳天干为"丙",初爻、四爻所纳地支分别为"辰"、"戌";"巳亥属丁"对应的是兑卦(䷹),其所纳天干为"丁",初爻、四爻所纳地支分别为"巳"、"亥"。

"五音六属"之说中的"五音"指宫、商、角、徵、羽。《抱朴子内篇》接着将五音与数及纳音五行属性相配应:"一言得之者,宫与土也;三言得之者,徵与火也;五言得之者,羽与水也;七言得之者,商与金也;九言得之者,角与木也。"换句话说就是:宫属土,其数为一;徵属火,其数为三;羽属水,其数为五;商属金,其数为七;角属木,其数为九。对人的年命的具体推算,正是根据这些数及"纳甲"之法。比如,对于甲子年出生的人来说,根据"六属"之说,子属庚,从此人出生之年干甲数至庚,历甲乙丙丁戊己庚等七个天干,七数属于商音,五行属金,所以甲子年的纳音五行即属金,甲子年出生的人即属于金命人;对于乙丑年出生的人来说,根据"六属",丑属辛,从乙数至辛,历乙丙丁戊己庚辛等七个天干,七数属于商音,五行属金,所以乙丑年出生的人亦为金命。又如,对于丙申年出生之人来说,根据"六属"之说,申属戊,从丙数至戊,历丙丁戊三个天干,三数于五音为商,五行属火,故此年生人为火命人;对于戊申年出人来说,据"六属"说,申属戊,从戊数至戊只历戊一个天干,一数于五间为宫、五行属土,故此年出生之人为土命人。再如,对于癸亥年出生的人来说,据"六属"说,亥属丁,从癸数至丁,历癸甲乙丙丁五个天干,五数于五音为羽,五行属水,故此年生人为水命人。用这种方式推算下去,从"甲子"到"癸亥"年之年命,无有不符合"六十甲子纳音表"所列年命者,由此可证,《抱朴子》所云是有根据的。

尽管《抱朴子》有此说,但在见到近几十年出土的简帛文献中的相关内容之前,我们还未见到相关的材料。睡虎地秦简甲种《日书》中有一篇称为《禹须臾》的与择日相关的文字,具体内容如下:

  禹须臾:

  辛亥、辛巳、甲子、乙丑、乙未、壬申、壬寅、癸卯、庚戌、庚辰,莫(暮)市以行有九喜,丁卯不可以船行;

  癸亥、癸巳、丙子、丙午、丁丑、丁未、乙酉、乙卯、甲寅、甲申、壬戌、壬辰,日中以行有五喜,六壬不可以船行;

  己亥、己巳、癸丑、癸未、庚申、庚寅、辛酉、辛卯、戊戌、戊辰、壬午,市日以行有七喜,六庚不可以行;

  丙寅、丙申、丁酉、丁卯、甲戌、甲辰、乙亥、乙巳、戊午、己丑、己未,莫食以行有三喜;

  戊申、戊寅、己酉、己卯、丙戌、丙辰、丁亥、丁巳、庚子、庚午、辛丑、辛未,旦以行有二喜。[1]

除了择日的内容以外,根据上述《抱朴子》所说年命推算方法可知:1) 从"辛亥"至"庚辰"一组,每个干支对之得数皆为七(即如辛亥,亥属丁,从辛至丁,历辛壬癸甲乙丙丁,共七个天干,下同),于五音属商,五行属金。只是"甲子"之后可能漏刻了"甲午","癸卯"之前可能漏刻了"癸酉"。2) 从"癸亥"至"壬辰"一组,每个干支对之得数皆为五,于五音属羽,五行属水。3) 从"己亥"至"壬午"一组,每个干支对之得数皆为九,于五音属角,五行属木,只是"壬午"之前可能漏刻了"壬子"。4) 从"丙寅"到"己未"一组,每个干支对的得数为皆为三,于五音为徵,五行属火。只是"戊午"之前可能漏刻了"戊子"。5) 从"戊申"至"辛未"一组,每个干支对之得数为一,于五音属商。

---

[1] 请参见饶宗颐:《秦简中的五行说与纳音说》,《古文字研究》(第十四辑),中华书局,1986年版,第264页。

不管怎样,从这五组干支对的纳音五行之划分看,上述内容是一篇较完整的"六十甲子纳音表",证明至晚至战国晚期已有"六十甲子纳音"之说。

另外,山东临沂银雀山出土的汉简中有一篇名为《天地八风五行客主五音之居》的古佚书,其中有涉及"纳音"说的内容,今亦列之如下:

  编号 0931 角○[1]角风:戊戌、己亥、戊亥(辰)、己巳、庚……

  编号 0960 禹(羽)○禹(羽)风:壬辰、癸巳、壬戌、癸亥……

  编号 0984 商○商风:庚辰、辛巳、庚……

  编号 1198 宫○宫风:庚子、辛丑、庚午、辛未、戊申、己酉……

  编号 1475 徵○徵风:丙寅、丁卯、甲戌、乙亥、丙申……[2]

这些干支对之五音属性与据"六属"说所推结果完全一致。由于这些汉简"是在西汉文帝、景帝至武帝这段时期内书写的"[3],说明"六十甲子纳音"法在西汉初期至中期一直有人传承。

无独有偶,在放马滩秦简乙种《日书》、香港大学藏简 32 及马王堆帛书《出行占》等简帛文献中,也有类似的内容。程少轩先生在其博士论文《放马滩简式占古佚书研究》中将这些内容绘成一份表格如下(表 2):

表 2 与纳音学说有关之出土文献要素对照表[4]

	时称	暮市	市日	日中	莫食	旦
睡虎地《日书》甲	配数	9	7	5	3	2
	干支	甲子组	壬子组	丙子组	戊子组	庚子组
	时称	暮市	食时	日中	晏食	平旦
马王堆《出行占》	配数	9	7	5	3	2
	五音	商	角	羽	徵	宫
	干支	甲子组	壬子组	丙子组	戊子组	庚子组
	时称	夕	日失	日中	莫食	平旦
	配数	9	7	5	3	2
放马滩《日书》乙	五音	商	角	羽	徵	宫
	五行	金	水	火	木	土
	方向	西	北	南	东	中
	干支	甲子组	壬子组	丙子组	戊子组	庚子组

---

[1] 在这些角、禹(羽)、商、宫、徵五音之名之后的五个圆圈,在竹简上是圆朱色点,作为篇首之标志。
[2] 吴九龙:《银雀山汉简释文》,文物出版社,1985 年版,第 65~93 页。
[3] 吴九龙:《银雀山汉简释文》,文物出版社,1985 年版,第 15 页。
[4] 程少轩:《放马滩简式占古佚书研究》,复旦大学 2011 年博士学位论文,第 81 页。

	五音	商	角	羽	徵	宫
孔家坡简	五行	金	水	火	木	土
	方向	西	北	南	东	中
银雀山简《天地八风五行客主五音》	五音	商	角	羽	徵	宫
	干支	甲子组	壬子组	丙子组	戊子组	庚子组
香港简	方向	可东				
	时称	夕				
	五行	金胜木				
	数字	9				

很明显,这些出土文献的共同特点就是,这些干支对的纳音五行与用"六属"法推算的结果完全一致。

由于"六十甲子纳音表"不只用来推测人的年命,更是中国古代音律学的重要内容,且音律与历法亦紧密地联系在一起,故《汉书》《后汉书》皆有《律历志》之说。而中国古代的音律不仅仅有上面所说的宫、商、角、徵、羽等五音及大家熟知的十二律吕,还有《后汉书·律历志》所说的京房"六十律"。此说与"六十甲子纳音"说又具有内在的联系。《后汉书·律历志》有云:

> 汉兴,北平侯张苍首治律历。孝武正乐,置协律之官。至元始中,博征通知钟律者,考其意义,羲和刘歆典领条奏,前史班固取以为志。而元帝时,郎中京房(房字君明)知五声之音,六律之数。上使太子太傅(韦)玄成(字少翁)、谏议大夫章,杂试问房于乐府。房对:"受学故小黄令焦延寿。六十律相生之法:以上生下,皆三生二,以下生上,皆三生四,阳下生阴,阴上生阳,终于中吕,而十二律毕矣。中吕上生执始,执始下生去灭,上下相生,终于南事,六十律毕矣。夫十二律之变至于六十,犹八卦之变至于六十四也。……《礼运篇》曰'五声、六律、十二管还相为官',此之谓也。以六十律分期之日,黄钟自冬至始,及冬至而复,阴阳寒燠风雨之占生焉。于以检摄群音,考其高下,苟非(草)[革]木之声,则无不有所合。"……房言律详于歆所奏,其术施行于史官,候部用之。文多不悉载,故总其本要,以续《前志》。[1]

这段文字说明以下几个问题:1)京房"六十律"理论为其老师焦延寿所传。2)六十律从十二律吕生变而来。3)十二律与六十律之间的关系,就像八卦与六十四之间的关系。4)焦延寿、京房师徒亦以"六十律"说进行占验。5)刘歆所奏之音律知识不如京房所论音律内容更为详细完备。

---

[1] [晋]司马彪撰,[梁]刘昭注补:《后汉书·律历志》,中华书局,1965年版,第3000～3001页。

《汉书》没有单独为京房的老师焦延寿立传，但在《汉书·京房传》中则对焦延寿有简单的介绍：

> 延寿字赣。赣贫贱，以好学得幸梁王，王共其资用，令极意学。既成，为郡史，察举补小黄令。以候司先知奸邪，盗贼不得发。爱养吏民，化行县中。举最当迁，三老官属上书愿留赣，有诏许增秩留，卒于小黄。赣常曰："得我道以亡身者，必京生也。"其说长于灾变，分六十四卦，更直日用事，以风雨寒温为候：各有占验。房用之尤精。[1]

关于"其说长于灾变，分六十四卦，更直日用事，以风雨寒温为候：各有占验"，指的是与"六日七分"说十分相近的"焦林直日"法。据《新唐书》志第十七上《历三上》僧一行《卦议》，孟喜与京房皆主"六日七分"说，只是二者之间的"六日七分"说稍有差异。孟喜的"六日七分"说是将即坎（☵）震（☳）离（☲）兑（☱）即四正卦之二十四爻与二十四节气相对应：

[八卦图]

但这四正卦并不主具体的日子，然后从与冬至相对应的"中孚"卦开始，将一年365又1/4日平均分配于除四正卦以外的六十卦之中（图二）。这样，每卦所值之日期便为 6 日 7/80 日，简称"六日七分"。京房的"六日七分"说则将十一月公卦中孚之前与中孚卦毗邻的颐卦所值之六日八十分之七减去八十分之七十三，借为坎卦所值之数。这样，颐卦所主六日七分便减为五日又五十四分。震、离、兑三卦所值之日亦如此法得之。这样，这四正卦即各主73/80日。而据今本《焦氏易林》所附"焦林直日"法可知，焦氏令坎卦值冬至之日，震卦值春分之日，离卦值夏至之日，兑卦值秋分之日，其余六十卦则每卦值六日，共三百六十日。但三人之卦气说皆

---

[1] [汉]班固：《汉书·眭两夏侯京翼李传》，中华书局，1962年版，第3160页。

起始于与冬至相配应的"中孚"卦。[1] 可以说,京房的"六日七分"说是对孟喜"六日七分"说及"焦林直日"法的综合与完善。

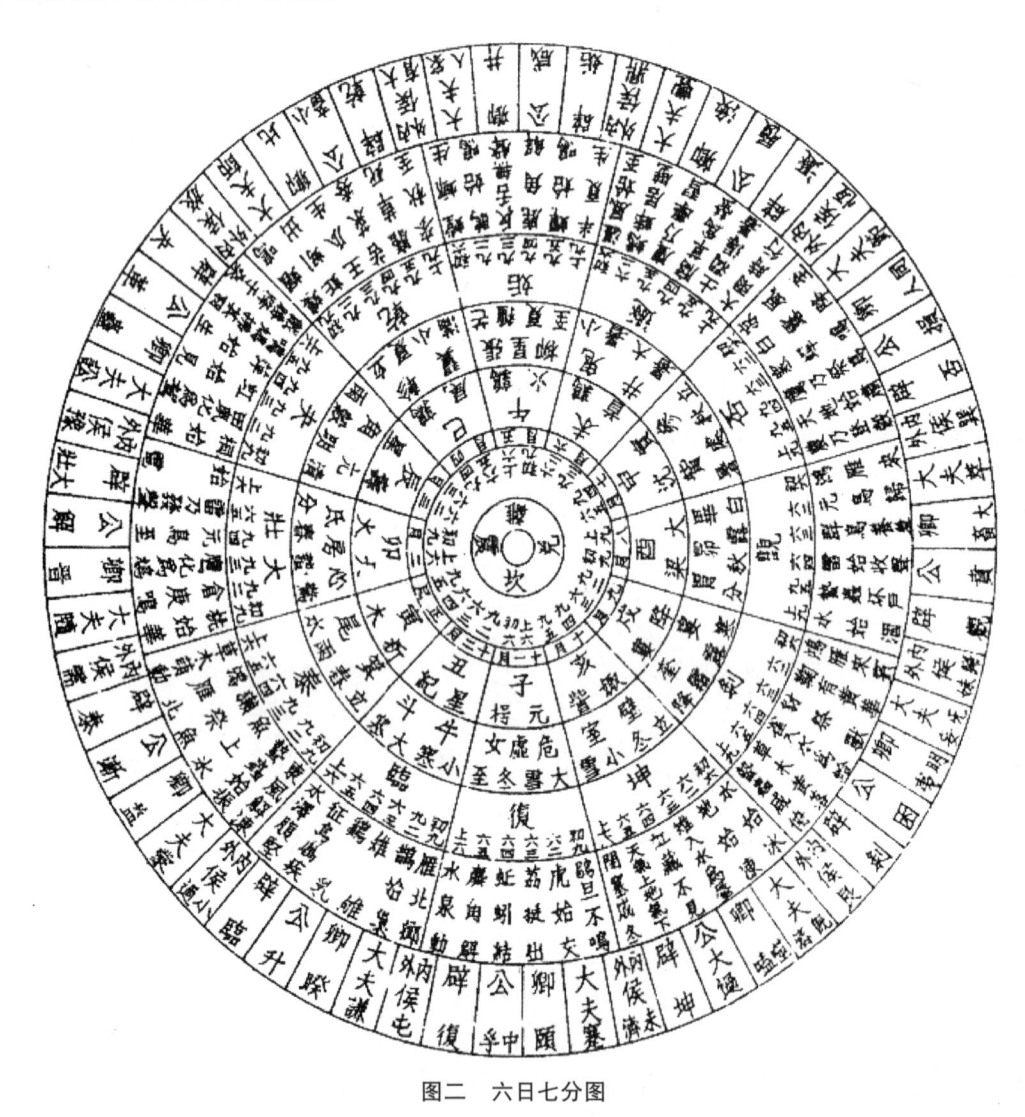

图二　六日七分图

《后汉书·律历志》既然引京房的话说"以六十律分期之日,黄钟自冬至始,及冬至而复,阴阳寒燠风雨之占生焉。于以检摄群音,考其高下,苟非(草)[革]木之声,则无不有所合",说明京房亦以其"六十律"之说并以"寒燠风雨"为候进行占验,并与"以风雨寒温为候"的卦气占验之术紧密地结合起来。[2] 另外,从《汉书·京房传》说京房"好钟律,知音声","本姓李,推律

---

[1] 关于三者卦气说之异同,详见张文智:《孟、焦、京易学新探》,齐鲁书社,2013年版。
[2] 关于京房以风雨寒温进行占验的实例分析,请参见张文智:《孟、焦、京易学新探·京房生平评述——兼论〈汉书·京房传〉所涉及的阴阳灾异学说》,齐鲁书社,2013年版,第264～290页。

自定为京氏",亦可知京房对音律学之精通与依重。

京房的"六十律"与"六十甲子"亦有十分紧密的联系。正如有的学者所指出的,"京房是将六十甲子作为预设的结构框架来考虑生成六十律的"[1],"京房六十律与六十甲子之间存在着一体两面、互为显隐的关系。……从六十律的角度看,六十甲子是京房六十律的纳甲形态,它体现了一种以六十律为显、六十甲子为隐的双层结构;而从六十甲子的视角看,京房六十律是其六十甲子的纳音形态,它体现了一种以六十甲子为显、六十律为隐的双层结构"[2]。京房既然说其"六十律"之说受学于焦延寿,说明其音律不是空穴来风,其师焦延寿也一定知道"六十甲子纳音"之法,只是有可能到京房这里有了进一步的完善。

如前所述,"六十甲子纳音"之推命法与推音法是以"纳甲"说为前提的。尽管之前我们已在银雀山汉简及睡虎地秦简《日书》等文献中发现符合"六十甲子纳音"说的内容,而在京房"纳甲"说之前,我们没有看到过与京房"纳甲"说类似的"纳甲"法。清华简《筮法》释文的公布,让我们看到了与京房"纳甲"法暗合的内容。清华简《筮法》有"天干与卦"一节,其内容为:

䷸	䷲	䷝	䷜	䷹	䷳	䷁	䷀
巽	震	罗(离)	劳(坎)	兑	艮	坤	乾
辛	庚	己	戊	丁	丙	乙癸	甲壬

与《京氏易传》(卷下)所说的"分天地乾坤之象,益之以甲乙壬癸。震巽之象配庚辛,坎离之象配戊己,艮兑之象配丙丁"完全相合。不同之处在于,此处的乾坤艮兑劳(坎)罗(离)震巽等八个卦皆为三画经卦,而在京房"纳甲"说中,这八个卦皆为六画别卦。清华简《筮法》"得"节在"☱☶"(为方便起见,我把《筮法》中的数字卦转换为阴阳符号卦。当然,《筮法》中的两组数字卦是由四个三画卦组成的)符号下面云:"见丁数,乃亦得。"显然,这里的"丁数"指在左上位置的兑(☱)卦,而据"天干与卦",兑纳丁,故这里的"丁"当然指的是在左上位的三画卦兑(☱)卦所纳之天干。在"至"、"咎"、"志事"等节中皆有"当日"、"术日"、"当日如辰"等提法,指出现与该日干支相当之卦,显然这些卦也是就三画卦而言的。这不禁让我们想起三国时期的魏伯阳与虞翻所说的"月体纳甲"。魏伯阳在《周易参同契》中如此描述:

> 三日出为爽,震受庚西方。八日兑受丁,上弦平如绳。十五乾体就,盛满甲东方。七八道已讫,屈折低下降。十六转受统,巽辛见平明。艮直于丙南,下弦二十三。坤乙三十日,东北丧其明。节尽相禅与,继体复生龙。壬癸配甲乙,乾坤括始终。

---

[1] 黄大同:《"六十甲子纳音"研究》,《文化艺术研究》,2009年第2卷第4期,第75页。
[2] 黄大同:《"六十甲子纳音"研究》,《文化艺术研究》,2009年第2卷第4期,第76页。

以图表示则为（图三）：

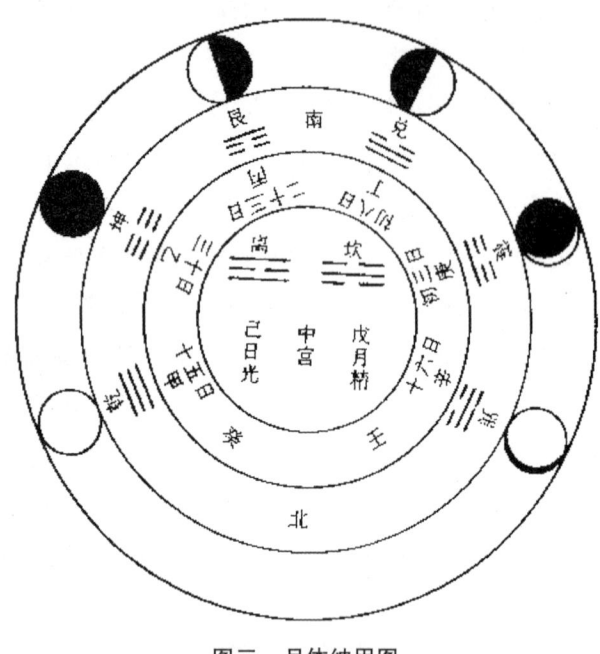

图三　月体纳甲图

这也可以作为上述《京氏易传》"分天地乾坤之象,益之以甲乙壬癸"一段的注脚。但京氏"纳甲"法是就六画卦而言的,而虞氏"月体纳甲"法是就三画卦而言的。据上图所示"月体纳甲"说可知,每月（阴历,下同）初三日黄昏,一弯新月出现于西方庚位之天穹上,用震卦（☳）表征之;每月初八日昏,一上弦月现于南方丁位之天穹上,用兑卦（☱）表征之;每月十五日昏,一轮满月现于东方甲位之地平线上,用乾卦（☰）表征之;每月十六日晨天刚亮时,一稍缺之月现于西方辛位,用巽卦（☴）表征之;二十三日晨,一下弦月现于南方丙位,用艮卦（☶）表征之;每月三十日,月相消失于东方乙位而继之灭藏于北方癸位,用坤卦（☷）表征之。"每月三十日左右,日月相会于壬（北）方位,新月不久即将出现,为示阳（月之光明面）生由微而著之意,故而乾卦同时又纳'壬'"。[1] 离（☲）坎（☵）表征日月之本相,坎月离日。每月晦夕朔旦,月亮处于中天戊的方位,故以坎卦纳戊。每日的正午,日处于中天己的方位,故以离卦纳己。如此,则将十天干纳入八经卦。天干表示月相显现之方位,而八卦卦象除离、坎两卦外皆表征月亮之盈亏。也就是说,月相从每个月的初三（☳）经初八（☱）至十五（☰）象征的是一个阳气息长的过程,从十六（☴）经二十三（☶）至三十（☷）代表的是一个阴气息长的过程。在清华简《筮法》"享"节所云"凡享,月朝屯（纯）牝,乃饗。月夕屯（纯）戊（牡）,乃亦饗"及"乾坤运转"节所

---

[1] 王新春:《虞氏易学的两大理论支柱:"卦气说"与"月体纳甲说"》,《象数易学研究》（一）,齐鲁书社,1996年版,第105页。

云"凡乾,月夕吉;坤,月朝吉"有可能反映的是一种阴阳交合互补的思想,因为据清华简释文之注释可知,"上旬为月之朝",这时正好处于阳气息长之时段,故遇纯牝即阴卦与之相配才"享",遇坤卦才"吉";"下旬为月之夕",这时正好处于阴气渐长之阶段,故遇纯牡即阳卦与之相配才"享",遇乾卦才"吉"。如果确实如此,则当时就应该已经存在"月体纳甲"所提示的阴阳盈虚的观念。

但如果再将十二个地支中相冲的两支(即子午、丑未、寅申、卯酉、辰戌或巳亥)纳入卦体,则不容易与三画卦的卦画相对应,因为三画卦画数是单数,而相冲的两个支为偶数,不能一一对应。而清华简《筮法》中正好有"地支与卦"一节,其内容为:

巳亥	辰戌	卯酉	寅申	丑未	子午
兑	艮	罗(离)	劳(坎)	巽	震

除了没有将乾坤两卦相配应之地支以外,其余各卦与干支的配应与京房"纳甲"(包括纳支)中的初、四两爻所纳完全一致,与《抱朴子内篇》"子午属庚,丑未属辛,寅申属戊,卯酉属己,辰戌属丙,巳亥属丁"之说亦完全一致。正如睡虎地秦简《日书》将"六十甲子纳音"法用于择日一样,这里的地支与卦之配应用于"十七命"占筮中的相关部分。

虽然我们尚不能据上述"天干与卦"及"地支与卦"的内容断定京氏"纳甲"说与这些干支与卦之间的配应完全相合,因为这里没有明确说这些地支与具体的六爻相配应,但"天干与卦"及"地支与卦"与京房"纳甲"(包括纳支)说之间的内在联系还是显而易见的。由于"清华简的大致年代在公元前300年左右"[1],京房"纳甲"说的核心观念至少可以上溯到战国中期以前。

另外,有学者指出,曾侯乙(约公元前475~前433年)编钟生律法与"六十甲子纳音"之"同类娶妻,隔八生子"之生律法有紧密的联系,而"同类娶妻,隔八生子"之理论"应该源出于先秦钟律的实践生律法,它是古人从宇宙阴阳学说的观念出发,根据先秦钟律生律法所产生的十二律形态的已有结果而设计与释义出来的,是一种将曾侯乙编钟生律实践上升到理论层面的产物"[2]。也就是说,据现有资料可知,在曾侯乙之前,还没有系统的"六十甲子纳音"理论。因此,尽管在河南安阳小屯殷墟出土的牛胛骨上已刻有一整版的"六十甲子",但"六十甲子纳音"系统完成的上限应该不会早于战国之初。因为有了"五行"说以后才会有"五音"说,有了"五音"说之后才会有"六十甲子纳音"。如上所述,"六十甲子纳音"法是以"六属"为前提而推导出来的,与"六属"相关的内容即清华简《筮法》中的"卦与地支"之相互配应一定比"六十甲子纳音"系统的形成要早得多。

---

[1] 廖名春:《清华简〈筮法〉篇与〈说卦传〉》,《文物》,2013年第8期,第72页。
[2] 黄大同:《"六十甲子纳音"研究》,《文化艺术研究》,2009年第2卷第4期,第76页。

综合上述,京房之"六十律"与"纳甲"说确实渊源有自,只是自西汉"独尊儒术"之后这些理论被官方的经学思潮所压制、淹没而只能在民间流传,故《汉书·儒林传》才说京房之《易》与已立于学官的施、孟、梁丘之《易》学"不相与同"。随着昭帝(公元前87~前74年在位)、宣帝(公元前74~前49年在位)之时经学内部的分化及灾异说的兴起,至元帝时期,京房因善言灾异而得到元帝的宠幸,京氏易学才应运而起并立于学官。但从《汉书·律历志》采刘歆之说看,京房之"六十律"说当时并没有被广泛接受并流传开来,只是"施行于史官,候部用之"罢了。

辑本《归藏》源流蠡测[*]

程 浩

(清华大学 出土文献研究与保护中心)

作为"三易"之一的《归藏》,长久以来都被视作"殷易"而与《周易》等量齐观。但是囿于其早亡的命运与伪书的恶名,《归藏》一直没能得到准确的认识。近年王家台秦简《易占》与清华简《筮法》、《别卦》等新出土材料的问世,为解决《归藏》的问题提供了很好的契机。本文试以清人辑本《归藏》为基础,结合出土文献提供的提示,对《归藏》的流传与性质进行初步探讨。

一、《归藏》流传与版本概说

《归藏》之名最早见载于《周礼》。《周礼·春官》云太卜"掌三易之法,一曰《连山》,二曰《归藏》,三曰《周易》"。但是在先秦典籍中,并没有明文称引《归藏》者,《周礼》之外也再无另说。

两汉时期《归藏》的流传也比较模糊。其书《汉志》未载,惟有东汉桓谭《新论》称:"《连山》藏于兰台,《归藏》藏于太卜",并云"《连山》八万言,《归藏》四千三百言"。但是我们颇疑桓氏将《连山》与《归藏》并举可能只是为了追求辞藻的华美,而并非有确凿证据。[1] 因为很难相信《连山》与《归藏》会分藏于两处,而且作为筮占之书的《连山》竟然会有八万言的鸿篇巨制。此外,汉代提到《归藏》的还有郑玄,他在注《礼记》时称孔子过宋所得"坤乾"是"殷阴阳之书,

---

[*] 本文系国家社科基金重大项目"中国国家起源研究的理论与方法"(12&ZD133)阶段性成果。
[1] 苗雪青先生新近撰文力辩汉代有官藏之《归藏》,并认为班固等人未加以反对即为桓谭之说成立的铁证(参见苗雪青:《〈连山〉〈归藏〉的汉代官藏本之考定》,《周易研究》,2014 年第 6 期)。所谓"铁证",实为"默证"。前辈学者张荫麟先生早已指出,"默证"之应用及其适用有限度,并不能当做"铁证"。我们没有看到汉代人反对桓谭,并不代表时人就一定默认他的说法,更不能说明其所说就是事实。

其书存者有《归藏》"。其实,所谓《归藏》"坤"为首之说,并不能为辑本以及出土资料所验证[1],很可能是出自后人的附会,郑玄这时所看到的《归藏》不一定可靠。而且如果郑玄果真见到过《归藏》,其在遍注群经时不可能不征引。因此,由周至汉《归藏》的流传情况应该如欧阳修所说:"周之末世,夏、商之易已亡。汉初虽有《归藏》,已非古经。"[2]

在所有晋代以前的文献中,《归藏》从未被称引。但到了六朝,这种情形骤然逆转。如晋人干宝《周礼注》有云:"初乾、初奭、初艮、初兑、初荦、初离、初厘、初巽,此《归藏》之易也。"东晋郭璞注《山海经》也多引《归藏》以申说。稍后的阮孝绪评论《归藏》说其"载卜筮之书杂事",与阮孝绪同时代的刘勰也说:"《归藏》之经,大明迂怪,乃称羿死十日,常娥奔月。"对《归藏》的评论与称引一时间蔚为大观。

那究竟是什么原因使《归藏》在这一时期从无人问津瞬时变成了言必称之呢?我们认为这与轰动一时的"汲冢出书"有关。《晋书·束晳传》记载了汲冢所出易占类的书,经过整理后有《易经》、《易繇阴阳卦》、《卦下易经》、《公孙段》与《师春》等。对于六朝以后传世的《归藏》,郭沫若先生指出即是汲冢所出的《易繇阴阳卦》[3]。《隋志》云:"《归藏》汉初已亡,按晋《中经》有之,惟载卜筮,不似圣人之旨。"而据《晋书》所载,《中经》实为荀勖为汲冢书编的目录。荀勖在编著《中经》时并没有使用束晳等人为汲冢中易类文献拟定的《易繇阴阳卦》等篇名,而是书其为《归藏》。而从时人称引的情况看,以《归藏》名之显然更受认可。

《归藏》在晋代出于汲冢之后,便复见于史志著录。《隋志》载《归藏》"十三卷,晋太尉参军薛贞注";《旧唐志》云:"《归藏》十三卷,殷易,司马膺注",《新唐志》略同:"司马膺注《归藏》十三卷"。是则在隋唐时期《归藏》有同为十三卷的两种注本。

到了宋代,《归藏》又逐渐散佚,《宋志》仅存"薛贞注《归藏》三卷"。欧阳修也说:"汉初虽有《归藏》,已非古经。今书三篇,莫可究矣。"《中兴书目》说明了存世三篇的篇名:"《归藏》,隋世有十三篇,今但存《初经》、《齐母》、《本蓍》三篇,文多阙乱,不可训释。"郑樵也说:"《归藏》,隋有薛贞注,十三卷。今所存者,《初经》、《齐母》、《本蓍》三篇而已。"可见《初经》、《齐母》、《本蓍》三篇已是宋代人能够见到的《归藏》的全部了。

宋代以降,《归藏》彻底亡佚,连前述的三篇也不能得见。直至清代考据大兴,对古书的辑佚也呈现出前所未有的繁荣局面。在这一时期出现了多种《归藏》的辑本:王谟《汉魏遗书钞》、王朝璩《十三经拾遗》、严可均《全上古三代秦汉三国六朝文》、洪颐煊《经典集林》、朱彝尊《经义考》、管庭芬《一瓻笔存》与观颐道人《闻竹居丛书》等都辑有《归藏》[4]。而马国翰在朱

---

[1] 《归藏》八经卦卦序同于《说卦》以及清华简《筮法》。详见程浩《清华简〈筮法〉与周代占筮系统》,《周易研究》,2013年第6期;李学勤:《〈归藏〉与清华简〈筮法〉、〈别卦〉》,《吉林大学社会科学学报》,2014年第1期。
[2] 本文引据古人对《归藏》的论说皆取自朱彝尊《经义考》的辑录,以下不再标注,见林庆彰主编《经义考新校》,上海古籍出版社,第22~32页。
[3] 郭沫若:《郭沫若全集·历史编第一卷》,人民出版社,1982年版,第389页。
[4] 孙启治、陈建华:《中国古佚书辑本目录解题》,上海古籍出版社,2009年版,第17~18页。

彝尊《经义考》所辑《归藏》基础上作了校补,收入所著《玉函山房辑佚书》[1],是目前最为流行的辑本。

从前文所述《归藏》的流传路径看,无论是六朝时的评论与称引还是清人的辑佚,其源头都是汲冢所出的易类文献。而随着这部《归藏》的不断亡佚,我们对它的认识越来越模糊。这种情况直到近年出土文献的大量发现才发生改变。1993 年,在湖北江陵王家台 15 号秦墓出土了一种《易占》类古书[2],其内容多见于辑本《归藏》,因此学界一般径称之为"秦简《归藏》";新近公布的清华简(肆)整理报告中收录了《筮法》、《别卦》两种易类的竹书[3],与《归藏》也有密切关系[4]。这些新出土的"易"类文献为我们理解《归藏》的性质提供了一种新的视角。

二、辑本《归藏》来源辨析

在清人所辑的几种《归藏》中,以马国翰《玉函山房辑佚书》最为详备。马氏在朱彝尊《经义考》基础上增补了部分漏辑的佚文,并将其编为七篇:《初经》、《六十四卦》、《十二辟卦》、《齐母经》、《郑母经》、《本蓍篇》、《启筮》。下面我们按照其篇目逐一进行辨析:

(一)《初经》与《六十四卦》

马氏所辑《初经》篇有两种来源:一为晋人干宝《周礼注》,其原文为:"初乾、初奭、初艮、初兑、初犖、初离、初厘、初巽,此《归藏》之易也。"二为宋人李过《西溪易说》与元代胡一桂《周易启蒙翼传》,其每卦较干宝所引"初某"后多出几字,云:

初乾,其争言。

初奭,荣犖之华。

初狠,微微鸣狐。

初兑,其言语敦。

初犖,为庆身不动。

初离,离监监。

初厘,燀若雷之声。

初巽,有鸟将至而垂翼。

---

[1] [清]马国翰:《玉函山房辑佚书》,广陵书社,2005 年版,第 33～44 页。本文引用辑本《归藏》之文皆据此书,以下不再出注。
[2] 荆州地区博物馆:《江陵王家台 15 号秦墓》,《文物》,1995 年第 1 期。学界的讨论情况,参见赵争:《湖北江陵王家台秦简〈归藏〉研究综述》,《周易研究》,2012 年第 5 期。
[3] 清华简(肆),第 75～134 页。
[4] 李学勤:《〈归藏〉与清华简〈筮法〉、〈别卦〉》,《吉林大学社会科学学报》,2014 年第 1 期。

朱震《易丛说》论《归藏》之《初经》云："《归藏》之书，其《初经》者，包牺氏之本旨也。卦有初乾、初奭、初艮、初兑、初荦、初离、初厘、初巽，卦皆六画"，马国翰受其影响以为《初经》篇只有八经卦。而罗苹注《路史》云："《归藏·初经》，卦皆六位，其卦有《明夷》、《荧惑》、《耆老》、《大明》之类"，知宋代《初经》篇还应包括六十四别卦。将马氏所辑《初经》与《六十四卦》两篇合而为一，应该才是《宋志》所说三卷本《归藏》中《初经》的原貌。

马国翰云所辑《六十四卦》皆本自李过《西溪易说》，其卦序与今本《周易》略同。《归藏》既然出自墓中竹书，其卦序很有可能经过人为整理而向《周易》靠拢，《西溪易说》所载的卦序可能并非简上的原貌。这一点我们可以从清华简《别卦》的卦序中得到提示。李学勤先生已经指出，《别卦》中六十四卦的下卦次序是遵照《初经》的次序排列的[1]。我们认为传本《归藏》最初很有可能也是这样的。而且鉴于清华简《别卦》中只有八经卦之外的五十六卦，我们怀疑现在《初经》中的五十六卦在出土时也像《别卦》这样是单独成篇的。

而对于八经卦，除了李过《西溪易说》所引"初乾，其争言"等语，还有两条被马国翰列到《郑母经》后的附录"遗爻"中：

乾为天、为君、为父、为大赤、为辟、为卿、为马、为禾、为血卦。（朱震《易丛说》、罗苹《路史注》）

乾者，积石风穴之琴。亭之者弗亭，终身不瘳。（《北堂书钞》）

这很容易让我们想到清华简《筮法》对八卦的说解：

凡爻象，八为风，为水，为言，为飞鸟，为肿胀，为鱼……五象为天，为日，为贵人，为兵，为血……九象为大兽，为木，为戒备，为首，为足。（第二十九节《爻象》）

奚故谓之震？司雷，是故谓之震。奚故谓之劳？司树，是故谓之劳。奚故谓之兑？司收，是故谓之兑。奚故谓之罗？司藏，是故谓之罗。（第二十四节《卦位图、人身图》）[2]

相似的文句亦见于《说卦》：

乾为天，为圜，为君，为父，为玉，为金，为寒，为冰，为大赤，为良马，为老马，为瘠马，为驳马，为木果。

《晋书·束晳传》云汲冢有《卦下易经》，"似《说卦》而异"，或许就是类似清华简《筮法》中单说八卦这一部分的篇目。汲冢书的整理者从中摘取章句与类似清华简《别卦》的篇目拼合在了一起，就成了宋人见到这种既有八经卦又有其他五十六卦的《初经》。

---

[1] 李学勤：《〈归藏〉与清华简〈筮法〉、〈别卦〉》，《吉林大学社会科学学报》，2014年第1期。
[2] 清华简（肆），第120、111～112页。

(二)《十二辟卦》

马氏所辑《十二辟卦》本自明代徐善《四易》,其云:

> 子复、丑临、寅泰、卯大壮、辰夬、巳乾、午姤、未遯、申否、酉观、戌剥、亥坤。

王宁先生已经指出其说不可信,当属徐善附会[1]。徐善是明朝人,当时《归藏》已佚,宋代尚存的篇目中也没有《十二辟卦》。马氏将其作为一篇列入《归藏》,应为一时失察。

(三)《齐母经》《郑母经》与《启筮》

马国翰谓《齐母经》云:"'齐母'不知何义。按《归藏》以坤为首,坤者,物之母也。郭璞《山海经注》又引有《郑母经》,疑十二辟卦以十二分野配之,未审是否。"马氏所辑《齐母经》、《郑母经》两篇,就是把佚文作为卦爻辞分列于下,之后还特别列出不明隶属的数条"遗爻"作为附录。

王家台出土的秦简《易占》,每条就是以卦画、卦名、卦辞排列的。观诸马氏所辑七条《郑母经》佚文,全部见于秦简《易占》,所谓"遗爻"也有六条相合。有鉴于此,廖名春先生指出秦简《易占》就是《归藏》的《郑母经》[2]。廖先生的观点非常有启发性,但是仍有可商之处。

王家台《易占》"灌"、"晋"两卦的卦辞为:

> 灌曰:昔者夏后启卜享……
> 晋曰:昔者夏后启卜享帝晋之虚作为……[3]

在马氏所辑《启筮》中有两条可以对应的佚文:

> 昔夏后启筮享神于大陵而上钧台,枚占皋陶曰:"不吉。"
> 昔者夏后启享神于晋之虚,作为璿台,于水之阳。

可见王家台《易占》不仅有《郑母经》,还有《启筮》的内容。既然两者与王家台《易占》都可以呼应,这就说明传本《归藏》中的《启筮》篇与《郑母经》内容类似,都是分列的卦爻辞。因此,我们猜想西晋之时汲冢里出了一篇如今天我们所见的王家台秦简《易占》的古书(很可能就是《易繇阴阳卦》),而整理汲冢书的人将它编入了《归藏》,但因为篇幅较大,就分为了《郑母经》与《启筮》两篇。至于篇名为什么叫"郑母"与"启筮"[4],按照古书之通例,很可能是从篇首撷取而来。王家台《易占》寡卦(也就是坤卦)卦辞:

> 寡曰:不仁;昔者夏后启筮以登天,蚩弗良而投之渊……[5]

---

[1] 王宁:《〈归藏〉篇目考》,《古籍整理研究学刊》,1992 年第 2 期。
[2] 廖名春:《王家台秦简〈归藏〉管窥》,《周易研究》,2001 年第 2 期。
[3] 王明钦:《王家台秦墓竹简概述》,《新出简帛研究》,文物出版社,2004 年版,第 31~32 页。
[4] 作为篇名的"《启筮》",贾公彦《周礼》疏引作"《开筮》",盖因"启"与"开"同义,故可互训。
[5] 王明钦:《王家台秦墓竹简概述》,《新出简帛研究》,文物出版社,2004 年版,第 30 页。

《启筮》篇名可能由此得来,《郑母经》想必也是如此。

那么《齐母经》又是哪里来的呢？我们注意到那些被马国翰列入"遗爻"的条目,虽然没有明引《郑母经》,但有些可以被秦简《易占》印证,应该本是属于《郑母经》或《启筮》的。而这些条目中有很多辑自宋人的著述。前文已述,《归藏》流传到宋代仅余《初经》、《齐母》、《本蓍》三篇,那为什么还有宋人引用了《郑母经》呢？我们认为宋代所谓的《齐母》其实就是六朝人经常称引的《郑母经》,其篇名在流传过程中出现了讹误。

至于马国翰辑所辑《齐母经》,只有邢昺《尔雅》疏一条：

> 瞿,有瞿有觚,宵梁为酒,尊于两壶。两羭饮之,三日然后苏。士有泽,我取其鱼。

邢昺云此为《齐母经》"瞿有"卦之爻辞,但王家台秦简《易占》"瞿"卦下并非此数句,因此不一定可靠。

（四）《本蓍篇》

本篇三条佚文都见于东晋张华《博物志》：

> 蓍二千岁而三百茎,其本以老,故知吉凶。

> 蓍末大于本上吉,次蒿,次荆,皆如是。

> 筮必沐浴斋洁焚香,每月望浴蓍,必五浴之。浴龟亦然。

讲的都是用蓍草进行筮占的方法与注意事项。这让我们想起了北大汉简《荆决》中的序：

> 镂龟告筮,不如荆决。若阴若阳,若短若长,所卜毋方,所占毋良,必察以明。卅算以卜,其事若吉若凶,唯算所从。左手执书,右手操算,必东面。用卅算,分以为三分,其上分衡,中分从,下分衡。四四而除之,不盈者勿除。[1]

清华简《筮法》中也有讲占筮方法的内容,如第三十节《十七命》云：

> 各当其卦,乃执占之,占之必执,卦乃不忒。[2]

可见这类讲占筮方法的书在当时是非常之多的。当然,《归藏》的《本蓍篇》必然不会像北大简《荆决》序与清华简《筮法·十七命》这样简短,应该有着较为系统地论述,否则就很难单独成为一篇了。

对马国翰辑本《归藏》有了充分认识之后,我们再回过头来看《晋书·束皙传》对汲冢所出易类文献的记载：

---

[1] 陈侃理：《北大汉简数术类〈六博〉、〈荆决〉等篇略述》,《文物》,2011年第6期。
[2] 清华简（肆）,第122页。

其《易经》二篇,与《周易》上下经同。

《易繇阴阳卦》二篇,与《周易》略同,《繇辞》则异。

《卦下易经》一篇,似《说卦》而异。

《公孙段》二篇,公孙段与邵陟论《易》。

《师春》一篇,书《左传》诸卜筮,"师春"似是造书者姓名也。[1]

除了《易经》外,其他诸篇似乎都可以与辑本《归藏》以及前述新出土文献对应,详见下表:

辑本《归藏》篇目	汲冢书篇目	新出土文献篇目
《初经》	《卦下易经》专说八卦部分	清华简《筮法》第二十四节、二十九节
《六十四卦》		清华简《别卦》
《郑母经》(《齐母经》)	《易繇阴阳卦》	王家台《易占》
《启筮》		
《本蓍篇》	《卦下易经》说占法部分	北大简《荆决》序 清华简《筮法》第三十节
其他不知名佚篇(部分被马氏辑入"遗爻")	《公孙段》、《师春》等	

综上所述,所谓的传世《归藏》,其实就是汲冢所出的类似"清华简《别卦》"、"王家台《易占》"以及"北大简《荆决》"、"清华简《筮法》"等易类文献的汇编,它包含了一种在战国时非常流行的筮占理论体系,但不一定与《周礼》所说的《归藏》有实际联系。

(本文曾在《周易研究》2015年第2期发表)

---

[1] [唐]房玄龄等撰:《晋书》卷五一《束皙传》,中华书局,1974年版,第1432～1433页。

谈数字卦的名称概念与
数字卦中的易学思维

贾连翔

(清华大学　出土文献研究与保护中心)

"数字卦"名称的由来是与学界对它的认识过程紧密相连的。北宋重和元年(公元1118年)湖北孝感出土了"安州六器",其中一件中方鼎铭文末记有两组此类数字卦,曾被释为"赫赫"、"十八大夫"等[1],自北宋以来被称为"奇字"。1932年,郭沫若先生以族徽理论为基础将这两个奇字视为"族徽"[2]。1956年,李学勤先生在论及一版张家坡西周甲骨时指出这种"纪数的辞"使人联想到《周易》的九六之数[3]。1957年,唐兰先生在甲骨金文中搜集了13个例子,将这些奇字释为一、五、六、七、八等数字,并认为"这种文字的最大特点是用数目字构成的",推测是一个西北方民族的文字[4]。1978年,张政烺先生依据《周易·系辞》的揲蓍之数,按照奇阳偶阴的原则,将这些数字转写为《周易》的卦画,并名之为"易卦"[5]。自张先生文章发表后至今近40年间,除上述名称外,这些材料又被称为"数字卦"、"易卦符号文字"、"筮数"、"筮卦""筮数易卦"、"卦画"等[6]。目前,"数字卦"这个名称已基本成为学界对此的通称,本文也沿用这一名称。

2014年发表的清华简《筮法》篇,为数字卦的研究提供了新的资料,这是一部十分完整的战国时期楚地的筮占专书,详细记述了筮占理论和方法,并且列举了许多数字卦作为筮例,使我们首次对数字卦有了系统的认识。以此为契机,我们对目前所能见到的出土数字卦材料进行了全

---

[1] [宋]薛尚功:《历代钟鼎彝器款识》,辽沈书社,1985年版,第181页。
[2] 郭沫若:《两周金文辞大系图录考释》,科学出版社,1957年版。
[3] 李学勤:《安阳小屯以外出土的有字甲骨》,《文物参考资料》,1956年第11期。
[4] 唐兰:《在甲骨金文中所见的一种已经遗失的中国古代文字》,《考古学报》,1957年第2期。
[5] 张政烺:《试释周初青铜器铭文中的易卦》,《考古学报》,1980年第4期。
[6] 邢文:《数字卦与〈周易〉形成的若干问题》,《台大中文学报》2007年第27期。

面的辑录和整理，并对数字卦的研究状况进行了分析和总结[1]，再进一步对数字卦的概念作出这样的定义：见于出土材料中的，由一组数字纵向排列而形成的卦文，它是属于古代筮占的一套以数字记录的符号，既有实占数字的性质，又有卦画图形的性质。从已知材料看，它的特点是以一个数字记录一爻[2]，卦例的构成形式有四种：(1) 三爻卦构成一例，如《殷周金文集成》05161号父戊方卣上所刻"六六六"、美国纽约赛克勒氏所藏八五一鼎、八一六盘[3]；(2) 四爻卦构成一例(少数)，如《甲骨文合集》第29074片所倒刻"六七七六"；(3) 六爻卦构成一例，如殷墟四盘磨卜骨所刻三个卦例[4]、苗圃北地M80出土磨石上所刻六个卦例[5]；(4) 左右两列六爻卦，或可看作四个三爻卦，构成一例[6]。需要特别说明的是，上海博物馆藏战国竹书《周易》、马王堆帛书《周易》、阜阳双古堆汉简《周易》、王家台秦简《归藏》以及清华简《别卦》中的卦文虽然与数字卦中的"一"、"︿"或"八"形式相同，但其性质并非实占数字，而只是卦画图形。

数字卦具有实占数字和卦画图形双重属性，而单纯的卦画只具有图形属性。从目前的材料看，对其进行区别的原则有两条：(1) 数字卦的用数相对较多，有一、四、五、六、七、八、九[7]；卦画图形只分阴阳爻两种，阳爻作"一"同于数字一的字形，阴爻作"︿"或"八"同于数字六或八的字形；(2) 数字卦通常都单独出现，或是伴有命辞和占辞；而卦画图形通常伴有卦名、卦爻辞或爻题，且有一定的卦序。相比之下，我们认为后一条更具说服力。这种区分的意义在于将相对原始的筮占与形成系统的易学进行了区别。

我们曾讨论过，数字卦材料在用数体系上有"一系"和"七系"之分[8]，这是它在表现形式上的区别，也是基于对数字卦材料本身的分析。这种结论还只是一种暂时性的统计学的结论，它会随着统计样本材料的逐渐丰富而相应变化。目前所得结论虽然暂时解决了数字卦的分类问题，但也随之带来了新的、更进一步的问题。传统观点认为三《易》之中《连山》、《归藏》以七、八为占，《周易》以九、六为占，这与我们所见到的数字卦特点难以对应。有学者指出："这种不合至少有三种可能的原因：一是数字卦的筮法游离于三《易》之外，一是数字卦的筮法反映并延续了三《易》筮法未成熟时的发展阶段，一是数字卦本身就是一种基于随机的、没有明确的术数之象的筮占结果。"[9]这些原因都是将数字卦与形成系统的、成熟的三《易》相参照而提出的。

---

[1] 贾连翔：《出土数字卦材料研究综述》，《中国史研究动态》，2014年第4期。
[2] 金景芳：《学易四种》，吉林文史出版社，1987年版，第195~196页。
[3] Jessica Rawson, *Western Zhou Ritual Bronzes from the Arthur M. Sackler Collections*, Harvard University Press, 1990, vol. ⅡB, No. 14. Page267; No. 121. Page 717.
[4] 郭宝钧：《一九五○年春殷墟发掘报告》，《中国考古学报》第5册，中国科学院，第56页；曹定云：《殷墟四盘磨"易卦"卜骨研究》，《考古》，1989年第7期。
[5] 中国社会科学院考古研究所安阳工作队：《1980~1982年安阳苗圃北地遗址发掘简报》，《考古》，1986年第2期；郑若葵：《安阳苗圃北地新发现的殷代刻数石器及相关问题》，《文物》，1986年第2期。
[6] 这是根据清华简《筮法》的内容对楚简上的数字卦得到的新认识，见清华简（肆），第75页。
[7] 数字四在实占筮例中并未发现，但清华简《筮法》篇明确记载楚地数字卦中有数字四。
[8] 贾连翔：《试论出土数字卦材料的用数体系》，《周易研究》，2014年第4期。
[9] 邢文：《数字卦与〈周易〉形成的若干问题》，《台大中文学报》2007年第27期。

必须指出的是,数字卦与三《易》并不是一对可以等同的概念,我们认为数字卦代表了古代筮占的早期阶段,其内容的覆盖面几乎等同于筮占这样一个大范畴,而三《易》是筮占逐步走向学术的代表性成果,是筮占大范畴中的三条特殊支干。因此,从卦文上看,三《易》卦文的内容数字卦是都能涵盖的,而数字卦的内容三《易》却不能完全涵盖。我们之所以将单纯的卦画从数字卦的概念中分离出来,是因为我们已经可以清晰地看到卦画所代表的三《易》有一种指向明确的、井然有序的、成熟的发展脉络,甚至可以说,它们是数字卦的精华,逐渐成为了筮占的参考坐标,它们来源于数字卦又作用于数字卦。

三《易》中我们能够全面了解的主要是《周易》[1],从形式上看,其完整的内容包括卦画、卦名、卦序、爻题以及卦爻辞,我们所说的易学思维就是这其中所反映的思想观念。在已知的数字卦材料中确实存在与之密切相关的例子。

其一是数字卦材料中有近似卦画、卦名和卦爻辞的内容出现。近年,董珊先生发表了一件昼锦堂收藏的鼎卦戈,虽非发掘品,但其器、铭均不伪[2]。从形制看,此戈上刃基本平直,胡部较宽,时代大致在两周之际。按董先生所释,上铸铭文曰:

一六一一一六。
曰:鼎止(趾)真(颠);
鼎黄耳,奠止(趾)。
五六一一五八。乂。

董先生曾对此作了很全面的考察,指出铭文内容与《周易·鼎》初六、六五爻辞以及欧阳修《艺文类聚》卷九十九祥瑞部下:"《归藏》占曰:鼎有黄耳,利得鳣鲤"的记载相合。值得注意的是,戈铭的第一个卦例中只有一和六,且六字的笔画两边上翘,这种写法在数字卦例中十分罕见,而第二个卦例中的六则是数字卦的常见写法。显然,这是时人为了区别而有意为之的。我们猜想这两个卦例可能存在性质上的区别。第一个卦例很可能只是卦画,后面附抄了筮书中的卦爻辞,第二个卦例则是实占记录,"乂"字,从董氏读作"吝",是占辞。如果这个分析可以成立的话,这件器物就是数字卦与单纯卦画并存的例子,对我们理解数字卦与三《易》的关系意义重大。

其二是数字卦中曾出现有关覆卦的例子,见于陕西长安县西仁村西周窑址采集获得的两

---

[1] 我们对古书中所载的三《易》了解程度相差很大,要言之:《连山》或称夏易,业已亡佚,东晋干宝称今本《说卦》第五章有《连山》遗说,近人金景芳先生也有相同观点(金景芳:《〈周易·系辞传〉新编详解》,辽海出版社,第185~187页)。文献所见《归藏》则实际包括了时代不同的两种古书,一是《周礼》中所称三易之一的《归藏》,或称殷易,与其性质相近的是《礼记·运礼》中记载的孔子所称的《坤乾》,是可观殷道之书,其具体内容已不可知;另一种是后世流传的《归藏》,即辑本《归藏》,它的内容合于王家台秦简古书,或与汲冢所出《易爻阴阳卦》等相关,应是流传于战国时期的一种筮书(参见李尚信:《读王家台秦墓竹简"易占"札记》,《周易研究》,2008年第2期)。与《周易》相比,我们对《连山》、《归藏》内容的了解可谓所知甚少,尤其是《归藏》易尚存在前后两书混用一名的情况,更应区别看待。
[2] 董珊:《论新见鼎卦戈》,《出土文献与古文字研究》(第四辑),上海古籍出版社,2011年版,第68~88页。

件陶拍,编号为采集：2 的陶拍上刻有：

　　八八六八一八。
　　八一六六六六。
　　一一六一一一。
　　一一一六一一。

转写为《周易》卦爻是师、比、小畜、履四卦,是今本《周易》的第七、八、九、十卦。编号为采集：1 的陶拍上刻有：

　　六一六一六一。
　　一六一六一六。

转写为《周易》卦爻则为既济、未济二卦,是今本《周易》的第六十三、六十四卦。李学勤先生曾指出它们具有"互覆"的关系,且与今本《周易》的卦序相合,如果说是实际占筮所得,几率就太小了,揣想"八八六八一八"是实占结果,其余是依《周易》续配,这已经超越了一般的占筮行为,是易学思维的表现[1]。邢文先生也提到,如果换个角度考察,陶拍上的数字卦"可能是出于学习或尊崇或求吉或其他什么目的,转录自与今本《周易》相近的或即将成书的《周易》的材料。"[2]第一件陶拍的后二卦,与第二件陶拍上的卦例都只用一和六,这种特征符合单纯卦画的特点,认为它们是"已有一定发展的易学"是十分合理的。第一件陶拍的前两卦用数有一、六、八三种,认为是实占筮例更为可信,其后根据《周易》又续配了小畜、履两卦,这也可理解为数字卦与卦画并存的例子。

　　上述材料虽然相对孤立,但都为数字卦与易学的关系提供了重要线索。从战国时期的上博简《周易》卦画、卦名、爻题和卦爻辞的齐备,到两周之际鼎卦戈上的卦画、卦爻辞,再上溯到西周陶拍上的覆卦思维,从出土材料中我们大致能够勾勒出易学体系渐趋完善的过程。可以看出,时间越早,数字卦与易学的界限越模糊,这也正能反映易学从以数字卦为代表的筮占中逐渐脱胎的状况。

　　另外还要思考的是,上述这三件器物所用的都是"一系"数字卦,易学中的卦画符号从某种意义上讲,也同于"一系"数字卦的形式,可见这一系的数字卦与易学关系更为密切。这一猜想是否正确,只能期待以后更多的材料出现来加以验证了。

　　附记：本文写作曾得到李学勤先生悉心指导,文中将鼎卦戈与西周陶拍综合起来考察即是李先生给笔者提出的命题,笔者学力尚浅,未能将其讨论深刻。附记于此,以致谢忱！本文曾发表于《管子学刊》2016 年第 1 期。

---

[1] 李学勤：《周易溯源》,巴蜀书社,2011 年版,第 237 页。
[2] 邢文：《数字卦与〈周易〉形成的若干问题》,《台大中文学报》2007 年第 27 期。

清华简《卦位图》哲学思想考辨

蔡运章

(河南　洛阳市文物管理局)

"卦位"是指八卦符号在宇宙空间里排列的位次。《周易·说卦传》记载的"先天八卦"和"后天八卦"方位，都是中国古代融空间、时间和八卦于一体的宇宙图式，在人类哲学史上具有重要意义[1]。值得注意的是，清华简《筮法》这幅目前所见年代最早的八卦方位图，却与《说卦传》记载的有明显差异[2]，因而引起学术界的极大关注。本文谨就清华简《卦位图》的哲学思想及其相关问题略作考辨。

一、清华简《卦位图》的重要发现与不同认识

清华简《筮法》全篇文字分栏书写，共分三十节，附有插图和表格，详细记述了筮占的原理和方法，是一部完整的易学文献。该篇的八卦和六十四卦均用数字表示，年代约在公元前300年的战国晚期，应属商周筮数易卦的范畴[3]。特别重要的是，《筮法》第二十四节的"《卦位图》、《人身图》"，实是一幅将八卦分置八方和人体各部位的"天人合一"图，当合称为《卦位图》（图一）。该图及其外围的说明文字，经编者认真整理和注释，大体可以通读，为我们提供了极为珍贵的新资料。

《卦位图》及其说明文字位于《筮法》全篇简面的左上隅，处于西北《乾》卦的天位。全图中心绘制的是人身《卦位图》，在其四周绘有长方形黑色线框。在黑色线框四方和四隅布列的筮数八卦，构成一幅"《卦位图》"。该图的上下方，绘有两条平行墨线。上下墨线的两端均加粗向内形成直角短线。《卦位图》和平行墨线的四周附有说明文字。兹将该图及其说明文字分

---

[1] 蔡运章：《朱子易学的历史地位——从殷墟卜辞论朱子的八卦方位学说》，韩国《朱子易学学术大会论文集》，2000年。
蔡运章：《殷墟卜辞中的八卦方位》，《王懿荣发现甲骨文一百周年纪念论文集》，齐鲁书社，2000年版。
[2] 清华简(肆)，第111~113页。
[3] 蔡运章：《商周筮数易卦释例》，《考古学报》，2004年第2期。

清华简《卦位图》哲学思想考辨 · 135 ·

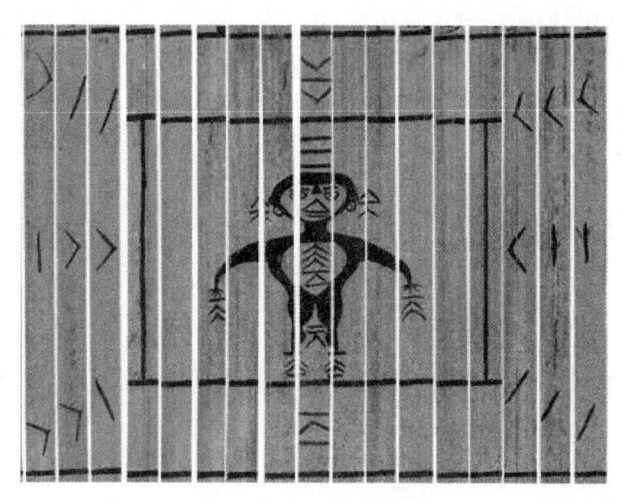

图一 清华简《卦位图》

别释读如下：

（一）人身《卦位图》

全图的中心位置绘制了一个正面站立、两臂伸展、面目清晰、形态逼真的人身图。人身的各部位绘有筮数经卦，分别是：头上乾，上腹坤，下腹离，足部震，股部巽，耳部坎，手部艮，口部兑。

清华简《筮法》注释（以下简称"《注释》"）说："《说卦》第九章：'乾为首，坤为腹，震为足，巽为股，坎为耳，离为目，艮为手，兑为口。'与此图比对，基本相合，惟离在腹下方为异。"这幅"《人身图》"用筮数八卦来象征人体的各个部位。有所不同的是，《周易·说卦传》："离为目。"而人身《卦位图》则将复卦绘于人体下腹的位置。这是因为《说卦传》第十一章亦称"离为大腹"的缘故。

（二）后天《卦位图》

在《人身图》外围墨线框的四方和四偶绘制的筮数经卦分别是：震在东方，巽在东南，劳（坎）在南方，坤在西南，兑在西方，乾在西北，罗（离）在北方，艮在东北。依次可译为《周易》的后天《卦位图》如下（图二）：

劳☵

巽☴　　　坤☷

震☳　　　　　　　兑☱

艮☶　　　乾☰

罗☲

图二 《筮法》后天卦位图

《注释》说:"与依《说卦》所绘卦位图比较,正于坎、离相反。"这幅"《卦位图》",显示的是八卦在宇宙空间的排列方位。它与《说卦传》第五章记载的"后天八卦图"基本相合,只是"坎、离"两卦的位置恰好相反。这是值得探索的重要问题。

(三)《卦位图》的说明文字

在《卦位图》的外围四周书写有简要的说明文字,为我们理解《卦位图》的思想内涵提供了重要依据。

1. 外围四面的中间部位

东方也,木也,青色。南方也,火也,赤色也。西方也,金也,白色。北方也,水也,黑色也。

2. 外围四方及四隅部位

奚故谓之震? 司雷,是故谓之震。奚故谓之劳(坎)? 司树,是故谓之劳(坎)。奚故谓之兑? 司收,是故谓之兑。奚故谓之罗(离)? 司藏,是故谓之罗(离)。

《注释》说:"四卦所司雷、树、收、藏,与常见的春生、夏长、秋收、冬藏含意相似。劳(坎)卦属火在南方,而离卦属水在北方,与《说卦》第五章相悖。"李学勤先生指出,对比《说卦》的卦位,"劳、离两卦的位置背反"。从简文全篇看,"图上的卦位并无错绘之处"[1],当是有意为之。

这是目前所见年代最早的易学图式,具有极为重要的价值。然而,当前学术界对这幅《卦位图》的认识尚处于初始阶段,自然存在不同看法。廖名春先生指出:"清华简《筮法》篇之所以坎离颠倒,以坎居南方,离居北方,完全是从劳、罗两卦的名义出发的。"这是正确判断。但他"劳有劳作、劳累义,而'春生夏长',夏天正是劳作、劳累的季节,故配以夏"的见解[2],则遭到张克宾先生的质疑。张克宾说:"春、秋作为播种、收获的季节,又何尝不是劳作、劳累的季节。考索劳字各种义项,以'树'解之,总觉勉强。""劳字从荧,而取荧惑之意。……有可能是《筮法》简单地以袭字从两火而将之置于南方,主夏。""以劳(坎)为南为火,罗(离)为北为水,目前已知文献中仅见于清华简《筮法》"。[3]张克宾的质疑不无道理,但他以"荧惑"解"劳"的看法亦显牵强。

清华简《筮法》将"《卦位图》、《人身图》"分为两个图来解读,致使有学者认为"卦位图与人身图是意义不同的两个图"。我们认为,这两个图本是一幅完整的"天人合一"图,也可统称为"《卦位图》"。《注释》以"树"解"壴",因"树"与"劳"的寓义相去甚远,不足为据。同时,《筮法》"以劳为南为火,罗为北为水"的记载,并非目前"仅见"的古代文献。因此,清华简《卦位图》的

---

[1] 李学勤:《清华简〈筮法〉与数字卦问题》,《文物》,2013年第8期。
[2] 廖名春:《清华简〈筮法〉篇与〈说卦传〉》,《文物》,2013年第8期。
[3] 张克宾:《论清华简〈筮法〉卦位图与四时吉凶》,《周易研究》,2014年第2期。

哲学思想及其相关问题仍是值得深入探索的重要问题。

二、清华简《卦位图》的"阴阳消息"图式

清华简《卦位图》"劳属火在南方,而离卦属水在北方"的独特观念,使我们联想到扬雄《太玄·玄文》的记载:

> 罔、直、蒙、酋、冥。罔,北方也,冬也,未有形也。直,东方也,春也,质而未有文也。蒙,南方也,夏也,物之修长也,皆可得而戴也。酋,西方也,秋也,物皆成象而就也。有形则复于无形,故曰冥。故万物罔乎北,直乎东,蒙乎南,酋乎西,冥乎北。[1]

范望注:"此五者,《太玄》之德,犹《易》'元、亨、利、贞'也。"司马光说:"《易》有《文言》,《玄》有《文》。《文》解'五德'并《中》首九赞,《文言》之类也。"[2]该篇相当于《周易》的《文言传》。它以"阴阳消息"为核心,将"罔、直、蒙、酋、冥"五德配置四方、四时的概念,从而构成融时间和空间为一体的宇宙图式[3]。

《太玄》是西汉大儒扬雄模拟《周易》而创作的哲学著作。颇为有趣的是,我们若将《卦位图》四正卦与《太玄·玄文》四方德相比较,不难发现它们之间寓义相通的密切联系。

(一)东方:"震"司雷与"直乎东"解诂

《卦位图》载:"东方也,木也,青色。"《素问·玉机真脏论》载:"东方,木也,万物之所以始生也。"《春秋繁露·五行》说:"东方者,木也。"《周礼·考工记》载:"东方谓之青。"王逸《楚辞·大招》注:"青,东方春位,其色青也。"这说明东方是春位,五行属木,崇尚青色。

《卦位图》说:"震"司雷。东、震含义相通。《周易·说卦传》说:"万物出乎震,震东方也。"《五行大义》卷五《论五帝》说:"《易》曰:帝出乎震。震,木,东方,主春。"《说文·东部》:"东,动也。"《诗·大雅·生民》:"载震载夙。"毛传:"震,动也。"《尔雅·释诂下》:"震,动也。"可以为证。这说明"震"的卦位在东方。

"震"、"雷"的含义相通。《国语·晋语四》载:"震,雷也。"《汉书·五行志下》说:"震者,雷也。"《诗·郑风·羔裘》:"邦之司直。"毛传:"司,主也。"《玉篇·司部》:"司,主也。"《淮南子·天文训》载:"阴阳相薄,感而为雷。"《说文·雨部》:"雷,阴阳薄动,雷雨生物者也。"《周易·随·象传》:"泽中者雷。"《集解》引翟曰:"雷者,阳气,春夏用事。"这就是《震》卦可以主管雷雨,以促使万物生长的缘由。

"震"、"直"古音同属章纽,音近义通。《大玄·玄文》说:"直,东方也,春也,质而未有文

---

[1] [汉]扬雄撰,[宋]司马光集注,刘韶军点校:《太玄集注》,中华书局,1998年版,第205页。
[2] [宋]司马光:《太玄集注》卷首,中华书局,2003年版。
[3] 郑万耕:《太玄校释》,北京师范大学出版社,1989年版,第335、436页。

也。""震",通作雷,有生物之义。"直",读如植。朱骏声《说文通训定声·职部》说:"植,段借为直。"可以为证。《逸周书·周月解》载:"万物春生、夏长、秋收、冬藏。"《周礼·地官·大司农》:"其植宜早物。"郑玄注引郑司农云:"植,根生之属。"《文选·祢衡〈鹦鹉赋〉》:"守植安亭。"吕向注:"植,生也。"《释名·释天》:"春,蠢也,万物蠢然而生也。""直乎东"是说"直"位在东方,有生长的美德,代表春天,质朴而没有文彩。这就是"直"可以作为东方德名称的原因。

因此,"震"司雷与"直乎东"的含义相通。

（二）南方:"劳"司壴与"蒙乎南"解诂

《卦位图》载:"南方也,火也,赤色也。"《素问·异法方宜论》:"南方者,天地所长养,阳之所盛处也。"《汉书·律历志》说:"南,任也,阳气任养万物,于时为夏。"《说文·火部》:"火,南方之行。"《周礼·考工记》载:"南方谓之赤。"《说文·赤部》:"赤,南方色也,从大、火。"《说苑·修文》:"南者,生育之乡。"《白虎通义·五行》说:"南方主长养。"《释名·释天》:"夏,假也,宽假万物使生长也。"这说明南方五行属火,其色尚赤,于时为夏,主掌生长养育。

必须指出的是,《注释》将"劳司壴"的"壴"解为"树"字,恐难为据。我们认为,"壴"为鼓之本字[1]。《说文·士部》:"壴,陈乐立而上见也。"故此字当以读"鼓"为宜。

"鼓"、"南"的名义相合。《诗·小雅·鼓钟》:"鼓钟将将,淮水汤汤。……以雅以南。"毛传:"南夷之乐曰南。"《礼记·文王世子》:"胥鼓南。"这是说由大胥击鼓来教授南乐。《管子·兵法》:"鼓所以任也。"《礼记·明堂位》说:"任,南蛮之乐也。"鼓是我国古代南方少数民族乐器的典型代表。这就是"南"、"鼓"均有任义的缘由。

"劳"、"坎"均与"鼓"的含义相通。"劳"是坎卦的别名。《周易·说卦传》:"坎者,劳卦也。"《国语·晋语四》说:"坎,劳也。"可以为证。《国语·越语下》:"劳而不矜其功。"韦昭注:"劳,动而不已也。"《周易·说卦传》:"劳卦也。"惠栋述:"劳,动也。"《庄子·骈拇》:"使天下簧鼓。"《经典释文》:"鼓,动也。"《周易·系辞传上》:"鼓之以雷霆。"集解引虞翻曰:"鼓,动也。"是"劳"、"鼓"皆有动义。《尔雅·释训》说:"坎,喜也。"《说文·口部》:"喜,乐也。"《孟子·梁惠王下》:"今王鼓乐于此。"赵岐注:"鼓乐者,乐以鼓为节也。"《吕氏春秋·音初》:"饮食必以鼓。"高诱注:"鼓,乐。"是"坎"、"鼓"皆有乐义。《诗·陈风·宛丘》:"坎其击鼓。"毛传:"坎,击鼓声。"《诗·小雅·伐木》:"坎坎鼓我。"朱熹集传:"坎坎,击鼓声。"是"坎"本是击鼓的声音。坎,通作空。《尔雅·释器》:"小罍谓之坎。"郝懿行义疏:"坎者,犹言空也。名罍之器,盖取中空为义也。"《释名·释乐器》说:"鼓,郭也,张皮以冒之,其中空也。"郭,同廓。朱熹《楚辞·九辩》注:"廓,空也。"《广雅·释诂三》:"廓,空也。"这些都是《劳》卦可主管鼓乐和南方的缘由。

---

[1] 丁山:《甲骨文所见氏族及其制度》,科学出版社,1959年版,第122页。唐兰:《殷虚文字记》,中华书局,1981年版,第65页。徐中舒:《甲骨文字典》,四川辞书出版社,1988年版,第514页。蔡运章:《顾国史迹考略》,《华夏文明》第一辑,北京大学出版社,1994年版。

"坎"、"蒙"的含义相通。《太玄·玄文》载:"蒙,南方也,夏也,物之修长也,皆可得而戴也"。《周易·说卦传》:"坎为隐伏。"《说文·阜部》:"隐,蔽也。"《汉书·杨恽传》:"蒙赐书。"颜师古注:"蒙,蔽也。"《广雅·释诂四》:"伏,藏也。"《经义述闻·名字解诂》:"越人蒙,字子臧。"王引之注:"蒙,包藏也。"《周易·丰·象传》:"幽不明也。"《集解》引虞翻曰:"坎,幽也。"《庄子·缮性》:"谓蔽蒙之民。"成玄英疏:"蒙,暗也。"是坎、蒙皆有蔽、藏、幽暗之义。这就是"蒙"作为南方德名的原因。

因此,"劳"司鼓与"蒙乎南"的含义相通。

(三)西方:"兑"司收与"酉乎西"解诂

《卦位图》载:"西方也,金也,白色。"《春秋繁露·五行相生》载:"西方者,金也。"同书《五行顺逆》说:"金者,秋,杀气之始也。"《论衡·物势》也说:"西方,金也,其星白虎。"《说文·白部》:"白,西方色也。"这说明西方五行属金,其色尚白。

《卦位图》说:"兑"司收。孔颖达《周易·说卦传》疏:"兑,西方之卦。"《说卦传》还说:"兑,正秋也,万物之所说也。"《释名·释天》:"兑,说也,物得备足,皆喜说也。"《尔雅·释天》:"秋为收成。"颜师古《汉书·百官公卿表上》注:"秋者,收成之时。"这说明"兑"位于西方,代表秋天,主管收成。

"兑"、"收"的含义相通。兑,通作敓。楚简《老子》乙简 15、16:"善保者不兑。""兑",王弼本作"脱"。《望山一号竹简》23、24:"以其故敓之。"敓,读为挩,"今通作脱"[1]。朱骏声《说文通训定声·月部》:"兑,叚借为敓。"皆是其证。《说文·攴部》:"敓,强取也。"《广雅·释诂一》说:"敓,取也。"《左传》襄公二十一年:"我其收之。"杜预注:"收,取也。"《国语·郑语》:"收以奔褒。"韦昭注:"收,取也。"是"兑"、"收"皆有取义。这就是《兑》卦可以主司收获的缘由。

"兑"、"酉"的含义相通。《大玄·玄文》说:"酉,西方也,秋也,物皆成象而就也。"因"兑"位居西方,有正秋、收成之义。《太玄·释》:"动而无名,酉。"范望注:"酉,西方也。"《方言》卷七说:"酉,熟也。自河北燕赵之间,久熟曰酉。"《广雅·释诂三》:"酉,熟也。"《说文·禾部》:"秋,禾谷熟也。""酉",通作西。《玉篇·西部》:"西,酉也。"桂馥《说文义证·西部》:"西,通作酉。"可以为证。《史记·律书》载:"酉者,万物之老也,故曰酉。"《说文·酉部》:"酉为秋门,万物已入。""酉",通作遒、缪。《大戴礼记·千乘》:"司寇司秋。"王聘珍解诂引郑云:"秋,遒也。"《释名·释天》:"秋,缪也。缪迫品物,使时成也。"是"酉"也有位居西方,代表秋天,表示万物成熟的意思。这就是"酉"作为西方德名的原因。

因此,"兑"司收与"酉乎西"的含义相通。

(四)北方:"罗"司藏与"罔乎北"解诂

《卦位图》载:"北方也,水也,黑色也。"《说文·水部》:"水,准也,北方之行。"《周礼·考工

---

[1] 王辉:《古文字通假字典》,中华书局,2008年版,第628页。

记》载:"北方谓之黑。"《春秋繁露·五行顺逆》载:"水者,冬,藏至阴也。"《汉书·律历志》载:"北,伏也,阳气伏于下,于时为冬。"这说明北方五行属水,其色尚黑。

《卦位图》说:"罗"司藏。"罗"、"藏"的含义相通。"罗"是《离》卦的别名。"罗",通作离。《说文·网部》:"罗,以丝罟鸟也。"《尔雅·释器》:"鸟罟谓之罗。"《诗·王风·兔爰》:"雉离于罗。"毛传:"鸟网为罗。"《方言》卷三说:"罗谓之离,离谓之罗。"罗、离都是捕捉鸟兽的工具。《素问·异法方宜论》载:"北方,天地所闭藏之域也。"《礼记·乡饮酒义》说:"冬之为言中也,中者藏也。"《汉书·五行志上》说:"水,北方,终藏万物者也。"《白虎通义·五行》说:"北方,水也,万物所幽藏也。"这说明"北方"有藏义。《庄子·天下》:"万物毕罗,莫足以归。"罗、归相应,"正是'司藏'之义"[1]。这就是《离》卦可以主司幽藏的缘由。

"罗"、"罔"的含义相通。《太玄·玄文》载:"罔,北方也,冬也,未有形也。""罔",同网。《周易·大壮》:"君子用罔。"孔颖达疏:"罔,罗网也。"《广雅·释器》:"罔谓之罟。"王念孙疏证:"罔,《说文》作网。"是其佐证。《玉篇·网部》:"罔,同网,罗罟总名。""罔"是罗网的总名。

"罔两"是水神名。《卦位图》说:"北方也,水也。"《左传》宣公三年载:"螭魅罔两。"杜预注:"罔两,水神。"《淮南子·道应》:"罔两问于景。"高诱注:"罔两,水之精物也。""罔两"即罔象。《国语·鲁语下》说:"水之怪曰龙、罔象。"《淮南子·氾论训》:"水生罔象。"高诱注:"罔象,水之精也。"这就是"罔"可以作为北方德名的原因。

因此,"罗"司藏与"罔乎北"的含义也是相通的。

由此可见,清华简《卦位图》"劳(坎)属火在南方,而离卦属水在北方"的观念,当是扬雄《太玄·玄文》"五德"观念的源头。也就是说,《太玄·玄文》的"五德"观念,应是承袭清华简《筮法》而来的哲学思想。

三、清华简《卦位图》的"天人合一"观念

清华简《卦位图》中的"人身卦位图"处于全图的核心地位,显得醒目而突出。它四周的黑色方框,应是大地的象征。而方框四正四隅的筮数八卦,则是天体运行的象征。因此,这幅《卦位图》与《说卦传》"后天八卦图"相比,不仅是"坎、离"位置"相反",而且还具有更深刻的"天人合一"观念。

(一)《卦位图》各部位的基本象征

人类头顶蓝天,脚踏大地,生活在天地之间。天地乃是人类赖以生存的基础。《荀子·礼论》载:"天地者,生之本也。"《庄子·达生》说:"天地者,万物之父母也。"《春秋繁露·顺命》:"天者,万物之祖。"《鹖冠子·泰鸿》也说:"地者,承天之演,备载以宁者也。"《素问·五运行大

---

[1] 廖名春:《清华简〈筮法〉篇与〈说卦传〉》,《文物》,2013年第8期。

论》说:"地者,所以载生成之形类也。"天地之道,广博高明,深厚长久,乃是万物生存的根本基础。

中华先民认为,人类是宇宙万物最尊贵的生灵。据《礼记·礼运》,"人者,其天地之德,阴阳之交,鬼神之会,五行之秀气也。"《素问·宝命全形论》载:"天覆地载,万物悉备,莫贵于人。"《郭店楚简·语丛一》说:"天生百物,人为贵。"[1]《说文·人部》也说:"人,天地之性最贵者也。"人类接受天地中和之气而获得生命,是大自然中最为尊贵的群体。这就是清华简《筮法》将人身《卦位图》置于全图核心地位的根本原因。特别重要的是,人身《卦位图》的绘制使整个《卦位图》显得生动逼真,而更具感染力,成为画龙点睛之妙笔。

"天圆地方"是中国古代盛行的宇宙观念。《大戴礼记·曾子天圆》载:"天道曰圆,地道曰方。"《周髀算经》卷上说:"天圆如张盖,地方如棋局。"《吕氏春秋·圜道》也说:"天道圜,地道方,圣王法之,所以立上下。何以说天道之圜也?精气一上一下,圜周复杂,无所稽留,故曰天道圜。何以说地道之方也?万物殊类殊形,皆有分职,不能相为,故曰地道方。""天圆地方"是中华先民盛行的宇宙模式,反映了人类童年对宇宙结构的直接把握[2]。《卦位图》中置于人身四周的长方形线框正是"地方"的象征。

清华简"后天卦位图"与《说卦传》"后天八卦图"的内容基本相同。《说卦传》载:

> 帝出乎震,齐乎巽,相见乎离,致役乎坤,说言乎兑,战乎乾,劳乎坎,成言乎艮。万物出乎震,震东方也。齐乎巽,巽东南也。齐也者,言万物之洁齐也。离也者,明也,万物皆相见,南方之卦也。圣人南面而听天下,向明而治,盖取诸此也。坤也者地也,万物皆致养焉,故曰致役乎坤。兑正秋也,万物之所说也,故曰说,言乎兑。战乎乾,乾西北之卦也,言阴阳相薄也。坎者水也,正北方之卦也,劳卦也,万物之所归也,故曰劳乎坎。艮东北之卦也,万物之所成,终而所成始也,故曰成言乎艮。

南宋大儒朱熹说:"帝者,天之主宰。邵子曰:'此卦位乃文王所定,所谓后天之学也。'"由文王八卦构成的宇宙图式以往多名为"帝出乎震图"或"后天八卦图"(图三)。"帝"是主宰自然万物的神灵,"由帝出乎震"至"成言乎艮"的文字是《说卦传》的总纲,以下则是对各卦的解说。郭彧先生说:从《说卦》第五章"文字的描述可知,八卦是有方位属性的,而且是在《说卦》成文之前就有这样的方位布局"[3]。这从殷虚卜辞四方神、四方风与四正卦以及阜九卜甲筮数与四维卦的关系可以得到有力证明。

我国古代历法一年二十四节气中最重要的八节,是分至四节和四立,即冬至、夏至、春分、秋分、立冬、立春、立夏和立秋,每节大体各占45天。"后天八卦图"将八卦配置八方,且每卦

---

[1] 荆门市博物馆:《郭店楚墓竹简》,文物出版社,1998年版。
[2] 蔡运章:《论原始洛书及其相关问题》,《甲骨金文与古史新探》,中国社会科学出版社,1996年版,第139页。
[3] 郭彧:《易图讲座》,华夏出版社,2007年版,第4页。

各主一节,把空间和时间统一在八卦图中,则是宇宙万物生消变化的具体反映[1]。因此,清华简《卦位图》位居四正四维的筮数八卦,也应是体现天体阴阳生消的宇宙图式。它们的差别仅是"坎、离颠倒"而已!

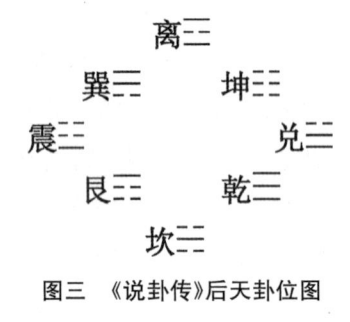

$$
\begin{array}{ccc}
 & 离☲ & \\
巽☴ & & 坤☷ \\
震☳ & & 兑☱ \\
艮☶ & & 乾☰ \\
 & 坎☵ & \\
\end{array}
$$

图三 《说卦传》后天卦位图

(二)《卦位图》的"天人合一"观念

"天人合一"的宇宙观念是《周易》哲学的核心。据《周易·系辞传上》,"易与天地准,故能弥纶天地之道"。这是说《周易》哲学以天地运行变化为最高准则,因而能够蕴涵天地自然发展变化的基本道理。《郭店楚简·语丛一》载:"《易》所以会天道,人道也。"[2]《周易·系辞传下》载:

《易》之为书,广大悉备,有天道焉,有人道焉,有地道焉。

这是说《周易》的内容,博大精深,蕴涵着天地自然和人类社会发展的基本规律。据帛书《周易·要》记载:

《易》有天道焉,而不可以日月星辰尽称焉,故为之阴阳。有地道焉,不可以水、火、金、土、木尽称焉,故律之以柔刚。有人道焉,不可以父子、君臣、夫妇、先后尽称焉,故要之以上下。有四时之变焉,不可以万物尽称也,故为之以八卦。

这是说"日月星辰"不能尽称"天道",故以"阴阳"来称呼;"水、火、金、土、木"不能尽称"地道",故以"柔刚"来称呼;"父子、君臣、夫妇、先后"不能尽称"人道",故以"上下"来称呼;"万物"不能尽称"四时之变",故以"八卦"来称呼。也就是说,《周易》以"阴阳"来称呼天道,以"柔刚"来称呼地道,以"上下"来称呼人道,以"八卦"来称呼四时的变化。

人类的德行要与天地之道相符合。《周易·文言传》说:

夫"大人"者与天地合其德,与日月合其明,与四时合其序,与鬼神合吉凶。先天而天弗违,后天而奉天时。

---

[1] 蔡运章:《朱子易学的历史地位——从殷墟卜辞论朱子的八卦方位学说》,韩国《朱子易学学术大会论文集》,2000年。
蔡运章:《殷墟卜辞中的八卦方位》,《王懿荣发现甲骨文一百周年纪念论文集》,齐鲁书社,2001年版。
[2] 荆门市博物馆:《郭店楚墓竹简》,文物出版社,1998年版。

"大人"是指地位高尚而有修养的人。他们的品德和行为要与天地相合,精神要与日月同辉,进退要与四时变化同步,判断要与自然法则相符。大自然变化的基本法则,连天地都不能违背,更何况人类呢?《周易·观·彖传》也说:

  观天之神道,而四时不忒。圣人以神道设教,而天下服矣。

"神道"指天道变化的基本规律,圣人效法天地自然变化的规律,来制定社会发展的基本法则,使天下百姓顺服。这里所讲的"天人合一"观念,正是人生理想的最高境界,从而揭示了人类应以天地自然为法则的基本思想。

  廖名春先生指出:《筮法》篇"坎离颠倒的做法",出于对《说卦传》"改造"的"痕迹很明显"[1]。这说明《卦位图》应是受《说卦传》深刻影响的产物。它以形象逼真的人体图为核心,来展示《周易》哲学"天人合一"的宇宙观念,正是先秦易学发展成熟的具体标志。而清华简《筮法》的编者,将这幅《卦位图》置于《筮法》全篇简面的左上隅,也就是置于"后天八卦"的乾(天)位,则是有其特殊意义的。

  由此可见,这则《卦位图》通过抽象的艺术手段,将天体运行、宇宙万物和人体结构有机地融为一体,正是"天人合一"观念的具体反映。

四、清华简《卦位图》的重要价值

  清华简《卦位图》的发现,是当代易学考古的重大收获。它所展示的思想蕴涵,主要有三方面的重要价值:

(一)《卦位图》是目前所见年代最早的易学图式

  易学图式是《周易》经传的重要内容。清儒胡渭《易图明辨题辞》说:"古者有书必有图,图以佐书之所不能尽也。"图画具有直观形象的基本特点,这就使易学图式成为《周易》哲学思想的重要体现。因此,"易图学"就成为易学研究的重要领域。但是,因易图的结构复杂,难以传抄,致使《周易》经传的"本图"早已散佚。我们今天看到的易学图式,如河图洛书图、先天八卦图、后天八卦图和太极图等,大都是唐宋以来绘制的,其学术价值与《周易》"本图"相比自然稍逊风骚。

  《周易》哲学是探索宇宙万物生消变化及其相互关系的学问。《庄子·天下篇》载:"易以道阴阳。"《周易·系辞传上》说:"一阴一阳之谓道。""阴阳和合"的辩证法则,乃是《周易》哲学的基础。而"天人合一"的宇宙观念,则是《周易》哲学的坚实核心[2]。《说卦传》的"后天八卦

---

[1] 廖名春:《清华简〈筮法〉篇与〈说卦传〉》,《文物》,2013年第8期。
[2] 蔡运章:《论〈周易〉哲学的基本精神》,《湖南科技学院学报》,2014年第6期。

图",按顺时针方向将八卦依方位和季节排列,体现的则是宇宙万物阴阳生消的基本规律。而清华简《卦位图》则是以人体为核心,体现的则是天体、地理和人事融会贯通的"天人合一"观念。后者所体现的哲学蕴涵,比前者更全面、更深刻、更形象,也就更具感染力。因此,清华简《卦位图》不仅是目前所见年代最早的易学图式,而且还是目前所见年代最早的"天人合一"宇宙图式,因而具有极为重要的意义。

(二)《卦位图》开启五行与八卦相结合的先河

我国古代的五行观念,在春秋战国时期已臻于成熟。据《尚书·洪范》,"五行:一曰水,二曰火,三曰木,四曰金,五曰土"。《逸周书·武顺》说:"地有五行。"孔晁注:"五行,金、木、水、火、土。"这说明"五行"属地道的范畴。

以往学者多认为,"以五行解说《周易》,始于汉易京房"[1]。帛书《周易·要》已以"水、火、金、土、木"与"地道"相联系。该篇至迟成书于西汉初年,可见"以五行解说《周易》",并非始于汉易"京房"。

五行配八卦而入《易》,在《易传》中已见端倪。《周易·坎·彖传》说:"水流而不盈,行险而不失其信。"荀爽注:"中称信也。"《仪礼·乡饮酒义》:"冬之为言中也,中者藏也。"郑玄《礼记·中庸》注:"水神则信。"《说卦传》:"坎者水也,正北方之卦也,劳卦也,万物之所归也,故曰劳乎坎。"这说明《彖传》、《说卦》都已从四时、五行的视角来解说坎卦的寓义。虽然这里已显示出"以五行解说《周易》"的信息,但《易传》确未形成八卦配五行的系统理论。

《卦位图》的说明文字在方位和四时之外,还配以五行及其所属颜色。《筮法》篇还将易卦与五行的关系作为占断的重要手段。这些都是《说卦传》所没有的[2]。因此,清华简《卦位图》开启了八卦与五行相结合的先河,应是战国易学的重大进展。

(三)《卦位图》对《太玄经》的深刻影响

扬雄的《太玄》"全仿《周易》古本,经传各自为篇"[3]。诚如明儒叶子奇所说:"《易》之与《玄》,可以类推而通者也。"[4]然而,毋庸讳言的是,该书"喜造新词,好用奇字",文辞"艰涩难懂",颇具神秘色彩。郑万耕先生说:《太玄·玄文》"罔、直、蒙、酋、冥"体现的思想观念,"表示了扬雄喜造新词的学风"[5]。我们通过对《卦位图》四正卦与《太玄文》"四方德"文辞的梳理,发现《太玄·玄文》制造的"新词"并非向壁臆说,而是采用与《卦位图》"四正卦"名义相通的"罔、直、蒙、酋"来作为"四方德"的名称。这正是对《筮法》易学观念继承、改造和发展的结果。因此,也就验证了班固所谓《太玄》"要合《五经》,苟非其事,文不虚生"(《汉书·扬雄传》)

---

[1] 朱伯崑:《易学哲学史》第一册,昆仑出版社,2005年版,第150页。
[2] 张克宾:《论清华简〈筮法〉卦位图与四时吉凶》,《周易研究》,2014年第2期。
[3] [清]永瑢等:《四库全书总目提要》。
[4] [明]叶子奇:《太玄本旨》,四库全书本。
[5] 郑万耕:《太玄校释》,北京师范大学出版社,1989年版,第335、436页。

的评说。

　　同时,《卦位图》八卦与四时、五行相结合的观念,也在《太玄》里得到发扬。《太玄·莹》载:"鸿本五行,九位施重。上下相因,丑在其中,玄术莹之。"《太玄·告》说:"五行迭王,四时不俱壮。……玄一德而作五生,一刑而作五克。五生不相珍,五克不相逆。"这是将"五行"纳入阴阳消长的范畴,来揭示其生克相济、以成百物的哲理。《太玄·数》说:"三八为木,为东方,为春";"四九为金,为西方,为秋";"二七为火,为南方,为夏";"一六为水,为北方,为冬";"五五为土,为中央,为四维。"这是以五行为框架,序列奇隅之数所象征的天地万物来推演宇宙生消变化的图式。

　　由此可见,"以五行解说《周易》"的哲学思维,在《太玄》里已得到较全面的体现。清华简《筮法》的发现,为我们探讨《太玄》思想的渊源提供了重要线索。

清华简与其他历史文化研究

清华简与国家精神

邢 文

(中国西南交通大学、美国达慕思大学)

一、清华简、儒家经典与国家精神

清华简的发现与整理,对于认识儒家经典有重大意义。李学勤先生指出:与以往的简帛发现不同,清华简的内容"主要属于经史之类,特别是经部"[1],"清华简不但有《书》,诗、书、礼、乐、易其实都有"[2]。这里所谓经部的内容,即属儒家经典。我们认为,学习、体悟清华简及与清华简相关的儒家经典的意义,不仅在于整理、研究清华简,学习、反思儒家经典本身,而且有重要的现实意义,即探讨、确立与弘扬"自强不息,厚德载物"的国家精神[3]。

清华简与儒家经典的关系,可以《尚书》为例。"在出土简帛里面发现《尚书》,是近代简帛发现以来前辈学者的夙愿"[4],而在清华简中,最突出的发现就是《尚书》或与《尚书》类似的内容。我们知道,《易》《书》《诗》《礼》《乐》《春秋》是古文学说的儒家"六经"之序,广见于《汉书》《后汉书》《说文解字》《经典释文》等[5]。大家熟悉的"自强不息""厚德载物",即出于"群经之首"——《易》(《周易·乾·象》、《周易·坤·象》)。李学勤先生介绍过的清华简《说命》、《耆夜》等等[6],即与《书》、《诗》关联密切。这些都可作为我们考察清华简、儒家经典、国家精神的切入点。

试依清华简所记商、周之序,先以《说命》为例。清华简《说命下》王命傅说有:

> 昔在大戊,克渐五祀,天章之用九德,弗易百姓。惟时大戊谦曰:"余不克辟万

---

[1] 李学勤:《初识清华简》,中西书局,2013年版,第44页。
[2] 李学勤:《初识清华简》,中西书局,2013年版,第46页。
[3] 相关问题可参见第四届世界青年佛学研讨会(香港,2014年8月)大会嘉宾发言:邢文:《厚德载物,自强不息——关于道德、宗教、民族智慧与国家精神的思考》。
[4] 李学勤:《初识清华简》,中西书局,2013年版,第44页。
[5] 参见邢文:《前经学时代·引言》,台湾大学出版社,即将出版。
[6] 李学勤:《初识清华简》,中西书局,2013年版,第177~180、19~23页。

民,余罔坠天休,式惟三德赐我,吾乃敷之于百姓。余惟弗壅天之眼命。"[1]

记商王武丁赞美先王太戊,称之能进奉"五祀",拥有"九德",重视百姓,并传太戊自谦之语,得天赐"三德"。李学勤先生考证后认为,郭店楚墓竹简《成之闻之》所引"允师济德"出自《诞命》,即《说命》;《说命》佚文"允师济德"即指"信于众而成德"[2]。凡此皆见清华简及儒家经典《书》与《周易》"厚德载物"之说的紧密关系。

再以《耆夜》为例。清华简《耆夜》记"周公秉爵未饮,蟋蟀造降于堂",遂作《蟋蟀》一首,中有:

……蟋蟀在席,岁聿云落。今夫君子,不喜不乐。日月其迈,从朝及夕。毋已大康,则终以作。康乐而毋荒,是惟良士之惧。……[3]

周公谆谆告诫不可耽于欢乐,忘却艰难,所咏"日月其迈,从朝及夕"之义,不见于今本《蟋蟀》[4],主旨也与《毛诗序》、孔颖达疏以来的传统说法不同[5],正是儒家所谓"终日乾乾,夕惕若厉"(《周易·乾》)的精神,可见清华简及儒家经典《诗》与《周易》"自强不息"之说的紧密关系。

二、东、西方文明传统的视角

目前已经公布的清华简,多见与儒家经典有关的材料。就国家精神的论题而言,清华简所见多属儒家精神。然而,无论儒家精神再重要,国家精神的探讨都不能囿于儒家,因为如果不从儒、释、道三教的总体去考察,则无法真正认识我们的儒家精神与国家精神[6]。与此相似,如果不能从东、西方文明传统的总体去考察,则无法真正认识精神的性质与意义。

讨论国家精神,不能回避西方唯心主义哲学的传统。一般认为,18世纪的法国启蒙思想家孟德斯鸠最早论述了民族精神,他认为不同民族的地理、宗教、法律、风俗、文化等因素会综合作用,从而形成不同的"一般的精神",也就是我们所说的"民族精神";而德国浪漫主义史学家赫尔德最早明确提出"民族精神"的概念,认为"每一种文明都有自己独特的精神——它的民族精神,这种精神创造一切,理解一切";黑格尔则继承了赫尔德民族精神的概念,认为"'世界精神'发展的每一个阶段都和任何其他阶段不同,所以都有它的一定的特殊的原则。在历

---

[1] 清华简(叁),第128页。本文引用简帛文字,俱用通行字。
[2] 李学勤:《试说楚简中的〈说命〉佚文》,《学习与探索》,2009年第1期。
[3] 清华简(壹),第150页。李学勤:《初识清华简》,中西书局,2013年版,第22页。
[4] 李学勤:《论清华简〈耆夜〉的〈蟋蟀〉诗》,《中国文化》,2011年第1期。
[5] 李均明:《〈蟋蟀〉诗主旨辨——由清华简"不喜不乐"谈起》,《绍兴文理学院学报》,2014年第1期。
[6] 参见邢文《前经学时代·引言》;邢文:《儒、释、道与国家精神》,待刊。

史上,这一原则便是反映世界历史特殊阶段精神特性的'民族精神'"[1]。在赫尔德看来,人性是一种精神力量的体系,而精神世界"并非通过人而成为现实存在",而是"以精神规律的状态而永恒存在着的"[2]。也就是说,精神不仅是现实的,而且是永恒的。在这个意义上,精神超越了物质。

从人类文明的不同传统看,无论是东方古代文明中的儒、释、道三教,还是西方现代文明中的自然科学传统,都从不同角度证明了精神的超越性。

就儒、释、道而言,传为孔子所作的《易传》有:"易与天地准,故能弥纶天地之道"(《周易·系辞上》),而"易"本身不仅无形无体——"神无方而易无体"(《周易·系辞上》),而且无中生有——"易有太极,是生两仪"(《周易·系辞上》)[3];在佛家传统中,一切有为法都是缘起性空——"以因缘故诸法生",法因缘起,自性本空(《维摩诘所说经·佛国品》);在道家传统中,老子更是早有"天下万物生于有,有生于无"(《老子·第四十章》)之说。可见,无论是儒家的"无方"、"无体",还是佛家的"缘起性空",还是道家的"有生于无",都是精神对有、对物质的超越,所谓"神无方",所谓"永恒存在着的""精神规律的状态"。

值得注意的是,儒、释、道在两千多年前的这种共同认识,也为西方的自然科学所证明。在"物理学之父"牛顿的一生中,他对宗教神学的研究,实际上花费了更多的时间与精力。牛顿为经典物理学奠定了基础,却用神学来解释"第一推动",几百年来不为世人所理解。当20世纪最伟大的科学家爱因斯坦尽毕生之力,也无法调和现代物理学的两大基本支柱——量子力学与广义相对论之间的矛盾时,我们实际上已被要求去重新理解伟人牛顿的基本立场。基于牛顿定律的科学常识使我们相信,物质世界是可以被感知的客观存在,其长、宽、高、重量、速度皆可被精确测定。但在微观世界,这并非事实。在量子力学中,只有量子态的显态才符合经典物理学实在的含义,而微观粒子的位置与动量却不可能同时被准确测定。这就是著名的"不确定性原理"[4]。于是,我们知道:物质最基本的构成,并非人们通常想像的那种客观实在的微观粒子;量子力学告诉我们,正、反虚粒子会在瞬间凭空产生。20世纪末,继牛顿、爱因斯坦之后人类最伟大的物理学家霍金,提出了无边界条件的量子宇宙论,解决了"第一推动"的难题,而他运用复杂的量子引力论及量子场论,建立在广义相对论与量子理论基础之上这一理论所提出的,就是宇宙"无中生有"的思想——"无中生有",早见于东方文明,尤其是伟大的中国文明的古代智慧。

从东方到西方,从儒家到佛、道,无论是东方文明的古代智慧,还是西方科学的最新成果,同时指向精神对于物质的根本性的超越。那么,对于治国平天下而言,作为治国方略的国家

---

[1] 韩震:《民族精神是实现中国梦的强大推力》,《光明日报》,2014年8月25日第11版。
[2] 柯林伍德:《历史的观念》,商务印书馆,2003年版,第141~142页。
[3] 宋儒则更进一步明确:"无极而太极"(周敦颐《太极图说》)。
[4] "不确定性原理"旧译"测不准原理"。

精神所具有的根本性的重要意义,也就不言而喻了。中国文化传统中儒、释、道三教合一的现象,在人类文明传统中实属罕见;儒、释、道三教之所以能兼容并蓄于中国传统文化之中,即在于这种根本性地相通,在于这种"无极而太极""缘起性空""无中生有"的宇宙观,在于这种从东方的古代智慧到西方的现代科学均殊途同归的共同认识——"天下万物生于有,有生于无",在于对于精神的根本地位的确立。在清华简中,当周公吟道"日月其迈,从朝及夕"[1],我们知道,周公意在"天行健,君子以自强不息";当武丁称说太戊"九德"、"三德"[2],我们知道,武丁笃信"厚德载物"、"允师济德"[3]。"自强不息"、"厚德载物",千年以降,实为中华民族民族精神的关键性组成部分。

三、作为国家精神的"自强不息,厚德载物"

一个国家、一个民族的精神,犹如一个国家、一个民族的灵魂。一个民族的复兴,首先是这一民族精神的复兴。中华民族的伟大复兴,首先是积极向上的国家精神的确立与民族精神优秀传统的复兴,是民族智慧与国民道德的复兴。一个没有国家精神的国度,无论经济上、物质上再强大,也无法摆脱低等生物的层次,权钱崇拜、贪腐横行是其必然,家破国亡或也在所难免。历史告诉我们,有精神力量,敌人再强也不能亡我;无精神支撑,国家再富也会被瓜分。"自强不息,厚德载物"是决定我们国家兴亡、民族兴衰的根本精神,是中华民族民族精神的核心。

百年之前,"自强不息,厚德载物"被立为清华校训,旨在期待清华学子能够自强向上,崇德修学,成为社会之表率、中流之砥柱[4]。近百年后,对于经济与物质的过度追求,致使物欲横流,道德沦丧,寡廉鲜耻,以丑为美,与往昔"坏习惯之传行急如暴雨"不无相似[5]。先贤曾以"自强不息,厚德载物"的古训为可挽狂澜于既倒——虽已时过境迁,但千年古训,仍足令人三思。

发展经济、创造财富,是一种自强;中国改革、开放的成功,在很大意义上正是这种"自强不息"精神的成功。然而,天地定位,万物成列,天行不息,不能离开大地的厚德承载而实现。老子曰:"重积德则无不克,无不克则莫知其极,莫知其极,可以有国,有国之母,可以长久"(《老子·第五十九章》)。反之,失德则失其极,则不能有国、不能长久。

---

[1] 清华简(壹),第150页。
[2] 清华简(叁),第128页。
[3] 李学勤:《试说楚简中的〈说命〉佚文》,《学习与探索》,2009年第1期。
[4] 网传梁启超1914年清华大学演讲有:"清华学子,荟中西之鸿儒,集四方之俊秀,为师为友,相蹉相磨,他年遨游海外,吸收新文明,改良我社会,促进我政治,所谓君子人者,非清华学子,行将焉属?虽然君子之德风,小人之德草,今日之清华学子,将来即为社会之表率,语默作止,皆为国民所仿效。设或不慎,坏习惯之传行急如暴雨,则大事偾矣。深愿及此时机,崇德修学,勉为真君子,异日出膺大任,足以挽既倒之狂澜,作中流之底柱,则民国幸甚矣。"
[5] 参见上注。

王国维《殷周制度论》开篇即称:"中国政治与文化之变革,莫剧于殷周之际。"[1]其中,殷、周之变革,"乃有德与无德之兴亡"[2],也即传统的中国思想史所认为的周人"德"的思想的出现[3]。"自强不息,厚德载物"确实始见于周人之《易》,但近几十年来出土文献的发现,清华简中商王武丁对"德"的强调等,使我们对殷商时期"德"的思想以及"厚德"思想的来源,有可能结合传世文献与出土文献,加以重新认识,从而更为全面、深入地理解"自强不息,厚德载物"的思想背景与精神传统。

与人类任何一种文明传统不同,中华民族的文明传统是包容而不排外的——儒、释、道三教合一,事关宇宙真理,不仅是弥足珍贵的民族智慧,而且是属于全人类、俾益全人类的精神智慧。就一国而言,"自强不息,厚德载物"是我们的国家精神与核心价值之所在,直接影响我们国家与民族的今天与未来,为中华民族的伟大复兴所不可或缺;就人类而言,这是中华民族独特而珍贵的精神智慧遗产,事关全人类的可承受性发展[4],是为中华文明对全人类的文明与未来作出的关键性贡献所在。

(本文曾发表于《管子学刊》2015年第1期。)

---

[1] 王国维:《观堂集林》,中华书局,1959年版,第451页。
[2] 王国维:《观堂集林》,中华书局,1959年版,第479页。
[3] 侯外庐,赵纪彬,杜国庠:《中国思想通史》(第一卷),人民出版社,1957年版,第91~95页。
[4] 而非"可持续性发展"。不可"承受"的经济、社会与科技发展,不仅不可能"持续",而且是杀鸡取卵,是自毁家园。所以,没有"厚德载物"的"自强不息",是不可承受、不能持续的"自强不息"。

由清华简论"颂"即"容"及其文化学意义

江林昌　孙　进

（烟台大学人文学院　中国学术研究所）

颂原是宗庙祭神时所唱的乐歌,其内容为歌颂神灵的功绩,祈求神灵的保佑。《毛诗序》谓:"颂者,美盛德之形容,以其成功告于神明者也。"主持祭祀者为巫祝卜史等神职人员。这些神职人员在宗庙祭祀时口诵祝告之辞。这些祝告之辞开始在氏族部族内部口耳相传,是为"诵",后来用文字记录下来便是"颂"。而祝告之际是有乐舞伴随的,因此,"颂"又称"容",所谓舞容也。郑玄《周礼》注:"颂之言诵也,容也,诵今之德广以美之。"《释名·释言语》:"颂,容也。叙说其成功之形容也。"陈子展《诗经直解》在《清庙》篇解题曰:"颂,亦为史巫尸祝之词,歌舞之曲,有声容并茂之表演,正可视为戏曲之权舆也。""颂,作为宗庙祭祀之乐章演出,当是采用载歌载舞、有声有色、美先人之盛德而形容之形式。此种祖先崇拜,盖俶落于远古之氏族社会长老权力神幻化之反映。至于周制礼乐,此一仪式则益隆重化,而制度化矣。此颂诗之所为作也。"[1]

一、由清华简论"颂"即"容"

学术界关于"颂"的理解,分歧颇多,以上关于"颂"与"诵"、"容"关系的简述,只是其中的一种。叶舒宪先生曾有《释"颂"十说概观》,读者可以参看[2]。不过,在关于颂的十种解说中,"颂"即容的"舞容说"影响最为深广。学者们常常称引清代学者阮元的《释颂》为代表:

《诗》分风、雅、颂。颂之训美盛德者,余义也。颂之训为形容者,本义也。且颂

---

[1]　陈子展:《诗经直解》,复旦大学出版社,1985年版,第1065～1066页。
[2]　叶舒宪:《诗经的文化阐释》,湖北人民出版社,1994年版,第440～448页。

字即容字也。容、养、羕一声之转,……今世俗所传之样子。……三颂各章皆是舞容,故称为颂,若元以后戏曲,歌者舞者与乐器全动作也。[1]

阮元的"舞容说"无疑是可取的,只是缺乏直接证据,所以一直未能成为定论。今清华简相关材料的出现,终于为"舞容说"提供了重要证据。

清华简《周公之琴舞》,又作《周公之颂诗》,说明先秦时期"颂诗"本与"琴舞"密不可分。琴指音乐,舞为舞容,合配颂诗。"周公之琴舞"与"周公之颂诗"篇题的同时出现与互用,正提示了先秦时期诗乐舞三位一体的颂诗特征。不仅如此,清华简中还有许多有关颂诗的乐舞术语。如《耆夜》有四处提到"作歌一终",一处提到"作祝诵一终"。所谓"一终",便是乐舞一遍,诵诗一章,而且乐舞是服从于诗的。正如礼学家沈文倬先生所说:"音乐演奏以诗为乐章,诗乐结合便成为各种礼典的组成部分。"[2]清华简《耆夜》每终均有诗一章。又《芮良夫毖》有"芮良夫作毖再终",便是乐舞两遍,诵诗二章,简文正是以"曰"字开启前章,以"再启曰"开启后章。尤其是《周公之琴舞》有"成王作敬毖琴舞九絉"。其中的"九絉"之"絉",整理本读为"卒"或"遂"。并云:"《尔雅·释诂》'卒,终也。'九絉义同'九终'、'九奏'等,指行礼奏乐九曲。《逸周书·世俘》'籥人九终',朱右曾《逸周书集训校释》'九终,九成也。'"[3]又《尚书·益稷》:"《箫韶》九成,凤皇来仪。"孔颖达疏:"成,谓乐曲成也。郑玄:'成,犹终也。'每曲一终必变更奏,故经言'九奏',《周礼》谓之'九变',其实一也。"由此可见,清华简《周公之琴舞》所谓"成王作敬毖琴舞九絉",便是奏乐九成,舞容九次,作诗九章。而简文亦正好有九首诗,且每首诗均有"启曰"与"乱曰"相对,以示乐、舞、诗三者之间的有机组合:

元启曰+乱曰————第一絉(遂、终、成)
再启曰+乱曰————第二絉(遂、终、成)
三启曰+乱曰————第三絉(遂、终、成)
四启曰+乱曰————第四絉(遂、终、成)
五启曰+乱曰————第五絉(遂、终、成)
六启曰+乱曰————第六絉(遂、终、成)
七启曰+乱曰————第七絉(遂、终、成)
八启曰+乱曰————第八絉(遂、终、成)
九启曰+乱曰————第九絉(遂、终、成)

传本《诗经》从未见有这些"启曰""乱曰"乐舞术语。虽然《楚辞》中的《离骚》《九章》以及《荀子》书中的《赋》篇、贾谊的《吊屈原赋》均有"倡曰""重曰"与"乱曰""少歌曰"等术语,但并不严

---

[1] [清]阮元:《揅经室集》卷一,商务印书馆,1934年版。
[2] 沈文倬:《宗周礼乐文明考论》,浙江大学出版社,2006年版,第3页。
[3] 《周公之琴舞》篇注2,见清华简(叁)。

密完整。《尚书·益稷》虽说"《箫韶》九成",但亦不见其"九成"的具体内容与结构。只有清华简《周公之琴舞》的"九绎(遂、终、成)"有严密的"九启""九乱"与九首诗相配。这是目前所见先秦时期诗、乐、舞三位一体最完整的颂诗结构。

有意思的是,清华简"周公之颂诗"的"颂"字,在楚简里往往写作"容"字,"颂"与"容"通用无别,例证颇多。刘信芳《楚简帛通假汇释》第13页有详细论证,李守奎《清华简"周公之琴舞"与周颂》文也指出了这一点,此不赘述[1]。这不仅说明阮元等学者释"颂"为"容"是可信的,"颂"的诗、乐、舞三位一体特征的很重要的方面是舞容,而且还将"颂"为舞容说的直接证据提前到了公元前300年左右的楚简当中。

在这样的背景下,我们再来读先秦有关文献便可恍然明了,原来,有关文字正是着重于"颂"体现为舞容的描述。《礼记·乐记》:

> 诗,言其志也;歌,咏其声也;舞,动其容也。三者本于心,然后乐器从之。

这里明确指出,"舞"是"动其容"的,而"舞之容"与"诗之志""歌之声"在"乐器"的统领下三位一体。又《荀子·乐论》:

> 故听其《雅》《颂》之声,而志意得广焉。执其干戚,习其俯仰屈伸,而容貌得庄焉;行其缀兆,要其节奏而行列得正焉,进退得齐焉。……是先王立乐之术也。

这段文字又见于《礼记·乐记》。"执干戚"而舞,在"行其缀兆,要其节奏"过程中,表现为"俯仰屈伸""行列得正""进退得齐",这就是雅颂之"舞容"。雅颂在表现"舞容"的过程中,体现出礼仪典章制度。

二、颂诗之舞容与神尸:巫术通神的宗教学意义

由清华简我们已确认"颂"即"容","颂"表现为诗、乐、舞三位一体的综合艺术形式,"舞"即表现为"舞容"。这有利于我们理解先秦颂诗的结构特征,从而解决诗经学史上"颂究竟为何"的千古疑题。叶舒宪先生所概括的"释颂十说"终于有了选择性答案。这在中国文学史研究中自然是一项重大进展。

然而,确认"颂"即"容"的意义还不仅于此。从更宽广的文化史视野看,由"颂"表现为"舞容"这一线索,我们可以进一步解开中国古代从五帝文明起源至虞夏商周早期文明发展长达二千五百年的历史长河中,有关宗教学与政治学方面的诸多疑题。这些疑题的解决,往前可以认识中国文化史中一些重要思想的来源,往后则可以认识秦汉以后中国文化史中一些重要

---

[1] 刘信芳:《楚简帛通假汇释》,高等教育出版社,2011年版;李守奎:《清华简"周公之琴舞"与周颂》,《文物》,2012年第8期。

精神的构成要素。因此,这是一个具有重要认识价值的课题。以下试从"舞容与神尸""舞容与威仪"两个方面略作分析。

中华文明起源于农耕生产。农耕生产决定了中华各氏族的原始宗教包含了两大主题:一是天地自然神灵崇拜,二是氏族祖先神灵崇拜。因为农业生产既需要上天的阳光雨露,也需要地下肥沃松软的土壤,于是族民们很早就崇拜天体神与土地神。因为农耕生产又决定了中华各氏族很早就以定居生活为主;全族成员在氏族长的领导下,背山沿河而居,日出而作,日落而息,共同劳作与生产,一族即一姓,族长为共同大家长,历代族长为共同之祖先,于是有祖先神灵崇拜。在这两大神灵崇拜之中,往往是天地自然神在上,氏族祖先神从之。先看传世先秦文献:

《尚书·商书·太甲上》:"先王顾諟天之明命,以承上下神祇。社稷宗庙,罔不祇肃。天监厥德,用集大命,抚绥万方。"

《尚书·商书·盘庚下》:"上帝将复我高祖之德,乱(治)越我家。"

《尚书·周书·武成》:"我父考文王,克成厥勋,诞膺天命,以抚方夏。"

《尚书·周书·康诰》:"惟乃丕显考文王,克明德慎罚,……闻于上帝,帝休,天乃大命文王,殪戎殷,诞命厥命,越厥邦厥民。"

《尚书·周书·梓材》:"先王既勤用明德,怀为夹,庶邦享作,兄弟方来,……皇天既付中国民越厥疆土于先王。"

《尚书·周书·君奭》:"我闻在昔成汤既受命,时则有若伊尹,格于皇天。在太戊,时则有若伊陟、臣扈,格于上帝。"

《尚书·周书·文侯之命》:"丕显文武,克慎明德,昭升于上。"

《诗·周颂·思文》:"思文后稷,克配彼天。立我烝民,莫匪尔极。"

《诗·商颂·玄鸟》:"天命玄鸟,降而生商,宅殷土芒芒。"

《诗·大雅·文王》:"文王陟降,在帝左右。"

再看出土先秦铜器铭文:

《㝬钟》:先王其严,在帝左右。

《𪒠簋》:朕皇文剌(烈)祖考,……其濒在帝廷陟降。

《叔夷钟》:虩虩成唐(汤),又严在帝所,溥受天命,剗伐夏司(祀)。

《秦公钟》:丕显朕皇祖受天命,□有下国。十又二公不坠在上,严龚夤天命。……

《秦公簋》:丕显朕皇祖受天命,鼎宅禹迹。十又二公在帝之坏,严龚夤天命。……

以上材料说明,氏族祖先神灵是从属于天地自然神灵的。正因为如此,所以在氏族或部族的集体祭祀活动中,先民们先祭天地自然神灵,再祭氏族祖先神灵。

《周礼·春官·典瑞》:"四圭有邸以祀天,旅上帝。两圭有邸以祀地,旅四望。祼圭有瓒,以肆先王。"

《周礼·春官·大司乐》:"乃奏黄钟,歌大吕,舞《云门》,以祀天神。乃奏大蔟,歌应钟,舞《咸池》,以祭地示。……乃奏无射,歌夹钟,舞《大武》,以享先祖。"

《礼记·礼运》:"祭帝于郊,所以定天位也。祀社于国,所以列地利也。祖庙,所以本仁也。"

这种先祭天地自然神灵,再祭氏族祖先神灵的现象,大概是世界远古文化的共同规则。"相传荷马曾作过33部赞美诗。最早的赞美诗是关于天神的,后来也渐渐被用来赞美英雄人物以及他们的技能。对希腊人而言,技艺是一个重要概念,史诗既歌颂神的力量,也歌颂英雄的各种技能。这就是所谓文化英雄的真正含义。"[1]这里的英雄人物即氏族祖先,他们的技能如中国古代周族始祖后稷之发明农业、东夷族始祖后羿之发明弓箭等等。

我们再看清华简《周公之琴舞》,其内容也正是先歌颂天神,再歌颂祖先神,最后才落实到在位君臣当如何敬神祈福,明德慎思,勤勉治政。我们先看"成王作敬毖琴舞九绊"中的第一首。

  元纳启曰:
  敬之敬之,天惟显思,文非易思。
  毋曰高高在上,陟降其事,卑监在兹。

"天惟显思,文非易思"中的两个"思"字均为语气词,"天"指天神,"文"指文王。此为互文句,言天神之威显赫照耀,文王之德亦非寻常。《诗·大雅·文王》:"文王在上,于昭于天""文王陟降,在帝左右",又说"世之不(丕)显,厥犹翼翼""命之不易,无遏尔躬"。因为文王在天神左右,与天神一起监视人间君臣,即"毋曰高高在上,陟降其事,卑监在兹"。所以人间君臣要"敬之敬之"。

接下来的"乱曰"便是主持祭祀的成王的自勉之语:

  遹我宿夜不逸,儆之。
  日就月将,教其光明。
  弼持其有肩,示告余显德之行。

"弼持"指扶持,"有肩"指承担。"乱曰"的意思是指成王年轻继任君位,昼夜努力,日月学习,敬慎祭祀,结果是天神与祖先神保佑其继此君王重任,并启示其"显德之行"。

这里先赞美歌颂天神、祖神,再落实到成王应如何敬神祭神,努力治政,显德之行。就内容看,是一首完整的颂诗。而"启曰""乱曰"又表明,这首颂诗是在乐舞配合下演绎完成的。又如第七绊。其启曰:

---

[1] 朱狄:《信仰时代的文明》,中国青年出版社,1999年版,第88页。

思有息,思喜在上,丕显其有位。

右帝在落,不佚惟周。

"有息"意指宁静,"喜在上"意同"喜侃前文人","有位""右帝在落",意即在帝左右。"不逸惟同"意同第三绊"祐其文人,不逸监余"。这段话宜对照西周晚期周厉王所作铜器铭文来理解。

胡钟:余小子肇嗣先王,配上下,……用喜侃前文人。

胡簋:用康惠朕皇文烈祖考,其格前文人,其濒在帝廷陟降,申固皇天大鲁命,用保我家,朕位,胡身,……骏在位,作对在下。……

西周金文中的"前文人",指的是周族先公先王,即历代祖先。对照胡钟、胡簋铭文可知,清华简第七绊的"启曰"正是歌颂历代祖先在帝左右,陟降上下,监视在位君臣,并降福保佑部落族民。接下来的"乱曰"则写主持祭祀的成王该如何敬对天神祖神:

遹于恭害怠,孝敬非怠荒。

咨尔多子,笃其谏劝。

余逮思念,畏天之载,勿请福之愆。

害,何也。"恭害怠",意即恭敬神灵,不敢怠慢;与下句"孝敬非怠荒"为互文见义。"余逮思念",逮,《广韶》:"谨也。"思念,《国语·楚语下》:"吾闻君子惟独居思念前世之崇替者。""畏天之载",载,事也。《尧典》:"熙帝之载",《五帝本纪》:载作事。《诗·大雅·文王》:"上天之载,无声无臭。仪型文王,万邦作孚。""愆",错失。"乱曰"的总体意思是说,成王在人间恭敬孝顺天神祖神,不敢有丝毫荒慢,又要求群臣勤勉进谏,缅怀先祖,敬畏天命,不错过祈福之祀。

除上述"六启""七启"外,"三启""四启""五启"的内容结构亦基本如此,如歌颂天神、祖神如何严威在上、监视在下;而人间君臣又如何"服在清庙""宿夜不懈"。这与我们前文所引有关传世文献与铜器铭文中的原始宗教情形完全吻合。李学勤先生曾指出:"《周公之琴舞》是由十篇诗组成的乐诗,性质完全同于传世《诗经》的《周颂》。"[1]然而这十首颂诗中,除成王所作的第一首见于《周颂·敬之》外,其余均为佚诗。这无疑极大地丰富了我们对先秦颂诗的认识。

在古人的心目中,他们所祭祀的天地自然神灵与氏族祖先神灵都是有具体形象的,其中氏族祖先神的形象有其生前具体的形貌依据。而自然神灵的形象则是想象而成的。这想象也有现实生活的依据,即一半是以他们熟悉的自然物质形象为依据,一半以自己熟悉的祖先具体形象为依据。这便是文化人类学上所说的"巫术互渗律"。英国哲学家大卫·休谟指出:原始人"认为所有存在物都像他们自己一样,于是他们就把自己内心意识到的亲密而熟悉的

---

[1] 李学勤:《论清华简"周公之琴舞"的结构》,《深圳大学学报》,2013年第1期。

特质(qualities)转嫁到所有的对象上。……总是把自己的思想、理性和热情有的甚至是把人的肢体和形状赋予这些存在物,以便把它们带到和我们自己的外貌相接近的状态"[1]。这种对自然神的拟人化巫术思维可以在中国古代岩画、陶器刻画、青铜器纹饰,以及《山海经》《楚辞》等典籍中表现为半人半兽或半人半物的形象中得到充分证明。

在云南沧源岩画中,太阳神形象作一大人手持弓箭,立于太阳光芒圈之内,或干脆将这太阳光芒圈作大人的头像。这是狩猎时代先民心中的太阳神形象。西安半坡仰韶文化陶器上的人面鱼纹图,其人面的眼睛正作太阳圈中有黑点状。这是渔猎时代先民心目中的太阳神形象。江苏连云港将军崖岩画中有十余个太阳神像头与禾苗身体组合的图像。这是农耕时代先民心目中的太阳神形象。类似的考古资料是十分丰富的,此不赘引。

我们再看传世文献里有关半人半兽神灵的形象,正可与考古资料相印证。兹举《山海经》里的有关资料为例,先看《山海经·五经山经》:

其神皆龙身而人面,其祠皆一白狗祈,糈用稌。(《南山经》)

其十神者,皆人面而马身,其七神皆人面牛身,……其祠之,毛用少牢,白菅为席。(《西山经》)

其神状皆羊身人面,其祠之礼,用一吉玉瘗,糈用稷米。(《西山经》)

其神皆人面蛇身,其祠之,毛用一雄鸡彘瘗,吉玉用一珪。(《北山经》)

其神皆人身龙首,祠:毛用一犬祈。(《东山经》)

其神皆人面而鸟身,祠用毛,用一吉玉,投而不糈。(《东山经》)

其十六神者,皆豕身而人面。其祠:毛牷用一羊羞,婴用一藻玉瘗。(《中山经》)

其神状皆鸟身而人面,其祠,用一雄鸡祈瘗,用一藻圭,糈用稌。(《中山经》)

其神状皆彘身人首,其祠,毛用一雄鸡祈瘗,用一珪。(《中山经》)

《山海经·海外经》:

南方祝融,兽身人面,乘两龙。(《海外南经》)

西方蓐收,左耳有蛇,乘两龙。(《海外西经》)

北方禺彊,人面鸟身,珥两青蛇,践两青蛇。(《海外北经》)

东方句芒,鸟身人面,乘两龙。(《海外东经》)

《山海经·海内经》:

氐人国在建木西,其为人,人面而鱼身,无足。(《海内南经》)

---

[1] 朱狄:《原始文化研究》,生活·读书·新知三联书店,1988年版,第28页。

雷泽中有雷神，龙身而人头，鼓其腹，在吴西。（《海内东经》）

《山海经·大荒经》：

有神，人面犬耳兽身，珥两青蛇，名曰奢比尸。（《大荒东经》）

鲧妻士敬，士敬子曰炎融，生驩头。驩头人面鸟喙，有翼，食海中鱼，杖翼而行。（《大荒南经》）

大荒之中，有山名曰北极天柜，海水北注焉。有神，九首，人面鸟身，名曰九凤。

又有神衔蛇，衔操蛇，其状虎首人身，四蹄长肘，名曰强良。（《大荒北经》）

以上所举，都是半人半兽形象。其中《五藏山经》都是山川神怪图腾，也是当地族民的祖先神。因此，山经在叙述完每一神之后，即有相应的祭神礼仪，所谓"其祠"如何。《海外经》《海内经》《大荒经》的半人半兽神灵已有具体的神名，如祝融、蓐收、禺强、句芒、吴西、驩头、强良等。这些神名大多已可考为某部族的祖先名，如祝融为楚族祖先，句芒为东夷族祖先等。

后来，这天地自然图腾神灵与氏族祖先神灵的图像形状，便成了祭祀活动中巫师们所表演的舞容的模拟对象。因为在巫术互渗观念支配下，原始人相信扮演成所祭自然图腾神灵与氏族祖先神灵的容貌形象，便有利于与这些神灵沟通。正如神话学家卡西尔所指出的：在宗教祭神活动中，"只有当依照人体去这般'复制'客观时，客观世界才为神话意识所理解"，所以，"最初的诗人们给事物命名，就必须用最具体的感性意象。这种感性意象就是替换或转喻的来源"[1]。

世界各远古氏族在祭祀活动时，模拟复制神灵图像的常用方法是在乐舞时带上神灵的面具。夏耶《音乐四万年》指出："面具是我们遥远祖先音乐巫术忠实的附属物，它几乎在非洲和澳洲所有原始部族中都起着同样的作用。首先是动物的面具，而后是神的面具，再后就是传说中英雄的面具。"[2] 保罗 S·温格特的《原始艺术》则指出："面具的特殊造型和装饰都是精心选择过的，所以每一种面具都能代表一个特殊的神灵。""巴布亚人相信氏族成员佩戴面具跳舞就能够把它所代表的神灵请到现场上来，它代表着神灵。"[3]

由这样的思路再来理解"颂"即"容"，便可明白，所谓"容"即容貌，也就是自然图腾神灵的容貌和氏族祖先神灵的容貌。这容貌是相当于面具的。这从"颂"字构形的分析中亦可添一佐证。"颂"字从公从页，《说文》："页，头也。"甲骨文、金文中的"页"作人跪地而突出其有眼有发的头形。李孝定《甲骨文集释》谓古文"页"与"首"当为一字。这头形自然就是所祭神灵的面具。而"公"则为男性之尊称，实际上是表明这面具是有关男性祖先的。扬雄《方言》："凡尊老周晋秦陇谓之公，或谓之翁。"《汉书·田叔传》："学黄老之术于乐钜公。"颜师古注："公者，老人之称也。"又《眭宏传》："从嬴公以受《春秋》"。颜师古注："公之长老之号。"古代称天神上

---

[1] 卡西尔著，黄龙保等译：《神话思维》，中国社会科学出版社，1992年版，第102页。
[2] 夏耶：《音乐四万年》，伦敦，1964年版，第61页。
[3] 保罗S·温格特：《原始艺术》，纽约，1962年版，第33～36页。

帝为"天公"，称祖父为"阿公"。所以，"颂"之从公从页，合之即指男性长老神灵之面具。有意思的是，"颂"字又作"讼"，上博简（一）《诗说》将"雅""颂"写作"夏""讼"。"讼"又通作"容"，上博简（二）《容成氏》作"讼（容）城（成）氏"。而"容"字在楚简中又写作"公"，郭店楚简《语丛一》"有勿（物）有公（容）""公（容）色，目司也"。可见，颂，讼，公（容）相通，其词根均从"公"，这是父系社会神灵崇拜的反映。

祭祀神灵时扮演成神灵的形象以求得人神沟通的巫术互渗观念，起源于原始氏族社会。在我国，由于五帝文明起源至虞夏商周四代早期文明发展时期依然延续了原始氏族社会的血缘管理制度，因此，巫术互渗观念也得到了延续发展，并进一步制度化、规范化。到了夏商周时期图腾神灵面具便发展成更完善、更全面的"神尸""皇尸""公尸"制度。

《礼记·郊特牲》："尸，神象也，祝将命也。"郑玄注："尸，主也，孝子之祭，不见亲之形象心无所系，立尸而主焉。"

《礼记·坊记》："祭祀之有尸也，宗庙之有主也，示民有事也。"

这几条材料说得很清楚。尸就是神像，也就是在宗教祭祀活动中，主持祭祀者扮演成"亲之形象"，这形象是包括面具在内的。而这扮演成"尸"的主祭者，或为巫师，或为部落酋长，或为君王、侯王，他们又被称为"神尸""皇尸""公尸"等等。这些扮演成神灵之形象的尸是在祭祀活动中，以歌舞的形式表现出来的。《礼记·祭统》：

及入舞，君执干戚就舞位。君为东上……率其君臣，以乐皇尸。

杨天宇《礼记译注》："皇尸，即扮作被祭祀的先君的尸。"《诗经》"雅""颂"之诗，有许多关于舞容与尸的描写。兹看《大雅·既醉》：

既醉以酒，既饱以德。
君子万年，介尔景福。
既醉以酒，尔肴既将。
君子万年，介尔昭明。
昭明有融，高朗令终。
令终有俶，公尸嘉告。

以上是指祭祀活动中，祖先神灵享用祭品很满意，所以要保佑主祭的"君子"万年景福。这里"既醉以酒，既饱以德"是写祖先神灵，"君子"则指主持祭祀的君王。林义光《诗经通解》："此诗为工祝（祭祀官）奉尸（在祭祀祖先时，扮演祖先之人）命以致嘏（祝词）于主人之辞，称'君子'者，皆指主人。"以下便是扮演祖先的公尸的致告之辞，所谓"公尸嘉告"：

（问）：其告维何？——（答）：笾豆静嘉，朋友攸摄，摄以威仪。威仪孔时，君子有孝子，孝子不匮，永锡尔类。

（问）：其类维何？——（答）：室家之壸，君子万年，永锡祚胤。
（问）：其胤维何？——（答）：天被尔禄，君子万年，景命有仆。
（问）：其仆维何？——（答）：釐尔女士，釐尔女士，从以孙子。

这里四问四答：问者当为参加祭祀的巫师，答者为扮演祖先神灵的公尸。而又以"公尸嘉告"连接"其告维何"，由"永锡尔类"连接"其类维何"，由"永锡祚胤"连接"其胤维何"，由"景命有仆"连接"其仆维何"。这是用顶真的修辞方法，一环扣一环，由此可见当时祭祀祝颂场合的舞容节奏与氛围。应该指出的是，这公尸是完全装扮成祖先神灵的形象的，其中应该包括面具。

《大雅》中性质相同的祭歌还有《凫鹥》与《假乐》。朱熹《诗集传》释《凫鹥》"此祭之明日，绎（祭名）而宾尸之乐"，又释《假乐》"疑此即公尸之所以答《凫鹥》者也"。其中《凫鹥》曰：

凫鹥在泾，公尸来燕来宁。
尔酒既清，尔肴既馨。
公尸燕饮，福禄来成。

《毛诗序》："太平之君子，能持盈守成，神祇祖考安乐之也。"首章郑玄笺："泾，水名也。水鸟而居水中，犹人为公尸之在宗庙也，故以喻焉。"

《小雅》中描写神尸祭祀舞容者有《楚茨》与《信南山》。其《楚茨》第五章云：

礼仪既备，钟鼓既戒。
孝孙徂位，工祝致告。
神具醉止，皇尸载起。
鼓钟送尸，神保聿归。

这里，"钟鼓既戒""工祝致告""皇尸载起""鼓钟送尸""神保聿归"，其戏剧性的舞容场面栩栩如生。其中"工祝"当是巫师祝官，而"皇尸""神保"则是扮演祖先神灵者。《白虎通阙文·宗庙篇》："祭所以有尸者何？鬼神，听之无声，视之无形。……故坐尸而食之，毁损其馔，欣然若亲之饱，尸醉若神之醉矣。《诗》云：'神具醉止，皇尸载起'。"

《国风·召南》中《采蘩》《采蘋》是组诗，实际也是写女子为神尸而祭于宗庙者。

采蘩　　　　　　　采蘋

于以采蘩，于沼于沚；　　于以采蘋？南涧之滨；
于以用之，公侯之事。　　于以采藻？于彼行潦。
于以采蘩，于涧之中；　　于以盛之？维筐及筥；
于以用之，公侯之宫。　　于以湘之？维锜及釜。
被之僮僮，夙夜在公；　　于以奠之？宗室牖下；
被之祁祁，薄言还归。　　谁其尸之？有齐季女。

《采蘋》诗中，"宗室牖下"的"季女"是为"神尸"者。"有齐"之"齐"乃"斋"字省借。陆德明《经典释文·毛诗音义》："齐，本亦作斋。"陈奂《毛诗音》："齐，古斋戒如此作。"古代在祭祀前必斋戒沐浴，既表示对神灵的恭敬，也是为了便于与神灵沟通。《礼记·祭统》："斋者，精明之至也，所以交于神明也。"《采蘩》诗中，"公侯之事"与"公侯之宫"对文，则公侯非生活中的公侯，而是先祖的神灵，是"有斋季女"所祭的对象，也就是斋女所要扮演的神灵，即"尸之"者。王先谦《诗三家义集疏》："'公侯之事'者，谓祭公侯之事。……'公侯'谓以往之公侯享祭者，非生公侯。知者，下文'公侯之宫'是公侯庙寝，则此'公侯'亦非生者也。"可见，《采蘩》诗中的"公侯之事""公侯之宫"与《采蘋》诗中的"宗室"是同一回事。而《采蘩》诗中的"被之僮僮，夙夜在公。被之祁祁，薄言还归"则是"有斋季女"为神尸时的具体面具与舞容。"夙夜在公"之"公"即"公侯之宫"的省称，亦即"宗室牖下"也。

据《仪礼》《礼记》载，古代贵族女子也参与祭祀活动。婚前，要接受祭祀教育。《礼记·昏义》："古者，妇人先嫁三月，祖庙未毁，教于公宫；祖庙既毁，教于宗室。教以妇德、妇言、妇容、妇功。教成祭之，牲用鱼，芼之以蘋藻，所以成妇顺也。"这里的"妇德、妇言、妇容、妇功"均与宗教祭祀有关，所以说"教成祭之"。而《采蘩》中"被之僮僮""被之祁祁"即与祭祀时的舞容有关的"妇容"，也就是化装面具。

"僮僮"，王念孙《读书杂志》谓"童""僮""幢"声同义通，均为繁盛蓬松貌。"僮僮""祁祁"义同，均指祭祀时女子的发式。《仪礼·少牢馈食礼》："主妇被锡，衣侈袂，荐自东房，韭菹，……坐奠于筵前。"郑玄注"被锡"为"髲鬄"，指女子发髻高耸。可见"被之僮僮""被之祁祁"指的是祭祀活动中女子的特殊发式，与"衣侈袂"一样，并为祭祀舞容的打扮修饰部分，这是典型的面具形象。

"夙夜在公""薄言还归"则是祭祀舞容的动作部分。"还归"的"还"义同《十亩之间》"行与子还兮"同，有周旋环绕义[1]。据《仪礼·少牢馈食礼》，祭祀活动中女子要在宗庙的东房、南房、西房、北房轮番祭祀，陪同祭祀活动的"尸祝"亦轮番伺候，如"宫，前宿一日，宿戒尸。明日朝筮尸，……主人退，尸送。……既宿尸反，为期于庙门之外。"这就是"夙夜在公""薄言还归"的舞容过程。

祭祀活动中，女子不仅有高耸的发髻，宽松的衣袖，有周旋的舞步，还有象征女性生殖的蘩藻蘋菜，所谓"芼之以蘋藻，所以成妇顺也"。这些共同组成了女子主持祭祀活动时特有的舞容场面。

以上讨论表明，颂之为容，容为舞容，舞容的一个重要内容便是扮演所祭神灵的容貌形象，其中包括面具之类，这就是文献中所谓的"神尸""公尸""皇尸"。这是一种远古时期延续下来的巫术互渗观念，目的是为了与神灵更好地沟通对话，最终获得神灵的庇佑，具有浓厚的

---

[1] 江林昌：《"桑林"意象的源起及其在"诗""骚"中的反映》，《文史哲》，2013年第5期。

宗教学意义。

三、颂诗之舞容与威仪：礼仪修身的政治学意义

我们曾撰文指出，中国五帝时代以前原始社会的原始巫术，经五帝时代早期的部落英雄人物颛顼之"绝地天通"改革后，而成为原始宗教的重要组成部分。中国的原始宗教盛行于五帝时代至虞夏商西周，共约经历了二千多年漫长的岁月，到春秋战国时期才出现新的变化[1]。

在原始巫术时代，由于生产力低下，没有剩余产品，没有社会等级，因而人人平等，人神平等，且神神平等。当时的族民通过巫术咒语沟通自然神灵。他们相信巫术咒语具有神奇的力量，只要反复吟诵便可控制自然神，驱使自然神。如"土，反（返）其宅；水，归其壑；昆虫，毋作；草木，归其泽"（《礼记·郊特牲》）。这是通过吟唱巫术咒语，命令土神、水神、昆虫、草木各归其所。"断竹，续竹。飞土，逐肉"（《吴越春秋》卷九）。这是通过巫术咒语，希望获得更多的野兽。巫术咒语就是原始巫诗，反复吟唱，伴有乐舞，所谓"葛天氏之乐，三人操牛尾，投足以歌八阕"（《吕氏春秋·古乐》）。

到了五帝时代早期，生产力提高，出现了剩余产品，社会形成等级，中国文明起源了。少数氏族贵族阶层为了占有剩余产品，便将原始时代人人都可以沟通天地神灵的权力垄断为氏族贵族阶层的独权，这就是颛顼改革巫术，所谓"绝地天通"。后来氏族贵族阶层又将沟通氏族祖先神的权力也据为己有。他们以代表氏族全体成员沟通天地神灵与祖先神灵的名义，并以集体祭祀、奉献祭品的方式而占有剩余产品。于是，原始巫术便与早期政治相结合而成为中国的原始宗教。中国原始宗教是神权、族权、政权的三合一。在原始宗教祭祀活动中的巫诗，已不再是咒语，而是祷词，即向天地神灵、祖先神灵献颂辞、贡祭品，并祈求神灵的保佑。于是巫诗便成了颂诗。颂诗除了继承巫诗的反复吟唱、诗乐舞三位一体而进一步规整化之外，在内容上已变巫诗的驱使神灵为讨好神灵、献媚神灵，也就是变咒语为祷词。

前文讨论的颂诗之舞容与神尸的关系，就是属于沟通神灵、献媚神灵、祈祷神灵的范畴，是颂诗的宗教学功能。接下来讨论颂诗之舞容与威仪的关系，则是属于教育氏族成员、规正社会秩序的范畴，是颂诗的政治学功能。

原始宗教时期的祭祀活动，具有鲜明的政治目的。朱狄先生指出："古代的祭礼仪式往往具有立法意义，故《说文》：'仪，度也。'所谓度，也就是法度。在祭礼仪式中，无论朗诵、音乐、舞蹈，都具有一种社会强制性。它们的合成结构是一种社会性非常强烈的文化结构。它使意义变得更清晰，更容易接受。它不仅是传递神意的工具，而且也是在神的名义下的一种社会

---

[1] 江林昌：《诗的源起及其早期发展变化》，《中国社会科学》，2010年第4期。

控制体系。……各种繁文缛礼都是强化社会共同体成员之间相互关系的手段,通过各种仪式程序的执行,使社会共同体的固有价值的重要性远远超过个人价值。"[1]下面一组文献,说明朱狄先生的理论概括是符合中国先秦原始宗教时期的客观事实的。

《墨子·天志》:昔三代圣王禹汤文武,欲以天之为政于天子,明说天下之百姓,故莫不犓牛羊、豢犬彘,洁为粢盛酒醴,以祭祀上帝鬼神而求祈福于天。

《国语·楚语下》:祀所以昭孝息民、抚国家、定百姓也。

《礼记·礼运》:故圣人参于天地,并于鬼神以治政也。

《礼记·祭统》:凡治人之道,莫急于礼。礼有五经,莫重于祭。

《礼记·祭统》:夫祭有十伦焉:见事鬼神之道焉,见君臣之义焉,见父子之伦焉,见贵贱之等焉,见亲疏之杀焉,见爵赏之施焉,见夫妇之别焉,见政事之均焉,见长幼之序焉,见上下之际焉。

在这些祭祀活动中,用以沟通神灵的,除了牛、羊、酒等祭品与鼎、簋、尊等祭器外,还有以祷辞、祝辞、嘏辞为内容的颂诗。

《礼记·礼运》:故先王秉蓍龟,列祭祀,瘗缯,宣祝嘏辞说,设制度,故国有礼,官有御,事有职,礼有序。

《礼记·礼运》:夫礼之初,始诸饮食,……陈其牺牲,备其鼎俎,列其琴瑟、管磬、钟鼓,修其祝嘏,以降上神及其先祖,以正君臣,以尊父子,以睦兄弟,以齐上下,夫妇有所,是谓承天之祐。

《荀子·乐论》:先王恶其乱也,故制《雅》《颂》之声以道之。……故乐在宗庙之中,群臣上下同听之,则莫不和敬,……邻里族长之中,长少同听之,则莫不和顺。故乐者审一以定和者也。……故听《雅》《颂》之声,而志意得广焉。

《礼记·礼运》中提到的"宣祝嘏辞说""修其祝嘏"即《荀子·乐论》中的"制《雅》《颂》之声"。而它们都配以"琴瑟、管磬、钟鼓",是为"乐在宗庙之中"也,是颂诗与乐舞的三位一体。

颂诗与乐舞的配合表现为舞容。舞容一方面是扮演成神灵的形象容貌以沟通神灵,敬献神灵,祈祷神灵,其中一个重要的体现便是"神尸"(面具)。这是颂的宗教功能。舞容的另一方面,则是通过乐舞过程中的"俯仰屈伸""容貌得庄""行列得正""进退得齐",而表现为君臣上下、伦理秩序和神态节度,以教育族众,治理社会,这其中一个很重要的体现便是"威仪"。这是颂的政治功能。

在五帝至虞夏商周二千多年的原始宗教时代,从氏族到部族再到邦国的统治阶层,一直

---

[1] 朱狄:《信仰时代的文明》,中国青年出版社,1999年版,第85页。

重视集体祭祀活动中颂诗的舞容威仪在教化族民、建立社会礼仪制度方面的政治功能,已如前述。《国语·楚语上》申叔时论如何教育太子:

  且夫诵诗以辅相之,威仪以先后之,体貌以左右之,明行以宣翼之,制节义以动行之,恭敬以临监之,勤勉以劝之,孝顺以纳之,忠信以发之,德音以扬之。

这里明确指出,在"诵诗"的过程中,表现出先后之"威仪",左右之"体貌"。这自然是舞容,而称之为"威仪"。与"威仪"相对应的还有"节义""恭敬""勤勉""孝顺""忠信""德音",这些都是属于礼仪伦理方面的内容。又如《国语·楚语下》观射父论祭祀:

  明神降之,在男曰觋,在女曰巫。是使制神之处位次主,而为之牲器时服,而后使先圣之后之有光烈,而能知山川之号、高祖之主、宗庙之事、昭穆之世、齐敬之勤、礼节之宜、威仪之则、容貌之崇、忠信之质、禋洁之服,而敬恭明神者,以为之祝。

这也是论宗教祭祀的。先由明神降到男觋女巫身上。然后由男觋女巫来规定神灵的祭位及相应的祭品、祭器、祭时、祭服。在这样的背景下,出现了"先圣之后"来担当的祝。祝是巫的一种,其职责是"知山川之号、高祖之主"等,其中还包括"威仪之则,容貌之崇",这自然是从舞容的角度说的。

《诗·周颂·执竞》是周昭王合祭武王、成王、康王的颂诗,说"执竞武王""丕显成、康",诗的后半部分即写祭祀的舞容场面:

  钟鼓喤喤,磬筦将将。
  降福穰穰,降福简简。
  威仪反反,既醉既饱,福禄来反。

高亨《诗经今注》:"威仪,指祭祀的礼节仪式。反反,借为辨辨,有节有序貌。"陈奂《诗毛氏传疏》:"《传》释反反为难者。难,古傩字。《竹竿》,《传》'傩,行有节度也。'襄公三十一年《左传》云,进退可度,周施可则,容止可观,谓之有威仪。此即傩之义也。"可见,"威仪反反"是就舞容言的,所以与"钟鼓喤喤,磬筦将将"相配合。武王、成王、康王正是在这优美热烈的舞容中享受祭品,"既醉既饱",结果是赐恩给祭祀者,"降福穰穰,降福简简"。

有鉴于此,有学者指出,"威仪"亦即颂的又一代名词。最先提出这一观点的是裘锡圭先生。1976年,在周原遗址扶风庄白家村南发现的史墙盘和㝬钟、㝬簋等微氏家族铜器铭文,详细记载了微氏家族历代祖先侍奉周代文、武、成、康、昭、穆、恭、懿、孝诸王的史事。其中有关"颂"的铭文资料如下:

  青幽高祖,在微灵处。
  粤武王既弋殷,微史烈祖乃来见武王。武王则令周公舍宇于周,卑处甬(容)。——史墙盘

> 粤武王既弋殷,微史烈祖乃来见武王。武王则令周公舍宇,以五十颂处。——痶钟三
>
> 丕显高祖、亚祖、文考,克明厥心,胥尹,叙厥威仪,用辟先王,痶不敢弗帅祖考,秉明德,虔夙夕左尹氏,……敢作文人大室协和钟,用追孝升祀,昭格乐大神。——痶钟二
>
> 曰:尹皇祖考司威仪,用辟先王,不敢弗帅用夙夕。……作祖考簋,其升祀大神。——簋

微氏家族世代为史官,其族徽即为"作册",常为朝廷主持祭祀活动,所以铭文说有"大室协和钟""追孝升祀,昭格乐大神",又说"升祀大神"。特别有意义的是,铭文中有一组与"颂"有关的术语:"灵处""处甬(容)""五十颂""司威仪",裘锡圭先生认为"灵处"就是"处灵",与"处甬(容)"同。所谓"青幽高祖,在微灵处",是指静幽的高祖原在微地处灵。灵就是巫,见于《楚辞》,所以"处灵"就是"为巫"。为巫就要主持祭祀活动,需要吟颂诗,演舞容,所以其子孙或"处甬(容)"或"以五十颂处"或"叙厥威仪"或"司威仪"。裘锡圭先生指出:"……由此可知,钟铭'以五十颂处',就是掌管五十种威仪的意思。盘铭'卑处甬'的'甬',没有问题应该读为'颂'(容)。"[1]

裘锡圭先生结合微氏家族铜器铭文资料,论证了"颂""容""威仪"之间的关系,十分精到,自然可从。颂之舞容,从"威仪"方面教育族众,规范礼仪,其中一项重要功能就是培养氏族贵族子弟。《尚书·商书·伊训》载,成汤去世"伊尹祠于先王,奉嗣王祗见厥祖"。伊尹"明言烈祖之成德,以训于王"。《左传》襄公九年载,太子的成年礼要在先君宗庙里举行,"君冠,必以祼享之礼行之,以金石之乐节之,以先君之祧处之"。所谓"以金石之乐节之"即指以颂之舞容训导规范之。这训戒的一个重要方式便是通过舞容之中的"威仪"来规范的。柯鹤立先生曾指出:"咏颂(诵)赞誉先王的诗歌,以及舞先王之舞,是最有效的使民众感情升华的方法,具体来说就是用'诗'把民众在自然、原始状态下的由'志'出来的'情'转换成文明而有秩序的礼乐表演,这就是'威仪'。"[2]柯先生还引述西周晚期叔向父禹簋铭以证成其说:

> 叔向父禹曰:
>
> 余小子司朕皇考,肇帅井(型)先文祖,恭明德,秉威仪,用绅就奠保我邦我家,作朕皇祖幽大叔尊簋,其严在上,降余多福繁釐,广启禹身,乐于永令(命)。

这里"帅型先文祖,恭明德"自然是指祭祀,"秉威仪"便是作颂诗之舞容,这一切都是为了"奠保我邦我家"。

---

[1] 裘锡圭:《史墙盘铭解释》,《古文字论集》,中华书局,1992年版,第371~385页。
[2] 柯鹤立:《清华简〈保训〉中的"训"及古代传播"训"的方式》,《清华简研究》第一辑,中西书局,2012年版,第76页。

概括起来看，颂诗之舞容中的"威仪"在训导贵族子弟及族众方面，包括两方面的内涵：

其一，通过"威仪"体现其内心的敬神诚意与道德修养。

原始人相信，祭祀活动中的音乐舞蹈是天地自然规律的反映，而颂诗则是有关人丁兴旺、氏族繁荣的神灵之语。《礼记·乐记》："大乐与天地同和，大礼与天地同节。和，故万物不失；节，故祀天祭地。明则有礼乐，幽则有鬼神。如此则四海之内合敬同爱矣。"正因为如此，祭祀活动中首先要有虔敬庄肃的心态。《礼记·祭义》："将祭祀，必有齐庄之心以虑事，以具服物，……及祭之日，颜色必温，行必恐。"

郭店简《语丛》谓"诗由敬作"（简95），"敬生于俨"。"敬"与"俨"都是沟通神灵时的心理活动，而"诗"则特指祭祀活动中的颂诗。敬神的意念在心中时称为"志"，用语言表达出来便是颂诗。《毛诗序》谓："在心为志，发言为诗"，《左传》襄公二十七年："诗以言志。"《尚书·舜典》："诗言志。""志""诗"都是有关敬神祭神的。《尚书·皋陶谟》："徯志以昭受上帝，天其申命用休。"前句的"上帝"即后句的"天"，指的是天地自然神灵。《史记·夏本纪》释本句中的"徯志"为"清意"。因此，这句话的意思是说，要用洁静庄肃的心意去祭祀上帝，上帝才会恩赐福禄。

总之，在祭祀活动中，敬神的虔敬之心，发为语言则为颂诗，展为动作则为乐舞。这就是《乐记》所说的"明则有礼乐，幽则有鬼神"。因此，要求"四海之内合敬同爱"。

需要特别指出的是，外在的动作乐舞集中表现为"威仪舞容"。因此，威信舞容首先要能体现内在敬神的虔敬庄肃之情。《礼记·乐记》说：

> 致礼以治躬则庄敬，庄敬则严威。……故乐也者，动于内者也；礼也者，动于外者也。乐极和，礼极顺。内和而外顺，则民瞻其颜色而弗与争也。望其容貌而民不生易慢焉。故德辉动于内，而民莫不承听，理发诸外，而民莫不承顺。故曰致礼乐之道，举而错之天下，无难矣。

这段文字说明，"庄敬"之心在内，则"严威"之状在外。"庄敬"之心又称为"德辉"，体现为"内和"；"严威"之状即为"颜色""容貌"，体现为"外顺"。有了"内和"与"外顺"，则"民莫不承听""民莫不承顺"，以之而治理天下，"无难矣"。

内在敬神的虔敬庄肃之心也就是最根本的道德修养，所以又称之为"德辉""德音""德泽"，而往往与外在的"威仪"互为表里。

《大雅·抑》："抑抑威仪，维德之隅。"郑笺："人密审于威仪者，是其德必严正也。故古之贤者，道行心平，可外占而知内，如宫室之制，内有绳直，则外有廉隅也。"《大雅·假乐》："威仪抑抑，德音秩秩。"郑笺："抑抑，密也。秩秩，清也。成王立朝之威仪致密，无所失。"姜昆武先生谓此言："君子有德于其中，庙堂仪度美于外也。"[1]在《诗经》中，由内在的"德音"表现为外

---

[1] 姜昆武：《诗书成词考释》，齐鲁书社，1989年版，第323~328页。

在的"威仪",成为一种最高的道德修养。

《大雅·抑》:有觉德行,四国顺之。……敬慎威仪,维民之则。

《大雅·烝民》:仲山甫之德,柔嘉维则。令仪令色,小心翼翼。古训是式,威仪是力。

《鲁颂·泮水》:穆穆鲁侯,敬明其德。敬慎威仪,维民之则。

儒家强调修身、齐家、治国、平天下,"威仪"便是修身的第一要求。《诗·邶风·柏舟》:

> 我心匪石,不可转也。
> 我心匪席,不可卷也。
> 威仪棣棣,不可选也。

此以"石可转""席可卷"反衬自己意志坚强,不可动摇。"威仪棣棣"正是自己意志坚强的表现。"棣棣",《礼记·孔子闲居》作"逮逮",郑玄释为"安和之貌"。"不可选"亦指不动摇。所谓"威仪棣棣,不可选也",意思是说,自己的仪容安神庄严,是因为自己心情安定,意志坚强。

《大雅·既醉》:

> 威仪孔时,君子有孝子。
> 孝子不匮,永赐尔类。

这是说君子威仪完善,文质彬彬,原因是因为君子是孝子。孝子就能敬神敬老,有善德。《左传》隐公元年:"颖考叔,纯孝者也。爱其母,施及庄公。《诗》曰:'孝子不匮,永锡尔类。'其是之谓乎?"《左传》成公二年:"《诗》曰:'孝子不匮,永锡尔类',若以不孝令于诸侯,其无乃非德类也乎。"可见,要保持外在的威仪,首先要有内在的善德。

值得注意的是,清华简《周公之琴舞》也强调内在的"德音"与外在的"威仪"之间的辩证统一。

> 叁启曰:
> 德元惟何?曰渊亦抑。
> 严余不懈,业业畏忌。
> 不易威仪,在言惟克,敬之。

"德元"意为以德为首。"曰渊亦抑"意即既渊且抑,"渊"为深邃,"抑"为善美,这就是"德元"的内涵。"严余不懈,业业畏忌",指祭祀敬神时庄肃畏恐的心态。"不易"意为不变更。"不易威仪,在言惟克",意同《大雅·抑》:"慎尔出话,敬尔威仪",意指祭祀时言语谨慎,保持威仪。

> 八启曰:
> 佐事王聪明,其有心不易。
> 威仪谥谥,大其有谟。
> 匀泽恃德,不畀用非颂。

据《左传》昭公七年："在我先王之左右,以佐事上帝"与《尚书·皋陶谟》:"天聪明"可知,简文中的"聪明"指的是"天",亦即"上帝",因此,简文"佐事王聪明"即指"在我先王之左右,以佐事上帝",指祭祀先王与上帝。"有心不易",蔡侯申钟作"有虔不易",意指虔诚之心不变易。"威仪谥谥",意即威仪肃肃。"大其有谟",谟,指谋略。"匄泽恃德",意指祈求上天降恩泽,依凭的是自己有德。"不畀用非颂",畀,赐予。"颂"此当指祭祀礼仪。"不畀用非颂"意指上帝不会赐恩于不敬守祭祀礼仪者,反之,上帝就会降福赐恩于那些忠诚祭祀者。清华简"八启曰"全文,意同秦公钟铭文(一),可对照参读:

> 秦公曰:我先祖受天令(命),赏宅受国,烈烈昭文公、静公、宪公,不坠于上,昭合皇天,……余夙夕虔敬朕祀,受多福,克明有心,……肃肃允仪,翼受明德,以康奠协朕国,……以受大福。

清华简"其有心不易"即秦公钟之"余夙夕虔敬朕祀,受多福,克明有心"。清华简"威仪谥谥,大其有谟,匄泽恃德",即秦公钟之"肃肃允仪,翼受明德"。

除上述外,清华简《周公之琴舞》还多次提到"德",如"置德之行""非天废德""天多降德""弼敢荒德",强调善德的重要性,并与外在的"威仪"相表里,只有"弼敢荒德"才能"不坠修彦",只有"匄泽恃德",才能"威仪谥谥",只有"德元渊抑",才能"不易威仪"。

其二,通过"威仪",体现等级秩序,规范社会伦理。

姜昆武先生《诗书成词考释》"威仪"条曰:"考威仪一词,乃周秦时人指有关礼法制度之常见专用名词,而非联绵字也。殷周以降,……国家制度渐趋完善,周统治阶层中,随等级不同而各有其不同之礼制,天子、诸侯、大夫,均各有与其地位等级相当之衣、冠、车、服、饰物、饮食器用,凡此概以威仪名之。儒家承此礼制,又与心理德性所表现于外之仪度严紧结合表述其政治主张,遂致儒经之中,礼仪法制之论述成为最重要学说之一。威仪一词,即用以表现此一系列内容而得以为成词者也。"[1]姜先生的概括十分精辟。此以《左传》襄公三十一年的一段话为证:

> 公曰:"善哉,何谓威仪?"
>
> 对曰:"有威而可畏谓之威,有仪而可象谓之仪。君有君之威仪,其臣畏而爱之,则而象之,故能有其国家,令闻长世。臣有臣之威仪,其下畏而爱之,故能守其官职,保族宜家。顺是以下皆如是,是以上下能相固也。……君臣、上下、父子、兄弟、内外、大小皆有威仪也。"

这段话明确指出,"威仪"是体现社会上下等级、规范伦理制度的。而这种体现与规范主要是

---

[1] 姜昆武:《诗书成词考释》,齐鲁书社,1989年版,第324页。

通过在祭祀天神与祖神的活动中表演颂诗之舞容而实施的。故《左传》襄公三十一年紧接上段文字后说：

  文王之功，天下诵而歌舞之，可谓则之。文王之行，至今为法，可谓象之。有威仪也。

威仪最初由祭祀活动中通过表演颂诗之舞容而体现出来，后来则引申为对君王、大臣、士大夫在各种场合的仪表神态、行为举止的政治要求。故《左传》襄公三十一年最后总结说：

  故君子在位可畏，施舍可爱，进退可度，周旋可则，容止可观，作事可法，德行可象，声气可乐，动作有文，言语有章，以临其下，谓之有威仪也。

孔子是虞夏商周礼乐制度的继承者、总结者和实践者。《史记·孔子世家》载：孔子"追迹三代之礼，序书传，上纪唐虞之际，下至秦缪，编次其事"。"自卫返鲁，然后乐正，雅颂各得其所。"《论语》一书记载了许多孔子尊礼践礼的言行，尤其是孔子行"威仪"集中见于《乡党》篇：

  孔子于乡党，恂恂如也，似不能言者。其在宗庙、朝廷，便便言，唯谨尔。
  朝，与下大夫言，侃侃如也；与上大夫言，訚訚如也。君在，踧踖如也，与与如也。

孔子在不同场合，说话的态度、速度和多少均有不同，说明其自觉遵守等级礼仪。《孔子世家》载晏婴的话说："今孔子盛容饰，繁登降之礼，趋详之节，累世不能殚其学，当年不能究其礼。"再看《乡党》的具体描写：

  入公门，鞠躬如也，如不容。
  立不中门，行不履阈。
  过位，色勃如也，足躩如也，其言似不足者。
  摄齐升堂，鞠躬如也，屏气似不息者。
  出，降一等，逞颜色，怡怡如也。
  没阶，趋进，翼如也。
  复其位，踧踖如也。

李泽厚先生《论语今读》将这段话译为：

  孔子走进国君的大厅，弯着腰，好像容不下自己似的。不站在大厅中间，行走不踩门槛。走过国君的座位时，面色变得庄重，行步快速，话也好像没有了。提着衣襟走上台阶，弯着腰，轻声呼吸而不喘气。
  出来，走下一个台阶，就放松容貌，一种舒适、愉快的样子。走完了台阶，快走前进，像鸟展翅。回到原来的位置，一幅敬畏不安的样子。

孔子为什么要这样呢？原来是为了履行"威仪"。正如李泽厚先生在《论语今读》的《记》中所说:"本篇记述孔子严格遵循周人礼制的动作、行为、语言、姿态,如此严肃认真,一丝不苟,并充满如此庄重敬畏的情感态度。之所以如此,仍由于礼出乎巫,即原始巫术礼仪的制度化理性化之产物,其中保存和积淀了上述特征。"[1]这特征便是"威仪"。

到了秦汉以后,"威仪"便发展成一种特殊的礼仪,叫"礼容"。裘锡圭先生指出:"古代所谓威仪也就是礼容。《新书》的《容经》和《礼容经》讲的都是与威仪有关的事情。《容经》还专门谈到了什么叫'威仪',怎样算是'有威仪'。《史记·儒林列传》:'诸学者多言礼,……而鲁徐生善为容。'容貌之'容',本字当作'颂'。《说文》:'颂,皃(貌)也,从页,公声。'《汉书·儒林传》记徐生之事,就把'容'写作'颂'。苏林注:'《汉旧仪》有二郎为此颂貌威仪事,有徐氏,徐氏后有张氏,不知经,但能盘辟为礼容。'这个注清楚地说明'威仪'和'颂'是一回事。"[2]裘先生分析了"颂""威仪"和"礼容"的内在统一关系,至为正确。礼容到了西汉初年成了一种专门礼仪学问,师徒相传,与传礼经者并行发展。兹将裘先生所引《史记·儒林列传》一段文字全部录下,以便分析:

> 诸学者多言礼,而鲁高堂生最。本礼固自孔子时而其经不具。及至秦焚书,书散亡益多。于今独有士礼,高堂生能言之。
> 而鲁徐生善为容。孝文帝时,徐生以容为礼官大夫,传子至孙徐延、徐襄。襄其天姿善为容,不能通礼经;延颇能,未善也。襄以容为汉礼官大夫,至广陵内史。延及徐氏弟子公户满意、桓生、单次,皆尝为汉礼官大夫。
> 而瑕丘萧奋,以礼为淮阳太守。
> 是后能言礼为容者,由徐氏焉。

以上标点参考沈文倬先生说,而分段为我们的理解。第一句"诸学者多言礼,而鲁高堂生最",这里的"礼"指先秦古礼,包括由祭品、祭器组成的"礼物",由周旋揖让等舞容所组成的"威仪""礼仪",以及记载这些"礼物"与"礼仪"的"礼书"。而高堂生是最精通这些古礼的,所以说"高堂生最"。

"本礼"指的是礼书。在孔子时礼书还没有最后成为定本,所以说"其经不具"。虽然孔子后学在不断收集整理记录"礼物"与"礼仪"的"礼书",但"礼书"在秦大火中有散亡,只存下"士礼"较完整。"于今"指司马迁写《史记》时。当时有高堂生在讲礼书"士礼"。其后则有"瑕丘萧奋,以礼为淮阳太守"。这里的"以礼"指讲礼书士礼。

在汉代,除了高堂生、瑕丘萧奋等传礼书外,还有专事礼仪者,称为礼容。这就是"徐生善为容""以容为礼官大夫",以及徐生的后人徐襄"善为容","以容为汉礼官大夫",徐延及其弟

---

[1] 李泽厚:《论语今读》,生活·读书·新知三联书店,2004年版,第274~276页。
[2] 裘锡圭:《史墙盘铭解释》,《古文字论集》,中华书局,1992年版,第371~385页。

子亦"颇能"容,"皆尝为汉礼官大夫"。

就这样,在两汉时期,讲礼书与讲礼容者成为礼学的两个分支而并行发展。正如沈文倬先生所指出的:"《礼经》书本的传授者和汉仪的善容者分离开来,成为二个并列的系统,所以在此文中'礼'和'容'不是一个东西而分别传授:徐生、徐延、徐襄和徐氏弟子……都是传'容'的,而高堂生和萧奋是传《礼经》书本的,'以容'和'以礼'分道而行了。"[1]我们从两汉"礼容"一系的系统繁盛,可知先秦颂诗之舞容威仪的影响和深广。

四、简短余论

如前所述,从五帝时代到虞夏商周的原始宗教时代,在族群内举行祭祀活动中所表演的颂诗,既是宗教也是政治。颂诗之舞容通过扮演"神尸",沟通神灵而体现宗教;又通过表演"威仪",教育族众,培养国子,建立礼制而体现政治。为了分析的方便,我们在前文对颂诗舞容的这两种功能做了分别讨论。事实上,这两种功能是互为因果、融为一体的。在原始宗教时代的先民们看来,人格修养、伦理道德、社会礼仪都是在神灵的指导下反复演习而形成的,因此,相关工作都是神圣庄严的。正如李泽厚先生所指出的:

> 各种宗教正是通过仪式、典礼种种有组织的群体活动,将伦理道德的规则浸泡在炽热的神圣的情感信仰之中,产生出巨大的行动力量,使之成为人生的最终目标和生活归宿。宗教特别是宗教情感常常就这样成了道德心理的某种泉源。[2]

也正因为如此,先秦文献强调敬神对于礼治的重要性。《左传》襄公十一年:"礼,国之干也。敬,礼之舆也。不敬则礼不行,礼不行则上下昏,何以长世。"

中华文明五千年,从五帝文明起源到虞夏商周早期文明发展二千五百年之间,盛行原始宗教、血缘管理。这期间,以颂诗为中心的有组织的群体性的巫术祭祀活动,通过宗教功能与政治功能两方面,将原本分散的氏族成员的个体感性存在和情感活动有意识地组织起来,融为一体,训练了集体性、秩序性,同时也就是对个体性的情感、观念的规范化,最终培育了以血缘管理、农耕文化为背景的中华民族独有的礼仪文化。这种文化经过以颂诗为中心的祭祀活动的反复演习而渗透到每个族民的心灵之中,又通过世代相传而逐渐形成了中华民族独有的文化心理结构与民族精神。今天,我们研究颂诗的相关结构与功能,正是可以帮助我们认识中华民族这一文化心理结构的形成过程,从而更好地把握中华民族的文化特色,为今天的中国特色社会主义道路与理论提供悠久而深厚的历史依据。这,正是本文写作的目的所在。

---

[1] 沈文倬:《宗周礼乐文明考论》,浙江大学出版社,1999年版,第232页。
[2] 李泽厚:《人类学历史本体论》,天津社会科学院出版社,2008年版,第217页。

清华简《命训》初探

刘国忠

(清华大学　出土文献研究与保护中心)

2008年7月,经校友捐赠,清华大学入藏了一批珍贵的战国竹简,总数约为2 500枚,其内容多为经史一类的典籍,引起了社会各界的普遍关注。在有关单位的大力支持下,作为清华简系列整理报告的《清华大学藏战国竹简》已经陆续出版了四辑,其中所公布的简文已成为学术界研究讨论的一个热点。当前,清华简第五辑整理报告的编写工作已经完成,将于近期正式出版。本文所讨论的《命训》篇,即为收入于第五辑整理报告的一篇重要文献。

清华简《命训》一共由14枚简组成,三道编,全篇各简均有不同程度的残损,估计完简的长度约为49厘米,其中第一、二、三、七、九、十二、十四、十五诸简的文字受到一定损毁。除最后一支简外,每支简的简背应均有次序编号[1],书于竹节处。全篇原无篇题,经核对,其内容与《逸周书》的《命训》篇大致相合,当系《命训》篇的战国写本,因此整理者径以"命训"来命名本篇。这是继《程寤》、《皇门》、《祭公》诸篇之后,在清华简中所发现的又一篇《逸周书》文献[2],意义十分重大。

《命训》在传世的《逸周书》一书中,地位特别重要。我们知道,《逸周书》一开头就是《度训》、《命训》、《常训》三篇,这三篇文献常被合称为"三《训》",它们的内容和地位都极为特殊。学者们曾评论说:"三《训》居《逸周书》之首,述治政之法,开为王者立言之宗,主领全书之旨。"[3]清代学者孙诒让甚至以为三"训"可能是《汉书·艺文志》所载《周训》一书的子遗:"《汉书·艺文志》道家有《周训》十四篇,此(引者按:指《度训》篇)与下《命训》、《常训》三篇义恉与道家亦略相近,此书如《官人》、《职方》诸篇,多摭取古经典,此三篇或即《周训》遗文仅存者"[4],足见这三篇文献的重要地位。

---

[1] 其中第四简的竹节处残断缺失,情况不明;第十四简的"十"字亦缺损,仅残留"四"字。
[2] 清华简的《保训》篇,学者们已经指出其与《逸周书》关系密切,不过《保训》篇本身并不在《逸周书》的篇目之内。
[3] 王连龙:《逸周书研究》,社会科学文献出版社,2010年版,第93页。
[4] [清]孙诒让:《周书斠补》卷一,《大戴礼记斠补》一书所附,齐鲁书社,1988年版,第61页。

由于《逸周书》在历史上长期湮没不彰,久无善本,在辗转的传抄过程中,文字的讹脱现象十分严重。清华简第一辑整理报告出版之后,学者们已利用收入于第一辑中的《皇门》、《祭公》诸篇来校正《逸周书》中的同篇文字,取得了众多的成果。《命训》篇的情况同样如此,对照简文,可知传世的《命训》文本存在诸多的文字错讹之处。因此,本篇简文可在很大程度上帮助我们复原《命训》篇的原貌,对于我们解读传世本《命训》具有十分重要的意义。以下我们可以举一些实例来加以说明。

传世本《命训》的开头有:"大命有常,小命日成。成则敬,有常则广,广以敬命,则度至于极"的论述,这段话的前几句多为四字一句,只有"成则敬"是三字一句,显得非常突兀,以往已经有一些学者怀疑此处有脱字,但苦于没有版本方面的证据。现在我们看清华简的抄写本,在"日"、"成"二字下各有重文符号,因此"成则敬"一句显然本应该作"日成则敬",这样正好也是四字一句,与前后文句式一致,而且内容衔接非常紧密,显然要优于传世本。

传世本《命训》有"夫司德司义,而赐之福禄。福禄在人,能无惩乎?若惩而悔过,则度至于极"之说,接着又言:"夫或司不义,而降之祸;在人,能无惩乎?若惩而悔过,则度至于极。"两句话的内容一正一反,然而句式之间也是不太对应,而正反二者都是"若惩而悔过,则度至于极",更为奇怪。现在我们看到竹简本后,对于其中的疑问就可释然了。原来,传世本的"夫司德司义,而赐之福禄"一句,在清华简《命训》中作"夫司德司义,而赐之福",少了一个"禄"字。对比后文的"或司不义,而降之祸"句,一为赐福,一为降祸,二者对应紧密,句式整饬,可知传世本此处的"禄"字当为衍文。再如传世本前一句说是"福禄在人",而与之对应的后一句仅有"在人"二字,在清华简《命训》中,前一句内容相同,后一句则作"祸过在人",二者完全对应,显然也优于今本[1]。至于传世本有两句相同的"若惩而悔过,则度至于极"之论,学者们早已指出,第一句与福禄对应的"若惩而悔过"有误,但对原句的内容,大家猜测不一,丁宗洛怀疑"悔过"二字当为"迁善"之误;唐大沛也主张"惩而悔过"一句系涉下文而误,但认为原句应当是"劝而为善",这些学者的怀疑是很有道理的,但由于他们没有更好的版本,所以无法获知原句的真实情况,现在我们在清华简中终于可以了解这句话的原始面貌,简文此句全文是:"福禄在人,人能居,如不居而圣义,则度至于极。"与传世本对照,内容有较大的不同,整理报告指出,"居"应当训为安处;"圣"字从又,主声,属章母侯部字,可读为定母东部之"重"字,其说可从。简文的大意是说,当福禄降临到人的身上,人都会安处于其中。如果能不安处于福禄之中而去重视道义,则法度就能够中正。

传世本《命训》有"夫天道三,人道三:天有命,有祸,有福;人有丑,有绋绁,有斧钺"的记载,如果按照天道的顺序,是"命"、"祸"和"福",而人道却是"丑"、"绋绁"、"斧钺",其顺序不能

---

[1] 丁宗洛也注意到这二句的不对应,但他不是怀疑后一句有脱文,反而主张"福禄在人"的"福禄"二字为衍文,在思路方面存在错误。

完全对应。现在看清华简《命训》,该句作:"夫天道三,人道三:天有命,有福,有祸;人有佴,有市冕,有斧钺"。"市冕"即今本的"绋绖","竹简本"有福"与"有祸"分别对应的是"有市冕"和"有斧钺",次序非常合理,可见今本的"有祸"与"有福"二字应当对调。"丑"即"佴"字,说详后。

从以上这些例子可以看出,清华简《命训》的文字内容在很多方面都要优于今本,可以校正今本中的很多讹误,值得我们认真加以探究。

清华简《命训》的问世,其意义是多方面的,其中还有一个特别的作用,是有助于我们重新判断三《训》的写作时代。

《度训》、《命训》、《常训》关系十分密切,学者们早已指出,这三篇文献具有"均以'训'名,同讲为政牧民之道,性质相同,文气相类,内容相贯"[1]的特点,王连龙先生曾从三《训》"均以'训'命名"、"重复词语习见"、"所用句式多相同"、"篇章结构相类"、"主题思想一致"等五个方面,详细论证了它们之间的密切关系[2];清人唐大沛甚至根据这三篇文献"脉络相连,义理贯通"的特点,怀疑它们本为一篇文献,"而后人分为三篇"[3]。现在清华简《命训》的发现,证明唐大沛认为三《训》本为一篇的说法显然不确,不过三《训》属于同一时期的作品,却是毫无疑问的事实。

然而,三《训》究竟写成于何时,学术界以往的认识存在很大的分歧。《周书序》言:"昔在文王,商纣并立,困于虐政,将弘道以弼无道,作《度训》。殷人作教,民不知极,将明道极,以移其俗,作《命训》。纣作淫乱,民散无性习常,文王惠和化服之,作《常训》",认为这三篇是商末时周文王所作。朱右曾据此《序》,认为三《训》应当是文王任商朝的"三公"一职时所作:"文王出为西伯,入为三公,陈善纳诲,固其职分。然以纣之昏闇,犹惓惓乎欲牖其明,则忠之至也,三《训》盖皆为三公时所作。"[4]按照此说,三《训》应当是商末的文献。不过现代学者多怀疑这种看法。黄怀信先生通过三《训》文气及前人征引情况,断定"三《训》有可能出自西周,不过以文字观之,似当为春秋早期的作品";罗家湘先生也认为三《训》等以数为纪的篇章"写定于春秋早期"[5];李学勤先生则指出"《度训》、《命训》等多篇文例相似,可视为一组,而《左传》、《战国策》所载春秋时荀息、狼瞫、魏绛等所引《武称》、《大匡》、《程典》等篇,皆属于这一组。由此足见在书中占较大比例的这一组,时代也不很迟"[6],但对于这一组文献的大致写作年代,李先生没有给出具体的意见。这些学者都倾向于三《训》写作时代较早。与此同时,也有许多学者认为三《训》时代较晚,如王连龙主张"三《训》文辞不古,思想、主张多与战国诸子相仿佛,

---

[1] 黄怀信:《逸周书源流考辨》,西北大学出版社,1992年版,第91页。
[2] 王连龙:《逸周书研究》,社会科学文献出版社,2010年版,第94~95页。
[3] 唐大沛:《逸周书分篇句释》,转引自《逸周书汇校集注》,上海古籍出版社,2007年版,第41页。
[4] 黄怀信等:《逸周书汇校集注》,上海古籍出版社,2007年版,第1118页。
[5] 罗家湘:《逸周书研究》,上海古籍出版社,2006年版,第12页。
[6] 李学勤:《逸周书汇校集注·序言》,上海古籍出版社,2007年版,第3页。

成书于战国时期更为可能"[1]。有的学者甚至认为三《训》写成于汉代,如明代的方孝孺、日本学者津田左右吉等[2];明代的郑瑗在《井观琐言》卷一中甚至怀疑《逸周书》是"东汉魏晋间诡士所作",按照此说,三《训》自然也属于这一时期的伪作。这种种看法之间,对于三《训》时代的判定竟然相差了一千多年,令人无所适从。

　　清华简《命训》的发现,为我们考察《命训》篇的写作时代提供了重要证据。清华简的抄写时代是公元前305年左右,证明当时已有该篇的写本流传,这已经是该篇写作时代的下限。那么,《命训》篇是否就是战国时代的作品,抑或还能追溯到更早? 这一问题值得我们做进一步的讨论。

　　主张本篇写于战国时代的学者中有两个很重要的理由是:《命训》篇中包含了性恶论的成分;《命训》等诸篇所使用的顶针格的修辞方法是战国时代的特色。不过在笔者看来,这两个理由并不是那么充分。

　　《命训》有"夫民生而丑不明,无以明之,能无丑乎? 若有丑而竞行不丑,则度至于极"的论述,理解这句话的最关键之字是"丑"字,但对于此"丑"字,学者们理解有很大的分歧,主要有三说:

　　第一种观点,是把"丑"字训为"恶"。潘振即持此说,他认为:"丑,恶也。言民生而恶,其德不明,民不能自明也。司德者能无著其恶乎? 民知有恶,而强行于善,斯不恶矣。"按照这一理解,《命训》的这句话就是在论述人性本恶,我们知道,与孟子同时的告子曾提出人性恶的主张,但直至荀子才把性恶论最后确立,如果《命训》此处是在说明人性本恶,自然不可能早于战国中期。一些学者认为《命训》的时代很晚,与此处性恶论的理解有很大的关系[3]。

　　第二种意见,是把"丑"字理解为"类",指善恶。唐大沛即有此论,他的解释是:"丑,类也,指善恶言。不明,言善恶易淆,真知者鲜。分辨善恶,即所谓明丑。民愚职暗,不能自明也,君上能无彰善瘅恶以明其丑乎? 民虽有善有恶,而争自琢磨,同归于善,是竞行不丑矣,是则治法尽善。"这种理解也有其训诂的依据。"丑"可训为"恶",也可训为"类",如《国语·楚语下》:"官有十丑。"韦昭注:"丑,类也。"而"类"又可训为"善",如《诗经·大雅·皇矣》:"克明克类。"郑笺:"类,善也"。因此,唐大沛认为此处的"丑"训为"善恶",也有其一定的道理。但是这一理解仍然是从人性论的角度来考虑的,认为人性有善有恶。

　　第三种理解,是把"丑"训为"耻"。如陈逢衡云:"丑,耻也。言民生而为气所拘、物欲所蔽,举凡可耻之事无以涤其旧染而明之,则必自陷于罪矣,在上者能无激发其耻乎? 若人皆知有耻而至于无耻可耻,则竞行不耻矣。故民协于度。""丑"训为"耻",这一训诂也有先例,如《战国策·秦策》:"皆有诟丑",高诱注:"丑,耻",即为其例。

---

[1] 王连龙:《逸周书研究》,社会科学文献出版社,2010年版,第93页。
[2] 见明方孝孺《逊志斋集》卷五《读汲冢周书》及津田左右吉的《儒教的研究》等书中的相关讨论。他们都不约而同地主张《逸周书》是汉人的伪作。
[3] 近年来王连龙先生对《逸周书》做了很多研究,取得了很好的成果。但在关于三《训》的写作时代分析方面,他即认为三《训》"主张人性为'丑'的观点,基本属于以荀子为代表的儒家性恶论。……三《训》所主张的人性论当为性恶论的初级发展阶段,与荀子之性恶论相衔接"(王连龙:《〈尚书〉三〈训〉人性观考论》,《辽东学院学报》,2009年第1期)。

以上三说中,除第二种意见略嫌迂曲外,第一种和第三种观点都有各自的道理,但是哪种理解更符合其愿意,在传世本中并不易做出明确的判断,而清华简《命训》的公布,使我们可以在这些不同的训释中做出明确的选择。

在清华简《命训》中,与传世本对应的全句是:"夫民生而佴不明,上以明之,能亡佴乎?如有佴而恒行,则度至于极。"传世本与竹简本两种版本体系的异文中,有的可以互通,如"无"与"亡","若"与"如",但也有一些有重要意义,如传世本的"无以明之",清华简本作"上以明之",简本显然更为准确。推测传世本的"无"字本应作"亡","亡"字古文字写法与"上"较接近,遂致发生讹误。

不过,在这二种版本的异文中,最关键的差异是:与传世本"丑"字相对应的文字,在清华简中作"佴"。"佴"即"耻"字,司马迁《报任安书》有"而仆又佴之蚕室"之文,此处的"佴"也训为耻,即是说司马迁遭受了去蚕室受宫刑之耻。从清华简《命训》中可以看出,传世本《命训》中的"丑"都应当训为"耻",才符合原义。而以往有些学者把"丑"训为"恶",并进而从人性为恶的角度来总结相关的讨论,显然是不准确的。可见,《命训》篇并没有人性恶的观点,更不能据此来讨论《命训》篇的写作年代。

《命训》等篇中另外一个很引人注目的现象,是大量运用了顶针格的修辞手法。所谓"顶针格",亦称"顶真格"、"联珠格",就是以前一句末尾的词语作为后一句开头的词语,上递下接,紧凑相连,生动畅达,读起来抑扬顿挫,缠绵不绝。在《命训》篇中,这种顶真格的使用随处可见,如:

极命则民墮,民墮则旷命,旷命以诫其上,则殆于乱;
极福则民禄,民禄则干善,干善则不行;
极祸则民鬼,民鬼则淫祭,淫祭则罢家;
极丑则民叛,民叛则伤人,伤人则不义;
极赏则民贾其上,贾其上则民无让,无让则不顺;
极罚则民多诈,多诈则不忠,不忠则无报。
凡此六者,政之殆也。

《命训》等篇中大量使用这种顶针格的特点,早已受到学者们的关注[1],不少学者还根据《逸周书》多用顶针格的特点,断定该书的这些篇章是战国时代的作品[2]。这种观点现在看来还可以商榷,因为在春秋时期的许多文献中都已有顶针格使用的情况,如《左传》文公十八

---

[1] 黄沛荣:《周书研究》,台湾大学 1976 年博士学位论文。
[2] 周玉秀的《逸周书的语言特点及其文献学价值》(中华书局,2005 年版)第五章的第二节《逸周书的顶真格及其文献学分析》对此有专门讨论。作者认为,顶真格的盛行是在战国时代;《逸周书》中运用顶真格的各篇,还可以依据其特点的差异,分为战国早期与中晚期的不同。

年有"则以观德,德以处事,事以度功,功以食民"的论述,并说这是周公制作周礼时的教诲。如果此说可信,则在西周时期已经有顶针格的使用。而在《左传》中,这种顶针格的句式颇为常见,如:

  名以制义,义以出礼,礼以体政,政以正民,是以政成而民听。(《左传》文公二年)

  闰以正时,时以作事,事以厚生,生民之道于是乎在矣。(《左传》文公二年)

  服以旌礼,礼以行事,事有其物,物有其容。(《左传》昭公九年)

  味以行气,气以实志,志以定言,言以出令。(《左传》昭公九年)

  而在其他一些与春秋时代有关的文献中,这种顶针格的使用亦能常常见到。如《国语·晋语八》有"图在明训,明训在威权,威权在君"的论述;《老子》第 25 章有"人法地,地法天,天法道,道法自然"的见解;而在《论语·子路》篇中,孔子则有"名不正则言不顺;言不顺则事不成;事不成则礼乐不兴;礼乐不兴则刑罚不中;刑罚不中则民无所措手足"的名言;而《左传》成公二年也曾引用孔子"名以出信,信以守器,器以藏礼,礼以行义,义以生利,利以平民,政之大节也"的高论。从这些记载来看,春秋时期,顶针格的句式早已存在,并得到广泛运用,如果仅依据顶针格手法的运用,判断文献的写作时代为战国时代,不免失之偏颇。

  既然以往认为三《训》作于战国的观点不能成立,那么三《训》的成书年代大致在什么时候呢?实际上传世文献中也有一些重要的线索。

  《左传》襄公二十五年载卫大叔文子之言:"慎始而敬终,终以不困"。前人已经指出,这句话见于三《训》中的《常训》篇:"慎微以始而敬,终乃不困。"可见《常训》篇当时已经成书,而鉴于三《训》之间的紧密关系,可以推定《命训》篇当时也应该已经成书。不仅如此,《左传》襄公十一年魏绛所引《书》的"居安思危"一句,出自《逸周书》的《程典》篇;而《左传》文公二年记载狼瞫所引《周志》的"勇则害上,不登于明堂",则源于《逸周书》的《大匡》篇,而这些篇都与三《训》十分密切。因此,也可以说,至迟在春秋中期,《命训》及其他一批过去认为较晚的《逸周书》篇章已经出现。清华简《命训》篇的发现,为这一结论提供了重要的依据。

  清代学者朱右曾在《逸周书集训校释序》中曾言:"愚观此书,虽未必果出文、武、周、召之手,要亦非战国秦汉人所能伪托。"从清华简《逸周书》诸篇的面世来看,朱氏此说可谓至当。可见,随着《逸周书》研究的深入进行,还有许多重要的课题有待于学者们继续探究。

清华竹简及齐史偶札

孙敬明　吉树春

（山东　潍坊市博物馆）

近期陆续整理出版之《清华简》，乃我国历史上发现的最为重要且研究成果极尽科学之典籍，为揭示以往文献所未备载和拓展先秦史之探索研究提供了新的基础资料；而随同发布的清华大学出土文献研究中心之相关成果诚为科研之典型，亦为相关领域之探索以重要启迪。笔者瞻读大作而受益匪浅，或有所及，特作札记两则。

一、清华简及典籍"师尚父"西周金文"齐师"与类证

《清华简·良臣》所记文王良臣多位，其中"又（有）帀（师）上（尚）父。"注释谓："帀上父，即《诗·大雅·大明》"师尚父"，清华简《耆夜》作"吕尚父"，即齐太公，《古今人表》列在"上中"。

《史记·齐太公世家》："太公望吕尚者，东海上人。其先祖尝为四岳，佐禹平水土有功。虞夏之际封于吕，或封于申，姓姜氏。夏商之时，申、吕或封枝庶子孙，或为庶人，尚其苗裔也。本姓姜氏，从其封姓，故曰吕尚。"《集解》："谯周曰：'姓姜，名牙。炎帝之裔，伯夷之后，掌四岳有功，封之于吕，子孙从其封姓，尚其后也。'按：后文王得之渭滨，云：'吾先君太公望子久矣'，故号太公望。盖牙是字，尚是其名，后武王号为师尚父。"

两周金文与文献互证，齐姜姓。据此记载姜姓之裔，或在申、吕，故又以地名为氏，所以称作"吕尚"。山东高青陈庄齐墓出土铜器铭文，则明言"文祖甲齐公"，可见此"齐"为吕尚之新封地。或因其伐商大功，而受封齐地，遂以新封地之名，名其氏也。由此可见，吕、齐之别当在西周初太公肇封之时。同时，律之常理，齐地之名应在西周之前既已存在，且此地名已经先见于商代殷墟卜辞，可证。《集解》所谓"太公望"之"太公"称谓，或不应该为文王之语；而"武王号为师尚父"之谓，应属确当。

陈庄出土西周早期青铜器引簋与陕西安康出土史密簋、登莱之地出土师寰簋及以往载录

之妊小簋四器铭文均见"齐师",其中又以引簋时间为最早,并且明确出土于齐地齐墓。有关"齐师"之称或"师某"之职,可以如下诸器为例:

1. 引簋铭记:"王若曰:'引,余既命汝,更乃祖,执司齐师。'"[1]此处之"更",应读为"赓续"之"赓",意为继承引之祖上的职司为齐师之长。
2. 史密簋铭:"王令师俗、史密曰'东征……'师俗率齐师……史密右率族人……"[2]
3. 师寰簋铭:"王若曰:'师寰……今余肇令汝率齐师。'"(《三代》9·28·1～2)[3]
4. 妊小簋铭:"白(伯)芳父事(使)囗犅(觐)尹人于齐师,妊小从。"(《集成》04123)
5. 元年师史簋铭:"王呼作册尹册命师史曰:'备于大佐,官司丰还……'"
   五年师史簋铭:"王曰:'师史,令汝羞追于齐……敬毋败绩。'"[4]

由铭文所证,西周时期掌管某地驻戍军队——师之长官名称曰"师",如"师俗"、"师寰"、"师史"、"师旃"与"师酉"等,而"师"后所缀之"俗"、"寰"、"史"、"旃"与"酉"等,则谓之私名。引簋之"引",合其官职应名作"师引",因是自作器铭,尽管铭文语境未出现官职与名字合称,然由王命之"执司齐师",其则当称作"师引"。

再由铭文与文献合证,则知西周初年武王命吕尚为东方驻戍王师之长官,且又为前朝老臣,故而名之曰"师尚父"。称"师某"者多见,而称"师某父"者则少见,如禹鼎"师雍父"、元年师兑簋"师龢父"、小臣传卣"师田父"与永盂"师俗父"等。引簋铭记:"王若曰:'引,余既命汝,更乃祖,执司齐师。'"由陈庄墓葬形制与出土器物组合以及铭文内容看,可知此引应是齐国太公之后,属于裔孙之辈,并且由于齐地所处的军事地理位置,所以齐地之师的设置延续时间较长。由师寰簋铭证知,最迟至西周晚期此地仍延续旧制,设有齐师驻扎卫戍。而此引簋之"引",则是西周前期累世继承太公齐师长官之职的一位师长。

关于师为职官,最早见于殷墟卜辞,继而多见于西周金文。张亚初与刘雨合著的《西周金文官制研究》指出:"在殷墟卜辞中有一种职官称𠂤,如𠂤般、𠂤贮、𠂤山、𠂤虎、𠂤高、𠂤戈、𠂤更等等(参《殷墟卜辞总类》四四〇页等)。𠂤即师。从他们在卜辞中活动看,主要是军事活动,恐怕商代之𠂤(师)基本上就是军事将领。西周铭文中的职官之师一般都写作师,个别也

---

[1] 山东省文物考古研究所:《山东高青县陈庄西周遗存发掘简报》,《考古》,2011年第2期;参见李学勤、刘庆柱、李伯谦、李零、朱凤瀚、张学海、王恩田、王树明、方辉、郑同修、魏成敏、王青、靳桂云:《山东高青县陈庄西周遗址笔谈》,《考古》,2011年第2期。

[2] 参见李启良:《陕西安康市出土西周史密簋》,《考古与文物》,1989年第3期;吴镇烽:《史密簋铭文考释》,《考古与文物》,1989年第3期;张懋镕:《史密簋发现始末》,《文物天地》,1989年第5期;张懋镕、赵荣、邹东涛:《安康出土的史密簋及其意义》,《文物》,1989年第7期;李仲操:《史密簋铭文补释》,《西北大学学报》,1990年第1期;陈全方、尚志儒:《史密簋铭文的几个问题》,中国古文字研究会第八届年会论文,1990年11月;张懋镕:《史密簋与西周乡遂制度——附论周礼在齐》,《文物》,1991年第1期;李学勤:《史密簋铭所记西周重要史实》,《中国社会科学院研究生院学报》,1991年第2期;孙敬明:《史密簋铭笺释》,《故宫学术季刊》(台北),1992年夏季。

[3] 据清代潍县著名金石学家陈介祺批校《筠清馆金文》,称见于著录的西周晚期名器师寰簋"出登莱地归余器、盖二"今藏上海博物馆。从铭文所记"今余肇命汝率齐师"等推考,这位"师寰"与"师引"及文献简册之"师尚父"均当为齐国人。

[4] 郭沫若:《长安县张家坡铜器群铭文汇释》,《考古学报》,1962年第1期。

有像殷墟卜辞那样,写成𠂤的……西周之师与商代之师应有一定的继承关系。"但是随社会发展人事日繁,西周金文所见师为职官之资料很多,并且师官职司较之商代更为复杂。虽然同名为师,但是职掌却大不相同,据《西周金文官制研究》,师官一职,其职司约分六种,一为军事长官,率领军队参加战争;二为周王的禁卫部队长官;三为周王出入王命,巡视地方,在锡命礼中作宾右;四为王之司寇及司土;五为王管理王室事务;六为王任教育之事。尽管职事纷纭,但由铜器铭文所记各师职司自然明了[1]。如上揭有关齐师的师引、师俗、师裒、师史五件铜簋铭文所记之"师",显然是军事长官。

先恩师于思泊(省吾)先生指出:"甲骨文和西周金文师旅之师均作'𠂤',而西周金文职官之名则多作'师'。从西周金文中可以看到,当时周王国的直属军队一共有十四个𠂤,分为两个体系。其中的'六𠂤'为周人军队,因为周人兴起于西方,故也称之为'西六𠂤';其中的'八𠂤',则系周人克殷后,将殷人的投降军队改编而成,故也称之为'殷八𠂤'。"[2]

据西周金文所见,今山东之地当其时有"郯𠂤"与"齐𠂤"。"郯𠂤"之见如于先生所言:"凡金文中地名之称'某𠂤'者,'𠂤'的上一字为原有地名,'𠂤'字则由于时常为师旅驻扎而得名。如《矢令簋》称:'王于伐楚白,在炎。'后来因为'炎'为师旅常驻之地,故《召尊》称之为'炎𠂤'。"唐兰先生将作册矢令簋铭文隶定为:"隹(唯)王于伐楚,白(伯)在炎(郯)……可以说明昭王在伐楚的时候,伯懋父正在炎𠂤。炎就是郯,《汉书·地理志》:'东海郡郯,故国,少昊后,盈姓。'在现在山东省南部接近江苏省的地方。"唐先生在同文中连带考释召尊、召卣铭文的"炎(郯)𠂤",认为"炎"地亦称"炎𠂤"[3]。齐𠂤则见如李零先生所言之:陈庄引簋与史密簋、师裒簋及妊小簋四器。关于引簋金文之"齐师",李零先生指出:"《左传》记太公之封,有所谓'五侯九伯,女实征之'(《左传》僖公四年)。我理解,'五侯'是齐、鲁、晋、卫、燕('五侯'见保尊、保卣);'九伯'是其他小国,整个东方,是交太公镇守。这里,齐师的长官是由周天子亲命,赏赐规格很高,可见齐师并不完全是齐侯之私属,而是周人驻屯东方的一个'大军区'。"[4]此后,李零先生又撰文,其中一节专"说'齐师'",谓:"周初封建,地位最高,是齐、鲁、晋、卫、燕。晋封于夏地,卫封于殷地,齐、鲁封于东夷之地,燕封于北戎之地。其次还有许多同姓小国和异姓小国,穿插其间。这是一次全面的军师占领,五侯之地犹如五大军区。我理解'五侯'是齐、鲁、晋、卫、燕;'九伯'是穿插其间的小国;'征'是从四方征贡赋,不履行义务的国家,可以兴兵讨伐;'履'是践踏其疆土四至。齐国,在周土之东境,不仅对镇抚东夷之地至关重要,而且对整个东土的安全也至关重要。周天子命齐太公享有'五侯九伯,女实征之'的特权,意义

---

[1] 张亚初、刘雨:《西周金文官制研究》,中华书局,1986年版。
[2] 于省吾:《略论西周金文中的"六𠂤"和"八𠂤"及屯田制》,《考古》,1964年第3期。
[3] 唐兰:《论周昭王时代的青铜器铭刻》,《古文字研究》第二辑,中华书局,1981年版。
[4] 李零:《山东高青陈庄西周遗址笔谈》,原载《考古》2011年2期,《海岱考古》第四辑转载,科学出版社,2011年版。

非同寻常。"[1]

由以上铭文可以证明，西周建国初期，武王东封吕尚，一是齐师之长，所以文献记载称之为"师尚父"；也是齐地之首领，文献记载称之为"齐太公"；又因属于开国之君，故铜器铭文称之为"文祖甲齐公"。而引簋之所以能够有资格受王命，担当齐师之长，是因其祖上太公始任此职务，后世子孙累世承继。引簋铭文所谓："唯正月壬申，王格于龚太室。王若曰：'引，余既命汝更乃祖，执司齐师……'引拜稽首，对扬王休……用作幽公宝簋，子子孙孙宝用。"而此铭文中的"幽公"就是指齐太公。如著名的史墙盘铭文："青幽高祖在微灵处，雩武王既捷殷，微史烈祖乃来见武王。"李学勤先生谓："青，读为静。幽，《说文》：'隐也'。两字义近，都见于《谥法》。幽本非恶谥，一些研究金文的著作都已指出。高且，高祖。"[2]徐中舒先生指出："青，深蓝色，幽，黑色，以此比高祖有深远的谋略。"[3]裘锡圭先生释为"静幽的高祖在微地'灵处'"。并注曰："'静幽'是赞美高祖之词，以'幽'为贬词乃后起之说，见《积微居金文说》197页。"[4]而此引簋所谓之"幽公"，堪比裘锡圭先生所言，当"是赞美高祖之词"，亦与徐中舒先生所谓是"以此比高祖有深远的谋略"也。陈庄出土丰器铭文称："文祖甲齐公"，丰应属太公之孙辈，而此继承"幽公"（高祖）之"师"官职者引，则有可能为太公之五世孙。

《史记·齐太公世家》称吕尚"所以事周虽异，然要之为文武师……其事多兵权奇谋，故后世之言兵及周之阴权皆宗太公为本谋……于是武王已平商而王天下，封师尚父于营丘。"可见吕尚有兵权奇谋，而且有战争实践，其在剪灭殷商王朝战争中的出色表现和决定性的作用，体现出其成熟军事家的谋略智慧。所以，东方甫定周武王分封功臣谋士时，即封吕尚于齐，并且东道就国。如若鲁周公、燕召公各以其子就封的话，则太公就封应该出于周王室经略东方的考虑。太公还与莱人发生了争营丘的战事。

太公除受封齐地外，还有军事特权。即如《史记·齐太公世家》所言："太公至国，修政，因其俗，简其礼，通商工之业，便鱼盐之利，而人民多归齐，齐为大国。及周成王年少时，管蔡作乱，淮夷畔周，乃使召康公命太公曰：'东至海，西至河，南至穆陵，北至无棣，五侯九伯，实得征之。'齐由此得征伐，为大国。都营丘。"对此征伐特权，直至春秋时期管仲仍能熟知。他在齐桓公征伐楚国时称："昔召康公命我先君太公曰：'五侯九伯，若实征之，以夹辅周室。赐我先君履，东至海，西至河，南至穆陵，北至无棣……'"凡此所言并非虚语，而楚王之师对此亦无疑议。

《清华简》文"师"作"帀"、"𠂤"、"𠂤"，两周金文作"帀"、"𠂤"、"师"，殷商甲骨文作"𠂤"，可见竹简与金文形体结构并未出现大的变易，并且清华简与金文、典籍、石刻文字类有通假。

---

[1] 李零：《谈陈庄遗址出土的青铜器铭文》，《海岱考古》第四辑，科学出版社，2011年版。
[2] 李学勤：《论史墙盘及其意义》，《考古学报》，1978年2期。
[3] 徐中舒：《西周墙盘铭文笺释》，《考古学报》，1978年2期。
[4] 裘锡圭：《史墙盘铭文新解》，《文物》，1978年3期。

如《清华简·系年》第十四章有齐国大夫"安子"即文献之"晏子",亦即晏弱,且事件与文献相合。

首都师范大学近年新征集西周晚期眔旻生之孙鼎,铭文曰:"眔旻生之孙哀为妃善(膳)会(脍)鼎,用征用行,万年无疆,子子孙孙永保用之。"[1]铜鼎铭文"旻生",报道者释之为"旻甥",并谓此"旻甥"即"晏甥",与晏子世家有姻亲,均可从。古文字中旻、晏、安得通假。高亨先生《古字通假会典》:晏与安通假,《书·尧典》:"钦明文思安安。"《论衡·恢国》安安作晏晏。《后汉书》李注引《尚书考灵耀》安作晏。《左传》哀公六年:"安孺子。"《史记·齐太公世家、田敬仲完世家》、《汉书·古今人表》作"晏孺子"。《汉书·古今人表》:"齐晏孺子。"颜注:"即安孺子也。"[2]汉画像石摹刻历史名人,春秋之晏子往往题署刻作"安子",此可参见蒋英炬、蒋群合撰《从汉代画像中说晏子》[3]。凡此均可证古代晏与安相通假。而旻与晏则属于异体字。

汉画像石中所摹刻人物画像题名"晏子",有作"安子"者,其与清华简所记的旻弱不同,而是旻弱之子晏婴。可见从西周到战国时期直至汉代,无论南北、民间与官府,文字通假应用风气一致。

二、齐 国 长 城

《清华简·系年》第十七章:"晋庄平公即位元年,……平公帅师会诸侯,为平阴之师以围齐,焚其四郭,驱车至于东亩(或释之为"海")。"事见《左传》襄公十八年(公元前555年)冬十月,为抵御晋等十二国诸侯联军,"齐侯御诸侯于平阴,堑防门而守之广里。……十一月丁卯朔,入平阴,遂从齐师。……十二月……己亥,焚雍门及西郭、南郭。……壬寅,焚东郭、北郭。……甲辰,东侵及潍,南及沂"。从十月齐侯堑防门而守之广里,至十一月丁卯晋军等入平阴,至十二月己亥焚雍门、西郭、南郭;由此丁卯至己亥凡三十三天;己亥至壬寅四天完成包围齐都之战;壬寅至甲辰三天由临淄而抵达潍水。多国军队从十月到十二月才由平阴进攻到临淄;由包围临淄而挥师潍水仅仅七天,而防门之攻取则用一个多月时间,由此可见当时晋军等在齐国平阴防门一带战事所用时间最长,显然是由于齐国防门一带军事防御体系完备,故能使战事绵延月余。至此,我们自然联想到当时该段长城的军事防御作用。

《清华简·系年》第二十章:"晋敬子立又十一年(公元前441年),赵桓子会诸侯之大夫,……遂以伐齐,齐人焉始为长城于济,自南山属之北海。晋幽公立四年(公元前430年),

---

[1] 马保春、袁广阔:《改善鼎铭文考释》,《文物》,2012年第10期。
[2] 高亨:《古字通假会典》,齐鲁书社,1989年版,第172～173页。
[3] 蒋英炬、蒋群:《从汉代画像中说晏子》,《晏子研究文集》,齐鲁书社,1998年版,第481～482页。

赵狗帅师与越公朱句伐齐，晋师入长城句俞（渎）之门。"

《清华简·系年》第二十二章："楚声桓王即位（楚声王元年为公元前407年，或为前404年）……韩虔、赵籍、魏系帅师与越公翳伐齐，齐与越成，以建阳、巨陵之田，且男女服。……晋师大败齐师，齐师北，晋师逐之，入之泲水……齐与晋成，齐侯盟于晋军。晋三子之大夫入齐，盟陈和与陈淏于溋门之外，曰：'毋修长城，毋伐廪丘。'"研究者或以为"齐人焉始为长城于济，自南山属之北海"，此时齐长城是沿济水而到"北海"的。如简册出自楚人之手，其或未到齐地，笔者以为凡此"北海"乃泛指，同意诸家关于长城到东海的认识[1]。

春秋战国时期，齐国西境有济水与黄河两重防线，"济上"是齐国重地，黄河的西岸也有齐国的城邑。战国时期，今沧州与天津静海是齐国的"北地"。1957年3月发掘的天津东郊张贵庄战国墓群，出土Ⅱ式陶鼎之特点与山东平度东岳石的同期齐国墓出土者相类似[2]。尤为重要的是，在天津静海县西钓台遗址采集到一块泥质红陶量器残片，印有"陈和志左廪"圆形戳记，说明其是典型的由齐国统一制造的量器。"这里有些战国陶器的特点和作风，也不见于燕下都。联系到天津南部一些遗址出土有'区釜'戳记的战国陶器，这一带确实存在过流行齐国量制的一个时期。另外，张贵庄M8出一件两耳外撇的浅腹鼎，其形制见于山东平度战国墓中。春秋战国时期，燕、齐、赵边界变化较大，文献记载也不够多，因此，随着考古资料的逐步丰富，将会有助于这一问题的解决。"[3]凡此诸种考古资料与文献合证，说明此地曾是齐国疆域。黄河流经此地西部，然后北去从天津东北入海，其东岸属于齐国，亦在情理之中。此处河流满溢，属于所谓"九河"漫漫流经之地，无论春秋时期之兵车，还是战国年代之骑兵均难于行进。齐国所谓"四塞"之西边则是黄河与济水天然之塞，自然不用设防，焉又从何而筑所谓长城呢！再者，诸侯伐齐往往要溯河南去，从今平阴、阳谷一带先渡黄河，再涉济水挥师北上而入平阴，进长城之北齐国内境；或由东平、汶上而攻略长城以南之地。如上文提到的襄公十八年十二国诸侯联军伐齐，又如战国燕与三晋、秦等联军伐齐，亦是会师济上。

谭其骧先生的《长水集·西汉以前黄河下游河道》以文献与历史地理和考古资料相结合，考证见于先秦文献记载的两条黄河下游河道，一是《禹贡》之河，《禹贡》河走《水经》漳水东北流经胶河、青县，至天津市东南入海；二是《山经》之河，《山经》河北流走《汉志》滱水，经高阳、安新折东经霸县至天津市东北入海。谭其骧先生引证《禹贡·导水》章关于黄河下游的叙述："东过洛汭，至于大伾，北过降水，又至于大陆，又北播为九河，同为逆河入海。"他认为，战国以前的黄河是流经河北平原的。《禹贡》所谓洛汭，即洛水入河处；降水即漳水；大陆，乃一片极

---

[1] 有关诸家对《清华简·系年》之释解，均参见江林昌教授指导陈民镇先生之硕士学位论文《清华简〈系年〉研究》，恕不一一注释。
[2] 天津市文化局考古发掘队：《天津东郊张贵庄战国墓第二次发掘》，《考古》，1965年第2期。
[3] 天津市文物考古工作三十年编写组：《天津市文物考古工作三十年》，《文物考古工作三十年》，文物出版社，1979年版。

广阔的陆地。古河水从宿胥口缘大伾西麓北流,经《水经》中的宿胥故渎和一段白沟,下接《汉书·地理志》中的邺县东"故大河",至今河北曲周县南会和自西来的漳水,到达曲周以北一片极为广阔的平陆,是为"北过降水,至于大陆"。据谭文中所附《汉以前黄河下游河道形势图》所示,黄河出宿胥口,经浚县、内黄、古乾侯、曲周、巨鹿、堂阳、深阳、高阳、安新、霸县,从天津东北入海。此是《禹贡》、《山海经》所记黄河的大致流经。而《汉书》中的则是经白马口、濮阳、顿丘、元城、馆陶、高唐、平原、东光、黄骅而入于海[1]。

关于济水的流经,我们从今日黄河所过的济阳、长青、平阴等的位置,可知此段战国以前大致如此,再往上追溯,则由于河水的作用或更向西些。

如此,河、济之道大致如上,当时之平阿(阳谷)、鄄(鄄城)、高唐等地都在黄河南岸,为齐国相对稳定的区域。据《史记·田敬仲完世家》载,"吾臣有檀子者,使守南城则楚人不敢为寇东取,泗上十二诸侯皆来朝。吾臣有盻子者,使守高唐,则赵人不敢东渔于河。"《战国策·秦策》张仪称齐国当时的军事防御谓:"济清河浊足以为限,长城钜防足以为塞。"黄河与济水原本是齐国西部天然的军事防御屏障,其足以为塞构成西线的军事防御格局,所以不会再在河济之上修筑所谓始于平阴而到北海的长城。又据《史记·乐毅传》、《田单列传》,乐毅伐齐下七十余城,独即墨与莒不下,后来田单计杀取代乐毅的骑劫,"转战逐燕,北至河上,尽复得齐城",谭其骧先生指出黄河以南都是齐城,战国时期黄河的流经大致是《汉志》中的河。直至汉代,《史记·高祖本纪》:六年,田肯说高祖曰:"夫齐东有琅邪即墨之饶,南有泰山之固,西有浊河之限,北有渤海之利。"这说明此时的黄河仍是齐地的西界。

---

[1] 谭其骧:《长水集·下》,人民出版社,1987年版,第57~87页。

清华简《系年》所见的"卫叔封"

董 珊

(北京大学 考古文博学院)

李学勤先生最近撰文介绍了清华简《系年》的一些内容。[1] 这里仅就其中的"卫叔封"及其相关问题做些讨论和发挥。

李学勤先生指出,卫康叔的名号,据清华简《系年》:"周成王、周公既迁殷民于洛邑,……乃先建卫叔封于庚(康)丘,以侯殷之余民。卫人自庚(康)丘迁于淇卫。"可以确定"康侯"、"康叔"之"康"是据封邑名"庚(康)丘"而来,卫康叔应是先受封于康。郑玄说康为谥法,是不正确的。

结合传世文献与金文、简文,卫康叔既可以称康叔、康侯,或连前、后二邑之名称"卫康叔",今又见称"卫叔",这可以引出以下几个小问题。

首先,关于史家的笔法。

《管蔡世家》说:"武王已克殷纣,平天下,封功臣昆弟……康叔封、冉季载皆少,未得封。"《索隐》曰:"孔安国曰:康,畿内国名,地阙。叔,字也。封,叔名耳。"《周本纪》记载,克殷之第二日武王祭社时"卫康叔封布兹",《齐太公世家》作"卫康叔布采席"。《周本纪》与《齐太公世家》称尚且年少的叔封为"卫康叔",《管蔡世家》称未得封的昆弟封为"康叔",《系年》称尚未迁卫的康叔封为"卫叔",此皆据后来的称谓叙述前事,乃史家笔法,并非当时称号之实录。然而,不如此不足以明确"叔封"之所指。由此可知,"卫人自庚丘迁于淇卫"之"卫人",也是据后叙之的。上引清华简《系年》这段话的意思应该是:先封建(后来所称的)卫叔封在康丘,来统治殷余民,(后来的)卫人是从康丘迁到淇水卫邑的。

据此,叔封最初受封在康丘时,并没有"卫叔"这个名号。同样的例子,《史记·晋世家》开头便说:"晋唐叔虞者",也是据晋侯燮父徙晋之后的国号来指称唐叔虞。

其次,"徙卫"与"徙封卫"的时间。

---

[1] 李学勤:《清华简〈系年〉及有关古史问题》,《文物》,2011年第3期。

按照历史地名演变的规律,"康"和"卫"都先是邑名,后来才扩大为诸侯邦国名称。综合来看,康侯"徙卫"是比较早的事情,"徙封卫"是比较晚的事情。

西周早期成王时器逨簋铭(《集成》4445):"王来伐商邑,诞命康侯啚(鄙)于卫","康"仍以国都名兼邦国名来作诸侯名号。《左传》庄公二十八年:"群公子皆鄙",杜预注:"鄙,边邑",是与"都"相对的概念,"鄙于卫"应理解为以卫为边邑,这是增大康侯的封地至卫。雍伯鼎(《集成》02531)"王令雍伯啚(鄙)于㠯,为宫,雍伯作宝尊彝。"与此事类同。

《史记·卫康叔世家》:"周公旦以成王命兴师伐殷,杀武庚禄父、管叔,放蔡叔,以武庚殷余民封康叔为卫君,居河、淇间故商墟。"《卫康叔世家》又称西周中晚期时"顷侯厚赂周夷王,夷王命卫为侯"。所谓"命卫为侯"不易理解。《史记索隐》已指出顷侯贿赂夷王,并不是为了晋爵为侯。我认为,西周早期的康侯之邦,因增封而地域扩展至卫邑(朝歌),虽然在西周早期、中期都以朝歌作为政治中心,但朝歌(卫)是邦国的县鄙,不是周天子册命时所认可的国都。周夷王时的"命卫为侯",应该是正式确认以淇水之卫邑作为康侯之都,即承认既成事实上的徙封。自此开始,"康侯"始可称"卫侯"。

近年发现的西周早期鼗公簋铭:"鼗(尧)公作鄹姚簋,遘于王命易(唐)伯侯于晋,唯王廿又八祀。五。"[1]"王命唐伯侯于晋"与"夷王命卫为侯"正是同类事情。徙封后,旧都唐仍在晋封域内,康也在卫疆之内。可见诸侯徙封以及名号的变动,都需要周天子的重新任命。

据上述,"鄙于卫"即事实上的"徙卫",早在成王时已如此;"徙封卫"则晚至夷王,所以这是两个不同的事件[2]。

从传世及考古发现的金文资料来看,西周早期的名号有"康侯封"与"康侯"、"康伯(即康伯髦)",但没有"卫侯"、"卫伯";辛村出土有西周早期的"卫自钖","卫自"之"卫"是一般的邑名,而非邦国名。西周中期偏早的贤簋铭文说:"公叔初见于卫"[3],这个"卫"也应该理解为邑名。邦国名"卫"的铜器,如卫妳诸器(《集成》00594等),都属于西周晚期。目前尚未看到西周早、中期用作邦国名的"卫",也许就是周夷王命卫为侯之事的默证。

第三,徙封改名号的意义。

顷侯厚赂夷王命卫为侯这件事的意义何在呢?

裘锡圭先生曾经谈到《合集》2174号子组卜辞:"己丑,丁来于卫,衍(侃)。"他指出:

> 这个"卫"是地名。此字所从"囗"形上下的脚趾形,不作"韦"而作"止",但一般都把这个字释作"卫"。如此字确是"卫"字异体,则当读为"鄣",与殷商之"殷"通。

---

[1]《考古》,2007年3期,图版3.5。
[2]《卫康叔世家》《索隐》:"康,畿内国名。宋忠曰:康叔从康徙封卫,卫即殷墟定昌之地。畿内之康,不知所在。"照本文的看法,所谓"康叔从康徙封卫"的表述不够准确。
[3]据吴镇烽先生总结,传世贤簋形制有两类,两件瓦楞纹《集成》04105(器、盖)、04104.1(盖);三件敞口簋见《集成》04106、04104·2(器)、《善斋》7.49(即《小校》7.47、《汇编》239)。

《吕氏春秋·慎大》："汤立为天子,夏民大悦,……亲郼如夏。"高诱注："郼读如衣,今兖州人谓殷氏皆曰衣。言夏民亲殷如夏氏也。"以"郼"为"殷",尚见于《吕氏春秋》的《慎势》、《具备》、《高义》、《分职》等篇(引者案:又见《简选》,凡六见,参看陈奇猷《吕氏春秋校释》853页注三三,学林出版社,1984年)。《尚书·康诰》有"殪戎殷"之语(《左传》宣公六年说:"周书曰'殪戎殷'",所引即《康诰》),《礼记·中庸》则作"壹戎衣",郑玄注:"衣读如殷,声之误也。齐人言殷,声如衣。"可与上引《吕氏春秋》高注互证。殷商、殷墟之名,可能就来自见于上引卜辞的"卫"地。[1]

陈梦家先生也据《吕氏春秋》中"殷"有异文作"郼",指出"殷即卫",他说:

> 武王灭纣以后分殷国为三:即墉、邶、殷。及武庚与管、蔡叛周,成王、周公讨之,于是邶入于燕,墉封微子开为宋,殷封康叔为卫。由此可知武王胜殷以后分殷民以为三,而成王伐武庚以后分殷民以为二。[2]

根据裘锡圭先生、陈梦家先生的论述,再结合夷王"命卫为侯"之事,可知西周卫侯即可理解为殷侯。在周初康叔受封时,已继承殷王畿中的部分土地人民,但其名号、国都还与殷不同;悬隔百年之后,自顷侯始,其名号、国都亦与殷同。也就是说,自卫顷侯开始的卫,就是在殷墟分封的姬姓的殷,变得名正言顺了[3]。

但是,卫康叔之"卫"从来不写作"殷",周人的书面语中也还有专指殷商的"殷"。西周的"卫"可视为继承殷商之"殷"而来的新事物,从使用文字的角度来讲,也是利用假借字"卫"来分担此时多义字"殷"的部分职能[4]。"殷"和"卫"都是诸侯国名,这是文字职能分化的特殊情况。

第四,"卫康叔"名号是因徙封而联称二邑之名,与此类同的例子,还有"延州来季子"。《吴世家》:"季札封于延陵,故号曰延陵季子",《索隐》:

> 襄三十一年《左传》赵文子问于屈狐庸曰:"延州来季子其果立乎",杜预曰:"延、州来,季札邑。"昭二十七年《左传》曰:"吴子使延州来季子聘于上国",杜预曰:"季子本封延陵,后复封州来,故曰延州来。"成七年《左传》曰:"吴入州来",杜曰:"州来,楚邑,淮南下蔡县是。"昭十三年《传》:"吴伐州来",二十三年《传》:"吴灭州来。"则州来

---

[1] 裘锡圭:《"花东子卜辞"和"子组卜辞"中指称武丁的"丁"可能应该读为"帝"》,《黄盛璋先生八秩华诞纪念文集》,中国教育文化出版社,2005年版,第2页注释2。
[2] 陈梦家:《西周铜器断代》上册,中华书局,2004年版,第359页。
[3] 金景芳先生指出《吕览》每提到汤时,必称"郼",《山海经》郭璞注也引《古本竹书纪年》称"殷王子亥"、"殷主甲微",金先生从而又相信今本《纪年》:"帝芒三十三年,商侯迁于殷"之说。认为"殷"实为商先公旧居,他们在称商、迁商以前就在这里,所谓盘庚迁殷改商称殷之说,不攻自破(金景芳《中国奴隶社会史》,上海人民出版社,1983年版,第55页)。今案:"殷王子亥"等提法,可能也是史家笔法。
[4] 参看裘锡圭:《文字学概要》,商务印书馆,1988年版,第236页。

本为楚邑，吴伐灭，以封季子也。《地理志》云："会稽毗陵县，季札所居。"《太康地理志》曰："故延陵邑，季札所居，粟头有季札祠。"《地理志》云沛郡下蔡县，古州来国，为楚所灭，后吴取之，至夫差，迁昭侯于州来。《公羊传》曰："季子去之延陵，终身不入吴国"，何休曰："不入吴朝廷也。"此云"封于延陵"，谓国而赐之以菜邑。杜预《春秋释例·土地名》则云"延州来，阙"，不知何故而为此言也。

据上述，吴季札先封延陵，后封州来，因此重叠二封邑之名，称"延州来季子"[1]。《汉书·地理志》会稽郡下："毗陵，季札所居。"师古曰："旧延陵，汉改之。"上海博物馆藏战国竹书《弟子问》篇作"前陵季子"[2]。州来即下蔡，今安徽凤台县。襄三十一年《左传》称"延州来季子"时，吴尚未灭州来，而季札已称"延州来"，此亦史家据后叙之的笔法，与"卫康叔封"同例。

《左传》哀公十年："冬，楚子期伐陈。吴延州来季子救陈"云云，杜预注："季子，吴王寿梦少子也。寿梦以襄十二年卒，至今七十七岁。寿梦卒，季子已能让国，年当十五六，至今盖九十余。"《正义》："襄、昭之《传》称延州来季子者，皆是季札也。此说务德安民是大贤之事，亦当是札，故计迹其年，言虽老犹能将兵也。孙毓以为，季子食邑于州来，世称'延州来'。季子，犹赵〈荀〉氏世称'知伯'。延州来季子，或是札之子与孙也。"

"晋唐叔虞"与"卫康叔封"都是将新邑名加在旧邑名前。"延州来季子"则是旧邑名在前，新邑名在后。一时想不到可比的合适例子，唯有《左传》襄公二十四年记载范氏"在周为唐杜氏"，乃是唐人子孙被周人迁于杜，谓之杜伯，而称"唐杜氏"[3]。

---

[1] 按理季札或可称"州来季子"，但迄今未见。揣测其原因，盖当时延陵是季札封邑之都，地位较州来更为重要。
[2] 见马承源主编《上海博物馆藏战国楚竹书（五）》，上海古籍出版社，2005年12月版，第99、100、268页。
[3] 亦可参看《史记·晋世家》"成王立，唐有乱，周公诛灭唐"之《正义》引《括地志》。

从吕相绝秦辞看穆、康时代的秦晋关系[*]

——清华简《系年》与古书对比研究之二

代　生　马　兴

（烟台大学人文学院　中国学术研究所）

《左传》成公十三年记载了晋侯使吕相与秦国绝交的事迹，即史书所称"吕相绝秦"，其中，有关秦穆公及康公的文辞是：

> 昔逮我献公及穆公相好，戮力同心，申之以盟誓，重之以昏姻。天祸晋国，文公如齐，惠公如秦。无禄，献公即世。穆公不忘旧德，俾我惠公用能奉祀于晋。又不能成大勋，而为韩之师。亦悔于厥心，用集我文公，是穆之成也。文公躬擐甲胄，跋履山川，踰越险阻，征东之诸侯，虞、夏、商、周之胤而朝诸秦，则亦既报旧德矣。郑人怒君之疆场，我文公帅诸侯及秦围郑。秦大夫不询于我寡君，擅及郑盟。诸侯疾之，将致命于秦。文公恐惧，绥静诸侯，秦师克还无害，则是我大有造于西也。无禄，文公即世，穆为不吊，蔑死我君，寡我襄公，迭我殽地，奸绝我好，伐我保城，殄灭我费滑，散离我兄弟，挠乱我同盟，倾覆我国家。我襄公未忘君之旧勋，而惧社稷之陨，是以有殽之师。犹愿赦罪于穆公。穆公弗听，而即楚谋我。天诱其衷，成王陨命，穆公是以不克逞志于我。穆、襄即世，康、灵即位。康公，我之自出，又欲阙翦我公室，倾覆我社稷，帅我蟊贼，以来荡摇我边疆，我是以有令狐之役。康犹不悛，入我河曲，伐我涑川，俘我王官，翦我羁马，我是以有河曲之战。东道之不通，则是康公绝我好也。[1]

这一记载简要叙述了秦晋关系的发展，是研究秦穆公、康公时期对晋关系的重要资料。但由于

---

[*] 本文为国家社科基金青年项目《清华简〈系年〉与东周国别史研究》（16CZS036）项目的阶段性成果。
[1] 杨伯峻：《春秋左传注》（订补本），中华书局，1990年版，第861~863页。

言辞所记在文献中尚有难以"落实"之处;加之被当做古文辞经典收入《古文观止》,故学者多注意其文学而忽略其史学价值,甚至有人直接表示:"吕相数秦,皆晋人米盐私忿"[1],对其可信性提出怀疑;即使偶有弥缝者也未能成为主流。

一、文献解读

作为一种外交辞令,吕相的说法有诡辩色彩不足为奇,但要驳斥秦国并与之当面"对质",所述历史必有实据。根据清华简《系年》相关记载以及自己的阅读体会,笔者认为,可将古人认定存在问题的史事分为两类,一类尚不可解,但可进行蠡测;一类则是确定其所言不虚者。现试加讨论。

(一)暂不可解,可推测者

其一:"文公躬擐甲胄,跋履山川,踰越险阻,征东之诸侯,虞、夏、商、周之胤而朝诸秦,则亦即报旧德矣。"

这是说晋文公曾东征诸侯,率自己的与盟国朝秦,以报穆公扶持之德。但学者多认为并无此事,如宋人叶梦得说:

> 伐与侵,皆讨罪之名,其好固已绝矣,不必先绝而后举也,而此辞大抵多不实,姑举是二者:言晋文公征东诸侯,虞、夏、商、周之险而朝诸秦,文公之霸,但侵曹伐卫败楚而已,何虞、夏、商、周险之有?而晋方为霸主,亦未尝朝秦也![2]

对于此说,也有调和者:"秦居西方,故以诸侯为东,言东方诸侯皆四代之嗣,诸侯朝秦事,无所考,想当是时,必有往朝于秦者,因文致之耳。"[3]

根据清华简《系年》第七章所载,晋文公之所以与楚国在城濮展开战斗,是因为"晋文公思齐及宋之德,乃及秦师围曹及五鹿,伐卫以脱齐之戍及宋之围"[4]。可见,晋文公对曾经支持或帮助过自己的国家,坚持以德报德,甚至不惜兵力与强楚决战;而对于秦穆公帮助他归国这样的"大德",若可通过朝秦这一礼节性的活动来"报旧德",不需要损失一兵一卒,晋文公自然十分乐意。

秦与晋在晋文公时期多次联合出兵,形成了较为稳固的盟约关系,但晋与秦并非盟主与从国的关系,确切地讲,秦、晋在地位上是对等的,至少秦的地位不低于晋国。《左传》襄公二十七年晋、楚两大国曾制定"晋、楚之从交相见"的盟约,要求追随晋、楚两个盟主国的诸国,均要承认晋、楚两国的盟主地位,同时履行向盟主朝聘、纳贡等义务。秦与晋之间也可能存在类

---

[1] [明]卓尔康:《春秋辩义》卷一九,台湾商务印书馆,1983年版,《文渊阁四库全书》第170册,第748页。
[2] [宋]叶梦得:《春秋三传谳·春秋左传谳》卷五,台湾商务印书馆,1983年版,《文渊阁四库全书》第149册,第570页。
[3] [明]王道焜、赵如源编:《左传杜林合注》卷二三,台湾商务印书馆,1983年版,《文渊阁四库全书》第171册,第5660页。
[4] 李学勤:清华简(贰),第153页。

似盟约。从史料记载看,虞、夏、商、周之胤,统指宋、郑、鲁等国,他们是晋国的与盟国。秦穆公先后扶持了晋的多位国君,文公即位后,对秦礼遇有加,不难理解,文公率虞、夏、商、周之胤而朝诸秦,是很正常的。笔者以为,此事的发生时间应是城濮之战后,晋文公借朝周王之机,答谢秦国。

其二:"郑人怒君之疆场,我文公帅诸侯及秦围郑。"

此句讨论晋、秦伐郑的原因,《左传》僖公三十年记载:"以其无礼于晋,且贰于楚也。"杜预注云:"晋自以郑贰于楚,故围之,郑非侵秦也,晋以此诬秦",将"郑人怒君之疆场"译为"郑人侵扰秦国边疆",由于无法找到文献印证,加之《左传》言之凿凿,所以古来多认为是晋诬秦。也有不同意见者,如日人竹添光鸿主张:"杜以为诬秦,此未必然。凡古书之言,各有所主,则举一端而不该,如殽之战,其实在穆公舍戍于郑之怨,然前传不言,至戎子驹支之语而始见。……此类甚多。"[1]可见他认为确有其事,只是文献未记而已。

晋文公是一位恩怨分明的人,既报了他国支持之德,也报了受辱之怨,如阜阳汉简《春秋事语》记载他在曹国受辱,归国后就借机攻打了曹国[2]。僖公二十八年郑人早就因战败而转向晋国:"为楚师既败而惧,使子人九行成于晋",得到了晋人的认可,"晋栾枝入盟郑伯。五月丙午,晋侯及郑伯盟于衡雍"。此外,郑人还参加了该年冬天的"温之会",讨伐不服之许、卫,可见晋人已将郑纳入自己的盟国。自此前嫌可释,晋文公再以过郑不礼作为理由,似难以圆通;而下一年载:"夏,公会王子虎、晋狐偃、宋公孙固、齐国归父、陈辕涛涂、秦小子憖,盟于翟泉,寻践土之盟,且谋伐郑也。"(《左传》僖公二十九年)践土之盟并讨论伐郑,《左传正义》的解释是:

> 晋侯受命,郑伯傅王,践土与温二会咸在,郑无叛晋之状。而此会谋伐郑者,文公昔尝过郑,郑不礼焉。城濮战前,郑复如楚。虽以楚败之后畏威来会,晋侯以大义受之,内实怀恨。此会郑人不至,必有背晋之心,故谋伐之也。《晋语》城濮战下称"文公诛观状以伐郑,及其胾。郑人以名宝行成,公不许。得叔詹,将亨而舍之"。《左传》无伐郑之事,盖温会以后已尝伐郑。郑至今未服,故此会谋伐,明年遂与秦围之。传曰"且贰于楚也"。楚郑自知负晋,故有贰心也。[3]

按,《正义》认为翟泉盟会时郑国没有参加,招致晋国不满,是晋伐郑的理由,可备一说。但《左传》昭公十三年载:"诸侯讨贰,则有寻盟。若皆用命,何盟之寻?"可知寻盟的原因在于同盟之中有贰者。寻盟主题既已确定,矛头无疑指向郑国,所谓郑不与盟会就只能是个幌子了,由此可知晋人早已有谋郑之心才讨伐郑国,并非仅是郑国没有参加盟会这么简单。

除此之外,竹添光鸿的看法也不一定准确,"郑侵秦"未必是文献缺载,很可能并无其事。城

---

[1] [日]竹添光鸿:《左氏会笺》第3册,巴蜀书社,2008年版,第1060页。
[2] 白于蓝:《阜阳汉简〈春秋事语〉校读二记》,《华夏考古》,2014年第2期,第81~82、101页。
[3] [晋]杜预注,[唐]孔颖达等:《春秋左传正义》,《十三经注疏》下,上海古籍出版社,1997年版,第1830页。

濮之战前后,郑国在晋、楚两个大国间"徘徊",十分被动,可谓身心俱疲,这时郑国怎有能力和精力去侵扰穆公统治下已经称霸的秦国呢?秦人袭郑尚且称作"劳师以袭远",并无把握,所以郑人不大可能去侵扰秦国。我们认为,"怒君之疆场"一句,"怒"非学者所言"侵扰"之义,而是"谴责"、"责备"的意思,如《礼记·内则》:"若不可教,而后怒之。"郑注:"怒,谴责也。""之",《广雅》曰"适也",即至,到也。所以一种可能就是郑人谴责秦人来到郑国境内(或为战争,或因盟会)。此一阶段,秦国参与了晋国发动的多次战争和会盟[1],郑国对秦国乐于参战的态度以及干扰自己的行为十分不满,所以"怒君之疆场"。此时郑人虽受制于晋,但对于晋的盟国秦、鲁、宋等国并不是那么感冒。郑人的态度如此,加上晋文公的不满,秦晋联合伐郑就十分自然了。

(二)可解者

其一:"我襄公未忘君之旧勋,而惧社稷之陨,是以有殽之师。犹愿赦罪于穆公。穆公弗听,而即楚谋我。"

此句的关键在"犹愿赦罪于穆公",杜预云:"晋欲求解于秦",虽解释了句意,但没有对史事进行解读,以致学者多有疑义:"自殽之役,终襄公之世,秦、晋用师盖未尝息,故秦既战彭衙,其明年又有王官之役,又明年晋复围秦邧新城,锜安得谓襄公愿赦罪于穆公乎?"[2]这是从秦晋关系的最终结果来讨论晋没有赦罪秦,笔者以为,该句所言实指晋襄公释放殽之战中俘虏的三位秦帅,即《左传》僖公三十三年所记:

> 败秦师于殽,获百里孟明视、西乞术、白乙丙以归,……先轸朝,问秦囚。公曰:"夫人请之,吾舍之矣。"先轸怒曰:"武夫力而拘诸原,妇人暂而免诸国。堕军实而长寇仇,亡无日矣!"不顾而唾。公使阳处父追之,及诸河,则在舟中矣。释左骖,以公命赠孟明。孟明稽首曰:"君之惠,不以累臣衅鼓,使归就戮于秦,寡君之以为戮,死且不朽。若从君惠而免之,三年将拜君赐。"[3]

阳处父与秦将孟明的对话,表面上看可谓有礼有节:阳处父"释左骖,以公命赠孟明",公之命所言即是两国邦交,绝非个人私务;孟明"稽首"言晋君之"惠",表明是晋对秦国的"恩惠",这即是"赦罪秦"。因为释放俘虏在古人看来是传达和平信息的方式。与此情况相近的是《左传》成公三年晋与楚交换俘虏的事情,被俘的知罃就以"两释累囚,以成其好"来表达晋、楚之

---

[1] 检索文献,这阶段秦与郑之间的交集,一是城濮之战,秦、晋等国与楚、郑等国的交锋,《左传》僖公二十八年载"晋侯、宋公、齐国归父、崔夭、秦小子慭次于城濮",学者多以为秦等国家没有参战,只是声援晋师,而清华简《系年》载:"楚王舍围归,居方城。令尹子玉遂率郑、卫、陈、蔡及群蛮夷之师以交文公。文公率秦、齐及群戎之师以败楚师于城濮,遂朝周襄王于衡雍,献楚俘馘,盟诸侯于践土。"可见秦人不仅参与了城濮之战,还参加了在郑地践土的盟会。二是《左传》僖公二十九年"盟于翟泉,寻践土之盟,且谋伐郑也"。二是温之会,见于僖公二十八年,秦、郑都参加了,此会讨论伐许国,许与郑临近,郑人并不情愿,而僖公二十九年"盟于翟泉,寻践土之盟,且谋伐郑也。",郑与秦、晋的分歧和对立也可能发生在伐许问题上。
[2] [宋]叶梦得:《春秋三传谳·春秋左传谳》卷五,台湾商务印书馆,1983年版,《文渊阁四库全书》第149册,第570页。
[3] 杨伯峻:《春秋左传注》(修订本),中华书局,1990年,第498~500页。

间关系的缓和。吕相所言"穆公弗听,而即楚谋我"的事件也可作证明,《左传》文公十四年记此事说:"初,斗克囚于秦,秦有殽之败,而使归求成。"《系年》第八章也说:"秦穆公欲与楚人为好,焉脱申公仪,使归求成。秦焉始与晋执乱,与楚为好。"秦穆公释放申公仪,是向楚国交好。所以晋襄公释放秦三帅,是某种程度上赦免了秦之罪,彼时必有一番说辞涉及两国关系。

殽之战的起因,吕相认定是秦穆公不吊文公之丧,越晋国而偷袭晋的兄弟之国,"我襄公未忘君之旧勋,而惧社稷之陨,是以有殽之师"。可以说这是直接原因,而远因则源于晋国与秦国共同围郑,"秦人窃与郑盟,而舍戍焉,于是乎有殽之师"。(《左传》襄公十四年)此事为秦晋战争种下了祸根,《系年》第八章就记载了郑国对晋、秦关系的影响:

> 晋文公立七年,秦晋围郑,郑降秦不降晋,晋人以不憖。秦人舍戍于郑,郑人属北门之管于秦之戍人,秦之戍人使人归告曰:"我既得郑之门管矣,来袭之。"秦师将东袭郑,郑之贾人弦高将西市,遇之,乃以郑君之命劳秦三帅。秦师乃复,伐滑,取之。晋文公卒,未葬,襄公亲率师御秦师于崤,大败之。[1]

郑人面临两大强敌,也只有通过分化瓦解的策略来应付,所以《系年》指出:"郑降秦不降晋,晋人以不憖",秦人背弃同盟单独接受郑国之投降,使原本比较稳固的秦晋关系出现了裂痕,加之秦人不恤晋文公之丧,越晋境袭郑,晋人才兴师讨秦,理由合理、充分。

其二:"穆、襄即世,康、灵即位。康公,我之自出,又欲阙翦我公室,倾覆我社稷,帅我蟊贼,以来荡摇我边疆,我是以有令狐之役。康犹不悛,入我河曲,伐我涑川,俘我王官,翦我羁马,我是以有河曲之战。东道之不通,则是康公绝我好也。"

这是有关秦康公即位后以兵送公子雍入晋的史事,古代学者对晋多持批判态度,因为晋国派人到秦国邀请公子雍却又反悔,偷袭了秦师。今之治春秋史者也多赞同此说,如认为秦晋战争"观点不同即有不同的诠释。惟河曲之战导因于令狐之役,而令狐之役的是非对错最是显而易见,完全肇因于赵盾一人。秦康公莫名受辱已属无奈,今《绝秦书》一文中竟能将此役过错完全归咎于康公,称他'又欲阙翦我公室,倾覆我社稷,帅我蟊贼,以来荡摇我边疆',晋欺人之恶,莫此尤甚!"[2]文献不足,学者各执一词,但难以坐实。令人庆幸的是《系年》篇第九、十两章记录了此事:

> 晋襄公卒,灵公高幼,大夫聚谋曰:"君幼,未可奉承也,毋乃不能邦?献求强君。"乃命左行蔑与随会召襄公之弟雍也于秦。襄夫人闻之,乃抱灵公以号于廷,曰:"死人何罪?生人何辜?舍其君之子弗立,而召人于外,而焉将置此子也?"大夫惧,乃皆背之曰:"我莫命召之。"乃立灵公,焉葬襄公。秦康公率师以送雍子,晋人起师,

---

[1] 清华简(贰),第155页。
[2] 苏家弘:《春秋时代晋、秦之战研究》,台湾中山大学2012年硕士学位论文,第123页。

败之于堇阴。左行蔑、随会不敢归,遂奔秦。灵公高立六年,秦公以战于堇阴之故,率师为河曲之战。[1]

与《左传》进行对照,不难发现,"襄夫人闻之,乃抱灵公以号于廷,……乃立灵公,焉葬襄公"这一事件,依照《系年》,发生在"葬襄公"之前,而据《左传》则发生在秦康公率师入公子雍之时,近来台湾苏建洲先生指出:

> 《春秋经》文公六年:"葬晋襄公。"《左传》文公六年:"冬,十月,襄仲如晋,葬襄公。"而简文云"襄夫人闻之,乃抱灵公以号于廷"一段,《左传》记载在文公七年,可见《系年》未依时间顺序叙事。[2]

笔者不赞同这一看法,《系年》明确说明在众大夫谋划拥立晋君时——"襄夫人闻之",又说"乃立灵公,焉葬襄公",事件发生次第明确,应是以时间为序。由于《春秋》经、传记载襄公之葬在鲁文公六年没有疑问,那《系年》载灵公之被拥立也在该年。笔者有专文进行考证,认为这是灵公作为嗣子即位[3]。秦康公率师纳公子雍是在灵公被拥立之后,那么,即使赵盾曾经派人去请公子雍,但晋国后来立了灵公,秦国似乎没有再插手的必要。康公不愿放过这一良机,强兵压境,无疑是干涉晋国内政。所以吕相"康公,我之自出,又欲阙翦我公室,倾覆我社稷"的说法是没有问题的。今得清华简之记载,才能还历史以本来面目,何幸如之!

二、秦穆公、康公时期对晋关系总结

通过以上讨论可知,吕相关于秦穆公、康公时代与晋关系的言论,短短三百余字却全面交代了秦晋交往的重要史事,虽有尚不可解之处,总体上是可信的,并非学者所言全为诬秦之辞。梳理这些史料,可以总结秦穆公、康公父子对晋等东方诸侯的策略。首先是秦穆公先后支持晋惠公、怀公、文公三位国君即位:

> 昔逮我献公及穆公相好,戮力同心,申之以盟誓,重之以昏姻。天祸晋国,文公如齐,惠公如秦。无禄,献公即世。穆公不忘旧德,俾我惠公用能奉祀于晋。又不能成大勋,而为韩之师。亦悔于厥心,用集我文公,是穆之成也。

吕相此番话语,又见于《系年》第六章:

> 晋献公之嬖妾曰骊姬,欲其子奚齐之为君也,乃谗太子共君而杀之,又谗惠公及文公。文公奔狄,惠公奔于梁。献公卒,乃立奚齐。其大夫里之克乃杀奚齐,而立其

---

[1] 清华简(贰),第157～159页。
[2] 苏建洲、吴雯雯、赖怡璇:《清华二〈系年〉集解》,台湾万卷楼图书股份有限公司,2013年版,第429页。
[3] 张少筠、代生:《清华简〈系年〉与晋灵公被立史事研究》,《山西师范大学学报(哲社版)》,2014年第6期。

弟悼子，里之克又杀悼子。秦穆公乃纳惠公于晋，惠公赂秦公曰："我苟果入，使君涉河，至于梁城。"惠公既入，乃背秦公弗予。立六年，秦公率师与惠公战于韩，止惠公以归。惠公焉以其子怀公为质于秦，秦穆公以其子妻之。……晋惠公卒，怀公即位。秦人起师以纳文公于晋。晋人杀怀公而立文公，秦晋焉始会好，戮力同心。二邦伐鄀，徙之中城，围商密，止申公子仪以归。[1]

《系年》也用寥寥数字勾勒了秦穆公谋立晋君的情况，不难看出，秦国之所以"义无反顾"地支持晋惠公、文公，是想通过这种方式来控制晋国，实现经由晋国而东进的策略。如秦穆公与晋惠公之间的协议："赂秦伯以河外列城五，东尽虢略，南及华山，内及解梁城。"(《左传》僖公十五年)这样的许诺，对晋国来说是致命的，惠公自然明白此点，所以他开的只能是一个空头支票。在晋惠公死后，秦穆公再次将目光转向重耳，杀掉怀公，扶植重耳归国即位，实现"秦晋焉始会好"。但秦穆公的如意算盘并没有打好，如在勤周王的问题上，秦人已经出兵，却被晋人委婉拒绝，这次能赢得声望的好机会就被剥夺，清人顾栋高直言："秦穆公欲纳王，盖欲东出以图伯，而晋辞秦师独下，不欲秦得分其功。甫赖秦之力，而即抑秦，使不得东向，秦穆必不得志矣。"[2]文公之所以能称霸，实际上是秦、齐大力支持的结果，但秦国屡次参与晋国的外交活动，却没有得到什么实际利益，由此看来，秦穆公的东进策略没有实现。秦穆公早应料到这一后果，秦人之所以先扶植晋惠公，后扶植晋文公，正是秦君臣讨论认为重耳有能力，不容易驾驭。如公子絷所言"君若求置晋君而载之，置仁不亦可乎？君若求置晋君以成名于天下，则不如置不仁以猾其中，且可以进退。"[3]

文公死后，秦穆公之所以铤而走险偷袭郑国，原因大体如下：首先是秦派驻郑国的戍守已经掌握郑城门钥匙，若潜师以行，取郑有很大把握；其次是恰逢晋人遭文公之丧，襄公尚未正式即位，这是一次越过晋国而直奔中原的大好机会，秦穆公料想晋人不会出师；再者是经过多年的苦心经营，秦穆公在东进路线上没有取得什么成效，已在暮年的他十分迫切地希望早点打通东进之路。综合考虑秦穆公才决定出兵，学者在讨论殽之战时，往往以战争成败来评价他，是不妥当的。秦穆公怀东进之心多年，他认为这是具备天时、人和、地利的绝好机会，自然不会放过；而且秦国若成功，可谓意义重大："秦若灭虢，则晋与郑隔绝，而郑在秦掌握中，秦伐郑而晋不能救也。秦得郑则周室如累卵，三川之亡，且不待赧王之世。"[4]

鲁文公六年，秦穆公、晋襄公相继离世，此时晋赵盾派士会等人迎立在秦的晋公子雍。对于秦、晋来说，这是修补两国关系的重要机遇，由于赵盾等改变了立公子雍的计划，拥立了年幼而易于掌控的晋灵公。刚继位的秦康公雄心勃勃，效仿其父送重耳复国之例，以兵送公子

---

[1] 清华简(贰)，第150页。
[2] [清] 顾栋高：《春秋大事表》第二册，中华书局，1993年版，第2042页。
[3] 徐元诰撰，王树民、沈长云点校：《国语集解》，中华书局，2002年版，第297页。
[4] [清] 顾栋高：《春秋大事表》第二册，中华书局，1993年版，第2040页。

雍,本以为赵盾等人能在强大压力下妥协,但狡猾的赵盾给了经验不足的秦康公一个措手不及,大败秦兵。总的来看,整个事件称不上孰是孰非,赵盾虽然派人迎立公子雍,但并没请秦人将师而来,秦康公置已被拥立的晋灵公于不顾,干预晋国内政;在秦国看来,晋人到秦请公子雍,却又反悔,理亏在先。所以历代学者在评价这一事件时,多是各执一端。

综上可知,穆公、康公统治之下,秦始终怀着东扩之心[1],意欲入主中原,晋国是秦国东进的主要障碍,为了扫除这一障碍,秦穆公"先礼后兵",通过多种方式实现自己的策略,仍以失败告终;秦康公所获机会更少,因之两国之间发生冲突不可避免,此时的秦晋关系可以得见。

---

[1] 秦穆公、康公东进策略失败后,都将原因归咎于晋国,与晋展开了多年的战争,同时还孤立分化晋国,如秦穆公拉拢楚国对抗晋国。

由清华简《系年》再论
"国人暴动"的性质

李秀亮

(烟台大学人文学院　中国学术研究所)

清华简《系年》是一部自成系统的先秦史书,记载了周初至战国时期的历史,自 2011 年公布之日起,便受到国内外学人的高度关注。根据整理者的分篇,其第一章记录了西周时期的诸多史事,如武王克商、帝籍千亩、厉王暴虐、共和行政、宣王弃籍、千亩之战等等,皆可与文献所载互证,故引起学者的热烈探讨[1]。其实,除上述史事外,本章材料还提供了"国人暴动"的有关信息,可补充文献资料的不足。其中对"国人暴动"性质的记载,可使学术界得出一明确的结论。现不揣浅陋,略陈管见,以就正于方家。

一、学术界关于"国人暴动"性质的争论

公元前 841 年,为反对周厉王的暴虐统治,生活于都城镐京内的"国人"彼此联合,掀起了一次声势浩大的政治运动,最终把厉王驱逐到了彘地。这就是历史上习称的"国人暴动"。因这次事件严重动摇了周王朝的统治根基,使周王室从此走向衰微,历代学者对其多有研究。但由于史料的阙如,一些问题仍旧悬而未决。

关于"国人暴动"的性质,学术界一直存在着两种截然相反的观点:一种以范文澜、郭沫若、杨宽等老一辈学者为代表,他们认为国人"是指居住在国都内的'公民'"[2],"以平民为主体",国人暴动实质上是"百工和商人为反抗(指周厉王,引者注)过度勒索而起义","是一次具

---

[1] 陈民镇:《清华简〈系年〉研究》,山东烟台大学硕士 2013 年学位论文;朱凤瀚:《清华简〈系年〉所记西周史事考》,《第四届国际汉学会议论文集》,2014 年 1 月 29 日,等等。
[2] 杨宽:《西周史》,上海人民出版社,1999 年版,第 840 页。

有重大历史意义的革命事件"[1],从而将其定性为一次周代下层民众对上层统治贵族的阶级斗争。与此相反,郝铁川、何凡、杨东晨等学者则认为:"'国人'就是国中之人,主要由公卿大夫、士和工商组成,而主体是公卿大夫、士等奴隶主贵族集团。"[2]"国人暴动不是平民对贵族的造反,而是诸侯公卿士大夫对周天子的挑战"[3];是"共伯和、召伯虎、周定公、瑞伯、凡伯等王室改良派大臣利用民众愤怒情绪精心策划的结果"[4],它反映的实际上是西周贵族统治阶级之间的内部争斗。

两种观点孰是孰非,因为文献记载的不足,长期以来得不到明确的认识。今清华简《系年》资料的问世,为我们对此问题的定论提供了足够的资料依据。

二、清华简《系年》"国人暴动"资料分析

为探讨的方便,我们先将《系年》相关内容摘录如下:

> 昔周武王监观商王之不龏(恭)帝=(上帝),禋祀不寅(寅),乃乍(作)帝籍,以登(登)祀帝=(上帝)天神,名之曰千畮(亩),以克反商邑,尃(敷)政天下。至=(至于)東王=(厉王,厉王)大瘧(虐)于周,卿李(士)、者(诸)正,万民弗忍于氒(厥)心,乃归東(厉)王于彘(彘),龏(共)伯和立。十又四年,東(厉)王生洹=王=(宣王,宣王)即位,龏(共)伯和归于宋(宗)。宣王舒(始)弃帝籍弗畋(田),立卅=(三十)又九年,戎乃大败周自(师)于千畮(亩)。

不难看出,其中与"国人暴动"相关的,是"至=(至于)東=王=(厉王,厉王)大瘧(虐)于周,卿李(士)、者(诸)正,万民弗忍于氒(厥)心,乃归東(厉)王于彘(彘)"一句。这里提到,参与这次政治暴乱并最终驱逐周厉王于彘的,有卿士、诸正、万民三股政治力量。

卿士,又称卿事,古事、士音义俱可通,《说文·士部》:"士,事也。"李学勤先生早已指出:"卿士一词有广狭两义,广义泛指众卿,狭义专指执政之卿。"[5]杨宽先生也认为西周时期的卿事"或用作卿的通称","或者专指总领诸卿的执政大臣"[6]。《尚书·洪范》:"王省

---

[1] 范文澜:《中国通史简编》(修订本第一编),人民出版社,1964年版,第148页;郭沫若主编:《中国史稿》(第1册),人民出版社,1976年版,第285~287页。
[2] 郝铁川:《西周的"国人"与"彘之乱"》,《河南师大学报》,1984年第1期。
[3] 何凡:《"国人暴动"性质考辨》,《人文杂志》,1983年第5期;何凡:《〈诗经〉与"国人暴动"研究》,《周原师专学报》,1987年第2期。
[4] 杨东晨、杨建国:《西周晚期"国人暴动"新论》,《学术月刊》,2002年第10期。
[5] 李学勤:《论卿事寮、太史寮》,《松辽学刊》,1989年第3期。
[6] 杨宽:《西周史》,上海人民出版社,1999年版,第321页。

惟岁,卿事惟月,师尹惟日。"[1]顾颉刚、刘启釪先生注:"卿士,为周王朝执掌国政的最高级的官。"[2]《诗经·小雅·十月之交》:"皇父卿士,番维司徒,家伯维宰,仲允膳夫,棸子内史,蹶维趣马,禹维师氏。"卿士的位次排在司徒、太宰、膳夫、内史之前,官职也较其他诸官为高。文献中凡为卿士者,一般都为各时代的执政大臣,如《国语·周语上》所载周厉王的卿士荣夷公,《国语·郑语》所载周幽王的卿士虢石父,《左传》隐公三年所载周平王的卿士郑武公和郑庄公,都是各时期的最高执政重臣。

诸正,又称诸尹,《尔雅·释言》:"尹,正也。"《说文》云:"尹,治也,从又、丿,握事者也。"尹在西周铜器铭文中常见,或单称尹(高卣盖,《集成》5431;史兽鼎,《集成》2778等),或加前缀、后缀称某尹或尹某(如令彝中的"明公尹",《集成》9901;史兽鼎中的"皇尹",《集成》2778等)等。诸尹又作庶尹,《尚书·皋陶谟》:"庶尹允谐。"[3]《史记·夏本纪》此句作:"百官信谐。"[4]可知诸尹即百官。文献中又有"庶正",《诗经·大雅·云汉》:"鞫哉庶正,疚哉冢宰。"郑笺曰:"庶正,众官之长也。"庶正,即为众多位官正的合称。周成王时期的铜器斐方鼎铭:"丁亥,钺赏又(有)正斐",唐兰注:"有正,应该和有司差不多,是管理事物的职官。"[5]祀卫鼎:"正乃讯曰……"唐兰注:"正,通政,指执政。"[6]诸正的政治级别应低于卿士,或属于卿士统率之下的属官。《逸周书·尝麦》:"钦之哉!诸正!敬功尔颂,审三节,无思民无顺。"《逸周书汇校集注》引庄述祖语曰:"诸正,司寇之属官。颂、讼古通。审,察也。"[7]

万民,文献中习见,指周王朝统治下的普通民众。《左传》闵公元年:"万,盈数也……无子曰兆民,诸侯曰万民。"《周易·谦》:"劳谦君子,万民服也。"《周礼·秋官·小司寇》:"小司寇之职,掌外朝之政,以致万民而询焉。一曰询国危,二曰询国迁,三曰询立君。"《周礼注疏》已指出,这里的"致万民",相当于《尚书·洪范》的"谋及庶人",万民与庶人同义。

传世文献对"国人暴动"的记载,与本简资料最接近的当属《左传》昭公二十六年:"至于厉王,王心戾虐,万民弗忍,居王于彘。"《国语·周语上》的记载与此略同:"厉王虐,国人谤王。召公告曰:'民不堪命矣!'……三年,乃流王于彘。"两相比较,便知《左传》、《国语》中因不堪忍受暴政而驱逐周厉王的,只有生活于社会下层的万民,而缺少了简文中的卿士和诸正等贵族阶层。

根据上文的分析可知,参与这次"流王于彘"事件的,不仅仅是生活在社会下层的普遍民

---

[1] 以往学者或认为《洪范》成篇年代甚晚,至少不早于战国初期。刘起釪、李学勤、裘锡圭等先生对此皆有考辩,从而将其考定为西周时期的作品,详见刘起釪:《洪范成书时代考》,《中国社会科学》,1980年第3期;李学勤:《帛书〈五行〉与〈尚书·洪范〉》,《学术月刊》,1986年第11期;裘锡圭:《燹公盨铭文考释》,《中国历史文物》,2002年第6期。
[2] 顾颉刚、刘启釪:《尚书校释译论》,中华书局,2005年版,第1191页。
[3] 顾颉刚、刘启釪:《尚书校释译论》,中华书局,2005年版,第477页。
[4] [汉]司马迁:《史记》,中华书局,1959年版,第81页。
[5] 唐兰:《西周青铜器铭文分代史征》,中华书局,1986年版,第111页。
[6] 唐兰:《西周青铜器铭文分代史征》,中华书局,1986年版,第463页。
[7] 黄怀信、张懋镕、田旭东:《逸周书汇校集注》,上海古籍出版社,2007年版,第743页。

众,还包括活跃在周王室政坛上、周厉王身边的以"卿士"和"诸正"为代表的各级贵族成员。以上两种学术观点,应以后一种更接近历史事实。

三、"国人暴动"相关文献资料再分析

"卿士"、"诸正"之所以不顾同宗情义、立志要推翻周厉王的统治,据《左传》、《国语》等记载,主要的动因是周厉王在世时采取的各项政治措施,严重损害了各级宗法贵族的既得利益。

在传统观点看来,周厉王是历史上有名的暴君[1]。他在统治期间,先后实施了止谤和专利两项政治举措,从而大失民心,以致于覆亡。对此,《国语》有详细记载:

《周语上》:厉王虐,国人谤王。召公告曰:"民不堪命矣!"王怒,得卫巫,使监谤者。以告,则杀之。国人莫敢言,道路以目。……于是国莫敢出言。三年,乃流王于彘。

《周语上》:厉王说荣夷公,芮良夫曰:"王室其将卑乎!夫荣公好专利而不知大难。夫利,百物之所生也,天地之所载也,而有专之,其害多矣。天地百物皆将取焉,何可专也?……今王学专利,其可乎?匹夫专利,犹谓之盗,王而行之,其归鲜矣。……"荣公为卿士,诸侯不享,王流于彘。

杨宽、许倬云等先生认为:"所谓'专利',就是独占山泽之利,独占天地间所生的万物。"[2]而"周人在分封制度下,山林薮泽之利,由各级封君共享。即使以赏赐或贡纳方式,资源仍可上下分治"[3]。周厉王任命荣夷公实施的专利行为,却利用行政权利,把原属各级宗族贵族共享的山林薮泽之利,收归周王室专享[4]。此政策实施的直接后果是,严重损害了各级贵族集团的切身经济利益,引起了他们的强烈反对。为了维护自己的既得权益,以"卿士"为代表的某些高级贵族便在朝堂之上,向周天子直言劝谏,《周语上》中的芮良夫即是其代表。以"诸正"为代表的众多的低级官吏,在没有直谏周王的机会下,则在各种政治场合议论天子、讽刺朝政。可以想像,其他没有任何官衔的贵族宗族成员,甚至普通民众,也在不同的社会活动中,发表自己对周厉王专利的不满。这种自上而下"谤王"的局面,本应是西周政治的固有传统,如《周语上》所言:

---

[1] 今有学者根据一些新出铜器铭文资料,论证周厉王实际上是一位战功赫赫、颇有建树的有为君主,他一生北击獫狁,南伐淮夷,力主改革,为挽救王朝危局、安定王室政治,做出了重要的历史贡献。详见张应桥:《重评周厉王》,《郑州大学学报》,2006年第2期;罗祖基:《重新评价周厉王》,《学术月刊》,1994年第1期;李玉洁:《评厉王革典》,《河南大学学报》,1986年第1期。
[2] 杨宽:《西周史》,上海人民出版社,1999年版,第841页。
[3] 许倬云:《西周史》(增补二版),三联书店,2012年版,第320页。
[4] 张应桥:《重评周厉王》,《郑州大学学报》,2006年第2期。

天子听政,使公卿至于列士献诗,瞽献曲,史献书,师箴,瞍赋,矇诵,百工谏,庶人传语,近臣尽规,亲戚补察,瞽、史教诲,耆、艾修之,而后王斟酌焉,是以事行而不悖。

依此,上至公卿,下至庶人,本来都有讽谏天子、言论朝政的权利。但周厉王却担心朝局失控,毅然打破这一传统,用政治高压来消除谤言,"得卫巫,使监谤者。以告,则杀之"。从而出现了"厉王止谤"的行为。

很明显,周厉王的止谤措施,严重损害了各级贵族成员的言论自由和议政权利;任用荣夷公实施的专利措施,则直接剥夺了诸贵族宗族的切身经济利益。这两者的相互结合,最终导致了朝野内的大部分贵族集团对以周厉王为核心的周王室的离心和背叛。文献中屡次提到的"荣公为卿士,诸侯不享"(《国语·周语上》)、"周厉王无道,诸侯或叛之"(《史记·秦本纪》)等现象,皆是对这一时期周王室与各级贵族关系的真实反映。而同为统治阶级成员的宗法贵族集团与周王室之间矛盾激化的最终结果,是"卿士、诸正"等贵族集团,与由"万民"组成的民众集团联合,共同"流王于彘"。

四、小　　结

何兹全先生曾将中国古代的政治权力分为王权、贵族权和平民权三类,并指出中国古代历史的发展实际上是王权不断加强,平民权逐渐衰弱的过程[1]。依此,上述第一种观点可总结为平民权与王权的一次斗争,而后一种观点可总结为贵族权与王权的一次斗争。而据我们上文的研究,"国人暴动"实际上是西周时期贵族权与平民权相联合,向王权斗争夺权的政治事件。

总之,发生在公元前841年的"国人暴动"事件,在性质上不能定性为平民起义或者自下而上的阶级斗争,而应该是西周晚期一次起因于利益纷争不均、由上层贵族发动和领导、社会各阶层成员共同参与、以反抗周天子暴政为目的、贵族权和平民权联合反抗王权的政治斗争。

---

[1] 何兹全:《中国文化六讲》,北京大学出版社,2008年版,第41～63页。

清华简《系年》所见"山东时期"越国的军事与外交

陈民镇

(中国社会科学院　研究生院)

清华简《系年》第二十、二十二章涉及越国史事,可补传世文献之缺。众所周知,越国曾在春秋战国时期异军突起,崛起为当世一霸,然其史迹却多为史籍所缺载。越国史事尤其是勾践灭吴后的历史湮灭不彰,相关史料语焉不详。除了《国语·越语》、《史记·越王句践世家》等文献对越国史事有较多称述外,其他如《左传》、《竹书纪年》等史书对越国只有零星记载。而《越绝书》、《吴越春秋》虽对越国有较多记述,惜乎较为晚出,且史事每每与传闻杂糅。如此一来,《系年》所涉及的越国史料便弥足珍贵。《系年》所见越国的活动,主要是越王朱句时期和越王翳时期在山东地区的活动情况。越王勾践迁都琅邪[1]之后,越国的政治及军事中心转移至今山东地区。在徙都琅邪至越王翳迁都苏州这段时期,具体而言是公元前468年至公元前379年,笔者称其为越国的"山东时期"。这段时期的越国史事载籍尤其稀缺,《系年》的记载可弥补这一缺憾。其中第二十章的内容订正了申公巫臣通吴的时间,叙述了越王朱句时期两度联合晋国伐齐,反映了晋、越的特殊关系,透露出防御越国也是齐长城的营建原因之一,均是前所未知的信息。越王朱句时期是越国的鼎盛时期,《系年》也反映了这一点。《系年》所见越国后期在山东地区的活动,与勾践徙都琅邪之事并不矛盾,且在某种程度上是相互支撑的。《系年》第二十二章则叙及越王翳时期越国与三晋联兵伐齐,最终接受齐国请成,某种程度上反映了越王翳时期越国国力的收缩。越国在"山东时期"国力显赫,在山东地区甚为活跃。

---

[1] "琅邪"又作"琅琊"、"瑯邪"、"瑯琊"等,本文写作"琅邪"。记载勾践徙都琅邪的文献,主要是今本《竹书纪年》、《越绝书》、《吴越春秋》,然以上三书的可信性向有异辞,这样一来其记载便殊为可疑。今人对勾践徙都一事讨论甚力者,主要有钱穆、杨宽、钱林书、陈可畏、林华东等先生。辛德勇先生在《文史》2010年第1辑发表《越王勾践徙都琅邪事析义》一文(收入氏著《旧史舆地文录》,中华书局,2013年版),对勾践徙都琅邪事有精彩缜密的论述。是文分析了勾践迁都琅邪的政治地理背景,肯定了今本《竹书纪年》所载周贞定王元年(公元前468年)徙都琅邪说可信,肯定了琅邪所在正是传统说法所谓山东省胶南市(笔者按:现属青岛市黄岛区)。

《系年》载越王翳"入飨于鲁"时,鲁侯为越王驾车,齐侯为骖乘,越王的特殊地位可见一斑。

一、《系年》所见"山东时期"越国的军事活动

《系年》第二十章简 108~113 云:

> 晋景公立十又五年,申公屈巫自晋适吴,焉始通吴晋之路,二邦为好,以至晋悼公,悼公立十又一年,公会诸侯,以与吴王寿梦相见于虢。晋简公立五年,与吴王阖闾伐楚。阖闾即世,夫差王即位。晋简公会诸侯,以与夫差王相见于黄池。越公句践克吴,越人因袭吴之与晋为好。晋敬公立十又一年,赵桓子会[诸]侯之大夫,以与越令尹宋盟于邘,遂以伐齐,齐人焉始为长城于济,自南山属之北海。晋幽公立四年,赵狗率师与越公朱句伐齐,晋师闵长城句俞之门。越公、宋公败齐师于襄平。至今晋、越以为好。[1]

该章从公元前 585 年申公巫臣通吴开始叙述,记载了晋悼公十一年(公元前 562 年)晋悼公会诸侯并与吴王寿梦相见于虢、晋简公(晋定公)五年(公元前 507 年)与吴王阖闾伐楚、晋简公会诸侯并与夫差王相见于黄池(事见《左传》鲁哀公十三年)等一系列晋与吴的外交事件。继而简文述及"越公句践"即越王勾践克吴之事。勾践灭吴,事见《左传》哀公二十二年、《国语·越语》,鲁哀公二十二年在公元前 473 年。此后,"越人因袭吴之与晋为好",与晋亲善,并于晋敬公十一年即越王朱句八年亦即齐宣公十五年(公元前 441 年)[2]上演了三晋与越国联兵伐齐的事件。这一事件史籍阙如,《系年》所载可谓越国史的新知。是年,赵桓子会诸侯大夫,与越国令尹宋会盟于邘地,起师伐齐。这一事件更导致了齐人开始修建长城。继而在晋幽公立四年即朱句十九年(公元前 430 年),赵狗又率领军队与越王朱句联兵伐齐,三晋之师攻破了齐长城的句俞之门,越师与宋军则在襄平大败齐军。在这两次战役中,攻打齐国不仅仅是三晋的功劳,越国无疑扮演了重要角色。这些事件文献缺载,今随《系年》重见天日而呈现于世人面前,弥足珍贵。

以上二事发生于越王朱句时期。越王朱句在位事件较长(公元前 448 年~前 412 年),且国力臻于鼎盛。朱句在勾践霸业的基础上开拓疆土,将越国带入巅峰时期,煊赫当世。在越王朱句时期,越国先后灭掉滕国与郯国[3]。《史记·越王句践世家·索隐》引古本《竹书纪

---

[1] 清华简(贰),第 186 页。本文所引宽式释文俱参见该书。
[2] 参见陈梦家:《六国纪年表》,《西周年代考·六国纪年》,中华书局,2005 年版,第 85 页。本文涉及越国纪年,俱参见该书。整理者指出:"简文所记晋国世系始自献公,终烈公止,中间只缺出公一世未见。据《竹书纪年》出公在位二十三年推算,晋敬公十一年当在周贞定王二十八年。"参见清华简(贰),第 187 页。
[3] 滕,姬姓,在今山东滕县西南。《战国策·宋卫策》则谓宋康王"灭滕伐薛,取淮北之地"。另《世族谱》谓齐灭滕。《左传》昭公四年有关于滕国灭亡之预言。孟子时的滕国,当系重建。郯,在今山东郯城西南。《史记·齐太公世家》云:"二年,伐灭郯,郯子奔莒。初,桓公亡时,过郯,郯无礼,故伐之。"《国语·越语上》云:"古之伐国者,服之而已。"古代伐国、灭国,往往不是彻底的吞并,所谓"存亡国,继绝世",且有复国的可能。

年》云:"於粤子朱句三十四年灭滕,三十五年灭郯。"《水经·沂水注》则引作:"晋烈公四年,越子朱句灭郯,以郯子鸪归。"在朱句早年,与楚国爆发过舟战,屡败楚人(见《墨子·鲁问》)[1]。目前所发现的越国兵器,属于朱句的是最多的。而从《系年》所见,越王朱句几度与三晋联手会师伐齐,战功赫赫。可以说,在越王朱句时期越国势力得到空前膨胀,《系年》的出现进一步丰富了这方面的材料[2]。

《系年》第二十二章简119~125云:

> 楚声桓王即位,元年,晋公止会诸侯于任,宋悼公将会晋公,卒于鸒。韩虔、赵籍、魏击率师与越公翳伐齐,齐与越成,以建阳、郎陵之田,且男女服。越公与齐侯贷、鲁侯衍盟于鲁稷门之外。越公入饗于鲁,鲁侯御,齐侯参乘以入。晋魏文侯斯从晋师,晋师大败齐师,齐师北,晋师逐之,入至汧水,齐人且有陈瘰子牛之祸,齐与晋成,齐侯盟于晋军。晋三子之大夫入齐,盟陈和与陈淏于溋门之外,曰:"毋修长城,毋伐廪丘。"晋公献齐俘馘于周王,遂以齐侯贷、鲁侯显、宋公田、卫侯虔、郑伯骀朝周王于周。

该章记载了三晋与越国伐齐,此次伐齐之役,亦见诸其他文献。《水经·汶水注》引古本《竹书纪年》云:"烈公十二年,王命韩景子、赵烈子、翟员[3]伐齐,入长城。"《吕氏春秋·慎大览·下贤》云:"文侯可谓好礼士矣。好礼士,故南胜荆于连堤,东胜齐于长城,虏齐侯,献诸天子,天子赏文侯以上卿。"《淮南子·人间训》云:"三国伐齐,围平陆。"均指此次伐齐之战。这在著名的骉羌钟(《集成》157~170)铭文中也有反映。

《系年》二十二章篇首时间坐标为"楚声桓王即位,元年",即公元前407年。而三晋正式伐齐,则是公元前404年[4]。据《系年》记载,先是晋烈公会盟诸侯于任地,再度会师伐齐。其中宋悼公在前往任地参与会盟的路上逝世,故此次伐齐与公元前430年的那次战役不同,主要是三晋与越国的力量。三晋方面由韩虔、赵籍、魏击统率,韩虔后为景侯,见诸骉羌钟,赵籍后为烈侯,魏击后为武侯。韩虔、赵籍以及魏击之父魏斯后于周威烈王二十三年(公元前403)被封为诸侯,是为著名的"三家分晋"事件,被一些学者视作战国时代的起点。此时三晋势力壮大,与同样强盛的越国联军。过去大家忽视了越国在伐齐之役中的地位,《系年》为我们提供了前所未知的信息。此时越国国君为越王翳,在伐齐过程中,齐国请成,越、齐、鲁会盟。另一方面,三晋之师大败齐军。此次伐齐之役,主要分为两条战线,过去所见传世文献及

---

[1] 参见蒙文通:《越史丛考》,人民出版社,1983年版,第129页。
[2] 李学勤先生肯定了笔者的上述判断,参见氏著:《吴越历史文化研究中的几个问题》,载《兵与礼——苏州博物馆新入藏吴王馀眜剑研讨会文集》,文物出版社,2015年版,第1~4页。
[3] 《水经·瓠子水注》引《竹书纪年》作"翟角"。
[4] 参见温廷敬:《骉羌钟铭释》,《中山大学史学学刊》1卷1期,1935年;唐兰:《智君子鉴考》,《辅仁学志》7卷1、2期合刊,1938年。

出土文献,只透露出三晋伐齐的战线,故人们径将其视作三晋伐齐。事实上,越国也参与了伐齐,却早已湮没无闻。

简文的"越公殹",即越王翳,于公元前411年~前376年在位。关于越王翳的史料甚少,《系年》则记叙了越王翳参与了三晋伐齐,只不过齐国最终请成,并"以建阳、郚陵之田,且男女服"。建阳即开阳[1],地在山东临沂北。郚陵,有学者认为即渠丘,在莒县[2]。《越绝书·越绝外传本事》云:"句践抑强扶弱,绝恶,反之于善,取舍以道,沛归于宋,浮陵以付楚,临沂、开阳,复之于鲁。"《越绝书·越绝德序外传记》所叙殆同。是则勾践在称霸之后为行怀柔政策,将临沂、开阳还给鲁国。《系年》所记齐国献给越国之地,与《越绝书》中的临沂、开阳相近,我们也可以通过这些记载一窥当时越国的疆界。

《系年》记叙了齐国请成之后,越王翳与齐侯贷、鲁侯衍盟于鲁国的稷门(南城门)之外。越王翳"入飨于鲁",鲁侯为越王驾车,齐侯则为骖乘[3]。《战国策·中山策》云:"中山君出,司马憙御,公孙弘参乘。"可与之相较。《系年》所叙,鲁国与齐国君主,一为越王驾车,一为越王陪乘,越王享受的待遇可谓尊荣,越国在当时的地位可见一斑。越王翳在位时期,实际上延续了勾践至朱句的霸业。

然而,越王翳时期的越国,并不像朱句时期大力扩张。除了在公元前404年灭了缯国外[4]——正与三晋伐齐同一年,越王翳并没有扩张的大动作。且据《史记索隐》引古本《竹书纪年》的记载,"翳三十三年,迁于吴",越王翳三十三年(公元前379年)将都城由琅邪迁至苏州。这一举动耐人寻味,由于国力收缩,加之北方诸国的壮大,越国重新将政治中心转移至江南。不过尽管越国迁都苏州,但仍据有琅邪周边的大片土地。越国势力开始从山东地区淡出,当在楚国大败越国之际。《吴越春秋·勾践伐吴外传》云:"自勾践至于亲,其历八主,皆称霸,积年二百二十四年,亲众皆失,而去琅邪,徙于吴矣。"所记有所不同。

二、"山东时期"越与晋、齐、鲁的关系

论者对越国与楚国、吴国的关系多有关注,而关于越国与晋、齐、鲁三国的关系,鲜有学者论及。尤其是"山东时期"越国与上述三国的关系,文献更是缺乏记载。《系年》为我们提供了新的材料,越国与晋、齐、鲁三国的关系,也逐渐明晰。越国延续了吴国对楚、齐斗争,对晋亲

---

[1] 整理者指出,"开"、"建"并为见母元部字,《水经·谷水注》:"谷水又东,经开阳门南。《晋宫阁》名曰故建阳门。"《皇门》"维其开告于予嘉德之说","开(開)"字清华简作"觅",从开声。清华简《子仪》"开(開)"字从户,开声。小徐本《说文》:"开,张也。从门,开声。"参见清华简(贰),第193页。
[2] 参见侯乃峰先生于《读〈系年〉臆札》(复旦大学出土文献与古文字研究中心网站,2012年1月3日)一文下的评论,2012年1月4日。另参见董珊:《吴越题铭研究》,科学出版社,2014年版,第62页。
[3] 《左传》文公十八年"纳阎职之妻,而使职骖乘",杜注:"骖乘,陪乘。"
[4] 《战国策·魏策四》云:"缯恃齐以悍越,齐和子乱而越人亡缯。"缯(鄫)国,姒姓,地在今山东枣庄东,相关出土青铜器有上曾太子般殷鼎、曾妇中已(姒)瓶。《左传》襄公六年云:"莒人灭鄫,鄫恃赂也。"则公元前567年莒曾灭鄫。

善的策略;另一方面,越国调整了与鲁国的关系。

(一) 越与晋国及三晋的关系

越国与晋国的关系,《系年》有明确的叙述,即"越人因袭吴之与晋为好"。

自申公巫臣通吴以来,吴国与晋国进入蜜月期,晋国大力扶持吴国以制衡楚国。《系年》载晋悼公与吴王寿梦会于虢、晋简公时与吴王阖闾伐楚、晋简公与吴王夫差会于黄池诸事,吴国由晋国扶持的帮手逐步跃升为晋国的竞争对手,乃至在黄池之会上与晋国争强。总体而言,吴国是与晋国亲善的,越国灭吴之后则延续了这一关系。

《国语·吴语》云:"越国南则楚,西则晋,北则齐,春秋皮币、玉帛、子女以宾服焉,未尝敢绝。"《史记·越王句践世家》载勾践自吴归国之后大夫逢同进谏"附晋"以抗吴,克吴之后则"与齐、晋诸侯会于徐州"。《吴越春秋·勾践归国外传》载越国大臣扶同献策谓宜"深结于晋"。《韩非子·说林下》记载了"越已胜吴,又索卒于荆而攻晋"的传说,越克吴之后或许存在一个对晋策略的摇摆期——先是欲借楚国之兵伐晋,却最终为楚国所欺压,越国与晋国为好,不单单是为了对抗齐国,也当有对抗楚国的原因。

越国与晋国的特殊关系,由于缺乏文献记载,此前不为人所关注。《系年》则明确说明晋、越的友好关系,且"至今晋、越以为好"。《系年》记述了朱句八年、朱句十九年以及越王翳五年三次越国与晋国联兵伐齐,越国是以晋国(或三晋)忠实盟友的面目出现的。

值得注意的是,在"三家分晋"之后,越国仍与三晋保持密切关系。《水经·河水注》引古本《竹书纪年》云:"(魏襄王七年)四月,越王使公师隅来献乘舟始罔及舟三百、箭五百万、犀角、象齿焉。"[1]这段记述很重要,一方面说明魏襄王七年(公元前312年)之前越国尚存,且拥有较大实力,陈桥驿先生曾指出"虽然派遣公师隅北上的越王是谁无法获悉,但是要集中这样一大批物资,并且从大越运送到遥远的魏都大梁,这并不是轻而易举的事。所以这位越王仍然拥有很大的势力。公师隅北上距无疆之败不过二十二年,说明越族在无疆败后绝未流散。作为一个部族,它不仅仍然存在,而且还有相当大的潜在力量"[2];另一方面说明越国与三晋的亲善关系,然在《系年》出现之前,论者多不明越国此举的缘故。明乎越国与三晋的亲密关系,越国为魏国运输军用物资便不难理解。《竹书纪年》的此处记载,事实上是《系年》"至今晋、越以为好"的注脚。《史记·越王句践世家》载越王无疆与齐国使者谈及越国争取韩、魏支持的问题,实际上也需要结合越国与三晋的特殊关系加以理解。

(二) 越与齐国的关系

《左传》哀公二十一年云:"二十一年夏五月,越人始来。"《史记·六国年表》于齐平公七年

---

[1]《艺文类聚》卷七一引《周书》云周成王时"於越献舟"。《左传》昭公二十四年云:"越公子仓归王乘舟。"舟船是越国的物产,"始罔"或是舟名。
[2] 陈桥驿:《越族的发展与流散》,《东南文化》,1989年第6期。

下系以"越人始来",齐平公七年与鲁哀公二十一年均为公元前474年,在这一年,越国可能同时遣使出使齐国与鲁国。此时越国正围困吴都姑苏,越国胜利在望,遣使使齐,争取齐国的支持,显然为战后局势服务。《国语·吴语》云:"越国南则楚,西则晋,北则齐,春秋皮币、玉帛、子女以宾服焉,未尝敢绝。"《史记·越王句践世家》载勾践自吴归国之后大夫逢同进谏"结齐"以抗吴,克吴之后则"与齐、晋诸侯会于徐州"。《吴越春秋·勾践归国外传》载越国大臣扶同献策谓"大王宜亲于齐"。然越国与齐国显然没能走上友好的道路,越国欲北上争霸,齐国无疑是最大的绊脚石。勾践又将都城迁至琅邪,越国则成为齐国的眼中钉。故越国与齐国的关系,正如吴国与齐国的关系,充满了冲突与对抗。

《系年》记载了越国三度与晋国一道伐齐,已如上述,这里着重谈两个问题。

其一是齐长城营建原因的问题。关于齐长城营建的原因,向来聚讼不已,《系年》则说明防御越国也是营建齐长城的重要原因[1]。

其二是公元前404年三晋伐齐之战中越国与齐国的关系。《系年》记叙了齐国请成之后,越王翳风光无限。但越国此次并不像公元前430年的那次战争与齐国争强,而是接受了齐国的请成,其背后的潜隐因素,或许与越国的战略收缩有关。

《战国策·魏策四》云:"缯恃齐以悍越,齐和子乱而越人亡缯。"越国曾趁齐乱于公元前404年灭了缯国。《吕氏春秋·季秋纪·顺民》云:"齐庄子请攻越,问于和子。和子曰:'先君有遗令曰:无攻越。越,猛虎也。'庄子曰:'虽猛虎也,而今已死矣。'"齐国对越国一直心存恐惧,乃至于越国国力不济之时,仍以猛虎目之。《史记·越王句践世家》载"王无彊时,越兴师北伐齐,西伐楚,与中国争强",越国本打算伐齐,结果听从齐国的劝告转而攻楚,越国大败,从此一蹶不振。

(三)越与鲁国的关系

越王翳与齐侯贷、鲁侯衍之所以盟于鲁国,之所以鲁侯为越王驾车,与越、鲁的密切关系分不开。

《左传》哀公二十一年云:"二十一年夏五月,越人始来。"杜注云:"越既胜吴,欲霸中国,始遣使适鲁。"是年在公元前474年,越国遣使出使鲁国。在越国包围吴都姑苏,越灭吴的前夕,越国便开始沟通鲁国,已着手下一步棋。《国语·吴语》云:"越灭吴,上征上国,宋、郑、鲁、卫、陈、蔡执玉之君皆入朝。"则灭吴之后鲁国入朝。《史记·越王句践世家》载:"句践已去,渡淮南,以淮上地与楚,归吴所侵宋地于宋,与鲁泗东方百里。"《越绝书·越绝外传本事》有类似记载。在勾践灭吴之后,予鲁国大片土地,以行怀柔,越、鲁关系持续升温。

《左传》哀公二十三年载:"秋八月,叔青如越,始使越也。越诸鞅来聘,报叔青也。"是年为公

---

[1] 陈民镇:《齐长城新研——从清华简〈系年〉看齐长城的若干问题》,《中国史研究》,2013年第3期。《鼄芈钟与清华简〈系年〉合证》,《考古与文物》2015年第6期。

元前472年，鲁国也开始遣使使越，越国则派诸鞅回访。《左传》哀公二十四年载："闰月，公如越，得大子适郢，将妻公，而多与之地。公孙有山使告于季孙，季孙惧，使因大宰嚭而纳赂焉，乃止。"是年为公元前471年，鲁哀公因三桓之患而到越国逗留九个月之久。在此期间，越国太子适郢[1]欲将女儿嫁给哀公，并与之土地。季孙氏听闻后恐惧，从中作梗，最终只得作罢。据《左传》哀公二十七年，公元前468年越国曾调停邾、鲁二国的边界纠纷："二十七年春，越子使后[2]庸来聘，且言邾田，封于骈上。"《左传》哀公二十七年又云："公欲以越伐鲁，而去三桓。秋八月甲戌，公如公孙有陉氏，因孙于邾，乃遂如越。"鲁哀公求助于越国，欲通过越国势力伐三桓。《吴越春秋·勾践伐吴外传》则云："冬，鲁哀公以三桓之逼来奔，越王欲为伐三桓，以诸侯大夫不用命，故不果耳。"据此，则越国并未出师。《孟子·离娄下》云："曾子居武城，有越寇。"武城在今山东费县西南，曾子在此遇见"越寇"，清人熊赐履《学统·正统》之《曾子传》系此事于鲁哀公二十七年，但并未说明理由。钱穆先生于《先秦诸子系年》的"曾子居武城有越寇考"条下针对焦氏《正义》指出："谓越寇季氏，非寇鲁，实有确据，非臆度也。"[3]钱氏以为曾子遇越寇，即《说苑·尊贤》所谓"鲁人攻鄪"事。准此，越国确曾出兵攻伐季氏。是年（公元前468年），勾践迁都琅邪，越国将政治中心迁到山东地区，这次军事行动对山东诸国无疑有震慑效果。

可见，越国与鲁国长期维持亲密的关系，越国几度施恩于鲁，鲁国则服从于越。这一策略，当延续至越国的"山东时期"。至于越国拉拢鲁国的原因，很重要一点是鲁国在当时虽然实力不济，但在各诸侯国中存在其特殊的正统性，谋求鲁国的支持，对于越国霸业的巩固以及对齐国的斗争均有裨益。不难看出，越国对鲁国的外交关系虽然相对次要，却是经过精心谋划的。反观《系年》的记载，鲁侯甘为越王驾车，正是由于鲁国的势力弱于越国；而越国与齐国盟于鲁国，恐怕是由于鲁国与越国亲善，鲁侯扮演了和解的角色。从外交角度讲，越国在对鲁关系方面，事实上颠覆了吴国的对鲁政策，转而扶持、拉拢鲁国。《孟子》所见"越寇"，并非针对鲁国王室。至于《系年》公布之前关于越国伐鲁的报导，从简文看来，并不符合事实[4]。

三、余　论

勾践灭吴之后，越国在吴国霸业的基础上成就了新的霸业，一跃成为当时煊赫的大国。《史记·越王勾践世家》载："勾践已平吴，乃以兵北渡淮，与齐、晋诸侯会于徐州，致贡于周。周元王使人赐勾践胙，命为伯。勾践已去，渡淮南，以淮上地与楚，归吴所侵宋地于宋，与鲁泗

---

[1] 即鼫与，又称者旨於睗（见金文）、鹿郢、与夷、兴夷，于公元前464年～前459年在位。
[2] "后"，当作"舌"。
[3] 钱穆：《先秦诸子系年》，商务印书馆，2005年版，第127页。
[4] 中国教育部网站刊载的《清华大学所藏战国竹简整理研究取得突破性成果》一文指出："清华简《系年》对这一段不少是前所未知的，例如越国对齐、鲁的战争等。"参见《清华大学所藏战国竹简整理研究取得突破性成果》，教育部简报〔2010〕第138期。

东方百里。当是时,越兵横行于江、淮东,诸侯毕贺,号称霸王。"《国语·吴语》云:"越灭吴,上征上国,宋、郑、鲁、卫、陈、蔡执玉之君皆入朝。"《淮南子·齐俗训》云:"(勾践)胜夫差于五湖,南面而霸天下,泗上十二诸侯皆率九夷以朝。"《吴越春秋·勾践伐吴外传》则云:"勾践乃使使号令齐、楚、秦、晋皆辅周室,血盟而去。秦桓公不如越王之命,勾践乃选吴越将士西渡河以攻秦。"尽管有学者质疑越国的霸业[1],但越国在春秋战国之际异军突起成为当世大国,《左传》哀公二十五年所谓"夫越新得诸侯"[2],并无疑义。勾践被诸侯尊为"霸王",且被周王"命为伯"。在《系年》中,越王勾践、朱句、翳均被称作"越公"[3],与吴王被称作"吴王"不同,也与金文所见"越王"不同。越王被称作"越公",颇耐人寻味。"五等爵"的问题,历来聚讼纷纭,无论是出土文献还是传世文献,都难以理出合理的头绪。"公"为最尊,但诸侯国内称其君为"公"已不是爵称,而是尊称[4]。《系年》非越国文献,但对越国极为尊崇,殊难理解。李峰先生指出,"五等爵"称的形成可能与春秋时期国与国关系间中的霸主制度有关[5],准此,越王称"越公"与越国霸业密不可分——这实际上是对越国特殊地位的承认[6]。

《吴越春秋·勾践伐吴外传》云:"自越灭吴,中国皆畏之。"《墨子》则一再强调越国是当世四大强国之一。越国的军力令中原列国为之震慑,越国也得以与齐国、楚国、晋国诸强国比肩。《系年》载越王翳"入飨于鲁"时,鲁侯为越王驾车,齐侯则为骖乘,越王的特殊地位已经显露无遗。《系年》载越国三度伐齐,越国的国力亦可略窥一二。《史记·越王句践世家》载越王无疆时尚且"兴师北伐齐,西伐楚,与中国争强"。越国之所以令北方诸国望而生畏,是与越国强大的军事实力密不可分的。

越国虽称霸一时,但由于没有持续的发展动力,同时也未能顺应时代大势,加之内讧滋乱,越国最终趋于衰亡。越国的霸业,始终未能越出山东的范围,实际上基本限于齐长城以南。在迁都琅邪之后,越国在山东地区进行了一系列的活动。但由于中原人士的偏见,对越国本时期

---

[1] 如吕思勉先生指出:"号称霸王之语,不免侈大。"参见氏著《先秦史》,上海古籍出版社,1982年版,第209页。
[2] 童书业先生指出:"《史记》所说或有夸张,要之是时齐、晋相攻,陈氏犹未代齐,三家犹未分晋,陈氏与知氏势不相上下,楚虽复兴,元气犹未大复,齐、晋、楚、越中惟越最强,故曰'越新得诸侯','号称霸王'。"参见氏著《春秋左传研究(校订本)》,《童书业著作集》第一卷,中华书局,2008年版,第427~428页。
[3] 《越绝书》见及"越公",但并不指越王。
[4] 参见陈恩林:《先秦两汉文献中所见周代诸侯五等爵》,《历史研究》,1994年第6期。按金文中称作"公"的,主要是宋、芮、秦、晋、曹、邾、楚诸国国君。
[5] 李峰:《论"五等爵"称的起源》,《古文字与古代史》第3辑,"中研院"历史语言研究所,2012年版,第159~184页。
[6] 越国虽居东南一隅,似乎亦曾受周王室的册封。《说苑·奉使》载越国使臣诸发语:"彼越亦天子之封也。"另据《韩诗外传》卷八,越国使臣廉稽在楚王面前自称越国是"周室之列封"。《国语·越语下》载范蠡语:"昔吾先君,固周室之不成子也。"韦注云:"子,爵也。言越本蛮夷小国,于周室爵我不能成子也。周礼,诸侯之国,封疆方二百里。"韦昭是从畛域范围的角度解释"不成子"的,如果从爵位的角度看,"不成子"的言下之意或谓越系男爵。《史记正义》引《舆地志》云:"越侯传国三十余叶,历殷至周敬王时,有越侯夫谭,子曰允常,拓土始大,称王,春秋贬为子,号为於越。"准此,越王原是侯爵,在允常之时称王,而在春秋时被贬为子爵。然在越王夫谭时便为侯爵,恐不可信。而《史记索隐》所引古本《竹书纪年》称越君作"於粤子",则认为越君系子爵。《史记索隐》就此问题解释道:"越在蛮夷,少康之后,地远国小,春秋之初未通上国,国史既微,略无世系,故《纪年》称为'於粤子'。据此文(笔者按:指前文所引《史记·越王句践世家》文),句践平吴之后,周元王始命为伯,后遂僭而称王也。"

的活动记载甚少,清华简《系年》则提供了新材料。山东曲阜、新泰、枣庄等地所出带有越文化因素的遗物,正是越国北上争霸的反映。而越国在山东地区所征服的国家,基本属于所谓的"泗上十二诸侯"。以下试结合相关文献,就越国在山东地区的活动作一番简要梳理。

越国经略山东一览表

活　　动	时　　间	出　　处
伐齐(存疑)	齐桓公时	《管子·轻重甲》
越国使鲁	勾践二十三年(公元前474年)	《左传》哀公二十一年
越国使齐(存疑)	勾践二十三年(公元前474年)	《史记·六国年表》
与鲁泗东方百里		《史记·越王句践世家》、《越绝书》
帮助邾隐公恢复君位,太子革被废奔越	勾践二十四年(公元前473年)	《左传》哀公二十二年
越、鲁互派使者	勾践二十五年(公元前472年)	《左传》哀公二十三年
越国执邾隐公,立公子何	勾践二十六年(公元前471年)	《左传》哀公二十四年
鲁哀公至越,逗留九个月之久	勾践二十六年(公元前471年)	《左传》哀公二十四年
迁都琅邪(在今山东黄岛)	勾践二十九年(公元前468年)	《越绝书》、《吴越春秋》等
调停邾、鲁二国的边界纠纷	勾践二十九年(公元前468年)	《左传》哀公二十七年
鲁哀公欲借越国势力攻三桓	勾践二十九年(公元前468年)	《左传》哀公二十七年、《孟子·离娄下》、《吴越春秋·勾践伐吴外传》
调停邾、莒二国的边界纠纷(存疑)		"能原"镈(《集成》155、156)[1]
越国与三晋联兵伐齐	朱句八年(公元前441年)	清华简《系年》
赵狗率军与越王朱句联兵伐齐,越师与宋军在襄平大败齐军	朱句十九年(公元前430年)	清华简《系年》
灭滕	朱句三十四年(公元前415年)	古本《竹书纪年》
灭郯	朱句三十五年(公元前414年)	古本《竹书纪年》
越与三晋谋划伐齐,齐国请成,越王翳与齐侯贷、鲁侯衍盟于鲁稷门之外。	翳五年(公元前407年)	清华简《系年》
灭缯	翳八年(公元前404年)	《战国策·魏策四》
削莒		《墨子·非攻中》、《战国策·齐策五》[2]
伐齐		《说苑·立节》

---

[1] 此据曹锦炎先生说。曹先生读铭文中的"膚"作"莒",认为能原镈铭文记录的是越国主持的莒、越分界会盟,称该器作"越、莒、邾盟辞镈(钟)"。参见氏著:《"能原"镈铭文初探》,《东方博物》创刊号,杭州大学出版社,1997年版;《再论"能原"镈》,《故宫博物院院刊》,1999年第3期。
[2] 另越王剑铭文"越自莒"或指越国取莒地,参见董珊:《吴越题铭研究》,科学出版社,2014年版,第61页。

清华简《系年》"缯人乃降西戎"小札

万德良

(烟台大学人文学院　中国学术研究所)

《系年》是清华简(贰)收入的一部战国时人撰著的史书,它记载了从周初武王克商至战国中期楚悼王、肃王时期的许多史实。其中《系年》第二章记载了西周末年申、缯、西戎攻杀周幽王的历史事件,其原文如下:

> 周幽王取妻于西申,生平王。王或取褒人之女,是褒姒,生伯盘。褒姒嬖于王,王与伯盘逐平王,平王走西申。幽王起师,围平王于西申,申人弗畀,缯人乃降西戎,以攻幽王,幽王及伯盘乃灭,周乃亡。[1]

行文中"缯人乃降西戎"一句颇为费解,而整理者未加以注释。这句话中"降"字最为关键,对其训释不同,所表述的缯与西戎的关系也迥然不同。"降"字在文献中多为"投降""降下"之义,但这些意义在此句中是否也恰当,尚有可商榷的余地。

学者中有认为此处"降"字为"投降"之义的[2]。但从文献记载来看,未能找到缯投降西戎的记载。有关这段史实的记载如下:

《国语·晋语》:"申人、鄫人召西戎以伐周,周于是乎亡。"

《国语·郑语》:"申、缯、西戎方强……若伐申,而缯与西戎会以伐周,周不守矣!缯与西戎方将德申,申、吕方强,其隩爱大子,亦必可知也,王师若在,其救之亦必然矣。"

《史记·周本纪》:"申侯怒,与缯、西夷犬戎攻幽王。"

《竹书纪年》:"九年,申侯聘西戎及鄫。十一年春正月,日晕。申人、缯人及犬戎入宗周,弑王及郑桓公。犬戎杀王子伯服。执褒姒以归。"

从上述史料来看,均未有缯人投降西戎的记载,且史书所载比较明确,当时为申、缯、西戎

---

[1] 清华简(贰),第138页。
[2] 2012年5月,清华大学刘国忠教授来烟,笔者有幸向其请教。刘国忠教授认为此句中的"降"字为"投降"之义,缯人可能迫于当时的局势而投降西戎,以增援申人。

三方联合作战。由此可见,缯和西戎在与申联合攻伐的过程中,并未出现相互兼并的情况。

《国语·郑语》提到"缯与西戎方将德申",《竹书纪年》则记载"申侯聘西戎及鄫",《礼记·曲礼》曰"诸侯使大夫问于诸侯曰聘","聘"即访问、慰问的意思,目的在于"结诸侯之好"(《周礼·秋官》)。申侯主动与西戎及缯结好,而缯与西戎"德申",可窥见申国的实力不在缯与西戎之下。且《国语·郑语》曰"申、缯、西戎方强",由此可知缯与西戎实力也不会差别很大。周幽王方面,依据《系年》的记载,周幽王发兵包围了西申,可见幽王的军事力量也相当可观。根据当时的战况,三者联合攻打幽王,局势千钧一发,若西戎先攻打缯,迫使其投降,一方面申国绝不会袖手旁观,另一方面势必会极大损伤三方联盟的实力,那么攻杀周幽王的可能也就极小了。因此,这里的"降"字若释为"投降",与文献记载矛盾,与情理也不相符合。

文献中"降"字多为趋向动词,表示从高处向低处运动,可以具体解释为"降落""降下"等意思。"降"字若释为"降下","缯人乃降西戎,以攻幽王"这句话可译为:缯人于是降下西戎(之兵)来攻打周幽王。这句话在语句上是通顺的,但以"降下"之义来表述缯与西戎的关系则欠妥当。从句子结构上分析,这个句子为兼语句,缯人既是施事者也是受事者。文献中与此句类似的例子如:

> 天命玄鸟,降而生商。(《诗经·玄鸟》)
> 帝降夷羿,革孽夏民。(《楚辞·天问》)
> 天乃佑命成汤,降黜夏命。(《尚书·泰誓》)

上述例句中,天与玄鸟、帝与羿、天与成汤的地位是不对等的,也正因如此,才会用"降"字表示由高到低的运动变化。而缯与西戎均是申国的盟国,在地位上是平等的。因此,用"降下"一词连接缯与西戎并不恰当。

那么,"降"字应作何解释呢?结合文献所记当时的情形,《系年》中"降"字在此处理解为"联合"更为恰当,"降"字应为"共"字之借字。

"降"字,顾炎武《唐韵正》云:"古人降下之降与降服之降并读为平声,故自汉以上之文无读为去声者。"顾炎武列举了《诗经》《楚辞》《淮南子》等先秦两汉典籍例子二十四条,均为平声[1]。那么"降"字古音当属匣母无疑。《诗经》《楚辞》中"降"字多与"螽""忡""中""穷"等冬部字押韵,由此可推断"降"字当属冬部。因此,在上古音中,"降"字当为匣母冬部平声字。共字,古音为群母东部[2]。考察先秦文献,共字还有匣母东部平声一音,如《左传》庄公二十四年:"俭,德之共也;侈,恶之大也。"俞樾《群经平议》:"共,当读为洪。《尔雅·释诂》:'洪,大也。''德之洪也',犹曰德之大也。"[3]又如《左传》桓公十年:"虞公出奔共池。"《经典释文》:

---

[1] [清]顾炎武:《音学五书》,上海古籍出版社,2012年版,第323页。
[2] 郭锡良:《汉字古音手册》,北京大学出版社,1986年版,第282页。
[3] [清]俞樾:《群经平议》,《续修四库全书》,上海古籍出版社,2002年版,第403、454页。

"共音洪。"总之,"降"字与"共"字音近,可以通假。

降、共二字通假的例子,据李学勤先生《新整理清华简六种概述》所引《殷高宗问于三寿》的简文,其中有"共(降)在九宅"[1]一句,"降"字即借为"共"字。这一例证即可以说明,降、共二字通假的现象至少可追溯到清华简撰写的时代。

文献中与《系年》"缯人乃降西戎"句式相近,且"降"与"共"假借的例子,最典型的即《左传》哀公二十六年:"六卿三族降听政,因大尹以达。"俞樾认为"降听政"即"共听政",意思即"降"与"共"通假。杨伯峻先生也赞同俞樾"降听政"为"共听政"的观点[2]。对于此句,杜预注:"降,和同也。"俞樾认为"和同"有"降以相从之义",因此不赞同杜预的注解。但杜预的注解并没有明确表示"和同"有"降以相从"的意思,所以俞樾对杜预注的否定有欠妥当。其实,"和同"与"共"意义相近,也是对"降"字非常恰当的解释。韦昭《国语·郑语》注:"和,谓可否以相济。同,同欲也",《国语·周语》注:"以可去否曰和,一心不二曰同。"和同,有相辅相成、同心协力的意思,而共字则有共同、一起的意思,两者意思相近。因此,杜预以"和同"注"降"字并没有不当之处,而且"和同"既是对"降"字的义训,也是音训,正如《康熙字典》中所说:"和同,即切降字,乃疾言、徐言之别耳。"[3]

除《左传》外,与《系年》同类的例子在《国语》、《史记》中也可见到。《国语·周语中》:"王降狄师以伐郑。"《史记·周本纪》所记与《国语》相同,其文曰:"王降翟师以伐郑。"《史记》所记当本《国语》,然而《史记》对其又有训释之语,其文见《史记·郑世家》:"王怒,与翟人伐郑。"由此可见"王降翟师"即"王与翟师"。此处"降"亦为"共"之借字,而非韦昭注所云"下"[4]之义。

综上所述,"缯人乃降西戎"之"降"释为"降下""投降"等意义与文献记载多有矛盾之处,不如释为"联合""和同"合理。"缯人乃降西戎,以攻幽王"当译为:缯人于是联合西戎来攻打周幽王。这样既符合语法规范,也与文献所记载的"缯与西戎会以伐周"等相吻合。

---

[1] 李学勤:《新整理清华简六种概述》,《文物》,2012年第8期。
[2] 杨伯峻:《春秋左传注》,中华书局,2009年版,第1729页。
[3] 《康熙字典(标点整理本)》,汉语大词典出版社,2002年版,第1338页。
[4] 徐元诰:《国语集解(修订本)》,中华书局,2002年版,第46页。

清华简、禹会祭祀遗址与河图的关系初探

何艳杰

（河北师范大学　历史文化学院）

清华简《保训》里的"中"，其释义歧见纷呈，本文在综合分析诸家观点的基础之上，结合"禹会祭祀遗址"的相关考古资料，以及河图的有关文献研究成果，认为清华简《保训》里的"中"是古代数术的泛称，以期抛砖引玉，就教于史学界。

一、清华简《保训》的"中"字释义简介

（一）各家观点简介

清华简《保训》里与"中"字相关的译文如下：

> "昔舜久作小人，亲耕于历丘，恐，求中，自诣厥志，不违于庶万姓之多欲，厥有施于上下远迩。乃易位设仪，测阴阳之物，咸顺不逆。舜既得中，焉不易实变名，身兹服惟允，翼翼不懈，用作三降之德。帝尧嘉之，用授厥绪。呜呼！祗之哉！"

> "昔微假中于河，以复有易，有易服厥罪，微无害，乃追中于河。微志弗忘，传贻子孙，至于成汤，祗服不懈，用受大命。呜呼！发，敬哉！"

目前，关于《保训》的"中"字，学界的意见已有十余种之多，其中影响较大的有：中道说（李学勤等）、地中说（李零）、诉讼文书说（李钧明）、旗旗说（周凤五）、民众说（子居）、军队说（王辉）等几种[1]。

---

[1] 中道说，见李学勤：《论清华简〈保训〉的几个问题》，《文物》，2009年第6期。地中说（"中"代表"四方之极"，与九鼎一样，是权力的象征），见李零：《说清华简〈保训〉的"中"》，《中国文物报》，2009年8月21日。诉讼文书说，见李均明：《周文王遗嘱之中道观》，《光明日报》2009年4月20日；《〈保训〉与周文王的治国理念》，《中国史研究》，　（转下页）

（二）虽然诸家各有所论，然皆不能令人信服

推其原因，学者仅局限于字形，字音及字义的分析，但皆未能得其真谛。"中"在舜接替尧掌握政权和上甲微借中于河伯以伐有易氏这两大事件中，所起作用不同，令人大费周折。亦有人提出此两处的"中"字应该不是一个意思之说。这种说法亦让人猜疑，何以同一篇文献中，同为文王训戒后嗣之事，两处事件中的同一个字，却有不同的释义。

二、"中"与河图的关系

（一）清华简《保训》的内容显示，"中"应该是一种上古数术

详细分解清华简《保训》与"中"有关的两件事情，可以看出均与古代数术相关。

1. 舜之"中"——分配制度和阴阳测量中的数术运用

舜掌握了中后，达到了两个目的：第一，"不违于庶万姓之多欲，厥有施于上下远迩"。即利益平均分配，使得远近上下的民众的欲望都得到了满足。显然，舜掌握了现在的统计学和会计学中的相关数术知识，得以使利益均分。第二，"乃易位设仪，测阴阳之物，咸顺不逆"。这第二个结果就是舜将自己掌握的先进的高等数术运用到气象、天象等天文历法的观测方面，可能还制造了某种测量仪器，而且计算结果非常准确。由以上两个结果可以推知，舜在掌握了高等数术运算之法后，将之运用到统计学、会计学、天文测量等方面，其结果就是，一方面因为公平、公正而得到了民众的拥护，提高了自己的威信；另一方面又因为可以准确预测阴阳变化，而被时人目为"先知"一类的神人，神化了自己的形象。因此成为尧之后的部落联盟首领之位的继任者。

2. 上甲微借自河伯之"中"——"阵图"，数术在战争中的运用

根据清华简《保训》的内容，在上甲微伐易事件中，我们首先可以确定三点。第一，"中"既可借还，当是一种实物，而不是某种思想、政策、礼制或其他形而上的东西；第二，"中"是在战争中使用的一种东西，这种东西可以迅速强化战斗力。河伯族因据有"中"而长期存在；上甲微因借得"中"而战胜有易；商人因学会了"中"而开始强大；第三，"中"在河伯族世代传承，上甲微在使用"中"后，就获得了"中"并且也传之后世。这些资料都说明"中"这种东西是必须通过使用、学习而获得，并可以重新制造，重复使用，而不是什么旗帜、诉讼文书之类的祖传的，独一无二的宝物，也不是民众、军队等还了就不能再拥有的东西。综合上甲微伐易事件里体现的"中"的三个特点，我们可以得出以下结论："中"是实物，"中"在战争中使用，而且这种实物在以上甲微为代表的

（接上页）2009年第3期。民众说（"中"可通假为"众"，即民众），见子居：《清华简〈保训〉解析》，复旦大学出土文献与古文字研究中心网站，2009年7月8日；高嵩松：《允执厥中，有恃无恐——清华简〈保训〉篇的"中"是指"中道"吗？》，《东方早报》，2009年7月26日。旗旗说（"舜向尧借来象征最高权力的旗旗以治民施政"；"上甲微向河伯家借来象征最高权力的旗旗以出兵征伐"），见周凤五：《清华简〈保训〉重探》，《中国人民大学国学院五周年纪念会论文集》，2010年10月。军队说（"中"字是"币〔师〕"字讹误），王辉：《也说清华楚简〈保训〉的"中"字》，《古文字研究》第28辑，中华书局，2010年10月，第473页。

商族归还于河伯之后,商族居然还能世代传承,以至商人由此而兴,这反映出"中"这种东西又是可以学习、复制和传承的。由此而论,能符合这种要求的"中",应该就是上古数术在战争中的运用,即上古排兵布阵之法,具体实物表现就是我们熟知的古代战争中的"阵图"。《易经·夬卦》九二爻载:"惕号,莫夜有戎,勿恤。"《易传》释此曰:"有戎勿恤,得中道也。"一般人认为此处"中道"是一个意思,即指"战争自身的特点和规律,而'得中道',即意味着对战争规律的体认和践行"[1]。笔者以为,此处的"中"和"道"应该分而释之,"中"即是上古数术在战争中的运用,即上古排兵布阵之法。而道,则可释为一般规律。"中道",即是上古排兵布阵的一般规律。如此解释,应该能更好的体现爻辞中的原意。《易传》一般认为出现于战国中后期,其时代及蕴涵思想正好与清华简《保训》相当,两相比较,正可以印证本文关于"中"字释义的正确性。

卜辞中商人对河的特殊尊崇,也反映出河与王亥、上甲微的非同一般的关系。在商人祭祀的众多山川神灵中,河有着特殊重要的地位,其神性与其他山川诸神有所不同[2]。如卜辞:

(一)辛未,贞,(苯)禾高祖、河,于辛巳。(《合集》32028)

(二)辛巳卜,贞,来辛卯(酉彡)河十牛,卯十牢;王亥燎十牛,卯十牢;上甲燎十牛,卯十牢。(《屯南》1116)

卜辞中商人将高祖与河并祭,并且将河与上甲、王亥并祭,献以同样丰盛的祭品。一般商人对一般山川神灵的祭祀最多是三牢,三羊,对河用十牢之盛礼,这明显表明河在商人心目中与一般山川神灵不同。上甲、王亥都是对商人发展作出过重大贡献之先公,联系清华简《保训》文,可以认为这条卜辞中的"河"并非是黄河,而应该是简文中的"河伯",河伯因为借"中"给上甲,帮助上甲为王亥报仇,商人由此掌握了重要的作战术而强大起来,因此为后世商人敬重而献以厚祭。

总之,将"中"理解为高等数术,既满足舜以掌握"中"而满足民众之欲,测得阴阳之实,又可以满足上甲微向河伯借还"中",而本族亦因此学会"中",并传之子孙,受益无穷的史实。因此,"中"应该是上古数术精华的称谓。据清华简《保训》文,这种"中"应该是多源的,既可以来自世代传承的河伯族,又可以是舜这样的数术天才自己的钻研成果。

(二)周初"河图"是上古数术神化的具体表现形式

我们通晓,中国上古数术精华的集中表现当属"河图洛书",河图洛书可称为上古数术在文献中的传承方式(图一)。但先秦文献显示,河图虽在周初王室中存在,春秋战国时期已经失传。有关河图洛书最早的、可信的记载见于《周书》。《尚书·顾命》载:"大玉,夷玉,天球,河图在东序。"在康王的即位大典上,河图作为重要的陈列品位于朝堂的东序。除此而外,尚有春秋时期的文献记载,如《易·系辞传上》载:"是故天生神物,圣人则之。……河出图,洛出

---

[1] 张涛、孙世平:《〈周易〉经传与先秦兵家研究》,《理论学刊》,2014年第9期。
[2] 张怀通:《先秦时期的山川崇拜》,《河北师范学院学报》,1997年第2期。

书,圣人则之。"《论语·子罕》曰:"子曰:凤鸟不至,河不出图,吾已矣夫!"《管子·小臣》载:"昔人之受命者,龙龟假,河出图,洛出书,地出乘黄,今三祥未见有者。"再有,就是一般视为战国资料的《周礼·春官·太卜》云:"掌《三易》之法,一曰《连山》,二曰《归藏》,三曰《周易》。"[1]大戴礼记中有关于明堂的记载,《大戴礼记·明堂篇》曰:"明堂者,古有之也。凡九室,二九四、七五三、六一八。"学者一般认为这就是九宫之数,《洛书》之数也。《大戴礼记·明堂篇》中的资料来源应比较早,应该也本于河图洛书。刘起釪[2]认为《尚书·洪范》最初的原本当是商代的东西,但原本虽出于商末,从西周到春秋战国,不断有人给它增加若干新东西。学者一般认为《尚书·洪范》中也体现了河图洛书的旨要。小戴礼记之《礼记·礼运》亦载:"故天不爱其道,地不爱其宝,人不爱其情,故天降膏露,地出醴泉,山出器车,河出马图。"以后,汉代刘歆、孔安国、扬雄、班固等人的著作中也屡有提及。

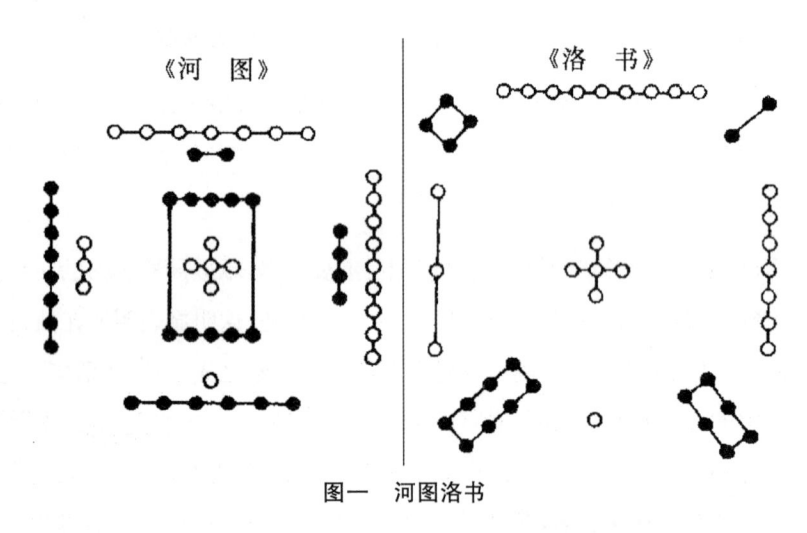

图一 河图洛书

分析以上先秦时期河图洛书的相关资料,可知河图在周初已经非常成熟了,有固定的表现形式——河图,有专人职掌其义及运用方法,成为重要礼仪场合的用器,并且在《尚书·周书》的《顾命》、《洪范》等篇中留下相关记载。其后,春秋战国时期的孔子、管子、《周礼》的作者,以及汉代《大戴礼记》及小戴礼记》的作者都认为河图是确定存在的,但由于礼崩乐坏,河图在当时已经失传了,无由得见其具体形状。以至于后世的《大戴礼记》中虽然记载了河图洛书中数术知识在建筑学上的表现形式,即明堂位,但并不能确知明堂位与河图洛书的关系。由此我们也可以得出结论,河图洛书之类是上古数术精华的图画表现,在周初是肯定存在的。但一则因王室制定了史官制度,垄断高深文化;二则因礼崩乐坏,文献流失;三则可能是因为

---

[1] [晋]郭璞《山海经》载:"伏羲氏得《河图》,夏后因之,曰《连山》。黄帝氏得《河图》,商人因之,曰《归藏》。列山氏得《河图》,周人因之,曰《周易》。"但今《山海经》无此文。此文句与古经文不类,疑系伪托,固不用此条资料。见王宁:《〈连山〉〈归藏〉名称由来考》,《古籍整理研究学刊》,1991年第5期。
[2] 刘起釪:《〈洪范〉成书时代考》,《中国社会科学》,1980年第3期。

河图的内容过于庞杂深奥,学习传承不易,因此至春秋战国时期河图已经失传,其来源及具体形式已经不为当时人所知。汉时谶纬之说流行,汉人及宋以后之人多以五行、阴阳、天人感应诸杂说附会之,使河图披上了一层层神秘的外衣,其真实面目更是玄而又玄,世人遂不得知其本也。至近代疑古学派兴起,遂至完全否定河图洛书的存在。

(三)"中"与"河图"关系的分析

清华简《保训》文里的"中"与"河图"似存在相当多的隐秘关系。

1. 出现时代相同,均为周初

清华简《保训》是文王对武王的训典,而记载"河图"的最早的可信史料是《周书·顾命》,是周成王去世、周康王即位的史料记载。两者出现的时代相同,都是周初。

2. "中"与"河图"均出现在王位传授的重大事件中

清华简《保训》文里的"中"出现在周文王对继位者武王的训戒中。"河图"出现在成王驾崩,康王即位的大典中。可见,在周初统治者心目中,"中"与"河图"都关系王位授受,是非常重要的。

3. "中"的原产地和河图的发现地点相似

据清华简《保训》所称,商人借"中"于河伯,那么"中"的一个来源应该是河伯之族。河伯族是一支居住在黄河附近的古老部族。所以,可以认为"中"的一个来源是黄河附近的部族。河图,古代神话称是龙马从河水中驮出,此说虽不可信,但春秋时期的诸多文献如《易·系辞传上》、《论语·子罕》、《管子·小臣》中都一致称"河出图",此"河"所指应为黄河无疑。因此可以认为河图应是居住在黄河附近的部族所创造的,这应该是没有太大问题的。此部族有可能就是世代居于黄河附近的"河伯"之族。因此,我们可以认为,"中"和"河图"可能都是来自居住在黄河附近的古老部族创造的。

4. "中"与"河图"的实质虽然都是上古数术,但细观其出现的语言环境,两者还是有区分的

清华简《保训》的"中"既可指公正分配利益之术,测定阴阳之术,也可指战争之术,因此"中"应该是上古数术的泛称。"河图"则是上古数术神化后带有巫术性质的载体。《尚书·顾命》记载,与河图共处于东序的还有"大玉,夷玉,天球",对面的西序则陈设着赤刀、大训、弘璧、琬琰,这些东西都是当时天下之至宝,王位继承仪式中的礼器,以类相比,河图的具体表现形式可能是大龟或玉之类宝物之上刻画着符号图形,也是大型礼仪活动中的礼器。

总之,比较简文的"中"和文献中的"河图"的相关记载,可以看出两者相同之处有四:第一,时代相同,均出现在周初;第二,重要性相同,均与周初的王位更替事件有关;第三,来源相似,均源自黄河附近的部族;第四,实质相同,都是上古数术。两者相异之处在于,"中"为上古数术的泛称,而"河图"则是上古数术神化后带有巫术性质的具体表现形式,推测应该是刻有符号图形的玉或龟。因此我们可以认为,简文中的"中"应该与文献中的"河图"有相当密切的关系。

三、禹会祭祀台基遗址与河图之关系

禹会村遗址又名禹墟，位于涂山南麓，蚌埠市西郊禹会区秦集乡禹会村，分布范围东西宽约300米，南北长约2000米，面积约60万平方米，是一处较大的龙山文化晚期遗址[1]。"禹会遗址"发现后，引起了众多学者的关注，大家从时代、文献记载、地理环境、地方史料等诸多方面进行了多角度研究，目前基本达成了共识，"禹会遗址"应该与大禹会诸侯于涂山，大禹治水密切相关。该遗址发现了大型祭祀台基、大型祭祀沟、不同类型的祭祀坑和由黄土和白土堆筑的圆圈等遗迹。本文经过对该遗址的一系列祭祀遗迹的整体研究，认为这些祭祀遗迹组成一个大型的统一筹划布局的祭祀场，并且体现着星象定位、阴阳、五行等多方面的上古数术知识。笔者将禹会祭祀遗址的布局与传世的"河图"相对比，发现两者有着一定的相似性。据此本文推测禹会祭祀遗址的布局原则可能与上古的河图要旨相关。

（一）禹会祭祀台基遗址体现的上古数术

禹会祭祀台基遗址是一个总面积达2000平方米的大型祭祀遗址，其中蕴含了相当多的上古数术的精华（图二）。

1. 最基本的数术应用——水利工程的沙盘制作

禹会祭祀台基遗址类似于后世的一个巨型的水利工程沙盘。根据发掘报告，我们可以合理推测这个沙盘的修建过程。首先，要建造一个北宽南窄的"甲"字形平台，必须找一个水平面。这个水平面就是第一层的灰土面。第二，运用上古星象学，在平面上仿制北斗星（八个圆形圜底坑）。利用斗柄确定方位。第三，利用斗魁定中心基点——中心土台。第四，以中心土台定南北中轴线，并确定其他部分的布局方位。比如北部凸岭和凹槽的边缘和重要的转折点上都留下了柱洞，这应该就是施工中的标准柱留下的柱洞。如D5是凹槽的南部边缘标志；D3、D4是凸岭的南部边缘标志；D1、D2是凸岭的交叉标志。这些祭祀台基中的平面、基点和中轴线、众多标志点的设置，各部分的挖掘和施工，都涉及了数术的应用。虽然我们对当时数术发展水平并不十分了解，但是可以根据台基的建筑情况，推知当时的数术水平已经相当高，可以比较精准地测量水平面，利用星象测定方位，设置基点，建立施工标志点。

2. 上古数术在星象方面的应用——禹会祭祀台基遗址以星象定方位

"禹会祭祀遗址"以北斗星的柄定方位，以斗魁定中心。何驽《禹会遗址祭祀礼仪遗存之我见》一文指出，禹会祭祀遗址中部偏北有八个圆形圜底坑，其中圆坑ABDE沿祭场东边南北排成一条直线，圆坑CHGF平面上摆成斗状，据此推测这8个圆坑从整体上构成包括帝星在

---

[1] 中国社会科学院考古研究所、安徽省蚌埠市博物馆：《蚌埠禹会村》，科学出版社，2013年版。

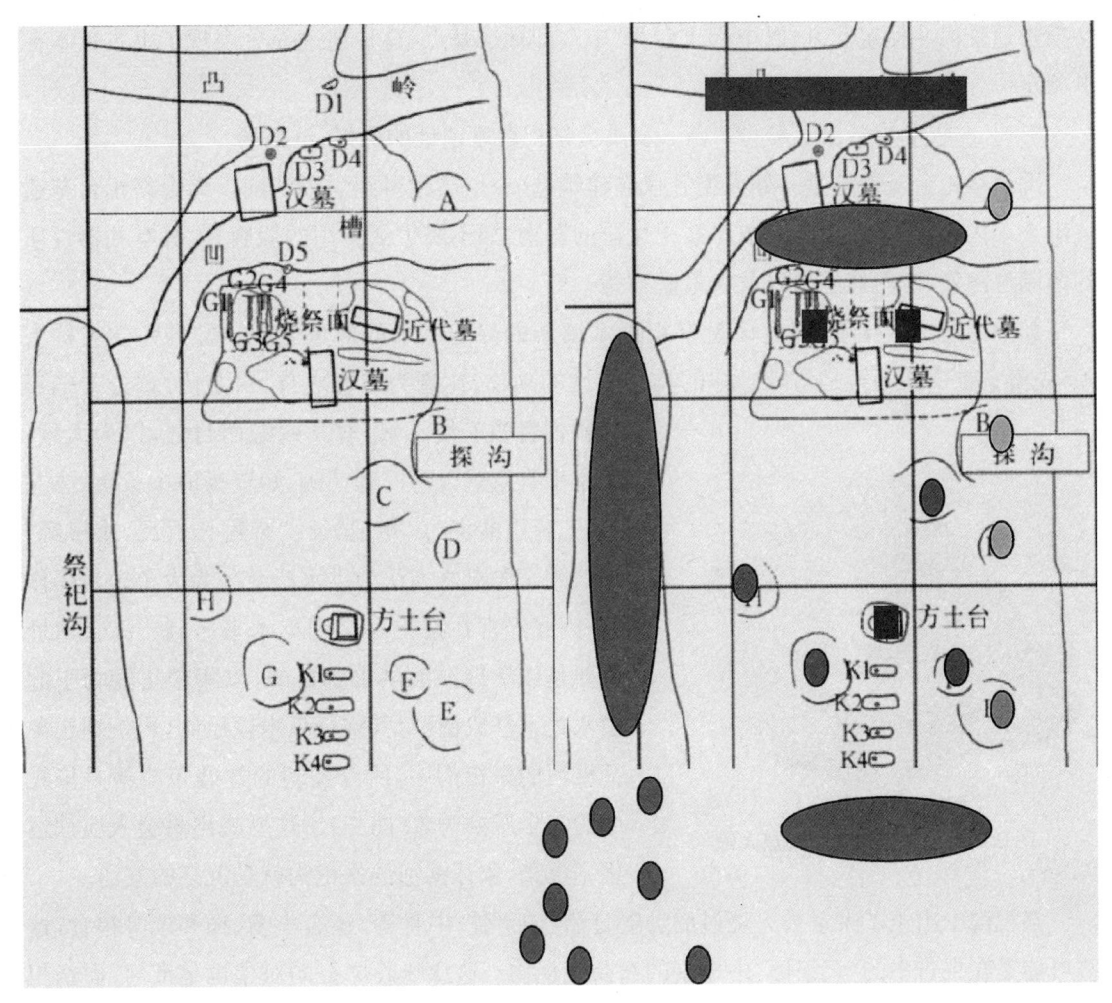

图二 禹会祭祀台基遗址

内的北斗星图,仅下部斗魁四星稍有错位,向北侧偏离。[1] 何驽先生独具慧眼,令人感服。禹会祭祀台基的中心点有一个方形土台,正好处于整个祭祀遗存的中心点,南北中轴线贯穿,是整个祭祀遗存的定位点,整个祭祀遗存的方位,南北中轴线,祭祀遗存中模拟涂山的凸岭的山口,以及中轴线直指的禹会祭祀场北部的、淮河切开涂山与荆山的山口,都以此方形土台为基点而成为一个整体。圆形圜底坑 ABDE 沿祭场东边南北排成的那一条直线正好象征着斗柄,斗柄的指向是正北。而中心的方形土台正好位于何驽所称的下部斗魁四星之中。这无疑反映出,大禹之时的先民先在地面模拟建造了天空中的北斗星图,然后以北斗星图的斗柄确定了祭祀遗址的正确方位——北方,并在斗魁四星中部夯筑了方形土台作为基本参照点。可以看出,这种以北斗星来确定方位的方法,在大禹时期已经相当成熟,后世一直延用至今。禹

---

[1] 何驽:《禹会遗址祭祀礼仪遗存之我见》,《禹会村遗址与淮河流域文明研讨会论文集》,科学出版社,2014年版。

会祭祀遗址以斗柄定北方,以中心土台为"中",即标准基点,这种遗迹充分表现了上古数术在星象定位方面的应用。

3. 上古数术与祭祀巫术的结合——禹会祭祀台基遗址的燎祭、沉祭场

禹会祭祀台基遗址是一处大型礼仪性建筑,这一点已经得到学界认同。禹会祭祀台基遗址出土了大量器物,多是具有浓厚祭祀性质的器物,如不属生活实用的假腹簋,具有礼器性质的薄胎红陶鬶,陶塑娃娃鱼以及大量磨石等。

其中的陶塑娃娃鱼,即应该是祭祀巫术镇压的兴起洪水的对象之一。娃娃鱼学名称大鲵,先秦文献中认为鲵是与鲸一样的具有神性的动物,比喻为凶恶之首。《左传》宣公十二年载:"古者明王伐不敬,取其鲸鲵而封之,以为大戮,于是乎有京观以惩淫慝。"鲵、鲸皆为海中大鱼。《左传》孔疏引裴渊《广州记》云:"鲸鲵长百尺,雄曰鲸,雌曰鲵。"先秦之人认为洪水泛滥多为大鱼等水怪作祟,因此经常在祭祀中运用巫术来压制。禹会遗址主要是以治理淮河洪水为目的,以陶塑之鲵为引起洪水之水怪象征,对其施行巫术以压制,再沉埋至象征淮河的祭祀沟中,所以陶塑的娃娃鱼应该是祭祀中的一个压制对象(图三)。这反映出禹会人应该运用了沉祭,象征淮河的祭祀沟就是沉祭的祭场。

图三 禹会祭祀沟出土陶塑大鲵

祭祀沟中出土了大量被火烧过的动物骨骼,如猪骨、牛骨等,还有小麦、稻和粟等粮食,这些可能是在报告中的"烧祭面"中燎祭的祭品残余物。这意味着燎祭的对象也是淮河,而祭祀台基北部的"烧祭面"应该就是燎祭的祭场。这些祭祀供品显示,大禹之时人们对淮水是十分敬畏的,因此供祭大量食物、器物以娱淮神。

禹会祭祀台基遗址的大量遗存说明祭祀中有"燎祭"和"沉祭"。"燎祭"地点应该是经过精心设计布置的台基北部的"烧祭面",此地的布局亦颇为神秘。"烧祭面"大致呈长方形,北部和西部都是象征淮河的祭祀沟和凹槽。"烧祭面"人为的分为两处,东西并列,西面的烧祭面西部还挖有四长一短的沟槽,里面原先埋着圆木。"烧祭面"附近有多块磨石存在,联系到祭祀沟中也出土了大量磨石等石器,二区的祭祀坑中也多有磨石出土,可以认为磨石也是一种祭祀用品。"沉祭"的地点则是象征淮河的祭祀沟。这些"燎祭"地点的选择,"燎祭"场的东西划分布局,五条沟槽的设置及磨石的埋藏,都体现了规整有序的规划布局和分工,显示上古数术在祭祀巫术中的应用已经相当熟练。

4. 禹会祭祀台基遗址显示的上古数术中的"五行"观念萌芽

禹会祭祀台基遗址的发掘情况表明,当时的先民可能已经有意识地在祭祀中运用了五行的概念。按照祭祀台基的发掘情况来看,当时可能已经按方位附属了五行。

北为火。禹会祭祀台基遗址北方有大块红烧土面,报告称为"烧祭面",且烧土痕迹大致可分为东、西两部分。这种"烧祭面"无疑是禹会先民点燃火堆的遗留,在祭祀中是五行之"火"位于北方的象征。而"烧祭面"分为东西两大部分这一特殊情况与河图中的"地二生火"的观念很相像。

西为水。禹会祭祀台基西边有一条祭祀沟,祭祀沟中出土了大量的非生活物质,如劣质的非实用的礼器用陶器碎片,火烧过的祭牲如猪的骨头,磨石等石制工具,甚至还有象征凶恶之首的陶塑大鲵。这个祭祀沟从南向北延伸并在台基边缘向东与台基北部的凹槽相通,从其方向和形状来看,与蚌埠禹会村遗址所在的淮河下游的涂山和荆山地理位置图(遥感影像资料)非常相像,应该象征着禹会村东部和北部的淮河[1]。因此,祭祀沟中的残留物应该都是禹会先民在祭祀淮河时,采用"沉祭"、"燎祭"等方法而遗留下的祭品遗存。所以,祭祀沟应该象征着淮河,是五行中的"水"。

中为土。禹会祭祀台基的中心土台是所有其他祭祀建筑的基点,位于中点,并且是用土夯筑而成,这明显体现了五行之"中心为土"的观念。

南为木。禹会祭祀台基南部有35个成排柱洞、柱坑,当时其中必然插有木桩,众多木桩可以代表五行中的"木"。但为何是35之数,尚不解。

缺金。因为禹会祭祀台基东方未发掘到祭祀台边缘,仅是用探沟做了探查,知道东部还有白土面,但限于地形,没有发掘。

五行之中已有其四,足以说明禹会先民的礼仪活动中已经初步体现了五行的观念。

(二)河图与禹会祭祀台基遗址的比较

1. 河图洛书与禹会祭祀台基遗址示意图的相似之处

比较传世的河图[2]与禹会祭祀台基遗址示意图,我们发现两图中有相当多的相似性。第一,都有一个中心点;第二,河图的中心点白点周围围绕着四个黑点。而禹会祭祀遗址的中心是一个方柱,周围也围绕着四个圆形圜底坑,虽然分布并不像河图那么均匀;第三,河图的中心点白点东方竖直分布着四个黑点;而禹会祭祀遗址的中心柱东方也竖直分布着四个圆形圜底坑。第四,河图的中心点白点正北方分布着两个黑点;这在禹会祭祀台基遗址中表现为中心柱正北方分布着一个方形的烧祭面,方形的烧祭面上面东西分布着两个烧祭面;第五,河图的最外圈北部和东部是两排连在一起的成排的白点,南部和西部是连在一起的成排的黑点。如果按照禹会祭祀台基遗址示意图,比平面低的坑、沟等似乎对应着黑点,即阴;而凸出地面的方柱、岭等物代表着白点,即阳。以此方式理解,那么禹会祭祀台基遗址北部的凸岭似

---

[1] 张广胜等:《安徽蚌埠禹会村遗址与大禹治水的历史渊源研究》,《禹会村遗址与淮河流域文明研讨会论文集》,科学出版社,2014年版。
[2] 关于河图的方位,历来有两种看法,传统的看法是上南下北左东右西,即天图的方位;但也有学者在研究时按上北下南左西右东的地图方位。此处按上北下南左西右东的普通地图方位来看。

乎正好对应河图中的最北部的排状白点,而禹会祭祀遗址北部的凹槽和西部外侧的祭祀沟联通,大致呈厂字形河流的轮廓,这些正好是下凹的沟槽地形,对应着河图上西部最外围的一组八个黑色连接在一起的点,并可延伸到河图中心点北部的五个黑点。第六,禹会祭祀台基遗址南部据图是一条扰沟和水塘,虽然不明白具体情况,但是这条扰沟意味着祭祀台基遗址的南部比较低,从铺垫的灰、黄、白三层土北厚南薄的厚薄程度来看,祭祀台基南部的地势确实也正是比较低的。那么就正好对应了河图最南部的六个黑色连接在一起的点。第七,禹会祭祀台基遗址的西南部,发现了通往二区的修筑之路,隔离墙,取土坑,二区还发现了八个祭祀坑,坑的形状各不相同,其中编号为七的祭祀坑呈不规则的十字形。令人称奇的是,这八个祭祀坑与《洛书》西南角的八个点的位置和数量正好相合。这些相似性虽然不能说明禹会祭祀台基遗址的建造规则,但是确实让我们产生许多关于河图与古代祭祀遗址的联想。

2. 两者定位和定基点方法的相似之处

上文已经指出,禹会祭祀台基遗址以北斗星的柄定方位,以斗魁定中心。而关于河图的来源,历来争论极多,其中有一种观点认为,河图来源于北斗斗柄指向及由此而产生的古代历法。细观传世河图的中心部位及东边,中心的白圈象征着"中",也是阳。在禹会祭祀台基遗址中正好与凸出的中心方形土台相似。自古以来,以凸者为阳,因此两者都象征着阳、中。

禹会祭祀台基遗址东边的四个圜底坑象征着北斗星的斗柄,与河图中的"地四生金"正好对应。但一般认为河图中的地四是在西方,而禹会祭祀台基遗址的四个圜底坑是在东方,这是其差异。

3. 两者阴阳表现形式的相似之处

河图中是以白圈表示阳,黑点表示阴。禹会祭祀台基遗址中很多地方也体现了阴阳观念。如中心以凸出的方形土台表示"中",中心为阳,以低于平面的圜底坑表示星,星为阴;以祭祀沟代表淮河,为阴,以凸岭代表涂山,为阳;烧祭面上着火,显然象征着阳,烧祭面上挖出四长一短的南北向沟槽,虽不明其用途,但应该象征着阴。河图中的阴阳观念非常复杂,笔者学识浅薄,不足以道之,但是河图与禹会祭祀台基遗址中确实有比较相似的阴阳观念,这一点应该是可以肯定的。

4. 两者五行分布的比较

上文已经阐明,禹会祭祀台基遗址中体现了原始的五行观念。但是,禹会祭祀台基与河图中的五行排列异大于同。禹会祭祀台基显示的五行排列为:北为火,南为木,西为水,中为土,东方不明。河图中五行的体现一般认为是:北为水,南为火,东为木,西为金,中为土。比较两者,可以发现禹会祭祀台基遗址表现出来的五行说与河图中的五行排布仅有一点相似,就是中间都是土,其他的则均不相同。这反映出禹会先民对五行虽然已经有了初步的认识,但与传统的河图五行并不一致,是一种相当古老的五行观念。《尚书·洪范》中确实记载了上古存在不同的五行观念,即箕子所听说的"在昔鲧陻洪水,汩陈其五行",而大禹的洪范九畴,其中的首要之义就是"初一曰五行"。以此而论,大禹时期的五行观念确实是一种正在不断完善更新的五行观念,因此禹会祭祀台基遗址表现的五行与河图有较大的差异也是合理的。

总之,河图与禹会祭祀台基遗址在图形、星象定位与中的确定、阴阳表现形式等存在相当多的共同点。但是在五行观念中,禹会遗址缺金,排布也与河图不同,相异之处较大。《册府元龟·帝王部》载:"夏禹即天子位,雒出龟书,六十五字,是为洪范,此所谓雒出书者也。"此语虽属神话,但细审其言却并非空穴来风。《尚书·洪范》载:"天乃锡禹洪范九畴,彝伦攸叙。"这句话中确实提到禹曾掌握了洪范九畴,而九畴之第一即是五行。以此而论,大禹时代,人们将掌握的上古数术之法,运用到治理洪水的祭祀活动中,也是合于情理的。禹会祭祀台基遗址的设计规划体现了众多上古数术之法,与河图有相当多的相似之处,也许正是文献所载的大禹掌握的"九畴"数术。

四、三者应该都蕴含着上古数术

在中国上古时期,数术隐身于巫术、天象、星象之中,因而具有相当的神秘性。能掌握这种高等数术之人非常少,只要是精通数术之人,即被认为是通神之人,得到民众的崇拜而成为群众的领袖,进而变身为神化之祖先。

舜就是这种神化的数术掌握者之一。河图洛书,特别是洛书很可能作为一种计算工具或计算原理在原始社会生产活动过程中起着重要作用。古代部落中最重大的活动莫过于分配劳动产品。在原始社会氏族公社制度下,当人们经过一定时期的劳动,需要分配劳动果实、共享丰收喜悦之时,大家集中起来,举行盛大庆典活动。他们要祭祀,告慰先祖,感恩上苍,一般是以原始的巫术歌舞的形式来表现。大家要采取一定方法,正确盘点和合理分配劳动产品,在这个过程中,原始人利用"河图洛书"之类的上古数术进行计算。河图洛书起着计算工具或计算原理的作用,大大方便了对劳动产品盘点和分配工作。因为只有少数人掌握河图洛书中的数术原理,而河图洛书的使用又直接关系每个人的切身利益,所以河图洛书便成为原始古人崇拜的神物。自古以来,中国即为农业民族,气象历法决定了田地中农作物的种收丰欠,因而上古时代的天象历法是与每个人息息相关的大事。而天象历法的基本测定原则就是上古数术。而河图洛书体现了天象的相关信息。舜因为掌握了数术在分配制度中的运用,大概相当于现在的经济学方面的相关知识,可以公平、公正的满足各部族群众的欲望和要求,并且会以数术以测定天象,因此得到了尧的赏识,众人的崇拜,最终得到部落联盟的大权。

禹也是这种神化的数术掌握者和运用者之一。大禹治水和会诸侯于涂山的传说,禹会祭祀遗址中体现的众多上古数术思想,甚至至今人们心目中大禹的形象都与矩尺等数术测量工具相联系,这些都反应了禹也是少数掌握了上古数术方法的神化人之一。

上甲微与河伯的故事则更具史料性,缺少神秘性。河伯应该就是一支居住在黄河流域的部族,这一部族世代传承着数术在战争中的运用方法,而这一方法是秘不外传的。上甲微从河伯处借得此战阵图,取得了伐易的胜利,之后虽然归还了战阵图,但在具体作战中已经学习掌握了这种阵图,因而可以传之子孙。上甲微之后,商族势力大增,商族的兴起多视为自上甲微始,商人对河、上甲微和王亥祭以盛礼,这些都应该与商族从河伯处学得了特殊的作战方法有关。

上古数术在起源方面及水利施工、战争、建筑中的诸多应用,也披上了神话的外衣。如数术的书面表现形式"河图"被视为龙马驮来之神迹。大禹治水,即大禹运用数术,兴修水利工程的史实也流传成为大禹治水的诸多神话;上古的多种神秘的布阵图可能就是后人以"河图"中的上古数术为指导原则,在其基础上完善发展而来的。古代的神秘建筑"明堂"也应该是河图所表现的上古数术的建筑应用。

综上所述,无论是"中"还是"河图"、"洛书",其核心均是上古数术,而禹会祭祀遗址则是上古数术应用的具体遗留。具体来讲,清华简《保训》文里的"中"应是上古数术的文献泛称;禹会祭祀遗址则是上古数术在修建祭祀礼仪建筑时的实际运用的遗留,传世的河图洛书则是上古数术的图影——书面表现形式。三者的实质都应是上古数术的化身。

清华简《金縢》、《祭公》"不豫有尸"的经典意涵

范丽梅

("中研院"中国文哲研究所)

清华简《金縢》简1:"王不豫有尸。"《尚书·金縢》作:"王有疾弗豫。"《史记·鲁周公世家》:"武王有疾不豫。"清华简《祭公》简1～2:"我闻祖不豫有尸。"《逸周书·祭公》:"我闻祖不豫有加。"[1]其中"尸"在几乎相同的文本或句式中,出现多个不同的用字,包括:尸、疾、加。总的而言,出土本作"尸",而传世本作"疾"或"加"。

学者对此现象作出各种解释,原则上对于《祭公》的用字,学者多附于《金縢》的讨论中,未提出更新的意见。而就《金縢》文本来说,廖名春、萧旭、黄怀信皆依从传本的"疾",将"尸"往表示疾病语词的方向进行考释,前二者各释作"痒"与"痍"[2],然而此一考释于文献词例无据。后者直接通假作"疾"[3],却无法提供二字或其声符通假的词例。然而在众说纷纭之中,整理者、宋华强、高中华所提出的意见,其实已开启很好的理解方向。整理者根据《说文》指出,"尸"乃"迟"的或体"遟"所从,并以《广韵》之"久"作解释[4]。宋华强则列举葛陵简常见的"少迟瘥"、"疾迟瘥"、"迟已"等语词说明其"迟"或作"遟",《金縢》的"尸"可读作"迟",解为疾病迁延日久、迟迟不见好转[5]。高中华则从联绵词的观点出发,指出"有迟"与《诗经》中的倭迟、委蛇、逶蛇、逶迤、逶迟、迟迟等义相当,亦可单言"迟",而以"有"助言事之情状,"有迟"即

---

[1] 清华简(壹),第75、158、99、174页。[汉]孔安国传,[唐]孔颖达等正义:《尚书正义》,《十三经注疏》,艺文印书馆,1955年版,第185页。[日]泷川龟太郎:《史记会注考证》,万卷楼图书有限公司,1993年版,第565页。黄怀信、张懋镕、田旭东撰,李学勤审定:《逸周书汇校集注》,上海古籍出版社,1995年版,第988页。

[2] 廖名春:《清华简〈金縢〉篇补释》,《清华大学学报》,2011年第4期,第24～25页。萧旭:《清华竹简〈金縢〉校补》,复旦大学出土文献与古文字研究中心网站,2011年1月8日。

[3] 黄怀信:《清华简〈金縢〉校读》,《古籍整理研究学刊》,2011年第3期,第25页。

[4] 清华简(壹),第159页。

[5] 宋华强:《清华简〈金縢〉校读》,武汉大学简帛研究中心网站,2011年1月8日,第1页。

"迟迟"。因此简文当释为迟迟然不豫久矣[1]。上述三位学者立足于有效的通假证据,列出可信的词例,的确已在相当程度上说明了此词可能表达的意义。然而作为经典的文句,"有尼"即便只是开篇一句简单的背景叙述,却可能蕴含深意。倘若进一步追索,将发现在迁延日久的意义以及与"倭迟"等联绵词的关系之外,还有更深一层的思维,联系着整体经典的传承与诠释。也唯有进一步考察,才能比较完整地理解"有尼"在《金縢》与《祭公》语境中的取义,并合理地说明不同用字"尼"、"疾"、"加"之间的关系。

诚如上述学者指出"有尼"可读作"有迟",且与"迟"、"迟迟"、"倭迟"相当,如同杨伯峻、何乐士曾指出"有"可以当作重言助词,多用于形容词前,表示该形容词重言的标志。亦即与单音节形容词结合后,起着加强形容的作用,使单音节形容词跟重言相当,其公式为:助词+形(单音节)=形形[2]。然而上述学者提出迁延日久的解释却不够精准。《说文》:"迟,徐行也。从辵,犀声。《诗》曰:'行道迟迟。'"《尔雅·释训》:"遟遟,徐也。"[3]准确词义应是缓慢的状态,迁延日久只是结果引发的延申义。若查考文献,"迟"多与"疾"、"速"相对,表达慢与快两种相反的状态,包括"有迟疾"、"有迟速"、"有迟有速"等。《尉缭子·勒卒令》:"其致有迟疾而不迟疾。"《后汉书·律历志中》:"月行当有迟疾。"《黄帝内经·素问》:"行有逆顺,至有迟速。"《新书·大政》:"与民为仇者,有迟有速,而民必胜之。"[4]皆表达缓慢的意思。若检视"迟"在葛陵与包山楚简中的用例,其词义亦然。通过词例比对,可发现其与"速"、"弇"等快速义相反,表示的正是缓慢义。葛陵简《甲一》简24:"疾迟瘥。"《乙二》简2:"宜少迟瘥。"《乙二》简3:"疾速损,少迟恚瘥。"包山简239~240:"疾弇,有续,迟瘥。"简243:"病迟瘥。"[5]可见葛陵与包山楚简的"迟"亦表达缓慢的意思,指疾病的缓慢痊愈。因此"有尼"读作的"有迟"应指一种缓慢的状态,指武王或祭公的不豫之疾在缓慢拖延着。

唯"有尼"所读作的"有迟",或是与之相当的"迟"、"迟迟"、"倭迟",在经典文句中并不仅仅表达缓慢的状态,它其实还形容了先秦思想中有关身体、心志、血气修养的状态。同时,包括"委迟"、"迟迟"等书写形式,表达身心气三位一体样态的"委蛇"与"威仪"的语义场,"有迟"正属于此一语义场,是立足于深刻的身体思维所作的经典表述[6]。其蕴含武王或祭公因不豫之疾而呈现身体迟缓、虚弱、病厌等委蛇状态,进而导致威仪丧失,值此生死存亡之际,来自

---

[1] 高中华:《清华简"不豫有迟"再考察》,复旦大学出土文献与古文字研究中心网站,2012年8月6日,第3~6页。
[2] 杨伯峻、何乐士:《古汉语语法及其发展(修订本)》,语文出版社,2003年版,第481~482页。
[3] [汉]许慎撰,[清]段玉裁注:《说文解字注》,上海古籍出版社,1988年版,第72页。[晋]郭璞注,[宋]邢昺疏:《尔雅注疏》,《十三经注疏》,艺文印书馆,1955年版,第56页。
[4] 刘寅:《尉缭子直解》,中国子学名著集成编印基金会,1978年版,第949页。[汉]范晔撰,[清]王先谦集解:《后汉书集解》,中华书局,1984年版,第1069页。张志聪:《黄帝内经集注》,浙江古籍出版社,2002年版,第587页。贾谊撰,阎振益、钟夏校注:《新书校注》,中华书局,2000年版,第339页。
[5] 河南省文物考古研究所编著:《新蔡葛陵楚墓》,大象出版社,2003年版,第187、203页,图版72、130、131。刘信芳:《包山楚简解诂》,艺文印书馆,2003年版,第240~241、495~496、497页。
[6] 有关此一语义场的研究,详范丽梅:《委蛇与威仪——战国竹简与经典诠释中的身体思维》,《饶宗颐国学院院刊》第二期(2015年5月),第123~155页。

天命的政权亦随之动摇。

以下先说明语音关系与书写形式的问题,"有㠯"之"㠯"与上博《仲弓》读作"委蛇"的"尾"所从声符相同,也与上博《民之父母》读作"迟迟"的"㠯"相同。甚至"委蛇"不同的书写形式还有"郁夷",以"有"作为声符,与"有㠯"的"有"一致,"夷"与"㠯"相通亦属习见[1]。诸字古音如下:

【有㠯】匣之 *ɣǐwə 定脂 *dǐei/匣之 *ɣǐwə 余脂 *ʎǐei
【郁夷】影职 *ǐwək 余脂 *ʎǐei
【委蛇】影歌 *ǐwa 余歌 *ʎǐa
【倭迟】影歌 *ǐwa 定脂 *dǐei

"有"与"郁"的声纽皆在舌根音,而韵部之职对转。整体而言,与"委蛇"、"倭迟"等一致,还是围绕在 a、e、ə 等主要元音上可以通假的语音形式。因此"有㠯"与"郁夷"、"倭迟"、"委蛇"等语音相关不成问题。唯上述《金縢》与《祭公》不同写本之间还存在不同的用字与句式。为清眉目,条列如下:

清华金縢:不豫有㠯
清华祭公:不豫有㠯
逸周祭公:不豫有加
尚书金縢:有疾弗豫
史记世家:有疾不豫

上述写本的句式约有两种:一是"不豫有㠯",二是"有疾不豫"。事实上所谓"不豫"就已是"有疾"的意思,《公羊传·桓公十六年》何《注》:"天子有疾称不豫。"[2]因此就"不豫有㠯"的句式而言,"不豫"已表达了天子有疾,其"有㠯"只能是对此不豫之疾的补语,是一个形容词,作用如同"委蛇"诸词。至于《逸周书·祭公》的"有加",也与"郁夷"、"倭迟"、"委蛇"等语音接近:

【有加】匣之 *ɣǐwə 见歌 *kea
【有㠯】匣之 *ɣǐwə 定脂 *dǐei/匣之 *ɣǐwə 余脂 *ʎǐei
【郁夷】影职 *ǐwək 余脂 *ʎǐei
【委蛇】影歌 *ǐwa 余歌 *ʎǐa
【倭迟】影歌 *ǐwa 定脂 *dǐei

---

[1] 相关诸字的关系研究,详范丽梅:《委蛇与威仪——战国竹简与经典诠释中的身体思维》,《饶宗颐国学院院刊》第二期(2015 年 5 月),第 123~133 页。
[2] [汉]何休注,[唐]徐彦疏:《公羊传注疏》,《十三经注疏》,艺文印书馆,1955 年版,第 67 页。

与"有"、"郁"情况类似,"加"的声纽也在舌根音,且其韵部也与"委"、"倭"、"蛇"等相同。更何况文献还有通假的例证,《尚书·盘庚》:"嘉绩于朕邦。"汉石经"嘉"作"绥",从"加"之字与从"妥"之字通假[1]。又上博《周易·随卦·九五》:"孚于嘉。"其"嘉"字从"禾"声[2]。考虑到"委蛇"亦从"禾"以及《仲弓》以"妥"记录的例子,则"有加"的语音形式在此与"委蛇"等词通假或相关应不成问题。甚至"有加"字所反映此词所从的歌部,更可证与之构成异文的"有尸"等脂部的词汇可以通作歌部的"委蛇"。

然而当"有"被理解为有无之有,视作一个动词,"有尸"表达具有尸的意思,在此一语义场中词义有所离散之时,此一语词即有可能书写作"有疾"。"疾"与"尸"或是"郁夷"、"倭迟"、"委蛇"等音韵关系不近(【疾】从质 * dzĭĕt),不具通假的关系,因此只能看作是对"有"字理解转移了才出现"有疾"的说法。然而这样的说法又与"不豫"亦表示有疾的意思形成重复累赘的表述,因此文本又将"有疾"提前,将"不豫"反倒看作是形容"有疾"不豫的形容词。此为《尚书·金滕》、《史记·鲁周公世家》"有疾不豫"的由来。据此,呈现在出土与传世文本的不同用字,很生动地说明了上古写本在记录语词时,所发生语词形成或移转的现象。因此所应关注的就不仅仅是一个字形代表一个语词等简单的字词对应现象,而应宏观看待对应的语词被动态使用于不同文本中所产生的各种可能。

确定了语音关系与书写形式之后,可以进一步确认"有尸"应属于"委蛇"与"威仪"的语义场,通过相同语境的词例可以证明。《礼记·檀弓上》有一则记载:

> 孔子蚤作,负手曳杖,消摇于门,歌曰:"泰山其颓乎?梁木其坏乎?哲人其萎乎?"既歌而入,当户而坐。子贡闻之曰:"泰山其颓,则吾将安仰?梁木其坏、哲人其萎,则吾将安放?夫子殆将病也。"遂趋而入。夫子曰:"赐!尔来何迟也?……夫明王不兴,而天下其孰能宗予?予殆将死也。"盖寝疾七日而没。[3]

言及孔子衰颓而病,与武王或祭公不豫之疾的语境相同。文中亦以泰山、梁木等自然的地理景观来比附人体,谓哲人其"萎",此亦称萎荕,《说文》:"荕,艸萎荕。"[4]指草的衰败枯死,借以形容人体的衰颓病厌,正与"委蛇"诸词的词义相当,并且其不同书写形式中亦有"萎荕",可见彼此的关系。此外,银雀山汉简《晏子·七》:"寡人志气甚痿,身体甚病。"《黄帝内经·素问·奇病论》:"病生在肾,……心气痿者死。"[5]皆言病中身心气的"痿"或"痿",皆属"委蛇"

---

[1] [汉]孔安国传,[唐]孔颖达等正义:《尚书正义》,《十三经注疏》,艺文印书馆,1955年版,第133页。马衡:《汉石经集存》,科学出版社,1957年版,第22页。
[2] 马承源主编:《上海博物馆藏战国楚竹书(三)》,上海古籍出版社,2003年版,第29、160页。
[3] 类似记载又见于《孔子家语·终记解》与《史记·孔子世家》。[汉]郑玄注,[唐]孔颖达等正义:《礼记正义》,《十三经注疏》,艺文印书馆,1955年版,第130~131页。
[4] [汉]许慎撰,[清]段玉裁注:《说文解字注》,上海古籍出版社,1988年版,第38页。
[5] 骈宇骞:《银雀山竹简〈晏子春秋〉校释》,万卷楼图书有限公司,2000年版,第88页。张志聪:《黄帝内经集注》,浙江古籍出版社,2002年版,第339页。

诸词相关的单字表述。

最后回到《金縢》与《祭公》的语境，便可以立足于"委蛇"与"威仪"的语义场，去把握"有迟"更深刻的意涵，此乃理解经典诠释思想极为重要的关键。先说《祭公》，此篇记载老臣祭公谋父于患病临终前对周穆王的告诫，包括以夏商败亡、文武兴邦的故事提出持守王朝天命基业的忠告，是一顾命的场景。在此"不豫有迟"的对象虽是祭公，然而股肱之臣的亡逝，亦不亚于君王，此所以穆王见祭公始言"旻天疾威，余多时假惩"、"不淑疾甚，余畏天之作威"，多次提到天威对于自身的惩戒。而祭公对穆王的乞言，郑重回应：

> 谋父朕疾惟不瘳，朕身尚在兹，朕魂在朕辟昭王之所，亡图不知命。[1]

表明目前其身体与魂魄所处的状态无法告知天命如何。事实上，个人生命的存亡，就在于身体心志对于魂魄的把握程度，《黄帝内经·灵枢·淫邪发梦》："正邪从外袭内而未有定舍，反淫于脏，不得定处，与营卫俱行而与魂魄飞扬，使人卧不得安而喜梦。"[2]将发梦视为人体病变的反映，二者相同之处即在于魂魄飞扬，无法把持。因此祭公言其因病不愈，身体尚在人间此处，而魂魄就快散离身体，归向先辟昭王在天之处，无法思虑知命。如同《黄帝内经·灵枢·本神》："至于淫泆离脏则精失、魂魄飞扬、志意恍乱、智虑去身者，何因而然乎？天之罪与？人之过乎？"[3]所言情状恰似祭公患病临终的样子，魂魄、志意、智虑皆散离身体，身体即丧失威仪，呈现委蛇的状态，《左传》昭公二十五年即指出身心摄持的威仪与魂魄去留的关系。因此《祭公》此处的身体与魂魄之言，显然呼应着前述的"不豫有迟"，蕴含着天命身体的不在。接着穆王又申辩其先祖文王、武王的心志与德行：

> 惟时皇上帝宅其心，享其明德，付畀四方，用膺受天之命，敷闻在下。……逊揩乃心，尽付畀余一人。[4]

表明皇天上帝能够宅度文武之心志而授予天命，如今希望祭公也能够在临终时，勉力揩其用心、明其顾命以辅助穆王，亦即使皇天上帝亦能宅度其心而持续授予天命。《黄帝内经·灵枢·本藏》："志意者，所以御精神，收魂魄，适寒温，和喜怒者也。……志意和则精神专直，魂魄不散，悔怒不起，五脏不受邪矣。……此人之所以具受于天也。"[5]此所以宅度心志而能收摄魂魄，保有天命，包括人体生命，也包括王朝天命。至此，祭公勉力为之，召见三公以告天子，提到"惟天奠我文王之志，动之用威，亦尚宽壮厥心，康受亦式用休，亦美懋绥心，敬恭之"。最后总结出"维我周有常刑"[6]。通过"委蛇"与"威仪"语义场所揭示生命人体得自天命的生

---

[1] 清华简(壹)，第100、174页。
[2] 张志聪：《黄帝内经集注》，浙江古籍出版社，2002年版，第269页。
[3] 张志聪：《黄帝内经集注》，浙江古籍出版社，2002年版，第54页。
[4] 清华简(壹)，第100～103、174页。
[5] 张志聪：《黄帝内经集注》，浙江古籍出版社，2002年版，第285页。
[6] 清华简(壹)，第104、174页。

死存亡、祸福休戚,皆与其敬畏、怠惰、骄横等不同态度息息相关[1],可知《祭公》此处专注于心志的提点,以敬恭之心对于天命,亦是呼应己身的"不豫有迟"而来,告诫穆王应以敬畏之态度摄持威仪,对应天威,保持天命。

对《祭公》有比较全面的理解后,便可以更好地理解《金縢》。此篇记载武王克殷三年后身染重病,生命垂危之际,周公设坛祝告先王,愿以己身代武王而死,并将祝辞藏于金縢之匮中。其后武王崩,成王犹幼在位,管叔等即流言周公欲篡位,自此年幼的成王即对周公有误解。此次"不豫有迟"的对象是一国之君的武王,其后继位犹幼的成王,都直接象征了天命政权的岌岌可危,而造成危机的正是周公与成王、君臣之间的误解。随后天象异常,群臣开启金縢之匮,成王误解冰释,布书泣言:"今皇天动威,以章公德"[2],表明了一切亦在天威天命的授予之中。其中所谓"皇天动威",明显与《祭公》的"惟天奠我文王之志,动之用威"的背景一致,也因此二者的"不豫有迟"也具有相同的含义,即以武王身体的迟缓病厌等委蛇状态,象征天命政权的流失。同时更重要的是《金縢》全文在误解冰释的前后,书写了两段关于政权安危的隐喻,前后开展了大木的象征意义:

> 是岁也,秋大熟,未获。天疾风以雷,禾斯偃,大木斯拔。……是夕,天反风,禾斯起,凡大木之所拔,二公命邦人尽复筑之。岁大有年,秋则大获。[3]

在此大木象征了生命或天命,清华简《程寤》即叙及文王之妻太姒梦占五木,象征文王受天命的故事,沈宝春引杨儒宾说木具有通天的象征,是天命的授受[4]。因此,大木之拔,就如同生命或天命之拔根除去,而大木之复筑扶正,亦犹如生命或天命之延续,前后的叙述正象征了一次政权危机的解除、天命的再次接续。倘若再结合上述《檀弓上》隐喻哲人之萎的梁木之坏,以草木之萎荛形容生命人体的衰弱死亡,则更可以理解《金縢》的大木斯拔其实正呼应武王的"不豫有迟"而来,大木复筑则象征成王的接续天命。

再延续到成王顾命的场景,《尚书·顾命》即记载了成王的不豫:

> 惟四月哉生魄,王不怿。……王曰:"呜呼!疾大渐,惟几。病日臻,既弥留,恐不获誓言嗣,兹予审训命汝。昔君文王武王、宣重光,奠丽陈教则肄。肄不违,用克达殷集大命。在后之侗,敬迓天威,嗣守文武大训,无敢昏逾。今天降疾、殆,弗兴弗悟。尔尚明时朕言,用敬保元子钊,弘济于艰难。柔远能迩,安劝小大庶邦。思夫人自乱于威仪,尔无以钊冒贡于非几。"兹既受命还,出缀衣于庭。越翼日乙丑,王崩。

---

[1] 相关研究详范丽梅:《委蛇与威仪——战国竹简与经典诠释中的身体思维》,《饶宗颐国学院院刊》第二期(2015年5月),第133~155页。
[2] 清华简(壹),第80、158页。
[3] 清华简(壹),第79、81、158页。
[4] 沈宝春:《论清华简〈程寤〉篇太姒梦占五木的象征意涵》,《东海中文学报》第23期(2011年7月),第147~148页。杨儒宾:《太极与正直——木的通天象征》,《台大中文学报》第22期(2005年6月),第61~75页。

孔《传》："群臣皆宜思夫人。夫人自治，正于威仪。有威可畏，有仪可象，然后足以率人。"[1]

此处与《金縢》、《祭公》不同的是其着墨于不豫后的"威仪"。倘若确认"有迟"与"委蛇"以及"威仪"同属一个语义场，在先秦思想表达中紧密并行，也就能将《金縢》的武王不豫、《祭公》的祭公不豫，与此间成王的不豫联系起来，它们表达的正是先秦一贯的身体思维，可以说病体的"有迟"，其实就是人体"威仪"的丧失。《左传》已指出形体生命、礼义威仪皆来自天地的赋予，因此当形体生命终结之时，礼义威仪也将同时失去。《金縢》、《祭公》言武王、祭公病体"有迟"，《顾命》言成王病体叮嘱不乱于"威仪"，都表现了这个观点，如同杜正胜所言上天主宰人间生命的信仰在封建贵族的威仪中反映出来[2]。因此经典言及人体生命、政权天命的延续，无不念兹在兹的呼吁天威的敬慎，以及人体威仪的摄持。唯有如此理解《金縢》、《祭公》看似简单的一句"不豫有迟"，才能深切领悟经典文本书写蕴含的深意，理解其借由经典诠释所传承的思维概念与文化内涵。

---

[1] [汉]孔安国传，[唐]孔颖达等正义：《尚书正义》，《十三经注疏》，艺文印书馆，1955年版，第275～277页。
[2] 杜正胜：《从眉寿到长生：医疗文化与中国古代生命观》，三民书局，2005年版，第217页。

清华简《金縢》与武王克殷在位年数研究

吕庙军

（邯郸学院　文史学院）

清华简《金縢》（原题《周武王有疾周公所自以代王之志》）是清华大学出土文献研究与保护中心公布较早的一篇出土文献。简文中武王在位年数、周公居东时间及成王继位年龄等内容与传世本《金縢》的记载存在明显差异，引起学术界热烈关注。从目前已有的研究成果来看，虽然学者们对简本《金縢》的年代早晚、版本源流、文献价值及可信性等问题进行了一定研究，学术界的大多数人还是相当肯定其重要的史料价值的。然而，个别学者从简文内容、用词用字等方面加以考察，认为简本《金縢》"是据《金縢》改写而成"[1]乃至"伪简"的说法则有失偏颇。目前尚很有必要结合简本与传世本《金縢》的比较，对其中涉及的有关武王、周公、成王等重要史事记载开展进一步研究。下面本文仅就清华简《金縢》关于周初武王克殷后在位年数问题及相关内容加以探讨，以期方家指正。

一、武王克殷后在位年数综说

武王在位年数，对于推定正确合理的西周王年至为关键，是西周史研究一大疑难问题。历史上一直聚讼纷纭，迄今未有定说。学界以往对武王在位时间研究大致有一年、二年、三年、四年、五年、六年、七年、八年、十二年、十四年、十七年等多说。为明确武王在位年数的研究范围，我们以克殷（杀纣）之牧野之战事件为分界点，包括克殷之前文王去世后武王即位年

---

[1]　房德邻：《清华简注释之商榷》，《中国高校社会科学》，2014年第2期。

数和克殷后武王在位年数[1]。武王克殷后的在位年数实际上就是指武王从克殷到他去世的时段。下面我们主要研究武王克殷后在位年数。

历史上对武王在位年数之所以长期聚讼不决，笔者认为主要在于对武王有无纪年以及诸文献记载武王克商之后在位年数等问题的认识分歧。其中，武王克商后在位年数的确定，随着近年清华简《金縢》的发现，为这一问题的解决提供了新材料和新视角。简本与传世本《金縢》关于武王克商之年的记载在年数上存在不同。简本说是"三年"，传世本说是"二年"，二者记载明显不合。我们首先可先排除简本记载错误的可能性，因为后面简文尚有关于"周公石（宅）东三年"的记载也与传世本不同，故简本如是记载，当另有他因。

关于武王克殷之年的记载，先秦两汉文献不乏记载。在清华简《金縢》未发现前，最早记载武王克殷后在位年数的当属传世本《金縢》。随着清华简《金縢》面世，历史上怀疑传世本《尚书·金縢》系伪作及其成书较晚的疑云也随之烟消云散。司马迁在《史记》撰作中较多地采纳了《尚书·金縢》的说法。学术界一般认可司马迁编写《周本纪》、《鲁世家》参考、移录了《尚书·金縢》，并将先秦语言转化成汉代通行的说法。

但于同一史事记载，《鲁世家》说"武王克殷二年"[2]，与《周本纪》"武王克殷后二年"句意似乎有别。《封禅书》亦说："武王克殷二年，天下未宁而崩。"[3]《封禅书》与《鲁世家》在"武王克殷二年"说法上完全一致。值得注意的是《史记·周本纪》集解引皇甫谧曰："武王定位元年，岁在乙酉，六年庚寅崩。"[4]皇甫谧的武王在位六年说，与《周本纪》、《鲁世家》、《封禅书》均不同。

《金縢》说武王克殷后两年（包括克殷当年）而崩，即武王克殷后在位两年。《周本纪》说武王在克殷之后二年（不包括克殷当年）而崩，即武王在位三年。这是司马迁对《金縢》的理解。对"既克商二年"的理解，王肃称"克殷明年"、伪孔传称"伐纣"明年[5]，他们都认为这个"二年"是包括克商之年在内的第二年。可见，古来对"武王克商二年"的理解就一直存在分歧，以致近人乃至当代学者的理解亦颇不一致。故而，这个问题很有必要结合有关文献记载详细梳理并加以辨析。

二、《史记》武王克殷后二、三年说辨

在《史记》中，《鲁世家》、《封禅书》与《周本纪》关于武王克商之年记载不同。前两者均为

---

[1] 关于周武王在位年数，杜勇教授已经指出有两个不同的考察点，一个是文王殁后武王继位为王至其卒年的整个在位年数，另一个是武王伐纣之年至其卒年的开国在位年数，亦即以克商之年起算的在位年数。且将武王伐纣之年，通常视为武王元年（尽管武王不曾改元），亦即西周开国之年。（见杜勇：《清华简〈金縢〉有关历史问题考论》，《古籍整理研究学刊》，2012年第2期，第61页。）文中我们主要探讨武王克殷后的在位年数。
[2] [汉] 司马迁：《史记》，中华书局，1982年版，第1516~1518页。
[3] [汉] 司马迁：《史记》，中华书局，1982年版，第1346页。
[4] [汉] 司马迁：《史记》，中华书局，1982年版，第132页。
[5] [清] 阮元：《十三经注疏·尚书正义》，中华书局，1980年版，第196页。

"武王克殷二年",后者却是"武王已克殷,后二年";虽然《周本纪》的说法来源《金縢》经文,司马迁对"既克商"的解读,其说未必是,而属于较早的一种说法。唐兰先生说:"《金縢》的'既克商二年'有两种解释,郑玄注说是克殷后二年,王肃注则说是'克殷明年也。'从当时人记时的习惯来说,不说后二年而只说二年应该包括本年在内,王肃说是对的。是与《作雒》所说'乃岁'符合的。"[1]《金縢》、《史记》两者,从史料价值上来说,《金縢》成书早于《史记》而为多数人信从。唐兰先生对"既克商二年"问题的认识即是如此。《史记》"既克商二年"相关记载凡三见,即《周本纪》、《鲁世家》、《封禅书》各一处。此三处记载可以归纳成基于对"既克商"理解的两种说法。

第一种是据《周本纪》"武王已克殷,后二年"的说法,认为司马迁主张武王克殷后在位三年。基于此,很多学者信从太史公,主张武王克殷后在位三年说。同时,他们又都认为司马迁《史记》中对武王克殷后在位年数问题上的看法应该是一致的,从而强使《鲁世家》、《封禅书》的说法与《周本纪》相同。其次,因在句读方面理解不同,致使不少人认为《周本纪》与其他篇目记载内容不符。司马迁解读"既克商二年"为"已克殷后二年",亦即"克殷后,二年",而多数人对"已克殷后二年"理解成"已克殷,后二年"。这样,后人对"武王已克殷,后二年"的理解就产生了偏差。因此,曹定云先生说:"武王克殷后只在位二年……将'武王克殷后二年'一辞,理解为武王克殷后在位三年。这是不对的。……'克殷后二年'是从克殷之年算起的,是包括克殷之年在内的。"[2]

第二种是《鲁世家》"武王克殷二年,天下未集,武王有疾,不豫"的说法。《史记·封禅书》亦曰:"武王克殷二年,天下未宁而崩。"[3]两者尤其在"武王克殷二年"记载上完全相同。因此,这两处对武王克殷年数记载不一定非得遵照《周本纪》的说法。《周本纪》对武王克殷后在位年数的说法有可能是句读理解错误,从而产生了武王克殷后在位三年的说法。

如黄怀信教授认为,《史记》中之三说(按实际上是两说),无疑应该是相同的。《封禅书》与《鲁周公世家》之"克殷二年",实际上就是"克殷后二年",是它的简省说法。因为"克殷"既非年号,也非王号,而只是一个事实概念。所以,"二年"决不能是元年、二年之二年。所谓后二年,自然不能包括该事之当年,而应是该事当年以后之二年。因为如果包括该事当年之二年,以古人习惯应该叫"明年",这是众所周知的。所以,所谓克殷后二年,就是连同克殷之年在内的第三年[4]。杜勇教授也认为,《史记·封禅书》说:"武王克殷二年,天下未宁而崩。"此言"天下未宁"亦即《周本纪》所说"天下未集",故"克殷二年"不过是"已克殷,后二年"的缩略

---

[1] 唐兰:《西周青铜器铭文分代史征》,中华书局,1986年版,第4页。
[2] 曹定云:《从〈史记·鲁世家〉看西周积年与武王克商年代》,《殷都学刊》,2000年第4期。
[3] [汉]司马迁:《史记》,中华书局,1982年版,第1364页。
[4] 黄怀信:《武王在位年数考——兼说文王受命及武王是否改元》,《人文杂志》,1998年第3期。

语而已,并非史公刻意传疑[1]。因此,不少学者对《史记》中关于"克殷"的三处记载或者两种说法加以统一,给予了一致性理解。实际上,正如我们上面指出很可能是后人将司马迁的"武王已克殷后二年"理解成了"武王已克殷,后二年",正确的理解应该是"武王已克殷后,二年"。因此,照这样理解,《鲁世家》、《封禅书》与《周本纪》三者的记载才能够统一起来。否则,就会认为前者"克殷"是对"已克殷后"的省略,这显然是一种前后矛盾的说法。既说《鲁世家》、《封禅书》"克殷二年"省略"后"字,又说《周本纪》司马迁有意加一"后"字,强调"后二年",难免令人费解。因此,我们认为引起武王克殷后在位年数二、三年说法的主要原因在于司马迁对《金縢》"既克商二年"理解表述不一。当然,也不排除司马迁对武王克殷在位之年也不甚清楚之可能性的存在。

三、简本与传世本《金縢》中武王克殷后在位三、四年说辨

综合比较《史记》三处文献来看,《鲁世家》、《封禅书》均作"武王克殷二年",尤其《封禅书》明说"武王克殷二年,天下未宁而崩",显然是认为武王克殷后在位二年,武王去世亦当此时。这个"克殷二年"应该是指武王从克殷至其崩年的时段,即武王克殷后在位年数。此外,武王克殷后在位年数还有三年、四年[2]等说法。因对武王克殷二年传世文献一致记载武王此时有恙,至于武王是否在此年去世,文献记载不明,以致后来的注疏家有不同的理解。

对于传世文献记载武王病重,通过周公占卜求神,武王病情好转后又活了多长时间,难知其详。《周本纪》载武王"后而崩",究竟"后"到何时,不见明确记载;《鲁世家》记载"武王有疾,弗豫",经过周公求神祷告,身体见好,也只是说"其后武王既崩"。可见,武王崩年即使连司马迁本人也未确知。故他在《周本纪》、《鲁世家》中对武王崩年的记载也就含糊其辞,才往往用"后崩"、"其后既崩"等不定时间副词,从而这个谜团像雪球般在后来越滚越大。司马迁在《封禅书》中所言"武王克殷二年,天下未宁而崩",明确记载了武王克殷后在位二年即辞世。武王克殷后在位二年说对后人影响甚巨,尤其是近代的王国维先生在《周开国年表》中说:"《史记》所记武王伐纣及崩年,根据最古。《金縢》于武王之疾书年,于其丧也不书年,明武王之崩即在是年。《史记》云武王有瘳后而崩,可谓隐括经文而得其要旨矣。"[3]后来的唐兰、张汝周、刘启益、夏含夷、曹定云等都同意武王有瘳后崩即在克殷后二年。

如果单纯依靠《史记》等少数文献的记载,是很难弄清武王克殷后在位年数问题的。今日幸得依赖简本与传世本《金縢》参证,有可能全面认识这一问题。传世本与简本《金縢》分别记

---

[1] 杜勇:《清华简〈金縢〉有关历史问题考论》,《古籍整理研究学刊》,2012年第2期。
[2] 李学勤:《武王在位有四年说》,《东岳论丛》,2000年第3期。
[3] 王国维:《观堂集林(外二种)》,河北教育出版社,2003年版,第620页。

载如下：

> 既克商二年，王有疾，弗豫。……王翌日乃瘳。武王既丧，管叔及其群弟乃流言于国……

> 武王既克殷三年，王不豫有迟。……就后武王陟，成王犹幼在位，管叔及其群兄弟乃流言于邦……

简本与传世本《金縢》在此处的记载有两点明显不同：一是在武王有疾不豫的时间上，简本作三年，传世本是二年；二是简本没有"王翌日乃瘳"，而只说"就后武王陟"，与传世本"武王既丧"相近。从第一点来看，简本对武王既克殷时间记载的不同，确实颠覆了传统的看法："武王克商后在位二年说的基础于是动摇。……说《金縢》'于其丧也不书年'，是由于传世本在周公祈祷后'王翌日乃瘳'之下云：'武王既丧。'简本不是这样，没有'王翌日乃瘳'一句，而说：'就后，武王力（陟）'，'就后'即是终后，意味时间较长。这虽然没有标明其间距离，总不会是同年紧接的时候。因此，历代学者提出的三年、四年、六年、七年、八年等说，都与《金縢》没有矛盾。"[1]李学勤先生在此提出"就后"即是"终后"，实际上"终后"等同"最后"。这样看来，武王究竟崩在何年，确实有很大的理解弹性。但我以为此处"就后"理解为"之后"、"其后"、"不久后"似乎更为妥当。清华简《金縢》说明周公祈祷没有起到挽救、延长武王寿命的作用，最后还是因顽疾离世。王国维先生以"于其丧也不书年"，从而断定武王即在克殷二年而崩，似乎有失。因为"于其丧也不书年"，也同样可以视作《金縢》或《史记》作者对武王卒年并非清楚的证据。杜勇教授对《周本纪》如此理解："一是训'既'为'已'，肯定'已克商'不等于'克商'；二是略嫌'既克商二年'语义不明，特增一'后'字，称'已克商，后二年'，意即这个'后二年'当从克商次年算起；三是武王卒年就在'后二年'，故于'武王有瘳'句后紧接着即言'后而崩'。今观清华简《金縢》无'王翌日乃瘳'句，而于'周公乃纳其所为功自以代王之说于金縢之匮'一事之后，下接'就后武王力（陟）'，说明武王崩逝就在简文所言'不豫，有迟'之年。从今本《金縢》所反映的武王病情看，所谓'有疾'已非小恙，否则不至于周公身自为质，以代武王死。即以'王翌日乃瘳'论，病情看似好转，实则不过回光返照而已。所以司马迁将武王卒年定在武王有疾的'既克商二年'，可谓得其真谛。"[2]诚如杜师所言，司马迁将武王卒年定在武王有疾的"既克商二年"，确属良史之笔。不过，司马迁在《周本纪》中对《金縢》"既克商二年"训解成"武王已克殷后二年"，"既"训"已"即足够，其后再加"后"字，不免产生冗赘之嫌。再者，"已"、"后"两字均表示某事结束、完成之意，太史公如此训译似照顾不周。《金縢》中"既克商"之"既"不仅有"已经"的意思，而且深含对武王克商不久离世的惋惜之情。因而，后人产生武王克殷后

---

[1] 李学勤：《初识清华简》，中西书局，2013年版，第116页。
[2] 杜勇：《清华简〈金縢〉有关历史问题考论》，《古籍整理研究学刊》，2012年第2期。

在位二年或三年的争论，当与此大有关联。

关于学界对简本"武王既克殷"作"三年"的看法，黄怀信怀疑其误，说："不可能有既克殷三年病，简书作'三'当误。"[1]诚然，简本记载与传世本《金縢》、《史记》均不相符，此外还有关于"周公宅（适）东三年"等异文也与传世本不同，显然不应轻易否定。这些异文在很多地方都优于传世本。刘国忠教授关于武王克殷后在位年数说道："传世本《金縢》所记周武王生病的时间是在克商后二年，而清华简《金縢》则说是'武王既克殷三年'生病，证明武王灭商后至少在位了三年。……《夏商周断代工程1996—2000年阶段成果报告》曾根据郑玄《诗谱·豳风谱》等材料，认为武王克商后在位四年。现在清华简《金縢》明确记载了武王是在克殷三年以后生病的，而且此后不久即不在人世，因此其在位时间最大的可能性是三年或四年，与断代工程的相关结论比较一致，因此这一时间也显合理。"[2]的确，武王在位四年的说法在历史上较为少见，也最少为人注意。清代梁玉绳《史记志疑》曾对武王在位年数多种异说做过详细梳理，他说："案武王在位之年，无经典明文可据。此（按《封禅书》）作二年；《汉书·律历志》作八年，并为西伯十一年，故《广弘明集》载陶隐居《年纪》称周武王治十一年也；而《诗·豳风谱》疏谓郑氏以武王疾瘳后二年崩，是在位四年；疏又引王肃云伐纣后六年崩，《周书·明堂解》、《竹书纪年》及《周纪》集解引皇甫谧并云六年；《管子·小问篇》作七年；《淮南子·要略》作三年，《路史·发挥·梦龄篇》注合武王嗣西伯为七年，所说不同。后儒多从《管子》，如《稽古录》、《外纪》、《通志》等，俱是七年。"[3]清人梁玉绳首先揭示郑玄以武王疾瘳后二年崩，在位四年的说法。武王在位四年说出于孔颖达《毛诗正义》所收郑玄《诗谱·豳风谱》之疏："郑以为周公避居之初，是武王崩后二年，成王年十三也。居东二年，罪人斯得，成王年十四也。迎周公返而居摄，成王年十五也。七年致政成王，年二十一也。故《金縢》注云：文王十五生武王，九十七而终，时武王八十三矣，于文王受命为七年。后六年伐纣；后二年有疾，疾瘳；后二年崩，崩时年九十三矣。"[4]郑玄在此提到武王伐纣"后二年有疾，疾瘳；后二年崩"说法非常值得注意。因为这正是后来武王伐纣在位四年说的主要文献依据。但今本《金縢》、《史记》均不见关于武王崩年时间如此详细的记载。梁玉绳对《周本纪》"后而崩"句，曾经有所疑问："案'后'字下有阙，史文未必如是。"[5]又据引日本泷川资言、水泽利忠《史记会注考证》"愚按古抄本'后'下有'二年'二字"。李学勤先生认为"这个'古抄本'应即高山寺藏《周本纪》抄本，作'后二年而崩'，恰与郑玄说相应"[6]。因此，夏商周断代工程成果研究报告指出武王克殷到崩年

---

[1] 黄怀信：《清华简〈金縢〉校读》，《古籍整理研究学刊》，2011年第3期。
[2] 刘国忠：《从清华简〈金縢〉看传世本〈金縢〉的文本问题》，《清华大学学报（哲学社科版）》，2011年第4期。
[3] 梁玉绳：《史记志疑》，中华书局，1981年版，第798～799页。
[4] ［清］阮元：《十三经注疏·尚书正义》，中华书局，1980年版，第387页。
[5] ［清］梁玉绳：《史记志疑》，中华书局，1981年版，第798～799页。
[6] 李学勤：《武王在位有四年说》，《东岳论丛》，2000年第3期。

为公元前1046~前1043年[1],显然采用了武王克殷后在位四年的说法。

虽然不少学者对此结论尚有保留意见,但清华简《金縢》的发现,其中关于"武王既克殷三年,王不豫有迟"的明确记载,更加印证了武王克殷在位四年的说法。在关于武王克殷在位年数的问题上,虽然传统的二年、三年说等影响较大,但其分歧主要在于对《金縢》《史记》纪年方式包括克殷当年与否的不同解读。如果司马迁《周本纪》对《金縢》"既克商二年"理解正确的话,那么武王克殷后在位就是三年了。现在有了清华简《金縢》"武王既克商三年",根据司马迁对"既克商二年"即"已克殷,后二年"的解读,这里就应该是"武王已克殷,后三年"了。这恰好证明武王克殷在位四年说也有重要的史料依据。清华简《金縢》的说法,《淮南子·要略》亦云:"武王立三年而崩。"[2]明确指出周武王立国(克殷)后在位三年去世。这种说法与《周本纪》中司马迁对《金縢》"武王已克殷后二年"的解读一致。由此可见,汉代的不少学者都主张武王克殷后在位三年的说法。正如李锐博士所说:"武王卒年古代有多种异说,今人多根据传本《金縢》的'既克商二年',定武王克殷后在位三年。现在根据清华简《金縢》的'武王既克殷三年',以及周公祷词后'武王陟',可知武王克商后在位三年,总共登天子位是四年。而今传本《金縢》对于武王疾愈后活了多久,并未明言。武王在位四年说实际上也有传世文献的依据,而且能和'夏商周断代工程'的金文历谱相合,值得重视。"[3]清华简《金縢》的出现,明说"武王既克殷三年",如果承认司马迁《周本纪》的解读正确,那么自然推导出武王克殷后在位四年的说法。郑玄的《尚书注》之"武王克殷在位四年"说从而也得到新材料印证。对于简本与传世本《金縢》关于武王克殷在位年数的不同,郭伟川先生曾指出,传世本《尚书·金縢》与清华简本《金縢》在计年上的差别,显然与记载或抄录《尚书·金縢》的史官在地域观念及计年习惯方面存在南北差别有关。"无论传世本《金縢》的'二年说',或是清华简《金縢》的'三年说',都没有错,可以并世而存。"[4]郭氏之说有一定道理,但他未指出除清华简之外的更多例证说明南北地域的史官由于地域观念及计年习惯为何有此诸多不同,这是一个需要继续深入研究的问题。值得注意的是,彭裕商先生在《〈尚书·金縢〉新研》中提出:"《尚书·多方》云:'惟五月丁亥,王来自奄,至于宗周。'可知该篇作于成王践奄归来之时,篇中周公代宣王命,提到'今尔奔走臣我监五祀',监即仲几父簋'诸侯诸监'之监,此指管叔等'三监'。古书记载,武王克商后,派管叔、蔡叔等监殷臣,成为'三监'。三监的设置在武王时,可知自武王克商至此成王践奄归来,其间总共才五年,则清华简《金縢》武王有疾和周公居东两处相加为六年的纪年明显与古书不合。"[5]对于这个问题的回答,关涉周初周公摄政和成王元年的确定。学术

---

[1] 夏商周断代工程专家组编著:《夏商周断代工程1996—2000年阶段成果报告:简本》,世界图书出版公司北京公司,2000年版,第88页。
[2] [汉]刘安著,高诱注:《淮南子注》,上海书店,1986年版,第375页。
[3] 李锐:《〈金縢〉初探》,《史学史研究》,2011年第2期。
[4] 郭伟川:《武王崩年考》,《光明日报》,2012年9月17日第15版。
[5] 彭裕商:《〈尚书·金縢〉新研》,《历史研究》,2012年第2期。

界一般具有两种看法：一种看法如司马迁认为成王元年与周公摄政元年相同，一种看法如《汉书·律历志》引《世经》认为成王元年在周公摄政七年之次年。根据赵光贤先生以张培瑜先生的先秦历表核对，认为《世经》说法为是[1]。这样来看对于彭裕商先生提出的问题，若据清华简所载周武王在位四年，第四年去世由周公摄政，对于《尚书·多方》"今尔奔走臣我监五祀"可作如下理解：设武王克殷当年分封三监，加上四年，这时武王已去世，周公开始摄政，"一年救乱，二年克殷，三年伐奄，四年建侯卫，五年营成周，六年制礼作乐，七年致政成王"[2]。孙星衍疏曰是篇"在周公行政七年，成王长，周公返政之后，与伐诛管、蔡非一时事"[3]。我们认为孙疏是正确的，可以采纳。从周公摄政三年伐奄取得最后胜利，至成王即政元年，刚好五年，即《多方》所说的"臣我监五祀"。因此可以肯定，简本记载武王有疾三年和周公居东三年相加为六年与《尚书·多方》的记载并不矛盾。

四、《逸周书》与《竹书纪年》中关于武王克殷后在位年数说辨

《逸周书》近年受到了学界的重视，有关研究成果不断增多。其中有一些篇目经过学者研究，认为具有较大的文献价值和史学价值。但《逸周书》各篇成书年代早晚不一，作者也非一人。李学勤先生曾对《逸周书》的价值有过精湛的论述："《逸周书》各篇不出一手，年代不同。朱右曾以为'《克殷》篇所叙，非亲见者不能；《商誓》、《度邑》、《皇门》、《芮良夫》诸篇，大似今文《尚书》非伪古文所能仿佛'。郭沫若先生《中国古代社会研究》主张'《逸周书》中可信为周初文字的仅有三二篇，《世俘解》即其一，最为可信。《克殷解》及《商誓解》次之'。现在看来，《世俘》、《商誓》、《皇门》、《尝麦》、《祭公》、《芮良夫》等篇，均可信为西周作品。"[4]可喜的是，清华简整理报告第一辑中就收有与《逸周书》有关的《皇门》、《祭公》两篇。简本与传世本可以相互参照，因此《逸周书》的文献和史学价值应该更加重视。下面，我们就武王克殷在位年数与武王有无纪年以及武王有否改元等问题开展讨论。

关于武王在位年数，《逸周书》的记载相当不一。有的包括武王克殷前的在位年数，有的不包括克殷前的年数。凡此，均需认真辨析。《逸周书》中有关武王在位年数的记载，因考察的时间坐标不同，从而形成了诸多看法。其中，武王克殷在位有一年说者，《逸周书·作雒》曰："武王克殷……既归，成（乃）岁十二月崩镐。"[5]有人说这是武王克殷后当年的12月即去

---

[1] 赵光贤：《武王克商与西周诸王年代考》，《中国图书馆馆刊》，1992年第1期。
[2] [清]陈寿祺：《尚书大传辨伪》，古经解汇函本，第101页。
[3] [清]孙星衍：《尚书今古文注疏》，中华书局，1986年版，第459页。
[4] 黄怀信等：《逸周书汇校集注·序言》，上海古籍出版社，2007年版，第2～3页。
[5] 黄怀信在《逸周书校补注译》（西北大学出版社，1996年版，第253页）注释："成""乃"字之误，钟本不误。乃与"仍"通，二也。

世，如张汝周认为，"乃岁"者等于现在说"那一年"[1]。有的学者说"成"字是"乃"字之误，"乃"是"仍，再也"，"既归乃岁"也就是既克殷二年，与《金縢》说同[2]。唐兰先生也说既克商二年"是与《作雒》所说'乃岁'符合的"[3]。《逸周书》固然成书流传复杂，其中记载内容、文字错误不少。但就笔者而言，比较倾向《作雒》"乃岁"是"这一年"、"当年"之意，而以"仍"、"再"曲解，余心实感未安。故历史上对武王克殷后在位一年说较为罕见。故不必将之与《金縢》趋同。另《逸周书》中关于武王在位年数还有六年说者。《逸周书·明堂》记载："既克纣六年而武王崩。"这明确说武王是克纣六年去世的，即武王克殷后在位了六年。据唐大沛云："'六年'疑当作'二年'，以涉下'弭乱六年'而误也"[4]，黄怀信认为，此处"六年"当作三年，涉下文"六年"而误。这样，《逸周书》之武王在位"六年说"被黄怀信先生否定了[5]。但他并没有说明详细的原因。我们认为《明堂》里保存了武王克殷后在位六年的说法。日本水野清一于1968年也提出武王克商之年为公元前1088年之说，并且认为武王在位6年[6]。陈逢衡云："武王即天子位六年而崩，与《竹书纪年》合。"[7]按此《竹书纪年》当指今本《竹书纪年》。是书载："武王十二年伐殷，败殷牧野，十四年武王有疾，十七年王陟，年九十四。"[8]另，《史记·周本纪》集解引皇甫谧曰："武王定位元年，岁在乙酉，六年庚寅崩。"[9]皇甫谧的武王定位六年与《明堂》的说法近似。陈梦家认为："六年之说似混合克殷前后而言。……武王在位约为六年。我们以为武王克殷前在位四年，克殷后二年而崩。"[10]这明显与《明堂》说不符。因此，不可轻易否认《明堂》中有对武王克殷在位六年说法记载的可能性，既然有此记载，当有一定的史料依据。但是，今本《竹书纪年》是明人辑佚《纪年》残文而重加编写的，其中往往掺以己意改纂佚文，致使《纪年》失真。这些都影响到了今本《竹书纪年》的史学价值。

关于武王去世之年，《金縢》、《周本纪》都系于武王十四年：武王十一年伐殷……十二年克殷，克殷两年后去世即十四年去世。今本《竹书纪年》却记作"十七年"，比前说迟后三年。古本《竹书纪年》记载："武王十一年庚寅，周始伐商。周武王率西夷诸侯伐殷。败之于坶野……武王年五十四。"[11]可见，今、古本《竹书纪年》关于武王史事的记载有明显差异，一说武王克殷在十二年，一说在十一年；武王寿数一说九十四岁，一说五十四岁。征诸多种文献，《尚书·泰誓序》、《周本纪》等与古本同，《吕氏春秋·首时》与今本《竹书纪年》同，相互比读，

---

[1] 张汝周：《西周考年》，《武王克商之年研究》，北京师范大学出版社，1997年版，第162页。
[2] 黄怀信：《武王在位年数考——兼说文王受命及武王是否改元》，《人文杂志》，1998年第3期。
[3] 唐兰：《西周青铜器铭文分代史征》，中华书局，1986年版，第4页。
[4] 黄怀信：《逸周书汇校集注》，上海古籍出版社，2007年版，第710页。
[5] 黄怀信：《逸周书校补注译》，西北大学出版社，1996年版，第311页。
[6] 北京师范大学国学研究所编：《武王克商之年研究》，北京师范大学出版社，1997年版，第252页。
[7] 黄怀信等：《逸周书汇校集注·序言》，上海古籍出版社，2007年版，第710页。
[8] 张玉春：《竹书纪年译注》，黑龙江出版社，2002年版，第178~179页。
[9] [汉]司马迁：《史记》，中华书局，1982年版，第132页。
[10] 北京师范大学国学研究所编：《武王克商之年研究》，北京师范大学出版社，1997年版，第619页。
[11] 李民等：《古本竹书纪年译注》，中州古籍出版社，1990年版，第61~62页。

可知古本《竹书纪年》多能与之相合，较为可信。

武王克殷后在位七年说较早始于《管子·小问》引齐桓公曰："武王伐殷克之，七年而崩。"[1] 班固《汉书·律历志》引刘歆《世经》记载："(文王)崩后四年而武王克殷，……后七岁而崩。……武王即位十一年也。"[2] 后人都相信刘歆的说法，如《帝王世纪》、《皇极经世》、《资治通鉴外纪》、《通志》、《通考》、《通鉴前编》、吴其昌、董作宾、姜元奎、谢元震、张闻玉、(美)倪德伟等[3]。刘歆《世经》认为，武王在位总年数为十一年，克殷后在位七年。如以武王克殷在十一年，根据《世经》上溯四年，即文王七年崩；以武王克殷在十三年，上溯四年，即文王九年崩。文王究竟崩于受命何年，历史上向来有不同看法。归纳之，大致有文王受命十年、九年、七年说三种。《史记》记载文王受命九年而崩，《逸周书·文传》也说"文王受命九年，时为暮春，在镐，召太子发"。《尚书大传》曰："文王受命一年，断虞芮之质；二年，伐于；三年，伐密须；四年，伐畎夷；五年，伐耆；六年，伐崇；七年而崩。"[4] 是《尚书大传》主文王崩受命七年说。关于文王受命九年而崩，《史记》、《逸周书》以及刘歆《世经》均如是记载。当不会像《尚书·武成》孔颖达疏所云："《史记》亦以断虞芮之讼为受命元年，但彼以文王受命七年而崩，不得与孔同耳。"[5] 此说孔颖达所见《史记》本是"七年"而不是"十年"、"九年"。关于文王崩年，《周本纪》曰："明年，伐犬戎。明年，伐密须。明年，败耆国。殷之祖伊闻之，惧，以告帝纣。纣曰：'不有天命乎？是何能为！'明年伐邘。明年，伐崇侯虎。而作丰邑，自岐下而徙都丰。明年，西伯崩，太子发立，是为武王。"[6] 此处一连用了六个"明年"，加上虞芮之人决狱欲见西伯称其为受命之君一年，正好是七年，故有人说文王崩于受命七年。但在后文中司马迁总括西伯史事又说："西伯盖即位五十年……诗人道西伯，盖受命之年称王而断虞芮之讼。后十年而崩，谥为文王。改法度，制正朔矣。"[7] 这里却说文王受命之年称王而断虞芮之讼，后十年而崩，这样文王受命称王共有十一年，与前文记载九年发生矛盾。故张守节《正义》曰："十当为'九'"，以"《尚书·武成》篇云：'我文考文王，诞膺天命，以抚方夏，惟九年，大统未集'"[8]。我们认为，《正义》所谓"文王受命九年而崩"之说是可信的，但他之后依据《大戴礼记》"文王十五生武王"及《礼记·文王世子》"文王九十七而终，武王九十三而终"诸说法有些荒诞不经，前辈学者已早有辩驳，此不赘述。

下面结合文王受命崩年与武王克殷两个时间参照点，我们对武王克殷后在位年数问题再做申论。文王崩后，武王"上祭于毕。东观兵，至于孟津。为文王木主，载以车，中军。武王自

---

[1] [清] 戴望：《管子校正》，上海书店出版社，1986年版，第275页。
[2] [汉] 班固：《汉书·律历志》，中华书局，1962年版，第1016页。
[3] 朱凤瀚、张荣明：《西周诸王年代研究》，贵州人民出版社，1998年版，第432页。
[4] [清] 陈寿祺：《尚书大传辨伪》，古经解汇函本，第89～90页。
[5] [清] 阮元：《十三经注疏》，中华书局，1980年版，第179页。
[6] [汉] 司马迁：《史记》，中华书局，1982年版，第118页。
[7] [汉] 司马迁：《史记》，中华书局，1982年版，第119页。
[8] [汉] 司马迁：《史记》，中华书局，1982年版，第120页。

称太子发,言奉文王以伐,不敢自专"[1]云云,说明武王即位以后并未称王,因此也就没有独立的纪年。武王延续了文王的受命纪年。所以后来传世文献和出土文献一致记载"文武受命",而不见"武王受命"之说。此外,文王崩后,武王也不会等了四年之久才兴师伐商,他应凭借文王的政治影响和旗帜尽快赢得这场战争。其次,即使武王在文王去世四年后克殷,那么克殷后武王也不会在位超过五年之久。因为周初复杂政局的处理是不可能持续太久的。如果武王克殷后用五六年时光加强统治,治理叛乱,时间和精力应该是足够的。而不会像与《尚书大传》诸文献一致记载的在武王一去世后就出现救乱、克殷、践奄等内忧外患的严重政治形势。因此,对于今本《竹书纪年》、班固《汉书·律历志下》引刘歆《世经》、皇甫谧《帝王世纪》、《管子·小问》以及《逸周书·明堂》等所主张的武王克殷后在位年数六年、七年及以上者,基本可以排除出去。

从诸多文献的史料价值和当时周初的政局考虑,坚持武王克殷后在位二年、三年说法的大概因为计年方式的不同,或不同时代学者理解上的差异所致[2]。对于武王克殷在位一年说者,只有《逸周书·作雒》提及,属于孤证,难以信据。对于武王克殷后在位三、四年的说法,先秦两汉文献均有明载,彼此可以相互发明。因此,我们不应轻易否定清华简关于武王克殷在位年数的记载,这一问题彻底解决仍需其他新的材料。当然,在《逸周书》等文献中还有一些记载武王在位总年数的说法,其中一些说法超过六年以上的,基本上可以说是不太可靠的。所以关于武王克殷后在位十二年、十四年、十七年等说法在本文就不再讨论了。

---

[1] [汉]司马迁:《史记》,中华书局,1982年版,第120页。
[2] 对于清华简在武王克殷以及周公东征时间上与传世文献不同的理解,香港郭伟川、大陆杜勇等学者均有类似看法。还有学者认为是清华简抄手误抄或史官误解所致,笔者不同意这种看法。

传世古文尚书《说命》篇重审

——以清华简《傅说之命》为中心

程 薇

(清华大学 出土文献研究与保护中心)

一、传世古文尚书《说命》篇的影响

东晋时期出现的古文《尚书》收录有《说命》上、中、下三篇,讲述了殷王武丁和傅说的有关事迹。这三篇《说命》的内容,曾在历史上产生了十分深远的影响,唐代著名文学家元稹在《人道短》一诗中言:"周公《周礼》十二卷,有能行者知纪纲。傅说《说命》三四纸,有能师者称祖宗。"[1]在《制诰序》中,元稹又言:"是以读《说命》,则知辅相之不易。"[2]北宋太宗赵匡义甚至认为《说命》三篇是《尚书》中有关治国安邦的最重要篇章,据《帝学》卷三载:

> 淳化五年十一月,幸国子监,召直讲孙奭讲《尚书》。判监李至执经讲《尧典》一篇未毕,遽令讲《说命》三篇。帝曰:"《尚书》主言。治世之道,《说命》居最!文王得太公,高宗得傅说,皆贤相也。"复诵《说命》"事不师古,匪说攸闻"之句,曰:"诚哉是言!何高宗之时而有贤相如此!"嘉叹久之。[3]

宋太宗对《说命》的赞叹,说明《说命》篇中丰富的思想内容确实有其独特的价值和魅力,后来著名历史学家范祖禹还专门据此讨论《说命》的重要作用:

> 臣等近进讲《尚书·说命》,窃以为君治天下国家,钦天稽古,修身务学,任贤立政,至言要道,备在此书。诚能法之,可为尧舜。昔太宗皇帝尝曰:"《尚书》主言。治世之道,《说命》最备。"特诏孙奭讲此三篇。伏望陛下详览深思,必有启迪圣学之益。

---

[1] [唐]元稹:《元稹集》,中华书局,1982年版,第263页。
[2] [唐]元稹:《元稹集》,中华书局,1982年版,第442页。
[3] 《帝学》卷三,《文渊阁四库全书》第696册,台湾商务印书馆,1986年,第744页。

臣等虽罄竭诐闻讲解于前,谨辄记录所言,编写成册,以备寻绎,或赐顾问,庶几少助聪明之万一。其《说命讲义》三册谨具上进。[1]

由于传世古文《尚书》的《说命》篇与另外的《大禹谟》篇的思想受到了后代学者的普遍重视,使得许多学者一直不愿意承认传世古文《尚书》是后人的伪作。有关这方面的情况,清代学者程晋芳曾总结说:"尊梅书者,则以'人心惟危'十六字为圣学心传,《说命》三篇有儒家气象。"[2]正是由于《说命》篇在传世古文《尚书》中的独特地位,因此它的真伪问题,不仅涉及对该篇的正确评价,还会直接动摇传世古文《尚书》的基础和地位。因此,从这个角度来说,对《说命》三篇真伪问题的讨论,就更具有突出的学术意义。

二、传世古文尚书《说命》篇与郑玄的《礼记》注

在《尚书》的百篇《序》中,有记载傅说与高宗事迹的《说命》三篇,证明它们是先秦百篇《尚书》的重要组成部分。不过《说命》篇的传流过程颇为扑朔迷离,在先秦的《国语》等典籍中,有不少关于《说命》的引文内容,特别是《礼记》的《缁衣》、《学记》等篇都有多条引用,足见该篇在先秦时期的影响。然而由于秦始皇焚书,许多《尚书》篇章被毁,《说命》也不幸失传。西汉初年,伏生整理自己在秦代所隐藏的《尚书》篇章,共得28篇[3],分别是:

《尧典》、《皋陶谟》、《禹贡》、《甘誓》、《汤誓》、《盘庚》、《高宗肜日》、《西伯戡黎》、《微子》、《牧誓》、《洪范》、《金縢》、《大诰》、《康诰》、《酒诰》、《梓材》、《召诰》、《洛诰》、《多士》、《无逸》、《君奭》、《多方》、《立政》、《顾命》、《吕刑》、《文侯之命》、《费誓》、《秦誓》。[4]

从以上篇目中可以看出,伏生整理出来的这28篇《尚书》中并没有《说命》篇。

汉景帝末年[5],鲁恭王因要扩建王宫,欲毁坏孔子故宅,结果在孔宅的墙壁中发现了隐藏的一批书籍,据推测,这批壁藏的经典应该是在秦朝焚书时孔子后人为保护家中珍藏的儒家典籍所采取的一个重要举措。这批典籍系用秦以前的古代文字书写,被称为古文,其中有《尚书》、《论语》、《礼记》等多种典籍。其中的《尚书》经过孔子后人孔安国的整理,发现比伏生所传的《尚书》28篇多出了16篇。孔颖达在《尚书正义》中曾引用了郑玄所述孔壁古文《尚书》

---

[1]《范太史集》卷一四《进尚书说命讲义札子》,《文渊阁四库全书》第1100册,台湾商务印书馆,1986年,第207~208页。按:《尚书说命讲义》三册是元祐年间范祖禹等人所编修的经学类著作,其中的内容是他们为宋哲宗讲解《尚书·说命》篇时"日所进讲说也",现已亡佚。
[2] 程晋芳:《晚书订疑后序》,《勉行堂诗文集》,黄山书社,2012年版,第738页。
[3] 或说29篇,分歧点在于《泰誓》是否亦为伏生所传。
[4] [汉]孔安国传,孔颖达疏:《尚书正义》,上海古籍出版社,2007年版,第28页。
[5] 或说在汉武帝时期。

中多于伏生的 16 篇,它们是:

> 《舜典》、《汩作》、《九共》、《大禹谟》、《益稷》、《五子之歌》、《胤征》、《汤诰》、《咸有一德》、《典宝》、《伊训》、《肆命》、《原命》、《武成》、《旅獒》、《冏命》。[1]

从这个目录来看,孔壁新发现的《尚书》篇目中也没有《说命》三篇。

东汉时期,著名学者杜林曾在西州获得了一卷古文《尚书》[2],史书中虽然没有介绍这一卷《尚书》的具体篇目情况,然而东汉后期著名学者郑玄已经明确指出,《说命》三篇在汉代已经亡佚,可见其中也不会有《说命》三篇的内容。因此,汉代的学者不可能见过《说命》篇的原貌。

关于这一点,除了上述这些材料外,还有一条重要的佐证。我们知道,东汉学者赵岐在注解《孟子》"书曰'若药不瞑眩,厥疾不瘳'"时,认为这是"《书》逸篇也"[3]。按:"药不瞑眩,厥疾不瘳"一语,出自《说命》篇,《国语·楚语上》亦有引用,但是赵岐说该篇是《尚书》的逸篇,说明赵岐本人也没有能够看到《说命》。这一点,古人实际上早已经指出。南宋的章如愚在《群书考索·续集》卷五"《说命》出于汉后"条云:

> 《说命》之书,疑出于汉之后也。观《孟子》举《书》曰:"若药弗瞑眩,厥疾不瘳",今以《说命》观之,辞皆然也,而赵岐于注,乃云"《书》逸篇也"。赵岐犹以《说命》之书为逸篇,则出于汉之后可知矣。[4]

不过,在有关汉代学者见不到《说命》三篇的推断中,有一条材料需要稍微做一点说明,东汉的许慎在《说文解字》卷四言:"《商书》曰:高宗梦得说,使百工复求,得之傅岩。"[5]这是一条与《说命》有关的材料,如果仅从字面上看,好像许慎看过《说命》,但这条材料实际是《说命》的序,是当时流行的《尚书》百篇《序》之一,而非《说命》三篇的原文。因此,我们不能据此认为许慎读过《说命》三篇。可见,这条材料并不影响我们在前面所做的汉代无《说命》三篇的结论。

不过,郑玄在给《礼记》所做的注解中,有多条注解表达了他对《说命》篇的看法,分别是:

> 《礼记·文王世子》:"《兑命》曰:'念终始典于学。'"郑玄注:"'兑'当为'说'。《说命》,《书》篇名,殷高宗之臣傅说之所作。"[6]
>
> 《礼记·学记》:"《兑命》曰:'念终始典于学。'其此之谓乎!"郑玄注:"'兑'当为

---

[1] [汉]孔安国传,孔颖达疏:《尚书正义》,上海古籍出版社,2007 年版,第 29 页。
[2] [南朝宋]范晔:《后汉书·杜林传》,中华书局标点本,1982 年版,第 937 页。
[3] 《孟子注疏》卷五,艺文印书馆,2007 年版,第 88 页。
[4] 章如愚:《群书考索·续集》卷五,书目文献出版社,1992 年版,第 937 页。
[5] 《说文解字》卷四上,中华书局,1963 年版,第 70 页。
[6] 《礼记注疏》卷二〇,艺文印书馆,2007 年版,第 406 页。

'说',字之误也。高宗梦傅说,求而得之,作《说命》三篇,在《尚书》,今亡。"[1]

《礼记·缁衣》:"《兑命》曰:'惟口起羞,惟甲胄起兵,惟衣裳在笥,惟干戈省厥躬。'"郑玄注:"'兑'当为'说',谓殷高宗之臣傅说也。作书以命高宗。《尚书》篇名也。"[2]

综合郑玄的这些论述可以看出,他已经明确说明《说命》篇在汉代已经亡佚,可见郑玄本人并没有能够看到《说命》的全篇。不过,郑玄根据《礼记》中的《说命》引文内容,认为该篇是傅说所作,其内容是傅说"作书以命高宗",即傅说对高宗武丁的劝诫之语。由于郑玄本人没有见过《说命》三篇的全部内容,仅是看到了先秦典籍中的若干条引文,因此,这一意见实际上只是反映郑玄本人对《说命》三篇内容的推测,并没有太多的文献依据。

然而,在东晋时梅赜所献的古文《尚书》(即后人通称的伪古文《尚书》,本篇论文一般称之为"传世古文《尚书》")里,则出现了《说命》上、中、下三篇。正如前面所言,这三篇文献在后来曾产生了重要的影响,不过,这三篇《说命》是否是先秦《说命》的原貌,是很令人生疑的。

细读传世古文《尚书》中的《说命》三篇,我们可以知道其核心是武丁所说的"梦帝赉予良弼,其代予言"。伪孔传对此句的解释是"梦天与我辅弼良佐,将代我言政教"[3]。而上天赐予武丁的"良弼"即是傅说,因此,伪古文尚书《说命》的三篇,正是围绕傅说对政教的阐述而展开的。

对于流传至今的《说命》三篇的结构,孔颖达在《尚书正义》中说:

此三篇上篇言梦说,始求得而命之;中篇说既总百官,戒王为政;下篇王欲师说而学,说报王为学之有益,王又厉说以伊尹之功。相对以成章,史分序以为三篇也。[4]

伪古文尚书《说命》的这一思路和内容,很可能受到了郑玄言论的影响。郑玄认为《说命》是傅说"作书以命高宗",强调这三篇文献的核心是傅说对于高宗的劝谏。因此,先秦古籍中对于《说命》篇的引文,除了那些明确标明是武丁所说的话之外,都被作为傅说的言论而被编辑在一起。如《礼记·缁衣》引《说命》中的"惟口起羞,惟甲胄起兵,惟衣裳在笥,惟干戈省厥躬"一句,在传世古文《尚书》的《说命》篇中,就成为傅说一段重要论述的组成部分:

惟说命总百官,乃进于王,曰:"呜呼!明王奉若天道,建邦设都,树后王君公,承以大夫师长。不惟逸豫,惟以乱民。惟天聪明,惟圣时宪,惟臣钦若,惟民从乂;惟口起羞,惟甲胄起戎;惟衣裳在笥,惟干戈省厥躬。王惟戒兹,允兹克明,乃罔不休。"

---

[1] 《礼记注疏》卷三六,艺文印书馆,2007年版,第648页。
[2] 《礼记注疏》卷五五,艺文印书馆,2007年版,第932页。
[3] [汉]孔安国传,孔颖达疏:《尚书正义》,上海古籍出版社,2007年版,第365页。
[4] [汉]孔安国传,孔颖达疏:《尚书正义》,上海古籍出版社,2007年版,第364页。

然而，根据清华简《傅说之命》的中篇，我们可以获知，该句实际上是武丁对傅说的告诫，原文是：

> 惟口起戎出好，惟干戈作疾，惟衣载病，惟干戈生（眚）厥身。

对比《礼记》的引文，我们可以看出，二者虽然有一些异文，但内容显然是相互关联的。特别是《礼记》中"惟口起羞"一句，在《墨子》一书中则作"唯口出好兴戎"，与清华简《傅说之命》的原文更为接近。《墨子》中所引用的《术令》篇，清代学者孙诒让已经指出即是《说命》[1]，可是由于伪古文《说命》的编写者未见过其原篇，竟然张冠李戴，把它当作是虞舜的话而编到《大禹谟》之中了。更为重要的是，这句话在清华简中，是殷高宗武丁对傅说的告诫，而非傅说对高宗的告诫，非常令人深思。这一点对于我们理解当时"命"的体裁具有重要意义。

李学勤先生已经指出，《墨子》称《说命》为"先王之书"，《楚语》也说是武丁"作书"，都认为《说命》传自商代[2]，而且是记载武丁言论的。从清华简的简文来看，《说命》确实记载了武丁对傅说讲说的大量内容，记载的主线是武丁对傅说的任命、期许与告诫，与《尚书》的《文侯之命》等册命的篇章十分相近，称之为"命"是非常恰当的。

关于《尚书》中"命"的体裁，学者们已经有过很多讨论。孔颖达在《尚书正义》中把《尚书》体裁分为十类："一曰典，二曰谟，三曰贡，四曰歌，五曰誓，六曰诰，七曰训，八曰命，九曰征，十曰范。"并认为"《说命》三篇、《微子之命》、《蔡仲之命》、《顾命》、《毕命》、《冏命》、《文侯之命》九篇，命也"[3]。孔颖达在此把"顾命"与"命"合在一起加以讨论，实际上并不贴切。"顾命"是国君或大臣的临终遗言，与"命"并不相同，二者理应分开。除去《顾命》这一篇外，由于《说命》三篇、《微子之命》、《蔡仲之命》、《毕命》、《冏命》诸篇皆系伪古文，可以置之不论。因此，真正能够反映"命"的体裁的，只有《文侯之命》一篇而已。

《文侯之命》是周平王对晋文侯的册命之辞，《尚书序》言："平王锡晋文侯秬鬯、圭瓒，作《文侯之命》。"伪孔传解释说："幽王为犬戎所杀，平王立而东迁洛邑，晋文侯迎送安定之，故锡命焉"[4]。该篇即围绕周平王对晋文侯的褒奖、赏赐、期许和告诫而展开。

清华简《傅说之命》与《尚书》的《文侯之命》在体裁方面的一致性是显而易见的。它们不仅在篇名上十分类似（一个是"傅说之命"，而另一个是"文侯之命"），而且内容上也多可对比，清华简《傅说之命》的上篇记载了傅说的一大功劳——平定失仲氏，并因而被封为公（赏赐）；而中篇和下篇则记载了商王武丁对傅说助己兴国的期待，以及对傅说言行的告诫。虽然前者

---

[1] [清]孙诒让：《墨子间诂》，中华书局，2007年版，第85页。然而在传世古文《尚书》中，这句话却被编入《大禹谟》之中，成为舜的言论，显然不确。
[2] 李学勤：《新整理清华简六种概述》，原刊于《文物》2012年第8期；后收入《初识清华简》一书，中西书局，2013年版，第178～179页。
[3] [汉]孔安国传，孔颖达疏：《尚书正义》，上海古籍出版社，2007年版，第27页。
[4] [汉]孔安国传，孔颖达疏：《尚书正义》，上海古籍出版社，2007年版，第799页。

是由三篇组成,而后者只有一篇,但可以说都是围绕国君对贤臣的赞美、赏赐和告诫而展开的,让我们看到了商和周"命"的体裁的真实面貌。因此,这两个不同朝代"命"体文献的一致性,也可以看作是商、周之间在文化上存在继承关系的重要体现。

而当我们明白了《说命》篇的这一特点之后,反过来再看传世古文《尚书》的《说命》篇,就可以明白其中的致命问题。原来,伪古文《说命》篇由于没有看到真正的《说命》篇的内容,不了解"命"体文献的这一特征,因此他们完全被郑玄所说的傅说"作书以命高宗"的想法所误导,所编写的内容自然只能是阐述傅说对政教的理解。而我们现在看到了清华简中所保存下来的真正的《说命》篇之后,自然可以了解该篇阐述的重点所在,同时也可以根据清华简《说命》来揭示伪古文《说命》篇系据郑玄所论加以伪作的真相。

三、传世古文尚书《说命》的史料来源

如果我们仔细分析传世古文《说命》三篇的史料来源,还会更清楚地看到这一文本与其他先秦秦汉典籍之间的关系。请看下表:

传世古文《说命》上篇史料来源分析

传世古文尚书《说命》上	相关文献记载
王宅忧,亮阴三祀。既免丧,其惟弗言。	《国语·楚语上》:昔殷武丁能耸其德,至于神明……于是乎三年,默以思道。 《礼记·丧服四制》:《书》曰:"高宗谅闇,三年不言",善之也。 《吕氏春秋·重言》:高宗,天子也,即位谅闇,三年不言。 《史记·殷本纪》:帝武丁即位,思复兴殷,而未得其佐。三年不言,政事决定于冢宰,以观国风。
群臣咸谏于王:曰:"呜呼!知之曰明哲,明哲实作则。天子惟君万邦,百官承式。王言惟作命;不言,臣下罔攸禀令。"	《国语·楚语上》:卿士患之,曰:"王言以出令也,若不言,是无所禀令也。" 《史记·殷本纪》:卿士患之,曰:"王言以出令也,若不言,是无所禀令也。" 《墨子·天志中》:又以先王之书训天明不解之道也,知之曰明哲,维天临君下土。
王庸作书以诰曰:"以台正于四方,台恐德弗类,兹故弗言。恭默思道,梦帝赉予良弼,其代予言。"	《国语·楚语上》:武丁于是作书,曰:"以余正四方,余恐德之不类,兹故不言。" 《史记·殷本纪》:武丁于是作书,曰:"以余正四方,余恐德之不类,兹故不言。"武丁夜梦得圣人,名曰说。 《吕氏春秋·重言》:卿大夫恐惧,患之,高宗乃言曰:"以余一人正四方,余惟恐言之不类也,兹故不言。"

续 表

传世古文尚书《说命》上	相关文献记载
乃审厥象,俾以形旁求于天下。说筑傅岩之野,惟肖,爰立作相。	《国语·楚语上》:如是而又使以象梦旁求四方之贤,得傅说以来,升以为公。 《史记·殷本纪》:以梦所见视群臣百吏,皆非也。于是乃使百工营求之野,得说于傅险中。是时说为胥靡,筑于傅险。见于武丁,武丁曰:"是也。"得而与之语,果圣人,举以为相,殷国大治。故遂以傅险姓之,号曰傅说。
王置诸其左右,命之曰:"朝夕纳诲,以辅台德。若金,用汝作砺。若济巨川,用汝作舟楫。若岁大旱,用汝作霖雨。启乃心,沃朕心。若药弗瞑眩,厥疾弗瘳;若跣弗视地,厥足用伤。惟暨乃僚,罔不同心,以匡乃辟。俾率先王,迪我高后,以康兆民。呜呼!钦予时命,其惟有终。"	《国语·楚语上》:而使朝夕规谏,曰:"若金,用女作砺;若津水,用女作舟;若天旱,用女作霖雨。启乃心,沃朕心。若药不瞑眩,厥疾不瘳;若跣不视地,厥足用伤。" 《大戴礼记·少间》:桀不率先王之明德,乃荒耽于酒,淫泆于乐,德昏政乱。

传世古文《说命》中篇史料来源分析

传世古文尚书《说命》中	相关文献记载
惟说命总百官,乃进于王曰:"呜呼!明王奉若天道,建邦设都,树后王君公,承以大夫师长。不惟逸豫,惟以乱民。"	《墨子·尚同中》:先王之书《相年》之道曰:"夫建国设都,乃作后王君公,否用泰也;轻大夫师长,否用佚也,维辩使治天均。"则此语古者上帝鬼神之建设国都立正长也,非高其爵,厚其禄,富贵佚而错之也,将以为万民兴利除害,富贵贫寡,安危治乱也。
惟天聪明,惟圣时宪,惟臣钦若,惟民从乂。	《尚书·皋陶谟》:天聪明,自我民聪明;天明畏,自我民明威。达于上下,敬哉有土。
惟口起羞,惟甲胄起戎,惟衣裳在笥,惟干戈省厥躬。	《礼记·缁衣》:《兑命》曰:"惟口起羞;惟甲胄起兵;惟衣裳在笥;惟干戈省厥躬。" 《墨子·尚同中》:先王之书《术令》之道曰:"惟口出好兴戎。"
王惟戒兹,允兹克明,乃罔不休。惟治乱在庶官,官不及私昵,惟其能。爵罔及恶德,惟其贤。	《礼记·缁衣》:《兑命》曰:"爵无及恶德。"
惟事事乃其有备,有备无患。无启宠纳侮,无耻过作非。	《左传》襄公十一年:"书曰:'居安思危。'思则有备,有备无患。" 《左传》定公元年:启宠纳侮,其此之谓矣。 《左传》襄公十一年:耻过作非,敢以此规。
惟厥攸居。政事惟醇。黩于祭祀,时谓弗钦。礼烦则乱,事神则难。	《礼记·缁衣》:《兑命》曰:"……民立而正事,纯而祭祀,是为不敬;事烦则乱,事神则难。"
非知之艰,行之惟艰。王忱不艰,允协于先王成德。惟说不言,有厥咎。	《左传》昭公十年:非知之实难,将在行之。 《司马法·严位》:凡战,非阵之难,使人可阵难;非使可阵难,使人可用难。非知之难,行之难。 《韩非子·说难》:非知之难也,处知则难也。

传世古文《说命》下篇史料来源分析

传世古文尚书《说命》下	相关文献记载
王曰:"来！汝说,台小子旧学于甘盘,既乃遯于荒野,入宅于河。自河徂亳,暨厥终罔显尔惟训于朕志。"	《尚书·君奭》:在武丁时,则有若甘盘。 《国语·楚语上》:昔殷武丁能耸其德,至于神明,以入于河,自河徂亳,于是乎三年默以思道。
若作酒醴,尔惟曲糵;若作和羹,尔惟盐梅。尔交修予,罔予弃,予惟克迈乃训。	《国语·楚语上》:必交修余,无余弃也。
说曰:"王！人求多闻,时惟建事。"	《国语·楚语下》:人求多闻善败,以监戒也。
学于古训,乃有获。事不师古,以克永世,匪说攸闻。	《诗经·荡之什·烝民》:古训是式,威仪是力。天子是若,明命使赋。 《史记·秦始皇本纪》:事不师古而能长久者,非所闻也。
惟学逊志,务时敏,厥修乃来。允怀于兹,道积于厥躬。	《礼记·学记》:《兑命》曰:敬孙务时敏,厥修乃来。
惟敩学半,念终始典于学,厥德修罔觉。监于先王成宪,其永无愆。惟说式克钦承,旁招俊乂,列于庶位。	《礼记·学记》:《兑命》曰:"敩学半。" 《礼记·学记》:《兑命》曰:"念终始典于学。" 《礼记·文王世子》:《兑命》曰:"念终始典于学。"
王曰:"呜呼！说,四海之内,咸仰朕德,时乃风。股肱惟人,良臣惟圣。"	《国语·晋语八》:良臣不生,天命不佑。
昔先正保衡,作我先王,乃曰:"予弗克俾厥后惟尧、舜,其心愧耻,若挞于市。"一夫不获,则曰:"时予之辜。"佑我烈祖,格于皇天。	《尚书·君奭》:我闻在昔成汤既受命,时则有若伊尹,格于皇天。
尔尚明保予,罔俾阿衡,专美有商。惟后非贤不乂,惟贤非后不食。其尔克绍乃辟于先王,永绥民。说拜稽首,曰:"敢对扬天子之休命！"	《尚书·洛诰》:王若曰:"公明保予冲子。" 《尚书·文侯之命》:汝克昭乃显祖,汝肇刑文武,用会绍乃辟,追孝于前文人。

从以上表格中可以发现,传世古文《尚书·说命》三篇,确实采撷了不少文献资料,如《国语·楚语上》、《史记·殷本纪》、《左传》等众多典籍,但是其中也存在一些明显的漏洞:

《墨子·尚同中》曾言:"先王之书《术令》之道曰:'惟口出好兴戎。'"[1]清代的孙诒让在《墨子间诂》中已经指出,《术令》就是《说命》。然而传世的《说命》三篇的作者不知道这一点,在《说命》三篇中并没有采用这句话,反而把它编入了《大禹谟》中。现在清华简《傅说之命》中正好有与《墨子》相类似的话,证明了孙诒让的判断是正确的。而传世古文《尚书》的编写者则把相关的材料出处全部搞错,造成了张冠李戴的问题,这也是传世《说命》三篇与《大禹谟》系

---

[1] [清]孙诒让:《墨子间诂》卷三,中华书局,1986年版,第77页。

后人伪作的重要证据。

《墨子·尚同中》又有"先王之书《相年》之道曰：'夫建国设都，乃作后王君公，否用泰也；轻大夫师长，否用佚也。维辩使治天均。'则此语古者上帝鬼神之建设国都立正长也，非高其爵，厚其禄，富贵佚而错之也，将以为万民兴利除害，富贵贫寡，安危治乱也"[1]的记载，而在传世《说命》三篇中则有"明王奉若天道，建邦设都，树后王君公，承以大夫师长。不惟逸豫，惟以乱民"的语句，虽然二者的文句不完全相同，但是内容却是一致的，传世《说命》三篇即是据《墨子·尚同中》的内容改写而成。然而《墨子》一书中已经明确指出，该文出自"先王之书《相年》"，《相年》是一篇现已失传的《尚书》篇目，与《说命》没有任何关系，但是传世《说命》的作者却把这一段引文的内容改写后编入《说命》的中篇。如果说《术令》的文句是实为《说命》却被排斥在传世《说命》篇之外，那么《相年》的文句则是非《说命》而被编入《说命》篇之中了。

总之，传世古文尚书《说命》三篇是后人对先秦秦汉文献中有关傅说的各种材料进行搜集，并重新加以编写创作而成，而且其中还有各种问题。虽然这一新的文本在后世产生了深远的影响，但其本身并非是先秦《说命》的旧貌。而清华简《傅说之命》三篇的面世，使我们有机会看到了战国时代的三篇《说命》的真实面貌，并对伪古文《尚书·说命》三篇的性质有了更清楚的认识[2]。正如有的学者所指出的那样，今本《说命》与竹简本的不同之处不是一般性的，而是足以把二者完全区别开来的本质性的差异，"可谓一真一伪，铁证如山"[3]。清华简《傅说之命》的整理与出版，为延续一千多年的传世古文《尚书》的真伪之争提供了强有力的证据。从这一角度来看，清华简《傅说之命》的面世，意义实在是太重大了。

---

[1] [清]孙诒让：《墨子间诂》卷三，中华书局，1986年版，第78页。
[2] 李锐先生的一些结论与我们很契合，但是其论证过程与我们不同。见李锐：《清华简〈说命〉研究》，《深圳大学学报》，2013年第6期。
[3] 杜勇：《从清华简〈说命〉看古书的反思》，《天津师范大学学报(社科版)》，2013年第4期。

清华简《说命》补说

魏　栋

（清华大学　出土文献研究与保护中心）

清华简（叁）收录了先秦时期的珍贵文献，其中《说命》属于《尚书》，分为上、中、下三篇。"在汉初伏生所传的《尚书》之中，孔颖达《尚书正义》所述郑玄讲的孔壁古文《尚书》多于伏生的十六种二十四篇中也没有《说命》，而东晋时梅赜所献孔传本《尚书》里则有三篇《说命》，前人已考定为伪书。与清华简《说命》对照，梅氏献出的《说命》除自先秦文献中摘辑的语句外全然不同。"[1]简本《说命》在古文字、古文献及古史研究等方面具有重要价值，自其公布以来，学界在整理者的扎实释读基础上，出现了不少研究成果，然非无剩义可寻，本文即尝试做些拾遗工作。先将《说命上》《说命中》的释文用通行字胪列如下：

惟殷王赐说于天，庸为失仲使人。王命厥百工向，以货徇求说于邑人。惟弼人得说于傅岩，厥俾绷弓，引关辟矢。说方筑城，媵降庸力，厥说之状，腕肩如椎。王乃讯说曰："帝殹尔以畀余，抑非？"说乃曰："惟帝以余畀尔，尔左执朕袂，尔右稽首。"王曰："亶然。天乃命说伐失仲。"失仲是生子，生二牡豕。失仲卜曰："我其杀之"，"我其已，勿杀"。勿杀是吉。失仲违卜，乃杀一豕。说于围伐失仲，一豕乃旋保以逝，乃践，邑人皆从，一豕随仲之自行，是为赦俘之戎。其惟说邑，在北海之洲，是惟圜土。说来，自从事于殷，王用命说为公。（《说命上》）

说来自傅岩，在殷。武丁朝于门，入在宗。王原比厥梦，曰："汝来惟帝命？"说曰："允若时。"武丁曰："来各汝说，听戒朕言，渐之于乃心。若金，用惟汝作砺。古我先王灭夏，燮强，捷蠢邦，惟庶相之力胜，用孚自迩。敬之哉，启乃心，日沃朕心。若药，如不瞑眩，越疾罔瘳。朕蓄汝，惟乃腹，非乃身。若天旱，汝作淫雨。若津水，汝

---

* 本文系国家社科基金重大项目"先秦两汉讹字综合整理与研究"（项目批准号：15ZDB095）以及2016年出土文献与中国古代文明研究协同创新中心博士创新资助项目"出土文献与若干楚国史地探论"（CTWX2016BS001）的阶段性成果。

[1] 李学勤：《新整理清华简六种概述》，《文物》，2012年第8期。

作舟。汝惟兹说底之于乃心。且天出不祥,不徂远,在厥落,汝克宣视四方,乃俯视地。心毁惟备。敬之哉,用惟多德。且惟口起戎出好,惟干戈作疾,惟衣载病,惟干戈眚厥身。若抵不视,用伤,吉不吉。余告汝若时,志之于乃心。"(《说命中》)

一

关于"惟殷王赐说于天"一句,学界讨论较多,颇有纷扰[1]。整理报告云此句与《尚书·禹贡》"禹赐玄圭"同例[2],所言极是。这里的"殷王赐"与"禹赐"一样,属于意念被动,"殷王"是"赐"的承受者。这句话的意思是殷王从"天"那里被赐以傅说。另外,根据《说命上》傅说自言"帝以余畀尔(殷王武丁)"及《说命中》武丁言"汝(傅说)来惟帝命"与"惟殷王赐说于天"的照应关系,可判断"天"即"帝"。《尚书·汤誓》记商汤云"非台小子,敢行称乱。有夏多罪,天命殛之……夏氏有罪,予畏上帝,不敢不正"。从文意看,"上帝"(即"帝")所指亦是"天"。不仅如此,"天"即"帝"的观点也见于汉魏注疏,如《诗·大雅·皇矣》"既受帝祉",郑玄笺"帝,天也";《国语·周语下》"克厌帝心",韦昭注"帝,天也"。但是在殷墟甲骨及商代金文中,商人将天神称为"上帝"或"帝",从未称作"天"。对此,有学者认为可能是由于方言不同,"殷人用帝字,周人用天字。后来因民族交流融合,才'帝''天'二字并用的"[3]。

二

关于"帝殹尔以畀余,殹非",整理报告云两个"殹"皆读为"抑",前一"抑"意为"枉"、"冤",后一"抑"为选择连词[4]。廖名春、赵晶先生认为前一"殹"字当读为"繄","繄"表肯定之意,相当于"果真是"、"真的是"。"帝繄尔以畀余,抑非"是一选择问句。在这一选择问句中,前一分句"帝繄尔以畀余"是表肯定,后一分句"抑非"是表否定。前一分句的"繄"与后一分句的"非"相对[5]。

今按:整理报告云后一"殹"字读为"抑",用作选择连词,当是。前一"殹"字读为"抑",非妥。廖、赵二先生读前一"殹"字为"繄",表肯定,文意粗安。但我们认为此字当如字读,相当于语气助词"也"。"殹"、"也"皆可用于句中,起舒缓语气的作用,如《石鼓文》"汧殹沔沔",《诗经·卫风·氓》"女也不爽,士贰其行。士也罔极,二三其德",《论语·公冶长》"回也闻一以知

---

[1] 学界关于此句的讨论情况可参单育辰:《清华简〈说命上〉笺识》,《扬州大学学报(人文社会科学版)》,2014年第2期。
[2] 清华简(叁),第122页,注[一]。
[3] 顾颉刚、刘起釪:《尚书校释译论》,中华书局,2005年版,第1004页。
[4] 清华简(叁),第123页,注[一四]。
[5] 廖名春、赵晶:《清华简〈说命(上)〉考释》,《史学史研究》,2013年第2期。

十"。在出土文字资料中,"殹"字曾被认为仅见于秦文献中[1]。《说命上》"帝殹尔以畀余"说明并非如此。另外,有学者曾撰文论证《尚书》无"也"字的问题[2]。清华简中有较早版本的《尚书》篇章,其中《说命上》即有相当于为"也"的"殹"字;《周武王有疾周公所自以代王之志(金縢)》一篇也有"也"字出现,如"惟尔元孙发也,不若但(旦)也"、"是岁也,秋大熟"。《尚书》无"也"字说应该修正。

以某畀某是一种习惯表达,"帝殹尔以畀余"之"尔以"若乙为"以尔",读为"帝殹以尔畀余",则与下文傅说对答"惟帝以余畀尔"结构相同。但是古书在强调介词"以"的宾语时,可将"以"的宾语前置,如《论语·为政》"诗三百,一言以蔽之,曰:'思无邪'",《论语·子张》"是以君子恶居下流,天下之恶皆归焉"。简文"尔以畀余"之"尔"亦是介词"以"的前置宾语,前置是为了强调帝所赐武丁之人为傅说。

三

关于"尔左执朕袂,尔右稽首",整理报告未释。子居认为此句所说当是之前武丁梦中所见天帝赐其傅说时的情景,傅说能说出这个情景,使得武丁确信天帝所赐即是此人,因此有"王曰:亶然"[3]。廖名春、赵晶先生认为此"右"字绝非左右之"右"。因为武丁不可能"左执"傅说"之袂",右手还能向傅说行稽首之礼。因此,"右"当读为"又"。此句是说武丁先"左执"傅说"之袂",然后又向傅说行稽首之礼,表现了武丁对傅说的恭敬和求贤似渴。蔡丽利、谭生力先生认为该句意思是武丁用左手执傅说的衣袖,用右手向傅说行稽首礼[4]。

今按:"頴="为"稽首"的合文,清华简《祭公》简3、9、21亦见"稽首"的合文,与之相同。简文"左""右"相对,分别指左手和右手,商王武丁左手拉着傅说的衣袖,右手稽首。《说命上》云:

> 王乃讯说曰:"帝殹尔以畀余,殹(抑)非?"说乃曰:"惟帝以余畀尔,尔左执朕袂,尔右稽首。"王曰:"亶然……"

以上对话内容关涉武丁受赐傅说。受赐场景涉及三个对象——"帝"、"王(武丁)"和傅说自己。武丁的稽首对象是"帝"而非傅说。首先,稽首之礼是礼之最敬者,一般是臣对君使用的。宋元之际陈澔:"稽首者,诸侯于天子、大夫士于其君之礼也。然君于臣亦有稽首。《书》称太甲稽首于伊尹,成王稽首于周公是也。"[5]太甲之于伊尹,成王之于周公,皆年弱,后者不仅为

---

[1] 关于出土战国文献中"殹"的用法,参张玉金:《出土战国文献虚词研究》,人民出版社,2011年版,第570~585页。
[2] 钱宗武:《〈尚书〉无"也"字说》,《古汉语研究》,1994年第2期。
[3] 子居:《清华简〈说命〉上篇解析》,清华大学简帛研究网,2013年1月6日。
[4] 蔡丽利、谭生力:《清华简〈说命〉相关问题初探》,《古籍整理研究学刊》,2014年第2期。
[5] 转引自[清]顾炎武著,黄汝成集释,栾保群、吕宗力点校:《日知录集释》,上海古籍出版社,2006年版,第1575页。

前者长辈,且为前朝遗老,在朝廷影响甚巨,他们是"顾命大臣"。君主卑弱,大臣强势,这是太甲稽首于伊尹、成王稽首于周公的根本原因。而武丁之于傅说,其地位权势与之迥异:前者贵为商王,后者仅是失仲庸役之人。武丁虽思贤若渴,恐不至于在"帝"赐予其傅说时抛开"帝",向臣下行稽首大礼。

其次,"尔左执朕袂,尔右稽首"是之前武丁梦境中"帝"赐其傅说后武丁的举动。简文"惟殷王赐说于天"与"汝(傅说)来惟帝命"说明武丁是受"帝"的恩惠才得到傅说的,武丁最应该感激的是"帝",何况天帝是殷人心目中具有至高无上地位的神灵。傅说是武丁梦寐以求的贤臣,天帝将傅说赐予武丁后,武丁左手拉着傅说的衣袖,表现的是"武丁对傅说的恭敬和求贤似渴";右手伏地向天帝稽首,则表现出武丁对上帝的无比敬畏和感激之情。

傅说右手单手伏地行稽首礼应是对稽首礼的变通。古人衣袖很长[1],武丁左手拉着傅说的衣袖,同时双膝跪地,右手伏地,行稽首礼。这在实际操作上是办得到的。但是,以单手行稽首礼,就笔者目力所及,除此例外,尚未发现文献中其他的例证。赵平安先生在谈及出土文献文字释读时曾说,"有些字,以我们既有的知识系统来看,似乎不合用字习惯,我们立足文本,尊重新知,可以大胆确认"[2]。就以单手行稽首礼来说,亦应如有些文字的释读一样,应立足于文本的具体分析,不应过度拘泥于现有知识系统至少不能轻易否定它。我们相信,随着相关文献材料的丰富,单手行稽首礼的问题或可得到进一步的证明。

四

关于"说来自傅岩,在殷。武丁朝于门,入在宗","宗"指祖庙,祭祀祖先的地方。《说文·宀部》:"宗,尊祖庙也。"段玉裁注:"当云:尊也,祖庙也。"《左传》昭公二十二年:"无宁以为宗羞。"杜预注:"言华氏为宋宗庙之羞耻。""门"即宗庙之门。至于"朝"字,子居以为"朝"即会也[3]。若"朝"即会,此句或可承前省略"朝"的宾语傅说。"武丁朝(傅说)于门"即武丁与傅说相会于宗庙之门。但"朝"训会时,"朝于某地"的主语常非一人,如《礼记·王制》"耆老皆朝于庠",《左传》桓公五年"齐侯、郑伯朝于纪"。

《管子·霸形》:"(齐)桓公曰:'寡人闻仲父之言,此三者闻命矣。不敢擅也,将荐之先君。'于是令百官有司,削方墨笔,明日皆朝于太庙之门。朝定,令于百吏。"[4]前一"朝"字训

---

[1] 关于商代衣服款样,可参宋镇豪:《商代社会生活与礼俗》,中国社会科学出版社,2010年版,第276~277页。
[2] 赵平安:《谈谈出土文献整理过程中有关文字释读的几个问题——以清华简的整理为例》,《深圳大学学报(人文社会科学版)》,2012年第2期。
[3] 子居:《清华简〈傅说之命〉中篇解析》,清华大学简帛研究网,2013年4月3日。
[4] 传统认为"门朝"为一词,指门廷。黎翔凤认为门廷指门与廷,"门朝"不词。参黎翔凤撰,梁运华整理:《管子校注》,中华书局,2004年版,第454~455页。

为朝见[1]。"朝于太庙之门"指百官都在太庙之门处朝见。《说命中》"朝"字也当训为朝见,所不同的是此"朝"字承前省略宾语傅说,并为使动用法。"朝"的使动用法亦见《孟子·梁惠王上》,云:"欲辟土地,朝秦楚",朱熹集注"朝,致其来朝也"。《说命中》接下来云"听戒朕言""渐之于乃心""志之于乃心",从武丁对傅说的这些训诫中可以体味到武丁对初来乍到的傅说用使令性的话是完全可能的。所以,《说命中》此句意思是傅说从傅岩来到殷,武丁使他在宗庙之门处朝见,并与傅说一起进入宗庙。

---

[1] [清]戴望:《管子校正》,国学整理社,1935年版,第136页;黎翔凤撰,梁运华整理:《管子校注》,中华书局,2004年版,第454～455页,注[四]。

清华简《良臣》散宜生与西周散氏

陈颖飞

(清华大学　出土文献研究与保护中心)

清华简《良臣》提到了"柬(散)宜生",系周文王的贤臣。散宜生多次见于传世文献,是著名的文王"四友"之一。作为西周初年重要的人物,散宜生的后人在传世文献中缺载,但西周金文有不少散氏的材料[1],一定程度上可补其缺失,据此或可管窥西周散氏这一世族的兴衰。

西周散氏器中,散氏盘最为著名,自晚清发现以来,便为学界所重,很多著名学者都有专论,近年仍有学者进行考辨[2]。1960年扶风召陈村窖藏出土一批散氏器,曹玮等学者有论述[3]。这些散氏器的考释与研究,关注的是考释铭文及探研相关制度,积累了很多成果。近年来,韩巍从世族的角度系联了散氏铭文材料,进行综合研究[4]。本文在以往研究的基础上,以最新发现

---

[1] 散是否即其氏名,文献有不同记载。《大戴礼记·帝系》曰:"帝尧娶于散宜氏之子,谓之女皇氏","散宜"似是氏名。《书》孔传则认为:"散、泰、南宫皆氏,宜生、颠、括皆名"。散氏盘等一系列金文材料已证其为"散"氏。

[2] 主要有:1. 阮元:《散氏盘》,《揅经室三集》,《金文文献集成》第16册,香港明石文化国际出版有限公司,2004年版,第613页(为简便,以下不再出出版信息)。2. 吴大澂:《散氏盘》,《愙斋集古录》,《金文文献集成》第12册,第340~342页。3. 孙诒让:《散氏盘》,《古籀余论》卷三,中华书局,1989年版,第45~46页。4. 黄绍箕:《散氏盘铭补释》,《文澜学报》1935年第1集,《金文文献集成》第16册,第620~621页。5. 刘心源:《矢人盘》,《奇觚室吉金文述》卷八,《金文文献集成》第13册,第278~282页。6. 王国维:《散氏盘跋》,《观堂集林》,中华书局,1959年版,第886~888页;《散氏盘考释》,《古史新证》,清华大学出版社,1994年版,第83~104页。7. 杨树达:《散氏盘跋》、《散氏盘再跋》、《散氏盘三跋》,《积微居金文说》(增订本),中华书局,1997年版,第17~18页。8. 郭沫若:《矢人盘》,《两周金文辞大系图录考释》,上海书店出版社,1999年版,第119~131页。9. 高鸿缙:《散盘集释》,台湾师范大学,1957年。10. 张筱衡:《散盘考释》(上、下),《人文杂志》1958年第3、4期。11. 陈梦家:《矢人盘》,《西周铜器断代》(上),中华书局,2004年版,第345~349页。12. 唐兰:《怀念毛公鼎、散氏盘和宗周钟》,《光明日报》1961年2月2日;《唐兰全集》第3册,上海古籍出版社,2015年版,第1171~1177页。13. 于省吾:《散氏盘铭》,《双剑誃吉金文选》,中华书局,1998年版,第112~126页。14. 李学勤:《西周金文中的土地转让》,《光明日报》1983年11月30日;《散氏盘》,《李学勤金文授课笔记》2011年春季学期,待刊。15. 曲英杰:《散氏图说》,《西周史研究》,《人文杂志丛刊》第二辑,1984年版,第325~330页。16. 李仲操:《散氏盘地名考》,《庆祝武伯纶先生九十华诞论文集》,三秦出版社,1991年版,第101~108页。17. 王辉:《〈散氏盘〉新解》,《周秦社会与文化研究——纪念中国先秦史学会成立20周年学术研讨会论文集》,陕西师范大学出版社,2003年版,第664~673页。18. 王晶:《散氏盘铭文集释及西周时期土地赔偿案件审理程序窥探》,《长春工业大学学报(社会科学版)》,2012年第1期。

[3] 曹玮:《散伯车父器与西周婚姻制度》,《文物》,2000年第3期。

[4] 韩巍:《西周金文世族研究》,北京大学2007年博士论文,第235~239页。

的清华简《良臣》切入,结合传世文献,重新系联散氏铭文,探究西周散氏的大貌。

一、散 宜 生

清华简《良臣》载"柬(散)宜生",与闳夭、泰颠、南宫适、南宫夭、芮伯、伯适、师尚父、虢叔等并为文王良臣:

> 文王又(有)忢(闳)夭,又(有)乘(泰)【二】酋(颠),又(有)柬(散)宜生,又(有)南宫适,又(有)南宫夭,又(有)郱(芮)白(伯),又(有)白(伯)适,又(有)帀(师)上(尚)父,又(有)虔(虢)吊(叔)。【三】

这一记载与《书·君奭》可相印证,简文包括散宜生在内的前四位及最后一位"虢叔",《君奭》皆记为文王重臣:

> 惟文王尚克修和我有夏。亦惟有若虢叔,有若闳夭,有若散宜生,有若泰颠,有若南宫括。

《君奭》的这五臣,除"虢叔"、"泰颠"外,余下三位及简文的"师尚父"(即太公望),便是《尚书大传》所称的文王"四友":

> 文王以闳夭、太公望、南宫括、散宜生为四友。

他们在见文王之前已经相交,《尚书大传》曰:

> 散宜生、南宫括、闳夭三子相与学讼于太公。四子遂见西伯于羑里。

随后,他们就向纣"献宝"救西伯出羑里。《尚书大传》曰:

> 散宜生遂至犬戎氏取美马驳身朱鬣鸡目者,之西海之滨取白狐青翰,之于氏(一作于陵氏)取怪兽尾倍其身名曰騶虞,之有参氏(一作莘)取美女,之江淮之浦取大贝如车渠,陈于纣庭。纣悦,曰:"非子罪也。"

"散宜生"后疑漏"等"字。"取贝"又见于《仪礼》贾公彦疏引的《尚书大传》:

> 纣囚文王,散宜生等于江淮之间,取大贝如车渠以献于纣,遂放文王。

"散宜生"后有"等"字,《左传》孔颖达疏也可印证:

> 郑玄《尚书注》据《书传》为说,云:"……纣得散宜生等献宝而释文王。"

结合四子见西伯,"散宜生等"应指四子,即四友。《史记·齐太公世家》的记载稍异:

> 周西伯拘羑里,散宜生、闳夭素知而招吕尚。吕尚亦曰:"吾闻西伯贤,又善养

老,盍往焉。"三人者为西伯求美女奇物,献之于纣,以赎西伯。

求宝救西伯的仅是散宜生、闳夭、吕尚(太公望)三人,而无南宫括。即便如此,散宜生都在其列。尽管求宝救西伯不是散宜生一人所为,但他在其中起了重要的作用,作为文王四友之一,有重要的政治地位。

散宜生至少仕了文王、武王、成王三代,《君奭》载:

> 惟文王尚克修和我有夏,亦惟有若虢叔,有若闳夭,有若散宜生,有若泰颠,有若南宫括。武王惟兹四人,尚迪有禄。

郑玄注:"虢叔先死,故曰四人。""四人"即前文所指闳夭、散宜生、泰颠、南宫括。除南宫括外,其他三人都参加了武王克殷后举行的仪式,见于《逸周书·克殷》:

> 周公把大钺,召公把小钺,以夹王,散宜生、泰颠、闳夭皆执轻吕以奏王。

在这次标志周取代商的重大仪式中,散宜生处仪仗之中,仅列周、召二公之后,在武王时期有重要地位。

散宜生曾仕武王,在后世文献中也有记载。《论语·泰伯》云:"武王曰:'予有乱臣十人。'"马融注的这"十人"就包括了"太颠、闳夭、散宜生、南宫适"这文王四友。

成王即位时散宜生仍在世。《后汉书·班彪列传》载:

> 昔成王之为孺子,出则周公、邵公、太公、史佚,入则大颠、闳夭、南宫括、散宜生。

包括散宜生在内的"入则"四人,应即《君奭》"武王惟兹四人"的四人,这是合理的,毕竟武王在位时间很短。

散宜生的族源,有的文献归为"散宜氏",即"散宜"是复合族氏名,所据是《大戴礼记·帝系》的一条材料:

> 帝尧娶于散宜氏之子,谓之女皇氏。

同样的记载也见于《世本》。"散宜"作为复合氏名,是很可能的,商代铭文中有大量的复合氏族名。但《帝系》所言的"散宜氏"是帝尧时期,距商代末期已经过于久远,期间并无其他散宜氏人,是否就是散宜生的先人,恐难论断。

二、散 为 姬 姓

散氏究竟是什么姓,还关乎到矢氏的族姓问题,历来争论纷纭,近年仍有学者专文讨论[1]。

---

[1] 李峰:《西周金文中的郑地与郑国东迁》,《文物》,2006年第9期。杨亚长:《夨国与散国族姓问题之辩说》,《中原文物》,2007年第5期。陈昭容:《"矢姬"与"散姬"——从女性称名规律谈夨国族姓及其相关问题》,《古文字与古代史》第三辑,联经出版社,2012年版,第251~286页。

问题的关键在于,金文中有"散姬"、"夨姬",而散、夨通婚,根据同姓不婚原则,散、夨中只能有一个是姬姓。

"散姬"铭见于传世器散姬方鼎:

> 散姬乍(作)障(尊)鼎。(《集成》02029)

散、夨通婚见于散伯簋、匜:

> 散(散)白(伯)乍(作)夨姬宝障(尊)殷(簋),其万年永用。(散伯簋,《集成》03777—03780)

> 散(散)白(伯)乍(作)夨姬宝彝。(散伯匜,《集成》10193)

铭文中的"夨姬","姬"是父姓,夨姬无疑是来自姬姓国的女子,但并不能断定这件器是媵器还是夫为妻作器。如果是媵器,"夨"则是夫氏,而散就是姬姓。但也很可能是夫为妻作器,那么"夨"是父氏或夫氏的可能都存在[1],便不能确定散、夨哪一国是姬姓。

夨还与郑姜通婚,见于夨王簋盖:

> 夨王乍(作)奠(郑)姜障(尊)殷(簋),子子孙孙其万年永宝用。(夨王簋盖,《集成》03871)

这件器和上引的散伯簋、匜性质相近。不能仅据此铭文,裁断铭文中"郑姜"之"姜"是"郑"的姓还是"夨"的姓。

除"郑姜"外,西周铭文中另有"奠伯"、"奠姬",见于裹盘:

> ……用乍(作)朕皇考奠(郑)白(伯)、奠(郑)姬宝般(盘)……(裹盘,《集成》10172)

同为裹的器,还有一件鼎,"奠伯"、"奠姬"省写为"奠伯姬":

> ……用乍(作)朕皇考奠(郑)白(伯)、姬障(尊)鼎……(裹鼎,《集成》02819)

裹器的时代比郑桓公封郑早,进而引发论争,焦点在于对"奠"字的理解,乃至对于夨、散等的姓有不同论断。李峰、陈昭容等学者认为,裹盘铭文中的"奠伯"、"奠姬"即"郑伯"、"郑姬","郑"是夫氏,系姜姓,而夨王簋盖铭中的"郑姜","郑"是父氏,夨非姜姓,结合散伯簋铭的"夨

---

[1] 夫为妻作器,对女子称名,一般是父氏+父姓,也有夫氏+父姓。参看吴镇烽:《也谈周代女性称名的方式》,复旦大学出土文献与古文字研究中心网站 2016 年 6 月 7 日,http://www.gwz.fudan.edu.cn/SrcShow.asp?Src_ID=2822。

姬",夨为姬姓[1]。吴闿生、柯昌济等学者认为"奠"是谥法[2],近年杨亚长重申此论,并进而认为夨为姜姓,散为姬姓[3]。

把夨盘铭文中的"奠"看作谥法似更合适。尽管西周金文当中的"奠"一般指"郑",但也不能排除"奠"是谥法的可能。奠可读为定,《逸周书·谥法》载:"大虑静民曰定,安民法古曰定,纯行不爽曰定。"

考辨散、夨的姓,夨王器也提供了线索。"夨王"器在西周金文有多例,如:

夨王乍(作)宝障(尊)鼎(鼎)。(夨王方鼎盖,《集成》02149)

夨王乍(作)宝彝。(夨王觯,《集成》06452)

夨王乍(作)奠(郑)姜障(尊)段(簋),子子孙孙其万年永宝用。(夨王簋盖,《集成》03871)

夨王方鼎盖、夨王觯是西周早期后段器,夨王簋盖是西周中期后段器。另外,散氏盘是西周晚期器,铭有"夨王"。无疑,从西周早期至晚期,"夨"始终称王。西周分封的各诸侯国,西周金文中尚无称王之例。张政烺已指出:"同时称王者皆异姓之国,处边远之地……而非周室封建之诸侯。"[4]此为确论。近年,李学勤就金文中的申王、吕王撰文,呼应了张政烺的论断[5]。"夨王"也应类于后者,是边戎之王,属于西戎的一支,系姜姓之戎。

如果上说成立,即夨系姜姓,则散氏无疑是姬姓。

值得注意的是,散氏确有与姜姓通婚的金文材料。《考古图》录有一件散季簋,铭文有:

柀(散)季肇乍(作)朕王(皇)母弔(叔)姜宝簋。(《集成》04126)

这件散季簋为散氏为母亲叔姜作的器,表明其母亲是姜姓,散氏与姜姓通婚。考古发现也有印证。1960年陕西扶风县召陈村发现的散车父器,有两件壶,铭文也可证散氏与姜姓通婚:

柀(散)车父乍(作)皇母櫓(鲁)姜宝壶……(散车父壶《集成》09697)

柀(散)氏车父乍(作)瀂(鲁)姜障(尊)壶……(散氏车父壶《集成》09696)

这些材料证明散氏与姜姓通婚,结合夨为姜姓,更印证了散氏一再与姜姓通婚,散氏当然不可能是姜姓,而又据金文"散姬"(《集成》02029)以及散夨通婚铭的"夨姬"(《集成》03777—

---

[1] 李峰:《西周金文中的郑地与郑国东迁》,《文物》,2006年第9期。陈昭容:《"夨姬"与"散姬"——从女性称名规律谈夨国族姓及其相关问题》,《古文字与古代史》第三辑,联经出版社,2012年版,第251~286页。

[2] 吴闿生:《夨盘》,《吉金文录》卷四,中国书店,2009年版。柯昌济:《夨盘》,《韡华阁集古录跋尾》,《金文文献集成》第25册,第157页。参看张政烺:《张政烺批注两周金文辞大系考释》下册,中华书局,2011年版,第84页。

[3] 杨亚长:《夨国与散国族姓问题之辩说》,《中原文物》,2007年第5期。

[4] 张政烺:《夨王簋盖跋——评王国维的〈古诸侯称王说〉》,《古文字研究》第十三辑,中华书局,1986年版,第179~180页。

[5] 李学勤指出,"申王之孙"即"申文王之孙","王"是楚文王。至于吕王,"实系卢戎之王"。参看李学勤:《试说青铜器铭文的吕王》,《文博》2010年第2期。

03780、10193)俱见,散、夨两者中必有一为姬姓,散是姬姓无疑。

三、金文所见西周早期的散伯

散宜生的后裔,传世文献失载。散宜生的氏族名,即便是"散宜",但可能至迟在西周早期后段,已可称为"散"氏。正如同为文王四友的"南宫"氏,可简称为"南"氏。西周金文中尚未见到"散宜"这一复合族名,但散氏则多见,这些散氏,应系散宜生的后人。

西周早期的散氏,除散宜生外,传世文献无载,但金文中有散伯,见于散伯卣。

散伯卣有两卣一盖,同铭。一卣藏故宫,未见器形,器、盖铭各有拓片(《集成》05301)。另一卣见《流散》(140)[1],有器形,铭文仅有一摹本无拓片。传世另有一盖的拓片(《集成》05300),或出于此器。铭文为:

散(散)白(伯)乍(作)尻(任)父障(尊)彝。

《流散》出版前,散伯卣的器形不为学界所知,韩巍从字体特点将该器的时代定在西周早期[2]。这基本是合适的,因为从铭文的风格以及"障"、"彝"等字,散伯卣铭文符合西周早期的特点。

散伯卣(《通鉴》13161)　　　《集成》05300

综合形制、纹饰考察,散伯卣的时代可进一步定为西周早期后段,即康昭时期。散伯卣体扁圆、鼓腹、折沿、花蕾形纽,王世民等将这类卣定为Ⅱ1式,流行于西周早期[3]。这件卣腹部有明显倾垂,时代可能偏晚,应是西周早期后段器。卣盖缘、器颈各饰一圈云雷纹饰地的相对的长尾

---

[1] 刘雨、汪涛:《流散欧美殷周有铭青铜器集录》,上海辞书出版社,2007年版,第104页。
[2] 参看韩巍:《西周金文世族研究》,北京大学2007年博士论文,第236页。
[3] 王世民、陈公柔、张长寿:《西周青铜器分期断代研究》,文物出版社,1999年版,第122~124页。

鸟纹,分尾,下部的鸟尾已上卷,与甘肃白草坡 M2 㚔伯卣的纹饰相近,后者为康王时墓,散伯卣的时代疑相近[1]。如果这一推测成立,这位"散伯"活跃在康昭时期,疑系散宜生孙辈。

四、金文所见西周中期的散氏

上文已述,散氏的传世器中有一件散姬方鼎。此器仅存拓片:铭文中散字的写法与散伯卣稍不同,左上所从竹有讹变:

散姬乍(作)障(尊)鼎。

器原是刘体智善斋旧藏,器形不传,出土情况不明。从字体看,如"姬"字等用笔方折,"障"、"鼎"等字属较早形体,疑不晚于西周中期。器以"方鼎"为名,张懋镕已指出方鼎在穆王之后"迅速衰弱下去"[2],这件器很可能不太晚,结合字体,疑为西周中期前段器,散姬大约处于穆王前后。

前文已述,散是姬姓,那么这位散姬便应是散国的女儿。她应活动于周穆王前后,疑即上文西周早期散伯卣器主"散伯"的女儿或孙女辈。

《集成》02029

西周散氏器,除单件的外,主要有两批。一批传清末出土,即显示散、矢通婚的散伯簋、匜。另一批为科学发掘的,即散车父窖藏所出诸器。这两批器散字写法不同,前者写作"散";后者写作"㭰",从攴、㭰,字见于《说文》,也见于甲骨文,应是散的本字,而"散"则是"㭰"讹写为"竹"并增"肉"的繁写。这两批器的时代也应在西周中期后段。

显示散、矢通婚的散伯簋、匜,传光绪中陕西凤翔县出土,今存簋4件、匜1件。四件簋形制、铭文相同,都是环耳三足簋,敛口,鼓腹,腹的最大径偏下,一对兽首双耳衔环,圈足下有三个兽面扁足,足尖外卷,全器皆饰瓦纹,王世民等定为西周中期偏晚器[3],应是合适的。上述散姬方鼎的"散"和这批器的"散"写法相同,都写作"散"。

另一批科学发掘的,即1960年春陕西扶风县召陈村一窖藏出土的散车父器。此窖藏共出土了19件青铜器,其中有铭器14件。散氏器计11件,都是同一人器,有"散伯车父"、"散车父"、"散氏车父"三种称呼,分别为散伯车父鼎4件、散车父簋5件、散车父壶1件、散氏车父壶1件。

散车父器的时代,学界有分歧,主要有西周中期后段、西周晚期两种说法。马承源、彭裕商

---

[1] 王世民、陈公柔、张长寿:《西周青铜器分期断代研究》,文物出版社,1999年版,第206页。
[2] 张懋镕:《商周方鼎探论》,《古文字与青铜器论集》,科学出版社,2002年版,第75~87页。
[3] 王世民、陈公柔、张长寿:《西周青铜器分期断代研究》,文物出版社,1999年版,第100页。

等认为散伯车父器是西周晚期器,彭裕商更据其与颂器形制纹饰的相近等特点定为宣王器[1]。王世民等将散伯车父鼎、簋列为西周中期后段,但论断并不坚定,说"或为西周中期偏晚约当夷王前后器"[2]。张懋镕则持夷王说,或说是中晚期之交器,其中一个依据是散伯车父鼎历日与夷王的历谱相合[3]。

西周中期后段器(尤其是孝夷器)与西周晚期器的区分有一定难度。西周中期后段的传世文献材料极少,不太可能根据铭文内容确定时代。懿孝夷的王年又较短,若据夏商周断代工程的年表,懿孝夷三王相加才22年,而孝夷相加仅14年。如此短的时间,铜器的形制、纹饰与厉王时器未必有典型的差别。这一时期前后的器物的断代易有争论,散伯车父器是一个典型例子。

散伯车父器有鼎、簋、壶,其中簋有两式[4]。图片如下[5]:

散伯车父鼎 　　散伯车父簋(1式) 　　散伯车父簋(2式) 　　散车父壶

《集成》02700

根据王世民等先生的研究,鼎为Ⅳ4式,簋为Ⅳ2式,壶近Ⅲ式[6]。鼎、簋1饰窃取纹,簋2饰重环纹,壶颈饰顾首垂冠分尾鸟纹、腹饰垂鳞纹。从形制、纹饰上看,这批器不仅见于西周中期后段,也流行于西周晚期,后者如史颂器、函皇父器皆为其例。

尽管孝夷器与厉宣器很难区分,但散伯车父鼎历法四要素俱全,为断代提供了重要依据。

佳(唯)王四年八月初吉
丁亥,㪔(散)白(伯)车父乍(作)
邢姞䵼(尊)鼎,其万

---

[1] 马承源:《商周青铜器铭文选》,文物出版社,1988年版,第357~359页。彭裕商:《西周青铜器年代综合研究》,巴蜀书社,2003年版,第446~447页。
[2] 王世民、陈公柔、张长寿:《西周青铜器分期断代研究》,文物出版社,1999年版,第40页。
[3] 张懋镕:《宰兽簋王年试说》,《文博》2002年第9期;《古文字与青铜器论集》(第二辑),科学出版社,2006年版,第207页。
[4] 曹玮:《周原出土青铜器》第二卷,巴蜀书社,2005年版,第158~215页。
[5] 以下器影皆出自吴镇烽《金文通鉴》,分别为:02297、04838、04841、12404。
[6] 参看王世民、陈公柔、张长寿:《西周青铜器分期断代研究》,文物出版社,1999年版,第34~40、91~95、139、255页。

年子子孙永宝。

张懋镕已指出，这件鼎的历法与夷王时期相合。因此，我们倾向将这件散伯车父鼎定在夷王时期。从铭文字体、形制纹饰来看，定在中晚期之交的夷王时期也是合适的。

值得注意的是，《考古图》录有一件散季簋，仅有摹本（《集成》04126），其历日与散伯车父鼎完全一致。这件器的散字和散车父器的写法也相同，都写作"楸"。铭文曰：

隹（唯）王四年八月

初吉丁亥，楸（散）季

肇乍（作）朕王（皇）母弔（叔）

姜宝簋，楸（散）季其

万年子子孙孙永宝。

这是散季为母亲叔姜作的祭器。铭文中的"叔姜"，应是散车父窖藏壶铭的"雠姜"，散季和散车父系兄弟。两件壶铭文一繁一简：

楸（散）车父乍（作）皇母膰（雠）姜宝壶，用逆（迎）姞氏，白（伯）车父其万年子子孙孙永宝。（《集成》09697）

楸（散）氏车父乍（作）䚵（雠）姜障（尊）壶，其万年子子孙孙永宝用。（《集成》09696）

"雠姜"之"雠"应是父家氏名，西周中期有雠侯鼎（新收01598），疑即此"雠"氏。由雠侯鼎的器主称"侯"，可知"雠"也是国名。

散车父壶铭显示，散车父为"皇母雠姜"作壶的目的是"迎姞氏"，即迎接姞氏的来嫁。这与同窖所出的散伯车父鼎、簋相呼应。但散车父簋与鼎铭不同，铭文曰：

楸（散）车父乍（作）鄩（?）姞饙（馈）簋，其万年子子孙孙永宝。

"鄩（?）姞"与鼎铭的"邥姞"，姞字前缀的两字都从"邑"，应是氏名。两铭是否为同一人，有不同观点[1]。若不是同一人，则是同姓（姞姓）的两氏分别将女子嫁给散车父[2]。但也有可能是同一人。同一族属的铜器中，两位姞姓的氏都从邑，过于巧合。而且从字体上看，"鄩（?）"字右上半所从并非"白"字，右倾，与"邥"字例2斜度相近，不排除讹写的可能。

---

[1]《陕西出土商周青铜器》（三）认为是同一人，曹玮认为是两人。参看曹玮：《散伯车父器与西周婚姻制度》，《文物》2000年第3期。

[2] 有学者从这一角度讨论西周的婚姻制度，参看曹玮：《散伯车父器与西周婚姻制度》，《文物》2000年第3期。

邢

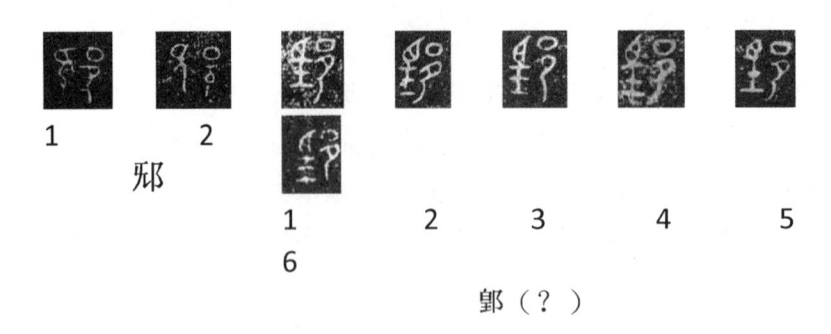

1	2					

鄩（？）

| 1 | 2 | 3 | 4 | 5 |
| 6 | | | | |

从这一散氏窖藏看，西周中晚期之际，散氏仍繁盛，与姜姓的鲁氏、姞姓的邢氏等通婚。

五、金文所见西周晚期的散氏

能确定为西周晚期的散氏器，最重要的是散氏盘，传乾隆初年出于陕西凤翔[1]，现藏台北故宫博物院。

散氏盘窄沿、附耳、高圈足，腹饰长尾夔纹，足饰兽面纹，是西周晚期常见的形制与纹饰。如下图。

散氏盘（《金文通鉴》14542）　　　《集成》10176

此器的时代，有厉王、宣王、厉宣之际等说法。郭沫若、唐兰等多数学者持厉王说，刘启益认为是宣王器，韩巍定为厉宣之际[2]。

---

[1] 《陕西金石志》："据古商苏氏云，是器于乾隆初年出于凤翔，由其祖经手出售。"参见武树善：《陕西金石志》卷二，《历代碑志丛书》第17册，江苏古籍出版社，1998年版，第23页。
[2] 郭沫若：《两周金文辞大系图录考释》，上海书店出版社，1999年版，第129～131页。唐兰：《怀念毛公鼎、散氏盘和宗周钟》，《光明日报》1961年2月2日。刘启益：《西周纪年》，广东教育出版社，2002年版，第388～389页。韩巍：《西周金文世族研究》，北京大学2007年博士论文第238页。

从形制、纹饰而言,厉王与宣王器难以区别,仅能从铭文的内容裁断。散氏盘铭文[1]:

用矢戜(践)散(散)邑,乃即散(散)用田。

履。自瀗(濡)涉。以南,至于大沽(湖),一弄(封)。以陟,二弄(封),至于边柳。复涉瀗(濡),陟雩(越)叔(徂)𣪊(邊)陕。以西,弄(封)于敝𪍘(城),桵木。弄(封)于𢼻遘(陸),弄(封)于𢼻衍(道)内。陟𢼻,羍(登)于厂湶,弄(封)刲栫,陕陵刚(岗)栫。弄(封)于𪐗(量)衍(道),弄(封)于原(原)衍(道),弄(封)于周衍(道)。以东,弄(封)于𣓙(棹)东强(疆)。右还,弄(封)于履衍(道)。以南,弄(封)于𦅈遘(陸)衍(道)。以西,至于𡽐(鴻)。

莫(暮),履井邑田。自根木衍(道),左至于井邑,弄(封)衍(道)。以东,一弄(封)。还,以西,一弄(封)。陟刚(岗),三弄(封)。降。以南,弄(封)于同衍(道)。陟州刚(岗),羍(登)栫,降棫,二弄(封)。

矢人有𤔲(司)履田。鲜且、散(微)、武父、西宫襄、豆人虞丂、彔、貞、师氏右𦔶(省)、小门人䋣、原(原)人虞萘(芳)、淮、𤔲(司)工虎、孝𠭯、丰父、𡽐(鴻)人有𤔲(司)刑丂,凡十又五夫。

正履矢舍散(散)田。𤔲(司)土逆寅、𤔲(司)马䍒(單)塵、邦人𤔲(司)工駿君、宰德父,散(散)人小子履田,戎散(微)父、效(效)㮚(櫟)父、襄之有𤔲(司)橐、州𠭯、𢈙从𩁾,凡散(散)有𤔲(司)十夫。

唯王九月,辰才(在)乙卯,矢卑(俾)鲜且、𢼵旅誓,曰:"我既(既)付散(散)氏田器,有爽,实余有散(散)氏心戜(贼),則(则)受(鞭)千罚千,传弃之。"鲜且、𢼵旅則(则)誓。乃卑(俾)西宫襄、武父誓,曰:"我既付散(散)氏瀗(湿)田、牆田,余又(有)爽寳(变),受(鞭)千罚千。"西宫襄、武父則(则)誓。氒(厥)为图。矢王于豆新宫东廷,氒(厥)左执要,史正中(仲)农。

铭文记散、矢两氏分田,所涉人物众多。其中有"𢈙从𩁾",黄绍箕、王国维等学者早已指出他就是𪒠攸从鼎及簋盖之"𪒠攸从"[2],也即𪒠从盨之"𪒠从",但对于𪒠攸从器的断代,仍有不同论断。[3]

我们持厉王说。𪒠攸从鼎及簋盖同铭,历日四要素俱全:

隹(唯)卅又二年三月初吉壬辰……(《集成》02818、《集成》04278)

---

[1] 铭文每行字数颇多,为了行文方便,不按行款,而据内容分段。
[2] 黄绍箕:《散氏盘铭补释》,《金文文献集成》第16册,第620~621页。王国维:《散氏盘考释》,《古史新证》,清华大学出版社,1994年版,第96~98页。
[3] 主要有夷王、厉王、宣王三说,陈梦家持夷王说,郭沫若、容庚、唐兰等大多数学者持厉王说,刘启益持宣王说。参看陈梦家:《西周铜器断代》,中华书局,2004年版,第266~267页;郭沫若:《两周金文辞大系图录考释》,上海书店出版社,1999年版,第129~131页;刘启益:《西周纪年》,广东教育出版社,2002年版,第388~389页。

䚻从盨铭则残损具体的日：

> 隹（唯）王二十又五年七月既朢□□（《集成》04466）

䚻攸从鼎又铭"夷大室"，定在厉王是合适的。

除了历日等因素外，这批器铭文的性质，也是可以将其断在厉王时期的一个重要原因。与散氏盘相类，䚻攸从器也是记录分田之事，后者更为此而进行诉讼，这与厉王时期的政治形势相合。唐兰先生在《怀念毛公鼎、散氏盘和宗周钟》一文中，对于厉王时期特殊的政治形势有很好的论述：

> 周厉王在周王朝已经衰微以后，颇想振作有为；他在经济方面曾有一番改革，重分土地，为的要收赋税；另一方面，他曾屡次南征，想开拓疆土。但由于他的许多新办法对奴隶主们的既得利益有矛盾，对人民仍是残酷压迫，奴隶主们说他好利，人民对他没有好感。所以大家起来把他轰走了。[1]

唐先生将土地纠葛与厉王南征、好利等相联系，极为敏锐。尽管"重分土地，为的要收赋税"并无充分的证据，但散氏、䚻攸从等贵族的一系列土地转让，无疑是当时特殊的政治经济条件造成的。很可能周厉王为了南征，必须有大量收入，以致"好利"，土地转让乃至诉讼便多有发生。

土地的转让，是权利分配的一大体现。厉王时期的土地转让，一个重要的形式便是厉王将某贵族的土地转让给另一贵族，如䚻攸从盨便是将覃夫、小宫和限的土地转给䚻攸从，1992年陕西西安市徐家寨出土的吴虎鼎，也是同样的例子，鼎铭有记：

> ……王令（命）善夫丰生、䚻（司）工雝（雍）毅，䌛（申）剌（厉）王令（命）：付吴（虞）葲（?）旧彊（疆）付吴（虞）虎……（《近出》364）

厉王曾经将虞官葲的土地转给虞官虎，宣王重申了这个命令。这次重申，说明厉王的这个命令没有得到实施。这很可能发生在厉王末年，社会动荡，厉王自身即将不保，方才没能实现。吴虎鼎的这个例子，反映了厉王末年政治动荡的一个侧面。

厉王末年的这一政治动荡，其中一个原因，很可能是厉王对贵族土地的再分配。根据目前的材料，尚难以管窥这一转让与分配的范围究竟有多大，但从䚻攸从盨铭来看，至迟厉王二十五年便有发生，而就吴虎鼎铭来看，一直延续到了厉王末年。

需要强调的是，散氏盘和䚻攸从器、吴虎鼎，虽然都记土地转让，时代也相近，但涉及的职官却有很大不同，与其他器铭都由中央职官主持不同，散氏盘铭所涉职官仅仅是散、矢两地职

---

[1] 唐兰：《唐兰全集》第3册，上海古籍出版社，2016年，第1173页。

官，并无中央职官。这与其他西周中期土地转让类的铭文，如裘卫诸器、师永盂等都不同[1]。散氏盘的这一特殊性，很可能是因为夨王是戎人，夨土非周土，不属周王直接控制。

厉王时期，散氏仍有能力与夨王争田，其氏族无疑是强大兴盛的。

散、夨两氏分田，表明散、夨是接壤的近邻，这也便于他们有婚姻关系。上文已述，证明散夨通婚的散伯簋、匜，时代应是西周中期偏晚，离厉王时期并不久远。值得注意的是，散氏盘与散伯簋（《集成》03780）据传都是清代陕西凤翔县出土，有可能出于一地或相近地。清代凤翔县的范围较大，下辖包括今凤翔、岐山、扶风等地。而散车父诸器是唯一经科学发掘的器物群，出于今扶风县召陈村，也在清代凤翔县范围内。既然散车父诸器与散伯簋、散氏盘，都出土于清代凤翔县范围内，而这些器的时代相近，不排除出土地点相近的可能。如果这个推测成立，至少从西周中期后段到西周晚期早段，散氏活动中心区域在今扶风召陈村附近，即散车父窖藏所在[2]。

宣幽时期散氏的情况尚存疑。宣王时期的标准器四十二年逨鼎，铭有"司工散"，"散"虽不排除是散氏简称的可能，但也可能仅是人名。

六、结　　语

散氏是散宜生的后代，系西周时期最重要的世族之一。除散宜生外，传世文献对这一世族缺载。对于散氏的了解，主要依托西周金文。宋代已有散氏器的著录，散季簋录于《考古图》、《金石录》等。清代，多有散氏器的发现，散氏盘、散伯簋（《集成》03780）则记录了传出地点。当代，新发现了散车父器物群。新发现的散氏器与传世器结合，以清华简《良臣》的散宜生为导引，为研究散氏的历史面貌提供新的契机，研究结果简要如下：

第一，散宜生历文武成三代，作为文王四友之一，是当时重要的贤臣。散宜生的氏族名，即便是"散宜"，在西周早期后段已可称为"散"氏。

第二，散宜生孙辈或孙辈之子，是铭文所见第一位散伯，活跃在康昭时期，即散伯卣（《集成》05300）的器主。

第三，散是姬姓。裛盘中"奠姬"之"奠"不能为确定散、夨的姓提供依据。"夨王"是戎人之王，"夨"不太可能是姬姓。

第四，"散姬"（散姬方鼎，《集成》02029）是散氏的女儿，应活动于周穆王前后，疑为"散伯"（散伯卣，《集成》05300）的女儿或孙女辈。

第五，西周中期后段，有一位散伯（散伯簋，《集成》03780），他可能是"散姬"的下一辈，与

---

[1] 参看李学勤：《西周金文中的土地转让》，《光明日报》1983年11月30日。
[2] 王国维认为散地在大散关，从散夨所分地涉汧水，以及散氏盘传出地点与其他散氏器出土地点来看都不合适。

矢通婚。

第六，夷王时期，散伯车父是散氏之长，与姜姓的鲁氏、姞姓的邢氏等通婚。散伯车父的一个弟弟是散季(散季簋，《集成》04126)。

第七，厉王时期，散氏仍兴盛，能与矢王争田(散氏盘，《集成》10176)。厉王对贵族土地的再分配是厉王末年政治动荡的重要原因，这种再分配至迟厉王二十五年已存在，并延续到了厉王末年。

第八，从西周中期后段到西周晚期早段(厉王)，散氏活动的中心区域在今扶风召陈村附近，散伯簋(《集成》03780)、散氏盘疑也出在附近。

2014年11月20日初稿
2016年7月12日二稿
2016年11月3日三稿

附：本文初稿曾在"泰山学术论坛——清华简与儒家经典国际学术研讨会"(2014年12月5日，烟台大学)上宣读。二稿发表于《出土文献》第九辑(中西书局，2016年10月)。后仍发现有个别错误，某些想法也有改变，故再行修改。

其他简帛与历史文化研究

论《书》与《尚书》的起源

——基于新近出土竹书的视角*

艾 兰(著) 袁 青(译)

（美国 达慕思大学）（中国 上海师范大学）

2008年夏季，北京清华大学入藏了2 000余枚战国(公元前476～前221年)竹简[1]。根据碳十四测定判断，其年代大致在公元前305年。这与湖北荆门郭店一号墓的年代大体一致[2]。郭店楚墓中的竹简是用楚文字写成的，清华简也与之相类似。但是，郭店竹书主要是哲学类文献，而依据李学勤先生的研究，清华简主要是历史类文献，且以《书》或《书》类文献居多[3]。这些论述使我们将清华简与儒家经典《尚书》联系起来。根据中国的传统说法，《尚书》是经过孔子编辑、整理过的《书》类文献资料汇编。它在后世被推崇为《书经》。

那什么是《书》呢？当看到一种文献时，我们又何以将其视为《书》类文献呢？区分《书》与其他古文献的标准又是什么呢？对这些问题的一个简单回答即：《书》是《尚书》中所包含的篇章(也包含已佚失的篇章)。或许，我们还可以加上《逸周书》中的篇章。因为《逸周书》的篇

---

* 本文得到"蒋经国基金会高级研究基金(2009～2010年)"(Chiang Ching-kuo Senior Research Fellowship)的资助。本文是在笔者2010年12月17日在清华大学"王国维学术讲座"所作的题为《书的来源与意义》的演讲的基础上写成的。其中一些观点也见于笔者已发表的一些论文：《何为〈书〉》，《光明日报》2010年12月20日；《何为〈书〉》，《欧洲中国文献研究协会通讯论文集》(Research Essay in the Newsletter of the European Society for the Study of Chinese Manuscripts)，2011年，第1～5页。本文英文原稿曾发表于《伦敦大学亚非学院学报》(Bulletin of the School of Oriental and African Studies，2012年第3期，第547～557页)；后由清华大学哲学系博士研究生袁青同学译为中文，发表在《出土文献与古文字研究(第六辑)——复旦大学出土文献与古文字研究中心成立十周年纪念文集》(上海古籍出版社，2015年版，第643～652页)。此番发表，笔者参照英文原稿对中文译本做了部分校正和技术处理，以求合乎中文读者的语言习惯，不当之处，敬乞读者雅善。

[1] 参见清华大学出土文献研究与保护中心：《清华大学藏战国竹简〈保训〉释文》，《文物》，2009年第6期，第73～75页；李学勤：《清华简九篇综述》，《文物》，2010年第5期，第51～57页。这些竹简大概是从一个墓中被盗掘出来，并早在2006年就在香港古董市场被售卖。关于这些竹简，笔者将在即将出版的《湮没的思想：出土竹简中的禅让传说与理想政治》(Buried Ideas: Legends of Abdication and Ideal Government in Early Chinese Bamboo-slip Manuscripts) 一书中加以介绍，在书中笔者将会详细讨论以前我们所未知的《书》类文献——《保训》。

[2] 荆门市博物馆编：《郭店楚墓竹简》，文物出版社，1998年版。

[3] 清华简(壹)和(肆)已经收入了十篇可以视为《书》类文献的作品。

章也称作《书》,而且它通常被认为是孔子在编辑《尚书》时所删去的篇章。

这种回答看似直截了当,但它存在两大问题:首先,在秦朝(公元前221~前206年),帝国的法令是禁止《书》流传的;《尚书》是在西汉时期(公元前206~公元8年)被加以重构的,因而我们对于先秦时期《尚书》的形式和内容都所知甚少,而对于《逸周书》的起源与历史我们所知的就更少了;其次,除《尚书》与《逸周书》的篇章之外,先秦时期似乎还流传着更多的《书》类文献。

一、传世之《书》

《书经》有时被翻译为"关于历史的书"(Book of History),然而《书经》却并非一部叙事史的作品。《书经》中的每一篇都是独立的文献,每一篇的年代都通常被认为与其中所设定的历史年代相对应,且其内容也完全独立于其他篇章之外。这也就是说,《书经》不过是一部按年代编年的独立文献集,其中各篇无论在内容还是语言上都与其他篇章无关。汉代许多文献都提到所谓的"《尚书》百篇",人们通常认为是孔子从3 000多篇《书》类文献中选取而成的[1]。这种说法与孔子从3 000多首《诗》中选取300篇的说法相类似,或许根本就是仿造这种说法杜撰的[2]。与之类似的是,一般认为《逸周书》的篇章是孔子所删去的《书》类文献汇编。

《尚书》的历史如此复杂,以至于我们很难对此详加阐述。简要地说,传世本《尚书》有两个版本:今文《尚书》28篇(或29篇,将其中一篇一分为二)与古文《尚书》58篇。历史学家对于今古文《尚书》中几乎所有篇章的成书年代都有争议。依据传统说法,今文《尚书》是秦代伏生所藏并在汉代重构出来的。现代大多数学者都认为今文《尚书》是真实的,因为现存版本是汉代传下来的。古文《尚书》据说是在孔壁中发现并由孔安国(约公元前100年)整理而成的,但现代学者一般认为,传世本《古文尚书》出于公元4世纪的伪造[3]。

---

[1] 陈梦家:《尚书通论》,中华书局,1985年版,第81~82页。
[2] [唐]司马贞《史记索隐》引《书纬》,将其作为孔子从3 333篇中选取100篇《书》的文献来源,并提到孔子选取《诗》、《书》的事迹。见《史记》,中华书局,1959年,第2121页。
[3] 戴梅可(Michael Nylan)《儒家〈五经〉》和夏含夷(Edward L. Shaughnessy)对《古文尚书》史都有简述。戴梅可:《儒家〈五经〉》(The Five "Confucian" Classics),耶鲁大学出版社,2001年版,第132~136页;鲁惟一(Michael Loewe)主编:《古代中国文献:书目文献指导》(Early Chinese Texts: A Bibliographical Guide),加州大学伯克利分校东亚研究院及古代中国研究协会,1993年版,第386~389页。关于今古文《尚书》成书年代争论的总结,蒋善国和冯凯(Kai Vogelsang)都有论述。蒋善国:《尚书综述》,上海古籍出版社,1988年版,第135~140页;冯凯:《刻印与宣告:论〈尚书〉诸"诰"的真实性》("Inscriptions and proclamations: on the authenticity of the 'Gao' chapters in the Book of Documents"),《远东古物博物馆学报》(Bulletin of the Museum of Far Eastern Antiquities)第74期,2002年,第140~148页。我们一般认为,《尚书》诸"诰"真的是即时的文献记录,但冯凯通过将这些篇中的词汇与西周金文中的词汇加以对比,对这种传统说法提出了质疑。笔者认为他的这种方法难以令人信服,因为这种资料统计的方法会受不同素材的影响。再者,即使这些篇章是真实的,它们也被传写了3 000多年,最重要的是汉代有标准的版本,因此不可避免会有一些文献的佚失,但这并不能证明它们是晚出的。而近年出土的金文和其他考古材料在多处都有力地解释了《尚书》中所使用的词语,这让我们更有理由相信《尚书》诸"诰"的真实性。

今文《尚书》包括四（或五）个部分："虞书"（有时又分为"唐书"和"虞书"两部分），"夏书"、"商书"、"周书"。每部分的文献都被认为是各自年代的即时文献记录。虽然现代大多数学者都认为归于西周之前的《书》类文献（可能除《尚书》中《盘庚》一篇之外）都是晚出的，但他们也承认，归于西周的那部分《书》类文献确实是西周时期的作品。

《逸周书》现存目录71篇，关于其成书年代及可靠性的问题甚至比《尚书》还要大。虽然，依据传统说法，《逸周书》是由孔子整理《尚书》时所删去的《书》类文献所组成的，但事实上，传世本《逸周书》却有着不同的文献来源，并且这些文献的成书年代也各不相同[1]。迄今为止，黄沛荣1976年的博士论文仍然是研究《逸周书》最为详尽的著作。他指出，其中七篇与《尚书·大诰》的风格类似，因而年代可能相对较早[2]。其后，李学勤先生根据金文文献认为，《逸周书》中《世俘》、《商誓》、《尝麦》三篇是真正的西周文献[3]。据信，《逸周书》大部分篇章可能成书于战国时代，其中的约32章内容可能成书于一人之手[4]。

虽然孔子与从汉代开始流行的"《尚书》百篇说"紧密相关，但早期文献却并没有明确记述两者之间的关系。《论语》虽然证实了孔子对《书》的兴趣，但却几乎没有任何关于孔子评论《尚书》或《书》类文献形式的记载。《论语》中只有四处提到《书》，而其中两处是非常笼统的。其中一处提到，孔子说："《诗》、《书》、执礼，皆雅言也。"[5]另一处，孔子的学生子路说："何必读《书》，然后为学？"[6]其他两处提到《尚书》的地方更加具体。其中一处，孔子的学生子张说："《书》云：'高宗谅阴，三年不言。'"[7]这大体上相当于传世本《尚书·无逸》中的文句[8]。在另一处，有人问孔子为何不从政，孔子回答说："《书》云：'孝乎惟孝，友于兄弟，施于有政。'"[9]此处引用的话是伪《古文尚书·君陈》中语句的变体，但其原始文献已经佚失了[10]。从这几处看，我们甚至不能说孔子是否拥有包含许多篇章的《尚书》文本，也不能说孔子是否拥有一个诸如清华简这样独立流传而尚未定本的《书》类文献。

---

[1] 英文世界有关《逸周书》文本简史的著作包括：罗斌（Robin McNeal）：《作为〈逸周书〉第32章中所折射出的帝国统治的文职与军事要素的隐喻的身体：兼论〈逸周书〉的成书及结构》(The body as metaphor for the civil and martial components of empire in *Yi Zhou shu*, chapter 32: with an excursion on the composition and structure of the *Yi Zhou shu*)，《美国东方协会杂志》(*Journal of the American Oriental Society*)，第122卷，2002年第1期，第46～60页；鲁惟一主编：《古代中国文献：书目文献指导》，加州大学伯克利分校东亚研究院及古代中国研究协会，1993年版，第229～233页（其叙述是基于黄沛荣《周书研究》的，见下条注）。
[2] 黄沛荣：《周书研究》，台湾大学1976年博士学位论文，第83页。
[3] 李学勤：《逸周书汇校集注·序言》，《逸周书汇校集注》，上海古籍出版社，1995年版；李学勤：《古文献丛论》，上海远东出版社，1996年版，第69～95页。
[4] 黄沛荣：《周书研究》，台湾大学1976年博士学位论文，第83～84页。
[5] 程树德：《论语集释》卷一四，中华书局，1990年版，第475页。我将"雅言"翻译为"正式的讲话"（formal speech）。我怀疑这是一种从商代以来在正式场合和外交场合上所使用的"官话"（Mandarin）或"普通话"（common speech）。这种语言是所有书面作品的基础，也是为何在书写体系中很少显现出区域性语言或方言等迹象的原因。
[6] 程树德：《论语集释》卷二三，中华书局，1990年版，第795页。
[7] 程树德：《论语集释》卷三〇，中华书局，1990年版，第1036页。
[8] 顾颉刚、刘起釪：《尚书校释译论》卷三，中华书局，2005年版，第1532～1533页。
[9] 程树德：《论语集释》卷四，中华书局，1990年版，第121页。
[10] 刘殿爵（D. C. Lau）译：《论语》，香港中文大学出版社，1992年版，第17页。

由于孔子以及之后的儒家传统都与《书》紧密相关,所以许多学者在写到清华简时,都认为战国时代所创作的《书》都应该与儒家学派相关。但是,大多数先秦思想家(包括非儒家门徒的其他诸子),有时也引用《书》来作为历史权威。更重要的是,孔子学说的最大反对者——墨子也经常引用《书》。事实上,《墨子》反复提到"先王之书",所谓"先王之书"并非仅指《书》。这表明他拥有许多归于古代帝王的文献。他也使用不同时代《书》的特殊术语,如"夏书"、"商书"、"周书"。即使他经常提到尧舜的传说,但他也没有提到"唐书"或"虞书",这可能表明"唐书"或"虞书"等通常被认为相对晚出的作品,根本不包括在他所搜集的《书》类文献中。

虽然有更多的证据表明,墨子比孔子所拥有的《书》类文献更多,但我们却不知道他的《书》到底是底本,还是未定本。我们也不知道墨子的《书》与儒家的《书》之间的相似度如何。墨子所引用的一些篇题与《尚书序》中的一百篇题十分相似,而《尚书序》中的一百篇题通常是归于孔子的,墨子所引用的《书》有些与传世本《尚书》的字句一样,但也有很多不一样[1]。即使孔子与墨子之《书》的篇题一样,我们也不知道这些《书》的内容是否相同。孔子和墨子(以及所有战国时代的哲学家)都使用历史传说来呈现自己的政治哲学,如此他们就会改变关于古代帝王的传说,以使之与其自身的哲学观点相一致[2]。同一文献的不同版本是否反映了关于古代历史的两种不同版本?是否有一些篇章只为孔子或墨子所拥有?现存文献并不能回答这些问题。

孔子从3 000篇中选择100篇《书》以及《逸周书》代表孔子所删去的文献的传说可能是值得怀疑的,但这种说法也是基于以下假设:即《书》这个范畴所涵括的内容要远多于传世的《书》类文献。事实上,如果《尚书》和《逸周书》是关于古代帝王的讲话和描述的汇集,那么它们就不太可能是这方面的唯一文献。虽然其中关于西周时代的一些讲话可能是即时记录的,但那个时代的君主所作的讲话肯定比《尚书》和《逸周书》中所记录的要更多。既然学者认为《尚书》和《逸周书》的许多篇章是战国时代的产物,后人肯定不断用古代《书》类文献的方式而创作出更多的文献,所以我们可以合理地推论:并非所有战国时代所仿造的《书》类文献都包含在《尚书》或《逸周书》之中。因此,虽然一些出土文献可能是《尚书》或《逸周书》中所佚失的篇章,或者是这些篇章所佚失的不同版本,但我们在没有明确的证据之前并不能就如此论定。

二、作为文献体裁之《书》

为了更好地理解这些文献,我们需要用更广义的方式来定义《书》——一种书面作品的体

---

[1] 参见陈梦家:《尚书通论》,中华书局,1985年版,第11～35页。由于伪《古文尚书》利用了早期文献中所引用的《尚书》字句,故而只有今文《尚书》才能有效地用来加以比较。
[2] 我讨论了孔子和墨子为自身目的而改变历史传说的方式,详见拙作《世袭与禅让:古代中国的王朝更替》(The Heir and the Sage: Dynastic Legend in Early China),中国资料中心(China Materials Center),1981年,第125～131页。

裁，而非史料汇编集（即《尚书》或《逸周书》）的篇章。这样定义的话，即便不去深究《尚书》复杂的历史我们也可以探讨《书》，并理解与传世本相对的《书》的起源与历史。《书》最重要的特征有：(1) 它是或假定是即时的文献记录；(2) 它包含古代（西周或更早时期）贤君名臣的正式讲话；(3) 许多《书》中包含"王若曰"这样的表达方式。虽然这种表达方式并不出现于所有的《书》中，但它无疑也是理解《书》区别于其他文献的一条线索。

我们的假设是：《书》起源于为君主讲话而事先准备的讲话稿，后来《书》变成以这种古文献的方式虚构而成的作品。《书》的基本形式是正式讲话。这一点从《书》的六种文体（"典"、"谟"、"誓"、"训"、"诰"、"命"）就可以看出来。在这六种文体中，除了"典"之外，其他都是口头表达。"典"最初的象形文字就包括常置于祭坛上、相互连接的竹简。在西周金文中，"典"就是指与正式记录相关的东西[1]。然而，后来"典"似乎只与中国的上古史相联系，但当时帝王的话语似乎并未直接流传到战国和秦汉时代。在传世本《尚书》中，惟一的"典"就是《尧典》（有时又有人将其分为"尧典"和"舜典"两部分）。再者，《说文解字》将"典"定义为"五帝之书"（这与《史记·五帝本纪》中"帝"的数量相吻合）[2]。这似乎表明汉代可能存在黄帝或颛顼时代的"典"。

三、"王若曰"

如上所述，许多《书》包含"王若曰"这种表达方式，这也见于西周金文。事实上，据我所知，这种表达方式只见于《书》、其他引用《书》的文献以及西周金文中。金文中的语境类似于《尚书》，即在金文中，"王若曰"也是引出一段君主的正式讲话。因此，大多数学者认为，《尚书》中属于西周初期的那部分篇章是可信的。因为，《尚书》中记载的历史事件与金文中的记载有着类似的语言表达，两者也存在重合之处。当然，《书》并不包括对祖先的祭祀（西周金文中常见的一部分内容），然而许多金文的形式与《尚书·周书》记载的讲话形式类似，即先有一个简单的序言，交代所记载事件的背景或语境（通常有时间），接着再引出君主或大臣的话语。

《大盂鼎》（康王时期）上的铭文很著名，因为其中提到商朝最后一个君主——商纣王的酗酒。这就证明了《尚书》最后一章《酒诰》的真实性，因为《酒诰》也提到纣王的酗酒。《大盂鼎》上的铭文可以作为一个用"王若曰"这种表达方式来引出君主的讲话范例：

唯九月，王在宗周，令（命）盂。王若曰："盂，丕显文王，受天有大令（命），在武王嗣文

---

[1] 陈初生：《金文常用字典》，陕西人民出版社，1989年版，第485～486页。李峰指出，"典"在金文中作为一个动词是指在记录一个契约（contract）时起到归档的目的。李峰：《古代中国的官僚体制与国家》（*Bureaucracy and the State in Early China*），剑桥大学出版社，2008年版，第17页。

[2] [清]段玉裁：《说文解字注》，上海古籍出版社，1981年版，第200页。

作邦,辟厥慝,敷有四方,允正厥民,在御事。敄!詐酒无敢鴆,有𥚸蒸祀,无敢酬。"[1]

这段铭文以康王赏赐给盂许多礼物以及盂保证不负其所命而结束,以纪念为制作此鼎的目的。

另一包括"王若曰"这样的表达方式的西周铭文也记载一个正式的任命仪式,在这个仪式上君王也讲了一段话,任命了一个官员并赏赐给他许多礼物。正如陈梦家先生在《王若曰考》中指出的:虽然这段讲话是归于这个君王的,但实质上是其他人代为宣读的。"王若曰"中的"若"字表明了这一点[2]。这些铭文经常对仪式的细节详加描述,包括君王的到来、被任命官员的进场、君王讲话的顺序(关于这些方面的某一记录就使得这次任命仪式有一段"册命")。宣读出来的讲话早于"王若曰"这个表述。例如,在金文《牧簋》中,有这样一段话:"王乎内史吴册令(命)牧,王若曰……"接下来是被任命官员表达感激之情。接着又将"命册"交给被任命的官员,他将其挂在腰间并走出去。从这我们可以知道,"册"这个词指的是作为实物的竹简,"册"是要交给被任命的官员的[3]。

此外,在少数金文中,一些归于大臣而非君王的讲话前面有"若曰"的字样[4]。因此,"若曰"一词可能并不限于王权,它还可以指由他人代为宣读的其他讲话,其情形与《尚书》和金文所见类似。因此,我们可以合理地推论:在属于西周时期的那部分《尚书》篇章中,"王若曰"的含义与金文中相同;这表明君王的讲话实际上是由其他人代为宣读的。

这种说法解释了《尚书》某些篇章中"王若曰"一词的费解之处——在这些篇章中,周公是主角,却不是君王。例如,《多方》中有这样一段话:"周公曰王若曰。"在《多士》中,也记载:

惟三月,周公初于新邑洛,用告商王士。王若曰:"尔殷遗多士……"

一些学者在解释时,认为这意味着周公将自己称为君王,也就是说,他有篡夺王位的企图。但正如陈梦家先生所指出的,更为合理的解释应该是:周公宣读了这些来自君王的讲话。但另一方面,在《立政》和《君奭》中,也有"周公若曰"的字样。这些例子表明,代表周公发言的可能另有其人。它并不意味着周公有篡位之嫌。

四、"书"与"册"

"命书"一词也见于金文,其含义与"命册"类似。李峰对此有个重要的看法,这或许有助

---

[1] 其拓片及摹本,参见:中国社会科学院考古研究所:《殷周金文集成》第五册,中华书局,1984年版,第2837号;严一萍:《金文总集》,艺文印书馆,1983年版,第1328号。
[2] 此文首次发表于1939年,重印见于陈梦家:《尚书通论》,中华书局,1985年版,第146~170页。
[3] 关于《牧簋》,参见:《殷周金文集成》第8册,第4343号;《金文总集(四)》,第2857页。关于这种仪式的复原,参看李峰:《古代中国的官僚体制与国家》,剑桥大学出版社,2008年版,第105~110页。
[4] 《逆钟》,见《殷周金文集成》第1册,第61号;《师毁簋》,见《殷周金文集成》第8册,第4311号。

于我们理解两者的不同以及我所认为的"书"的含义更为宽泛这一命题。通过对这两个词语不同用法的分析,李峰认为,"命册"指的是实物,例如在被任命者向君主表示感谢之后递交给他的竹简实物,而"命书"指的则是任命仪式上所宣读的文字[1]。最能体现这一点的例子就是《免簋》(西周后期的器皿)中的文字:

  唯十又二月初吉,王在周,昧爽,王各于大庙,邢叔佑免,即令,王授作册尹书,俾册命免,曰:令汝……[2]

因此,"书"这个词表示抽象意义上的文献——作为书面作品的讲话稿,而"册"则是书写的物质载体。

五、"书"的起源

  我们可以假设,"书"一开始是官员为了在正式仪式上代表君主或大臣讲话而事先准备的讲话稿。由于这是由其他人代为宣读的讲话,因此就有必要在讲话之前先将稿子写下来。"若曰"这个表述就表明了这样一个事实:即讲话是由其他人而非稿子中所声称的作者宣读的;君王或大臣"似乎"这么说,但并不是他们真地宣读了稿子。真正的事实很可能是,在皇家档案馆还有份副本,记下了讲话的时间、地点以及环境,金文的记载表明讲话的简册最后给了讲话的对象。

  西周青铜器的制作普遍有着用来记录官员的任命或其他仪式的特殊目的,因而它们记录了任命时刻君王所作的讲话。但是,君王也可能作了其他一些没有刻在青铜器上的讲话。可以推断,这些讲话也事先被书写在竹简上,在正式仪式上由一个官员宣读出来,并在归档时记录了演讲的时间、地点和环境。另一个副本则可能给了讲话的对象。在正式讲话前就在竹简上写好稿子从而使得政府任命显得庄严,这种行为揭示出《尚书》中的文献的来源背景,有利于我们理解《书》是如何区别于其他文献的。

  既然最早的《书》是为正式仪式而作的讲话稿,而仪式是有着特定时间和地点的,我们就可以合理假设:这些讲话稿可能也会注明讲话的时间、地点和环境。类似地,《尚书》的篇章通常有个设定场景的序言(一般会有时间),紧接着是讲话内容。《尚书》中那些属于西周初期的内容甚至很可能就源于真实的讲话稿,尽管它们在流传过程中不可避免地经历了某些由于

---

[1] 李峰:《古代中国的官僚体制与国家》,剑桥大学出版社,2008年版,第112页。也见李峰:《金文中的行政机构以及西周政府管理》("Offices" in Bronze Inscriptions and Western Zhou Government Administration),《古代中国》(*Early China*),第26~27辑,2001年,第50页。

[2] 《殷周金文集成》第8册,第4240页;《金文总集(四)》,第2762页。此处读作"书"的图形被写作"者"。这种假借不常见,但在出土文献中有许多"箸"读为"书"的例子,参见王辉编:《古文字通假字典》,中华书局,2008年版,第108~109页。

时代原因而造成的文字改写（包含汉代的"新"版本）。后来,这种用讲话稿的方式写成的文本也被自然而然地当作《书》了[1]。二者之间最大的区别在于,西周初期的《书》往往只提供了讲话的时间、地点和环境等少量信息,而那些涉及时代更早、但可能晚出的《书》却往往提供了除讲话本身之外更为详尽的信息。

　　这些讲话稿的流传方式我们目前不得而知,但从金文中提到在讲话完之后、讲话稿要交给讲话对象这一点来看,其中似乎存在着一个机制。传统的假设认为,孔子之所以能够接触鲁国的档案,是因为《尚书》的核心篇章是与鲁国的创始人——周公相关的文献。这种说法是值得注意的。我们还可以假设,这些文献一旦开始流行,就会有很多人来模仿它们。因此,虽然最初的《书》真的是讲话稿,但其他的作品却可以以这种形式仿造而成。虽然这些仿造的作品可能被当作伪作,但它们之中可能还是存在着一定的虚构性重构因素。

　　这种文献体裁（即时讲话记录）的一个重要方面就是,其本身还需要我们认可其历史的真实性：这并非历史记录或阐释。在此也没有中间者：它就是君王或大臣实际所说的话。由于《书》一开始是讲话稿,所以它们作为即时的文献记录是具有真实性的,而这种真实性是叙事历史所没有的。这一点是非常重要的,因为这就意味着通过研究它们,我们可以直接与古代的君王对话而不受后人解释的干扰。阅读或背诵其话语以及施行其礼仪活动就是效法他们。这就是为何只有古代最伟大的君王或大臣的讲话才见于《书》中,以及为何《书》对于声称"述而不作"[2]的孔子来说是如此重要。

　　总而言之,如果我们将《书》定义为一种文献体裁的话,《书》就是任何声称是即时记录古代君王讲话的文献。一些《书》是为君王讲话而事先准备好的真实讲稿,而有些《书》就是基于这些讲话的文献,还有些则是对古代君王或大臣可能说的话的虚构性重建。就如《诗》,如上所述,孔子对于《诗》使用"雅言",而《书》则代表了古人真实的讲话。但是,《诗》源于口头表达后来才被写成文字,而《书》一开始就是书面作品（虽然其目的也是为了口头宣读的）。在这种意义上讲,《诗》、《书》可以看作是中国最早的书面作品。

---

[1] 自从发现了甲骨文,很多学者认为《盘庚》是真实的,虽然从语言上说它与甲骨文相差很大。
[2] 程树德：《论语集释》卷一三,中华书局,1990年版,第431页。

上博楚简《恒先》新释及其简序与篇章结构新探

范毓周

(南京大学 历史学系)

《恒先》是上海博物馆所藏战国楚简中保存状况最好和最为完整的一篇,收录于马承源主编的《上海博物馆藏战国楚竹书(三)》,共 13 支简,510 字,字迹基本清晰,是早期道家思想的一篇重要文献。2003 年末《上海博物馆藏战国楚竹书(三)》出版后,《恒先》受到海内外学者的普遍重视,引发学界的热烈讨论,短短几年间,研究论著已有数十种之多,各家看法均有卓见。热潮过后,最近讨论的论著已很少见,2014 年 8 月我到澳大利亚墨尔本大学出席国际会议后,应麦考瑞大学中文系主任陈慧教授盛邀,我到悉尼该校作短期访问,期间陈慧教授和我讨论《恒先》的有关问题,使我重新细细阅读《恒先》及其相关研究文章,颇有心得,因就新的理解和认识重做释文和考释,并就篇章结构略作推断,不揣谫陋,供大家参酌,以就教于海内外同仁。

一、释文和文字考释

文字考释与释文是通读出土文献的基础,对此已有不少学者做出贡献。但是由于大家对于简文的理解和阐释角度不同,无论是在文字考释上,还是在简文释文上,目前各家仍有不少分歧。

文字考释是最基础性的工作,也是难度最大的工作,战国文字中楚文字研究虽然已有相当积累,但在楚简中文字多有通假和讹误现象,有时传统的古文字考释方法很难完全奏效,不得不借助文献解读的辅助手段,因而很难说谁是谁非,但任何文字的认定都应以通读文献为准则是应当依循的通则。循此我们试对已有的文字考释成果存有争议或有一己之见的文字再做一些讨论和探索,以期做出更为合理的阐释。

释文应当是考释后的结果,但在表述考释时需要以释文作为阐释的基础,而考释又要以简文作比照,为了叙述的方便,我们采用按照《上海博物馆藏战国楚竹书(三)》原来的简序分别照原图录和释文列出,在其下做出新的释文,然后再做进一步的讨论、分析和论证。

（一）第三简简背

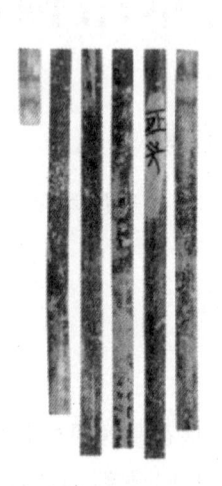

【释文】亘(恒)先

【考释】这是第三支简背后的文字,是本篇的自题篇题。

亘,首先,就篇题中的首字"亘"应当释为何字,学界即有争议。

李零在《〈亘先〉释文》中隶定此字为"亘先",在其考释中则释为"恒先"[1]。诸家对此皆无异议。

裘锡圭先生对此有不同看法。他在《是"恒先"还是"极先"?》中依据"楚简的'亘'可以用为'丞'。"他提出"从楚简用字习惯和《亘先》文义来看,'亘先'、'亘气'应读为'极先'、'极气'"。王中江据《老子》和《马王堆帛书·道原》恒字用法进行商榷[2]。

案裘先生一方面承认"楚简'亘'字作'丞',与《说文》'恒'字古文同形。但楚简又有在此字下加'心'旁的'恒'字,所以一般引用楚简,都释此字为'亘',释下加'心'旁的为'恒'",一方面又在文章引用出土楚简文献中借"亘(恒)"为"丞(极)"的诸多例子,借以说明"亘"应当视为"丞"即"极"。裘先生举出许多楚简的"亘"字作为例证证明楚简中"亘"字是可以作"丞"字用为"极"字的。但细细分析,并不妥当。例如,他举出：郭店楚简的《老子》甲组中的简 24"至虚亘也"句的"亘",认为"与今本的'极'字相当(见今本第十六章。"丞"、

---

[1] 李零:《〈亘先〉释文》,《上海博物馆藏战国楚竹书(三)》,上海古籍出版社,2003年版。以下简称《释文》。
[2] 王中江:《〈恒先〉的宇宙观及人间观的构造》,《文史哲》,2008年第2期。以下简称《构造》。

"极"古通)。"又举出乙组中简2"则莫知其亙"的"亙",指出"也与今本'极'字相当"[1]。这种以今本证明楚简本的"亙"字应为"极"字的证明方法是欠妥的。因为《老子》今本经过传世中历代传抄和修订,已有不少字与古本不同,这是已为郭店楚简和马王堆帛书《老子》证实了的。例如,今本《老子》第25章中有"域中有四大"之句,马王堆帛书甲、乙本皆作"国中有四大",显然今本"域"乃"国"之讹误,显然不能据今本以说马王堆帛书甲、乙本中的"国"应为"域"。其实,裘锡圭先生在举此例时已经说明"甲组有四个'亙'字,分别见于简6、简13、简18的三个,是用为'恒'的",在同一组楚简中怎么会有一字两种用法?何况郭店《老子》甲组的简24"至虚亙也"和乙组24简"则莫知其亙"都解做"恒"并无不妥,何必一定要解为"极"才觉得妥当,显然有强为之解的偏颇。其他例证,似乎也并不令人信服。例如他所列举的郭店楚简《鲁穆公问子思》屡见"亙/恒称其君之恶者"语、《穷达以时》简8地名"邔思"、《缁衣》简32"子曰:君子道人以言而亙以行"等,也只是引述其他学者的推测语,如"可读为"、"应视为"等,以之作为把这些与"亙"相关的楚文字判断为"也有可能读为'极'",显然也是缺乏直接论证的。

退一步讲,即便裘先生的上述看法是有据的,楚简中的"亙"字可能是"亟"的误写,此篇中"亙先"是论述的主旨,不仅是开篇的两个字,也是篇题,书写者再不用心,也不至于将这么重要的字一开始就写成别字,而且题写篇题就写别字,这种推断显然是有违事理的,因而是牵强的,难以令人置信。因此我认为"亙先"的"亙"就是"恒先"的"恒",而不可能是"极先"的"极",应当是十分明显的,自不必强作别解以悖恒常。

此字隶定为"亙"是无疑的,其为"恒"之本字也是确切无误的。甲骨文中即有此字,作"![]"(《后》上9.10)、"![]"(《铁》199.3)诸形,从二,从月,为会意字,象月出于天地之间之形。《诗经·小雅·天保》云:"如月之恒,如日之升。如南山之寿,不骞不崩。如松柏之茂,无不尔或承。"恒为持久,恒常之意,故《说文·二部》:"恒,常也。"其古文之形正与此篇题及各简此字之形一致。今本《老子》首章"道可道,非常道;名可名,非常名"马王堆帛书甲、乙本皆作"道可道也,非恒道也;名可名也,非恒名也"即其证。

先,"先"在甲骨文中即有,自来即是先后之先,向无异议。此篇篇题及简文中诸"先"无论从字形和字义解均如此,不赘解。

"恒先"为此篇篇题。"恒先"应为合成词汇,是道家阐述最高范畴"道"的一种别称,李零《释文》在作隶定此篇说明中曾据李学勤说引述《马王堆汉墓帛书·道原》"恒先之初,迥同大虚,虚同为一,恒一而止",指出"'恒先'是'道'的别名"。其说可从。恒为恒久,先为先在。恒先即"恒久的先在"即今之所谓"永恒的自在"。

---

[1] 裘锡圭:《是"恒先"还是"极先"?》,2007年"中国简帛学国际论坛"论文。以下简称《极先》。

(二) 第一简

【释文】恒先无有，朴、静、虚。朴，大朴；静，大静；虚，大虚。自厌不自忍，或作。有或焉有炁，有炁焉有有，有有焉有始，有始焉有往。[往]者未有天地，未

【考释】**恒先**，如前篇题所解，为道之别称。

无，有两义。一作动词"有"、"无"之"无"；一作名词，为道家哲学范畴，意为原初未生之态。《老子》中多处言"无"，如"天下万物生于有，有生于无。"此处之"有"用为动词，为"有"、"无"之"无"。

有，简文作"又"，即有，与"无"同，此处则为道家哲学范畴之"有"，即《老子》所言"天下万物生于有，有生于无"之"有"。

朴，简文作 ，李零《释文》以为其字上从冖，下与粪、业相似，但均不相同，乃楚简"窃"、"质"、"浅"、"带"等字的声旁，认为其字隶定还值得研究。并说此字从文义看，似相当于"朴"，但字形不合，因释"质"。裘锡圭《极先》均倾向读"质"，李学勤《楚简〈恒先〉首章释义》则读为"全"[1]，曹峰在《〈恒先〉编联、分章、释读札记》中释"素"[2]，在《上博楚简思想研究》中释"初"[3]，李锐先在《〈恒先〉浅释》中释"素"[4]、后释"朴"[5]。廖名春《上博藏楚竹书〈恒先〉新释》[6]、庞朴《试读》释"朴"[7]，未作字形分析。其实，这个字就是"朴"，字形也是相合的。西周晚期《散氏盘》铭文中的

---

[1] 李学勤：《楚简〈恒先〉首章释义》，《中国哲学史》，2004年3期。以下简称李学勤《释义》。
[2] 曹峰：《〈恒先〉编联、分章、释读札记》，简帛研究网，2004年5月16日。以下简称《札记》。
[3] 曹峰：《上博楚简思想研究》，台湾万卷楼图书股份有限公司，2006年版。以下简称《研究》。
[4] 李锐：《〈恒先〉浅释》，confucius2000网，2004年4月17日。以下简称《浅释》。
[5] 李锐：《读〈恒先〉札记》，简帛网，2006年8月16日。又见丁四新主编《楚地简帛思想研究（三）》，湖北教育出版社，2007年版。以下简称《李札记》。
[6] 廖名春：《上博藏楚竹书〈恒先〉简释》，confucius2000网，2004年4月16日。以下简称《简释》。
[7] 庞朴：《〈恒先〉试读》，姜广辉主编《中国古代思想史研究通讯》第二辑，2004年。以下简称《试读》。

“扑”其字形作“𦬊”，所从之“菐”与此字所从之“菐”略同。故此字释“朴”，无疑。

静，李零《释文》隶定“青”，释“静”，至确。

虚，诸家无异说。

大，诸家多释大，李学勤《释义》、廖名春《上博藏楚竹书〈恒先〉新释》主张将“大静”、“大虚”读作“太清”、“太虚”。实际上，古文字中“大”、“太”一字，不必释大为太。

忍，李零《考释》释忍，李学勤《释义》读“忍”为“牣”，意为“满”，即“道”虽自足但不自满。度其文义，仍以释忍为是。

炁，简文作“㷩”，其字形与包山楚简和长沙子弹库楚帛书同，即道家、道教所谓元气之“炁”古体。李零《释文》释为气，甚确。故释文宜作“炁”，下同。

往，李零隶定为“迬”，谓读为“往”，可从。此字下依文义夺一字，疑是“往”字下夺重文符号，故应补“往”，始足文义。

（三）第二简

又乍行出生虚青
爲弌若濊夢=青同
而未或明未或兹生
㷩是自生亙莫生㷩=
是自生自复亙㷩之

【释文】**有作**，行出生虚静，为一若寂，梦梦静同，而未或明。未或滋生，炁是自生，恒莫生炁，炁是自生自作。恒炁之

【考释】**一**，李零《考释》释弌为一，可从。此处一为道之别称。

寂，《释文》隶定为“濊”，谓为从水、从赤、从戈之字，疑以音近读为“寂”，其说可从。《说文》谓：“寂，无人声。”《玉篇》云：“寂，无声”。《老子》第28章“寂兮寥兮，独立而不改”，其义当与此同。

梦，诸家所释无异，《说文》谓：“梦，不明也。”**梦梦**，李零《释文》引长沙子弹库《楚帛书》“梦梦墨墨”和《马王堆帛书·道原》“湿湿梦梦”谓其形容茫昧不明的混沌状态，其说可从。《诗经·小雅·正月》有“民今方殆，视天梦梦”，即用茫昧不明义。

未，尚未。

或，李零《考释》释“或”，认为“或”是“一种介于纯无（道）和实有（气、有）的‘有’（“或”可训

"有"),或潜在的分化趋势("或"有或然之义)"。廖名春《简释》、朱渊清[39]、李学勤《释义》,将"或"理解为"域",均引《淮南子·天文》"道始于虚霩,虚霩生宇宙,宇宙生气",论证"或"为"虚霩",即空间概念有。甚是。

未或,连文,谓其"未有"之意。伪古文《尚书》有《五子之歌》虽伪,其所用资料当有来源。其中有"有一于此,未或不亡。"其"未或"用法与此正同。

(四)第三简

【释文】生,不独有与也。或,恒焉生,或者同焉。昏昏不宁,求其所生,异生异,畏生畏,违生非,非生违,依生依。求欲自复,复

【考释】**与**,此处应为"用"义,《诗·唐风·采苓》"人之为言,苟亦无与"用法同此,"有与"正"无与"之反语。"不独有与"即不单单有用之谓。

昏昏,李零《考释》谓与前"梦梦"同,可从。

同,为异同之同,谓相同。

异,李零《考释》谓疑读"翼",是恭敬之意。此处异与前言同相应,为异同之异,即差异。

畏,李零《考释》隶定作"鬼",谓疑读为"畏",是畏惧之意。其实,此字即"畏"字,其字形与《说文》畏字古文形正相近。其本义应为"敬畏"。《论语·子罕》"后生可畏,焉知来者之不如今也",《荀子·不苟》"君子能则宽容易直以开道人,不能则恭敬缚绌以畏事人",皆同此。

违,李零《考释》隶定为"韦",疑读"悼",引《广雅·释诂四》谓为"恨也"。其实,此字即《说文》所谓"背也"之"韦",为后起"违"之本字,故应释"违"。与后言"依"亦相关。

非,李零《考释》疑读为"悲",其实此字可照原字,读为是非之非,正与"违"文义相照应。

慾,李零《考释》谓慾作欲。此字不必另解为欲,在此应作慾望、情慾解。《论语公冶长》"枨也慾。焉得刚",何晏《集解》引孔安国曰"慾,多情慾",与此同。

复,李零《考释》隶定为"遼",谓为"回报"。其实,此字即是复之本字,为往复之复,《说文》谓"往来也"即其义。在此用为复原之义。

（五）第四简

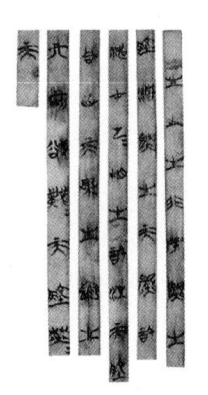

生之生行。浊气生地，清气生天。气信神哉！云云相生，信盈天地，同出而异生，因生其所欲。业业天地，纷纷而

【释文】生之生行。浊气生地，清气生天。气信神哉！云云相生，信盈天地，同出而异生，因生其所欲。业业天地，纷纷而

【考释】浊，李零《考释》隶定为厇，读为"浊"，可从。与下言"清"正相对应。

信，李零《考释》隶定为信，谓疑读"伸"。案"信"与"伸"皆通，如《易·系辞下》"往者屈也，来者信也"，《荀子·不苟》"刚强猛毅，靡所不信，非骄暴也"，皆信、伸相通之例，均为伸义。

云云，云，李零《考释》隶定此字为云，谓"云云"是众多之意。案"云"通"芸"为芸之本字，"云云"即"芸芸"。《马王堆汉墓帛书·老子甲本》有"天物云云"，今本《老子》作"天物芸芸"。又《庄子·在宥》"万物云云，各复其根"，均为其证。

业业，业，简文作 ，李零《考释》认为与楚简"察"字所从相同，读为"察"。案此字为两"业"字相并，与《说文》"业"字古文为两"业"相并正同，故应释为业。业业，义为高大，《诗经·大雅·烝民》"四牡业业，征夫捷捷"，毛《传》"言高大也"，可为其证。

芬芬，李零《释文》读"纷纷"。案此"焚焚"应即"芬芬"，《易·旅·上九》爻辞"鸟焚其巢"《马王堆汉墓帛书》本焚作棼，《左传》文公十一年"获侨如之弟焚如"，《史记·鲁周公世家》焚作棼。芬芬见于《尚书·吕刑》，有"泯泯芬芬"，《孔疏》："芬芬，攘扰之状。"另《诗经·小雅·信南山》："上天同云，雨雪芬芬。"

（六）第五简

返亓所欲明气天行
佳返吕不澶智暨
而亢思不宎又出
於或生出於又音出
於生言出於音名出
於

【释文】复其所欲。明明天行,唯复以不法智,既而荒思不天。有出于或,生出于有,音出于生,言出于音,名出于

【考释】**明明**,李零《考释》引《尔雅·释训》"明明,斤斤,察也"。案《诗经》中多言"明明",如《诗经·大雅·江汉》有"明明天子,令文不已",《诗经·小雅·小明》有"明明上天,照临下土",《诗经·大雅·常武》"赫赫明明,王命卿士",皆有昭明之义。

法,简文作"瀍",李零《考释》谓"瀍"读"废"。依文义未妥,似仍读法较妥。

荒,李零《考释》以《说文》及《㐬伯簋》谓"㐬"读"荒",但却疑为荒废之义。案㐬即荒无疑,㐬为广大之意,亦作荒,《诗经·周颂》有"天作高山,大王荒之",毛《传》"荒,大也",故宜释为荒,乃广大之义。

纳,简文作"宎",李零《考释》疑"不宎"为"不殄",意为不灭、不绝。案"宎"在古陶文中数见,又见于天津历史博物馆所藏《玉行气铭杖首》铭文中,为行气特殊用语,我曾释"纳",此处亦可释纳。故"不宎"即"不纳",意为不受、不容。

出,为出生,在此义为"源于"。

或,李零《考释》释"或",廖名春《简释》、朱渊清《简帛考论》、李学勤《释义》,将"或"理解为"域",他们均引《淮南子·天文训》"道始于虚霩,虚霩生宇宙,宇宙生气",论证"或"为"虚霩",即空间概念。其实"或"本义同"有",但与"有"有别,"有"为确定之存在,"或"为不确定之存在,《玉篇·戈部》曰:"或,有疑也。"故"或"可通"惑"。此处"或"为道家哲学范畴,义为"可能",《吕氏春秋·贵公》引《鸿范》曰:"无偏无党,王道荡荡;无偏无颇,遵王之义;毋或作好,遵王之道;毋或作恶,遵王之路",今文《尚书·洪范》"毋或"均作"无有",正用此义。

生,在此简亦为道家哲学范畴,义为"产生"、"演化"。《老子》"道生一,一生二,二生三,三生万物",即此生之义。

(七) 第六简

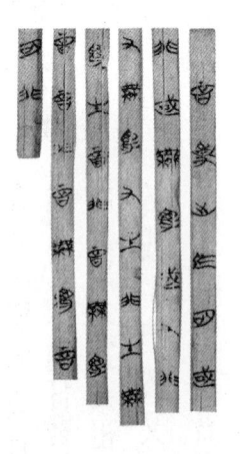

言事出於名或
非或无胃或又非
又无胃又生非生无
胃生音非音无
音言非音无胃
名非言无胃言

【释文】言,事出于名。或非或,无谓或;有非有,无谓有;生非生,无谓生;音非音,无谓音;言非言,无谓言;名非

【考释】本简简文明了，诸家对李零《考释》无异议。

（八）第七简

名無胃名事非事無
胃事悉宜利主采勿
出於复焉又事不复
無事舉天之事自复爲
事甬吕不可廢也凡

【释文】名，无谓名。事非事，无谓事。悉宜利主，采物出于作，作焉有事，不作无事。举天〔下〕之事自作为事，用以不可廢也。凡

【考释】**悉宜**，李零《考释》隶定为"悉"，释为祥。读"悉宜利主"为"祥宜利主"，谓疑指详察其所宜而利合于王。廖名春《新释》引证《左传》成公十六年、《墨子·迎敌祠》释"悉"为"祥"，认为"详宜"是"祥义"的通假字，或作"义祥"。案"悉"字不必另解，《说文》谓"悉，忧也"，忧即忧念，此处作名词。宜，《说文》谓"所安也"，此处用为动词，为适宜义。《诗经·邶风·谷风》"黾勉同心，不宜有怒"，《左传》文公元年"宜君王之欲杀女而立职也"，均其例。

作，《说文·人部》："作，起也"，《易·干卦》："云从龙，风从虎，圣人作而万物说"，《老子》第六十三章："天下难事，必作于易。天下大事，必作于细"，所用"作"之义同此。

采物，李零《考释》谓"采"读"采"，"勿"读"物"。以为采勿即采物。廖名春《新释》引帛书《二三子》、《左传》文公六年、《左传》隐公五年，认为"采物"当读为"彩物"，指区别等级的旌旗、衣物，也就是体现礼制的器物，也作"物彩"。案"采"即採之本字，《说文》谓"采，捋取也"，《诗经·周南·苯苢》有"采采苯苢，薄言采之"，毛《传》曰"采，取也"，故"采"今之言"采取"。勿读为"物"，至确。此处及8号简之"采物"皆可视为采取诸物，而不必拘于"彩物"之成语。

焉，李零《考释》谓"焉"是"乃"的意思。案"焉"与"乃"、"则"殆同，《荀子·议兵》有"若赴水火，入焉焦没耳"，即此用法之例。

举，简文作"舉"，李零《考释》无释。案此字天星观楚简、望山楚简、包山楚简多有此字，或从"辵"作。何琳仪《战国古文字典》疑读举[1]。与从"手"之"举"当同，"擧"，"举"之今字。《说文》："擧，对举也"，举即今之举。《诗经·大雅·烝民》："德輶如毛，鲜克举之。"

[1] 何琳仪：《战国古文字典》下册，中华书局，1998年版。以下简称《字典》。

天[下]，"天"下疑夺"下"字，第十简屡言"举天下之名"、"举天下之作"与此"举天[下]之事"句式应同，故疑夺"下"，宜补之。

用，简文作"甬"，李零《考释》为"甬"读"庸"，以为用为"乃"。案此"甬"应读为"用"。楚金文多借"甬"为"用"。

赓，李零《释文》读"赓"为"更"。案"赓"不宜别读为"更"，仍应作原字。《尔雅·释诂》："赓，续也。""赓"即赓续。

（九）第八简

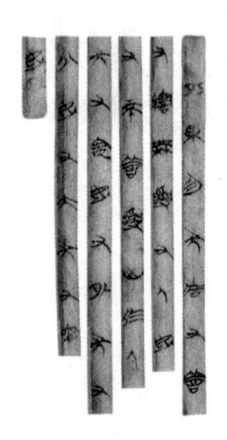

多采勿先者又善
又綗無睏又人焉
又不善瞴出於人
先又审焉又外先
少焉又大先又矛
焉

【释文】多采物。先者有善，有治无乱；有人，焉有不善，乱出于人。先有中，焉有外；先有小，焉有大；先有柔，焉

【考释】**物**，李零《考释》以"勿先"读为"物先"，认为是指中为外先、小为大先等。案此"物"应与"采"结合，读为"采物"，与前简"采物"相应。

治，原简李零隶定为"綗"，谓读为"治"，甚确，说可从。此字从"糹"从"刂"，为治丝之"治"。《左传》隐公四年："臣闻以德和民，不闻以乱。以乱，犹治丝而棼之也。"

乱，原简李零隶定为"瞴"，读为"乱"。案信阳楚简、包山楚简及子弹库楚帛书中乱皆作此形，从"叕"、从"瞴"，何琳仪《战国古文字典》谓为"乱"之异体，甚确。

中，简文作"审"，天星观楚简、包山楚简多见，何琳仪《字典》谓为"中"繁体，说可从。

（十）第九简

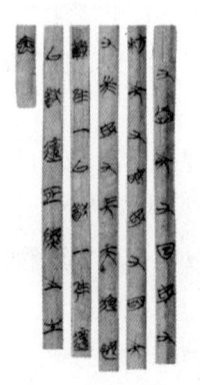

又剛先又因焉又
枋先又晦焉又明先
又嵩焉又長天道既
載佳一目猶一佳邊
因曰猶邊互燹之生

【释文】有刚；先有圆，焉有方；先有晦，焉有明；先有短，焉有长。天道既载，唯一以犹一，唯复以犹复。恒、气之生，因

【考释】圆，简文作"囩"，李零《考释》释"囩"为"圆"。此字信阳楚简、望山楚简、包山楚简中亦多见，何琳仪《字典》谓信阳简读"圆"，又谓或释"回"。案此字从囗，云声，云，匣母、文部，与匣母、文部之员自可通，故释"圆"为是。

方，简文作"枋"，李零《考释》隶定为"枋"，并谓为"方"。《中山王圆壶》铭文有此字作"枋"，即"方"之别写。与前圆相对应，自应释"方"。

短，简文作"耑"，李零《考释》径释为"短"。案"耑"亦见于望山楚简，作"耑戈"、"耑矛"正是"短戈"、"短矛"之谓也。对应于下文"长"，释"短"当是。

天道，此篇虽为道家文献，通篇很少直接言"道"，仅此简谓"天道"。先秦诸子多言"道"，但罕言"天道"。天道一词最早见于《左传》昭公十八年郑国子产批评裨灶根据天文变异预言将有火灾，所言："天道远，人道迩，非所及也。何以知之，灶焉知天道？"《老子》言"道"谓其"先天地生"，孔子亦罕言"天道"，《论语·公冶长》记子贡语："夫子之言性与天道，不可得而闻也。"《易大传·系辞传》则言："《易》与天地准，故能弥纶天地之道。"此"天道"义为"天之大道"。

载，义为"成"。《国语·周语上》："夫利，百物之所生也，天地之所载也。"韦昭《注》："载，成也。"《老子》第二十九章："或强或羸，或载或隳。"其所谓"载"正与此同。

（十一）第十简

【释文】言名，先者有疑妄言之，后者学比焉。举天下之名虚諲，习以不可改也。举天下之作，强者果天下

【考释】疑，原简作"惎"，李零《考释》谓"惎"读"疑"，可从。案"疑"即迷惑。《说文·疋部》："疑，惑也。"《易·系辞下》："中心疑者其辞枝。"

妄言，原简作"恧言"，李零《考释》谓"恧言"待考。案"恧"当为"妄"，"恧言"即"妄言"，即随意乱言。《庄子·齐物论》"予尝为女妄言之，女亦以妄听之"，即其例。

后，简文作"逡"，李零《考释》谓"逡"读"后"。案"逡"即"后"，楚简中多见，我在释读上博楚简《诗论》中已释为"后"[1]。

举，李零《考释》隶定为"睪"即举，无释，但言"举"是表示全体，下同。案此"举"与第七简用法全同。誣，简文从言、从豆，李零《考释》隶定为"誣"，读为"树"。案此字楚简中多见，信阳楚简、包山楚简中均有，何琳仪《字典》释"誣"，引《广韵》"誣，誣譺，不能言也"，其引信阳楚简"一两誣缕"谓"誣缕"读"短履"，并说"犹后世之'短靴'"似误。此字仍以释"誣"为宜。"誣"应即非正常之言，即空言，与"虚"相接为"虚誣"，当指虚无空言。

习，李零《考释》举古文《尚书·大禹谟》"习蕭"为证，谓古代占卜有所谓"习蕭"，"习蕭"的含义是连续占卜，并指出"习"通"袭"。案甲骨文中恒简"习卜"卜辞，有"习一蕭"等辞，"习"即重复之义，《论语·学而》"学而时习之"正用此义。自不必以通袭为解。

果，李零《考释》于第十一简中谓"果"，是动词，用如"课"，是检验考核之义。案此说并无例证。"果"本果树之象形，本义为结果，此处当用其引申"胜"、"剋"诸义，如《左传》宣公二年"杀敌为果，致果为毅"，故"果"有"胜"义。《尔雅·释诂》"果，胜也"，即此"果"之义，亦有取胜而获结果之义。下同。

（十二）第十一简

【释文】之大作，其宾中不自若━。作━，用有果与不果，两者不废。举天下之为也，无夜也，无与也，而能自为也。

---

[1] 范毓周：《上海博物馆藏楚简〈诗论〉第2简的释读问题》，《东南文化》，2002年第7期。

【考释】宾中，宾，李零《考释》隶定为"竆"，谓"竆龙"待考。廖名春《新释》读"竆"为"冥"、读"龙"为"蒙"，"冥蒙"即"蒙昧"之意。案"竆"从㝱、从糸、从宀，与"冥"字形、义皆远。当为"宾"之古文从㝱、从元、从宀之"寅"同。可释"宾"，宾为敬服，《说文》"宾，所敬也"，《墨子·法仪》"使立为天子，天下诸侯皆宾事之"，《庄子·说剑》"无不宾服而听从君命者"，皆其例。

中，李零《考释》隶定为"龙"，案此字并不从"犬"作，而是从"乂"、从"中"，应隶定为"爷"，楚简中有"审"即"中"之别体，此字或可释为"中"。

夜，李零《考释》谓与下文"与"互文，疑读为"舍"。案此"夜"疑读为"掖"，今山东掖县古作夜邑，亦作"掖邑"，《战国策·齐策六》："当今将军东有夜邑之奉，西有菑上之虞。""夜邑"《说苑·指武》引作"掖邑"。掖有扶持、帮助之义，《诗经·陈风·衡门》之《序》："僖公愿而无立志，故作是诗以诱掖其君也。"其"掖"即扶持、帮助之义。

与，李零《考释》谓与是给予。案"与"即"予"，《诗经·大雅·皇矣》："乃眷西顾，此维与宅。"王先谦《集疏》谓："《鲁》'予'作'与'。"因知"与"谓给予。

（十三）第十二简

【释文】举天下之生同也，其事无不复。天下之作也，无许恒，无非其所。举天下之作也，无不得其恒而果述，用或

【考释】许，李零隶定为"许"，谓为"处所"。又谓即《墨子·非乐上》"吾将误许用之"的"许"。案此"许"下文对应有"所"，以之释"所"，行文当有重复，未必妥当。《说文·言部》谓"许，听也"，故"许"应为听从之义。

述，李零谓"述"读为"遂"，谓"果述"为"实现愿望"。案"述"《说文》谓"述，循也"，循即遵循之义，"果述"乃果然依循。

（十四）第十三简

【释文】得之，用或失之。举天下之名无有法者与天下之明王、明君、明士，用有求而不虑。

【考释】虑，李零隶定为"忌"，谓读为"虑"，甚是，并谓"有求而不虑"亦"果遂"之义。案"虑"《说文思部》谓："虑，谋思也"，即今之所谓考虑，谋划。"不虑"文献亦作"弗虑"，《诗经·小雅·雨无正》有"昊天疾威，弗虑弗图"，其"弗虑"正与此"不虑"用法相同。

二、简序与篇章结构

《恒先》在上海博物馆所藏楚简中虽然是最完整的一篇，但由于编绳早已失落，出土过程和流转中的各种情况复杂，原有简序无从得知。简序是整理这部分楚简的重要工作，简序直接影响简文复原和对简文内容的理解与解读。简序又必须建立在释文和考释的基础上。对于简序，已有不少学者做过推断，目前已知有以下五种简序的排法。

1. 李零：1—2—3—4—5—6—7—8—9—10—11—12—13；
2. 庞朴：1—2—3—4—8—9—5—6—7—10—11—12—13；
3. 顾史考：1—2—4—3—5—6—7—8—9—10—11—12—13[1]；
4. 曹峰式：1—2—3—4—5—6—7—10—8—9—11—12—13；
5. 夏德安式：1—2—3—4—5—6—7—10—11—8—9—12—13[2]

他们的排法都有一定的合理性。我在做了新的释文和考释后，也对简序有了一些思考，觉得如果把各简的内容和语气衔接作通盘考虑，可以有以下的排法：

范式：1—4—2—3—8—9—5—6—7—10—11—12—13

这种排法是从文义的贯穿和简文内容的内在逻辑考虑的结果。我们按照这一简序可以恢复简文如下。在这篇复原的简文中，为了阅读的方便，按照现在的阅读习惯，我把第三支简

---

[1] 顾史考：《上博竹书〈恒先〉简序调整一则》，简帛研究网，2004年5月8日。
[2] 夏德安：《读上海博物馆楚简〈恒先〉》，2007年"中国简帛学国际论坛"论文。

的简背上的篇题置于全篇之首,在每支简的文末标注李零原释文简序序号。

恒先【3 背】

恒先无有,朴、静、虚。朴,大朴;静,大静;虚,大虚。自厌不自忍,或作。有或焉有炁,有炁焉有有,有有焉有始,有始焉有往。[往]者未有天地,未【1】生之生行。浊炁生地,清炁生天。炁信神哉!云云相生,信盈天地,同出而异生,因生其所欲。业业天地,纷纷而【4】有作,行出生虚静,为一若寂,梦梦静同,而未或明。未或滋生。炁是自生,恒莫生炁,炁是自生自作。恒炁之【2】生,不独有与也。或,恒焉生,或者同焉。昏昏不宁,求其所生,异生异,畏生畏,违生非,非生违,依生依。求欲自复,复【3】多采物。先者有善,有治无乱;有人,焉有不善,乱出于人。先有中,焉有外;先有小,焉有大;先有柔,焉【8】有刚;先有圆,焉有方;先有晦,焉有明;先有短,焉有长。天道既载,唯一以犹一,唯复以犹复。恒、气之生,因【9】复其所慾。明明天行,唯复以不法智,既而荒思不天。有出于或,生出于有,音出于生,言出于音,名出于【5】言,事出于名。或非或,无谓或;有非有,无谓有;生非生,无谓生;音非音,无谓音;言非言,无谓言;名非【6】名,无谓名。事非事,无谓事。恙宜利主,采物出于作,作焉有事,不作无事。举天[下]之事自作为事,用以不可赓也。凡【7】言名,先者有疑妄言之,后者学比焉。举天下之名虚诇,习以不可改也。举天下之作,强者果天下【10】之大作,其宾中不自若。作,用有果与不果,两者不废。举天下之为也,无夜也,无与也,而能自为也。【11】举天下之生同也,其事无不复。天下之作也,无许恒,无非其所。天下之作也,无不得其恒而果述,用或【12】得之,用或失之。举天下之名无有法者与天下之明王、明君、明士,用有求而不虑。【13】

  这是一篇思想内涵相当复杂的道家思想家遗留的文献。其内容所反映的思想主旨和传世及新出土道家文献《老子》(传世本及马王堆汉墓帛书本、郭店楚简、北大汉简)、《庄子》、《鹖冠子》、《淮南子》、《文子》、《列子》、马王堆汉墓帛书《黄帝四经·道原》、郭店楚简《太一生水》之间,既有一些相近之处,又有很多相异处。就先秦道家思想的思想范畴和理论而言,除了"心"论之外,《恒先》几乎涉及道家思想的方方面面,故其简文还可以进行分章。关于分章,也有一些学者做过尝试。

  最先对简文进行分章的是曹峰,他在《札记》中对《恒先》尝试进行分章,并提出《恒先》有上下篇结构,上下两篇之间存在对应关系。他认为上篇到第 7 简的"事非事,无谓事"为止,主要论述的是普遍的、抽象的、一般的原理,基本上是一部生成论。下篇则是具体的、特殊的、依据上篇的生成论可以直接指导现实政治的原理。

  他的这一认识在学者间颇有影响,例如,陈静指出"《恒先》有两条线索,一是关于自然宇宙的生成,二是关于人文世界的理解。并且,在《恒先》的两条线索之间,明显有一种本末的关系,即自然宇宙的生成提供了一个理解人文世界的模式"[1]。陈丽桂认为:"第一部分从首简

---

[1] 陈静:《〈淮南子〉宇宙生成论的理论前史——〈恒先〉解读》,《自由与秩序的困惑——淮南子研究》,云南大学出版社,2004 年版。

到第五简上半'唯复以不废',讲自然的创生;第二部分从第五简下半'知既而巟思不殄'到末简,讲人事命运世界的建构。""先说自然,后言人事。在说自然时,先言质性,再述创生;先本体,后宇宙;先提纲,再细说。"[1]季旭昇指出"《恒先》从第一章到第六章是讲形而上的本体论,从第七章开始落实到形而下的人文世界"[2]。陶磊认为"《恒先》虽有颇具特色的宇宙论的内容,但宇宙论本身不是它叙述的重点,它是通过宇宙生成归纳天道,从而得出人事的立场"[3]。事实上,大家在理解简文内容时,也是有一定的分章概念的。

基于我对简文内容的理解,我也做了分章的尝试如下。同样为了阅读方便,按照现在的阅读习惯,把第三支简的简背上的篇题置于全篇之首,在每支简的文末标注李零原释文简序序号。

恒先【3 背】

1. 恒先无有,朴、静、虚。朴,大朴;静,大静;虚,大虚。

2. 自厌不自忍,或作。有或焉有炁,有炁焉有有,有有焉有始,有始焉有往。

3. [往]者未有天地,未【1】生之生行。浊炁生地,清炁生天。炁信神哉!云云相生,信盈天地,同出而异生,因生其所欲。业业天地,纷纷而【4】有作,行出生虚静,为一若寂,梦梦静同,而未或明。未或滋生,炁是自生,恒莫生炁,炁是自生自作。

4. 恒炁之【2】生,不独有与也。或,恒焉生,或者同焉。昏昏不宁,求其所生,异生异,畏生畏,违生非,非生违,依生依。求欲自复,复【3】多采物。

5. 先者有善,有治无乱;有人,焉有不善,乱出于人。先有中,焉有外;先有小,焉有大;先有柔,焉【8】有刚;先有圆,焉有方;先有晦,焉有明;先有短,焉有长。

6. 天道既载,唯一以犹一,唯复以犹复。恒、气之生,因【9】复其所慾。明明天行,唯复以不法智。

7. 既而巟思不天。有出于或,生出于有,音出于生,言出于音,名出于【5】言,事出于名。或非或,无谓或;有非有,无谓有;生非生,无谓生;音非音,无谓音;言非言,无谓言;名非【6】名,无谓名。事非事,无谓事。

8. 恙宜利主。采物出于作,作焉有事,不作无事。举天[下]之事自作为事,用以不可赓也。

9. 凡【7】言名,先者有疑妄言之,后者学比焉。举天下之名虚諰,习以不可改也。举天下之作,强者果天下【10】之大作,其宾中不自若。

10. 作,用有果与不果。两者不废。举天下之为也,无夜也,无与也,而能自为也。【11】

---

[1] 陈丽桂:《上博简(三):〈恒先〉的义理与结构》,简帛研究网,2004年12月19日。
[2] 季旭昇:《从"求而不患"谈〈上博三·恒先〉后半部的解读》,2005年"新出土文献与先秦思想重构"国际学术研讨会论文。
[3] 陶磊:《〈恒先〉思想探微》,《简帛考论》,上海古籍出版社,2007年版。

举天下之生同也,其事无不复。

11. 天下之作也,无许恒,无非其所。举天下之作也,无不得其恒而果述,用或【12】得之,用或失之。举天下之名无有法者与天下之明王、明君、明士,用有求而不虑?【13】

这样分章之后,简文内容不仅文义贯通,而且层次分明,前后所论层层递进,思路清晰。

值得注意的是,确如曹峰前所指出,全篇是可以分为上、下篇的。

不仅如此,我在整理中还发现,这篇文章有可能是每章先有观点,后有铺陈,很像前面为经、后面为传的体例,下面我用黑体字标注"经",余下为"传"。

恒先【3 背】
上篇

1. 恒先无有,朴、静、虚。 朴,大朴;静,大静;虚,大虚。

2. 自厌不自忍,或作。 有或焉有炁,有炁焉有有,有有焉有始,有始焉有往。

3. [往]者未有天地,未【1】生之生行。浊炁生地,清炁生天。 炁信神哉!云云相生,信盈天地,同出而异生,因生其所欲。业业天地,纷纷而【4】有作,行出生虚静,为一若寂,梦梦静同,而未或明。未或滋生。炁是自生,恒莫生炁,炁是自生自作。

4. 恒炁之【2】生,不独有与也。或,恒焉生,或者同焉。 昏昏不宁,求其所生,异生异,畏生畏,违生非,非生违,依生依。求欲自复,复【3】多采物。

5. 先者有善,有治无乱。 有人,焉有不善,乱出于人。先有中,焉有外;先有小,焉有大;先有柔,焉【8】有刚;先有圆,焉有方;先有晦,焉有明;先有短,焉有长。

下篇

6. 天道既载,唯一以犹一,唯复以犹复。 恒、气之生,因【9】复其所欲。明明天行,唯复以不法智。

7. 既而荒思不天。有出于或,生出于有,音出于生,言出于音,名出于【5】言,事出于名。 或非或,无谓或;有非有,无谓有;生非生,无谓生;音非音,无谓音;言非言,无谓言;名非【6】名,无谓名。事非事,无谓事。

8. 恙宜利主,采物出于作。作焉有事,不作无事。 举天[下]之事自作为事,用以不可赓也。

9. 凡【7】言名,先者有疑妄言之,后者学比焉。 举天下之名虚諲,习以不可改也。举天下之作,强者果天下【10】之大作,其宾中不自若。

10. 作,用有果与不果,两者不废。 举天下之为也,无夜也,无与也,而能自为也。【11】举天下之生同也,其事无不复。

11. 天下之作也,无许恒,无非其所。 举天下之作也,无不得其恒而果述,用或【12】得之,用或失之。举天下之名无有法者与天下之明王、明君、明士,用有求而不虑?【13】

为了验证上述推断,不妨把属于"经"的部分串联起来,会发现这些文字足以表述全文主旨，而且更为明晰。这可以从以下串联起来的文本中得到印证。

恒先无有，朴、静、虚。自厌不自忍，或作。[往]者未有天地，未生之生行。浊炁生地，清炁生天。恒炁之生，不独有与也。或，恒焉生，或者同焉。先者有善，有治无乱。

天道既载，唯一以犹一，唯复以犹复。既而荒思不天。恙宜利主，采物出于作。凡言名，先者有疑妄言之，后者学比焉。作，用有果与不果，两者不废。天下之作也，无许恒，无非其所。

上面把这些"经"文串接起来，完全可成为系统的独立文章，每章"经"后的详细论述和展开的阐述，即是对"经"的"传"。这样分篇章后，再分出"经"、"传"，其文义豁然开朗。就其整篇来讲，上篇所论是"恒"与"先"的范畴解析，下篇延伸到"作"与"名"的阐释，是一篇完整的很有思辨特色的道家文献。至于其范畴、理念如何看待，我另撰文分析。

以上推断是否妥当，敬请海内外同仁批评指正。

上博简"诗亡隐志"与先秦楚地诗学抒情传统[*]

陈 瑶

(清华大学 出土文献研究与保护中心)

儒家经典《诗》三百篇,围绕其编订、释读与传授过程,孔子及其弟子建立了具有鲜明特色的整套诗学体系。春秋晚期以降,孔子率徒领众周游列国而曾访于楚,孔门后学进一步向南方传播儒学。值得思考的问题是在儒学南渐的过程中,儒家学派的诗学理论,是否也影响了南方楚地的楚辞创作?当时的楚国诗学呈现出何种面貌?本文拟从《孔子诗论》"诗亡隐志"说与楚辞创作之间的某种联系,来梳理先秦时期楚地的诗学抒情传统。

一、《孔子诗论》:理论铺设

在上海博物馆藏战国楚竹书第一册的《孔子诗论》中,儒家诗学理论得到较为全面深入的总结。其中,第一支简是全文的总论,记载了具有纲领性质的诗论观点:"诗亡隐志,乐亡隐情,文亡隐意。"学界对之有不同的文本隶定,笔者采纳李学勤、裘锡圭、黄怀信诸位先生的说法。如何更好地理解"诗亡隐志,乐亡隐情,文亡隐意",在中国古代文论史上具有极其重要的意义。

此篇诗论的核心是讨论"诗",却兼论及"乐"、"文"。无疑作者认为三者具有紧密的关联性,相互之间可作补充性的说明。从整体上,如果把"诗"、"乐"、"文"视为三种外在的艺术形式,则可以理解它们为"志"、"情"与"意"三种感情内容的载体。

一方面,诗、乐与文同为艺术作品的外在形式。西周末年,礼崩乐坏,在诗乐分途的

---

[*] 本文为2011出土文献与中国古代文明创新平台、北京重大社科基金项目"宋前出土文献及佚文献学综合研究"(15ZDA13)、中国博士后基金项目"楚文化视域中的先秦诸子研究"(2014M560998)的阶段性成果。

背景下,孔子试图重建周代礼乐制度与文明,言诗则必称礼乐。"兴于诗,立于礼,成于乐"(《论语·泰伯》),"不学诗,无以言"、"不学礼,无以立"(《论语·季氏》)。自古有诗言志的传统,《尚书·尧典》:"诗言志。"《左传》襄公二十七年载赵文子语曰:"诗以言志。"《庄子·天下》:"诗以道志。"《郭店楚墓竹简·语丛一》:"诗所以会古今之志也者。"论及乐,也不乏道志、得志的情形。《荀子·乐论》:"君子以钟鼓道志。"《史记·孔子世家》:"孔子学鼓琴师襄子。……孔子曰:'丘未得其志也。'有间,曰:'已习其志,可以益矣。'"[1]

另一方面,古代文论中表示情感内涵的词汇志、情与意在许慎的《说文》中同属于心部,后人的实际运用也往往相互融会、泛用。一则,情与志合。所谓"情"的内涵,《荀子·正名》:"性之好恶喜怒哀乐,谓之情。"《礼记·礼运》:"何谓人情?喜、怒、哀、惧、爱、恶、欲,七者弗学而能。"[2]董仲舒《对策三》:"情者,人之所欲也,人欲之谓情。情非制度不节。"《左传》昭公二十五年记载郑国子大叔答晋国大夫赵简子问礼,说道:"民有好、恶、喜、怒、哀、乐,生于六气。是故审则宜类,以制六志。"[3]孔颖达《正义》曰:"此六志,《礼记》谓之'六情'。在己为情,情动为志,情、志一也。"即制礼以规范人们的好恶、喜怒和哀乐等六种情绪与情志。再则,以意为志。《孟子·万章》:"不以辞害志。"赵岐注:"诗人志所欲之事。"[4]《孟子·公孙丑》:"夫志,气之帅也。"赵岐注曰:"心所念虑也。……志帅气而行之,度其可否也。"[5]《礼记·学记》:"一年视离经辨志。"关于辨志,郑玄注:"谓别其心意所趣向也。"[6]东汉许慎在《说文解字》中,更进一步将志、意,同列于心部,并且志意互训。"意,志也","志,意也"[7]。对此,朱自清先生《诗言志辨》一书写道:"汉人又以意为志。"可见,汉儒把志、意两者相沟通。

以性情说诗的《孔子诗论》,其"诗亡隐志,乐亡隐情,文亡隐意"之语,强调的是外在的文艺形式一定要抒发内在情感,具体到诗学理论,则是诗歌语言一定要发泄内在情感。正如黑格尔在《美学》中所言:"艺术的任务和目的就在把一切在人类心灵中占地位的东西都拿来提供给我们的感觉、情感和灵感。……按照内容的性质使我们忧,使我们喜,使我们感动或震惊,使我们亲历身受愤怒、痛恨、哀怜、焦急、恐惧、爱、敬、惊赞、荣誉之类的情绪和热情",最后总结道:"按照上述见解,一切情感的激发,心灵对每种生活内容的体验,通过一种只是幻相的外在对象来引起这一切内在的激动,就是艺术所特有的巨大威力。"[8]

---

[1] [汉]司马迁:《史记》,中华书局,1982年版,第1925页。
[2] [清]朱彬:《礼记训纂》,中华书局,1996年版,第606页。
[3] 杨伯峻:《春秋左传注》,中华书局,1990年版,第1458页。
[4] [清]焦循:《孟子正义》,中华书局,1987年版,第638页。
[5] [清]焦循:《孟子正义》,中华书局,1987年版,第196页。
[6] [清]朱彬:《礼记训纂》,中华书局,1996年版,第547页。
[7] [清]段玉裁注:《说文解字注》,上海古籍出版社,1988年版,第502页。
[8] [德]黑格尔著,朱光潜译:《美学》,商务印书馆,1996年版,第57~58页。

二、楚辞创作：不自觉运用

诗、骚作为我国古代诗歌传统的两块光辉灿烂的基石，建立了各自不同的诗歌范式，发源并兴盛于先秦时期楚地的楚辞，其"书楚语，作楚声，纪楚地，名楚物"（宋黄伯思《东观余论》），尤其独具楚国南音之风。然而，《诗》三百、楚辞这两座前后相继的诗歌高峰之间，是否存在某种必然的继承关系？《孔子诗论》虽然是北方儒家的诗学理论著作，却在楚地流传而2 000多年后被发掘出土。那么，儒家诗学主张，是否影响了当时楚国兴盛的楚辞创作呢？两者之间存在何种联系？

传统的文学批评思想，对于诗、骚的关系问题有所论及。自太史公始，《史记·屈原贾生列传》写道："《国风》好色而不淫，《小雅》怨诽而不乱，若《离骚》者，可谓兼之。"[1]班固《汉书·艺文志》曰："大儒孙卿及楚臣屈原，离谗忧国，皆作赋以风，咸有恻隐古诗之义。"刘勰在《文心雕龙·辨骚》中，也认为楚辞"依经立义"，称楚辞"乃《雅》《颂》之博徒"，并且从四项内容角度罗列楚辞同于《风》、《雅》者，最后，提出理想的诗歌范式，应该为"若能凭轼以倚《雅》《颂》，悬辔以驭楚篇，酌奇而不失其真，玩华而不坠其实"，即完美的诗篇遵从《诗》三百的准则，其浮辞绮情得到悬辔制驭的约束与规范。以上诸家观点，揭示了屈原接受中原儒家思想的影响，在楚辞创作中表现出一种儒家式的积极情怀与精神气质，主要从歌咏内容、风雅精神角度予以肯定。然而，他们都无法摆脱时代与思想的局限，评论楚辞接受《诗》三百篇的影响，不免带有强烈的儒家"宗经征圣"思想色彩，脱离了文学本位批评的立场。

事实上，更为切近文学本位的本质联系，应该是楚辞的文学创作实践，不自觉地继承和发扬了《诗》三百篇及儒家诗学理论思想所主张的抒发内在情感说，并且进一步确立具有自我色彩的独立抒情传统。尤其，先秦时期儒家重要的诗学理论著作《孔子诗论》，以性情说诗，所提出的"诗亡隐志"的理论，在楚地的流传过程中对当时楚辞创作产生了令人无法预料的影响。

《孔子诗论》的"诗亡隐志，乐亡隐情，文亡隐意"一句中，从文学表现层面来说，极为关键的是对"隐"字的理解。"亡"、"隐"均为否定词，类似的句法与"不以文害辞，不以辞害志"（《孟子·万章》）连用两个否定词有异曲同工之妙，用双重否定予以强调、肯定。所以，这句诗论的重点是强调诗歌要抒发人们深藏于内心的情感与情志。

"诗亡隐志"说，在楚辞中，不乏与其相贯通者。《楚辞·悲回风》："物有微而陨性兮，声有隐而先倡。"姜亮夫先生解释道：

> 微，诸家作细微解，不可通。微物陨性，理所宜然，何用悲歔？按微借为嫩，即美

---

[1]〔汉〕司马迁：《史记》，中华书局，1982年版，第2482页。

好本字；嫩物揩回风所摇落之物,当即芳草杂卉之属,风起而陨其性也。声有隐句,义不可解,疑先为不字之误,声有隐而不倡,倡与今唱通,言声有隐微,而不用其声者不倡,与上陨性句对文。[1]

这里,姜先生的解说大体正确,但是需要进一步辨析。如果释为表示美好的"嬺"字,上下文意难以圆通。"微"其实不必改字而释,而是隐藏之义。实际上,在早期的文献里,"隐"与"微"同义而互训。

关于"隐"字,许慎《说文·𨸏部》:"隐,蔽也。从𨸏。㥯声。"段玉裁注:"蔽蒻,小儿也。小则不可见。故隐之训曰蔽。"[2]关于微,许慎《说文·彳部》:"微,隐行也。从彳。𢼸声。《春秋传》曰:白公其徒微之。"[3]又《尔雅·释诂》:"隐、匿、蔽,微也。"[4]可见,隐与微本义相通,能够互训,均指遮蔽、隐匿之意。

楚地、楚人的语言习惯,常采用"微"字本来的古意,即隐藏之义。楚惠王期间,楚国发生白公之乱,作为政乱策划者的石乞,坚持不肯道出白公胜尸体隐藏之处,最后被烹而死。《左传·哀公十六年》记载:

> 使与国人以攻白公,白公奔山而缢。其徒微之。生拘石乞而问白公之死焉。对曰:"余知其死所,而长者使余勿言。"曰:"不言,将烹。"……乃烹石乞。

此处,关于微,杜预注:"匿也。"杨伯峻先生解释:"微谓藏匿其尸体。"[5]这里即采用了"微"之隐藏义。楚辞中,也有不少运用"微"字此意的词例。《楚辞·远游》:"召丰隆使先导兮,问大微之所居""朝发轫于太仪兮,夕始临乎于微闾。"其中关于"大微"、"于微间",历来注家解说纷纭,一注数言。朱熹《楚辞集注》曰:"太微,官垣十星,在翼轸北""于微间,《周礼》:'东北曰幽州,其山镇曰医无闾。'"[6]明代汪瑗折中各家观点,写道:

> 瑗按:大微为衡星。太史公《天官书》曰:"衡太微三光之庭。"盖天帝南宫也。然有曰太微者,有曰少微者,有曰紫微者。太者,尊之之词,谓天帝所居也。……于微间,一作微毋间。王逸引《尔雅》曰:"东方之美者,有医无闾之珣玗琪焉。"朱子引《周礼》曰:"东北曰幽州,其山镇曰医无闾。"是二家皆以于微间为医无闾之山也。瑗窃疑之,恐未必是。盖此承上数章而言,已闻王子至妙之言以后,遂往就仙侣,修炼变化,乘云升天,而得遍游天都也。曰太微居,曰旬始、曰清都、曰太仪、曰于微间,皆

---

[1] 姜亮夫:《屈原赋校注》,人民文学出版社,1957年版,第499~500页。
[2] [清]段玉裁注:《说文解字注》,上海古籍出版社,1988年版,第734页。
[3] [清]段玉裁注:《说文解字注》,上海古籍出版社,1988年版,第76页。
[4] [晋]郭璞注,[宋]邢昺疏:《尔雅注疏》,上海古籍出版社,2010年版,第59页。
[5] 杨伯峻:《春秋左传注》,中华书局,1990年版,第1704页。
[6] [宋]朱熹:《楚辞集注》,上海古籍出版社,1979年版,第109页。

历数天都之胜境而已,得以遍观之以见神仙之乐也。不应末句独指东北之山。[1]

汪氏的解析是正确的。姜亮夫先生亦解说:"此游天庭也""此亦古说中神境之一也。"[2]可见,所谓"大微"、"于微间",其命名均有为凡人所隐藏不见的神界之义。这里采纳的仍然是"微"之隐藏义。类似的用法,还见于《楚辞·抽思》:"结微情以陈词兮。"刘永济先生写道:"'结微情'者,结集隐微之心情也,亦即心中积蓄已久之情。"[3]

因此,在《悲回风》中"声有隐而先(不)倡"与上句"物有微而陨性"形成对文,"微"与"隐"两字则是同义对举。这两句话的意思都是强调要发泄内在郁积的情感,如其不然,万物则陨伤本性,声音则无法倡明。承接此篇首句的"心冤结而内伤",而进一步进行申说、解读。呼应下文的"介眇志之所惑兮,窃赋诗之所明",确言赋诗以发明内心所惑之情志,仍然强调抒发情感的重要性。

学界普遍认为《悲回风》是屈原两首绝命辞之一,[4]被谗罹忧而遭放逐的诗人,通过创作楚辞来表达自己内心之激愤。综观全篇,反复表示要强烈抒发内在情感,前后相互照应,显得文意贯通,情辞深切而惶惑悲苦。以鸟兽、草苴、群鱼、蛟龙、荼荠、兰茞等作比,以示类同相求而类异相斥,并且矢志追迹彭咸、介子推与伯夷等先贤高士。姜亮夫先生写道:"全章皆以思理回惑,不知所释为主;而最为萦惑者,则是非善恶,本不相容,而又实不能相显别;因而心伤,作为伤心之诗。"[5]

《悲回风》属于楚辞《九章》的末篇,《惜诵》则为《九章》的首篇,其中开篇即言:"惜诵以致愍,发愤以抒情。"对此,姜亮夫先生解释道:"发愤、抒情对举,发愤即发其悼惜称诵之愤,抒情谓申抒其下情,以通其讽谏之义也。"[6]关于《九章》的解题,朱熹《楚辞集注》曰:"屈原既放,思君念国,随世感触,辄形于声。……今考其词,大抵多直致无润色,而《惜往日》、《悲回风》又其临绝之音,以故颠倒重复,倔强疏齿,尤愤懑而极悲哀,读之使人太息流涕不能已。"[7]以《悲回风》、《惜诵》为代表的《九章》,是楚辞自我抒情模式的典型范例,其抒发情感之强烈、激切,古今学人予以十分一致的评论。

可见,屈原在《悲回风》中,运用"微"训为"隐"之特殊意义,指出"物有微而陨性兮,声有隐而先(不)倡"的原理,言明"介眇志之所惑兮,窃赋诗之所明",并以楚辞的创作实践,强调诗歌抒发内在情感的重要意义。这与《孔子诗论》所言"诗亡隐志"说存在紧密的关联,是儒家诗学

---

[1] [明]汪瑗:《楚辞集解》,北京古籍出版社,1994年版,第266~267页。
[2] 姜亮夫:《屈原赋校注》,人民文学出版社,1957年版,第544页。
[3] 刘永济:《屈赋音注详解 屈赋释词》,中华书局,2007年版,第422页。
[4] 关于《悲回风》的著作归属权问题,有的学者认为不能归属于屈原,以刘永济先生为代表,参阅《屈赋通笺·叙论》中的《篇章疑信》一文(中华书局,2007年版,第6~9页),但大多数学者认为《悲回风》属于屈原作品,是《九章》中艺术成就最高的篇章之一,以游国恩、汤炳正、陈子展诸位先生为代表,分别参阅著著《游国恩楚辞论著集·读骚论微初集》中的《九章辩疑》一文(中华书局,2008年版,第333~341页)、汤著《屈赋新探》的《关于〈九章〉后四篇真伪的几个问题》篇(华龄出版社,2010年,第99~110页)、与陈著《楚辞直解》中的《〈九章〉解题》相关论述(复旦大学出版社,1996年版,第533~549页)。笔者采纳目前学界较为普遍的说法。
[5] 姜亮夫:《屈原赋校注》,人民文学出版社,1957年版,第518页。
[6] 姜亮夫:《屈原赋校注》,人民文学出版社,1957年版,第376页。
[7] [宋]朱熹:《楚辞集注》,上海古籍出版社,1979年版,第73页。

理论主张影响下的重要诗歌创作实践,并将其发挥到极致,对楚辞抒情传统产生了重要影响。

对于《汉书·艺文志》评楚辞"咸有恻隐古诗之义"之语,细究之,班固尚未意识到楚辞继承《诗》的"古诗之义",不仅仅是所讽诵言谏的内容,而更重要的是诗歌强烈抒发内在情感的必然性诉求,所谓"抒中情"之说,在楚辞中相承袭为"发愤而抒情"、"赋诗之所明"。朱自清先生统计《诗》三百篇中说到作诗有12处,多见于《诗·大雅》[1]。如下所列:一、维是褊心,是以为刺(《魏风·葛屦》);二、夫也不良,歌以讯之(《陈风·墓门》);三、是以作歌,"将母"来谂(《小雅·四牡》);四、家父作诵,以究王讻(《小雅·节南山》);五、作此好歌,以极反侧(《小雅·何人斯》);六、寺人孟子,作为此诗。凡百君子,敬而听之(《小雅·巷伯》);七、君子作歌,维以告哀(《小雅·四月》);八、矢诗不多,维以遂歌(《大雅·卷阿》);九、王欲玉女,是用大谏(《大雅·民劳》);十、虽曰"匪予",既作尔歌(《大雅·桑柔》);十一、吉甫作诵,其诗孔硕,其风肆好,以赠申伯(《大雅·崧高》);十二、吉甫作诵,穆如清风(《大雅·烝民》)。

与之相对照,《楚辞》中,表示通过作诵赋诗来抒发内在情感的句子相当于《诗》三百篇的两倍,多达24处。另外还加上汉人效仿之作中的两句,效仿《楚辞·抽思》:"结微情以陈词兮"句,西汉辞赋家严忌所作《哀时命》:"抒中情而属诗。"刘永济先生写道:"'抒情'则发抒之以为诗也。'属'者,缀合之也,犹今言组织之成诗篇也。"[2]又仿作《楚辞·抽思》:"道思作颂,聊以自救兮!"西汉刘向《九叹·怨思》写道:"舒情陈诗,冀以自免兮。"《楚辞》表示作辞以抒情的辞句,兹录如下:

《楚辞》表抒情义的辞句总汇

楚辞篇名	相关辞句	表抒发情感之义的字、词	汉人拟作
《离骚》	济沅湘以南征兮,就重华而陈辞。	陈辞	
《离骚》	怀朕情而不发兮,余焉能忍与此终古!	发	
《九歌》	人不言兮出不辞,乘回风兮载云旗。	言、辞	
《惜诵》	惜诵以致愍,发愤以抒情。	致愍、发愤、抒情	
《惜诵》	情沉抑而不达兮,又蔽而莫之白!	白	
《惜诵》	固烦言不可结诒兮,愿陈志而无路!	陈志	
《惜诵》	恐情质之不信兮,故重著以自明。	重著	
《抽思》	结微情以陈词兮,矫以遗夫美人。	陈词	严忌《哀时命》:抒中情而属诗。
《抽思》	兹历情以陈辞兮,荪详聋而不闻。	陈辞	
《抽思》	初吾所陈之耿著兮,岂至今其庸亡?	所陈	

---

[1] 朱自清:《诗言志辨》,广西师范大学出版社,2004年版,第4页。
[2] 刘永济:《屈赋音注详解 屈赋释词》,中华书局,2007年版,第422页。

续 表

楚辞篇名	相 关 辞 句	表抒发情感之义的字、词	汉人拟作
《抽思》	憍吾以其美好兮,敖朕辞而不听!	朕辞	
《抽思》	道卓远而日忘兮,愿自申而不得。	自申	
《抽思》	道思作颂,聊以自救兮!	作颂	刘向《九叹·怨思》:舒情陈诗,冀以自免兮。
《抽思》	忧心不遂,斯言谁告!	告	
《思美人》	媒绝路阻兮,言不可结而诒。	言	
《思美人》	蹇蹇之烦冤兮,陷滞而不发。	发	
《思美人》	申旦以舒中情兮,志沈菀而莫达。	舒中情	
《思美人》	愿寄言于浮云兮,遇丰隆而不将。	寄言	
《思美人》	因归鸟而致辞兮,羌宿高而难当!	致辞	
《思美人》	不毕辞而赴渊兮,惜雍君之不识!	毕辞	
《惜往日》	惜往日之曾信兮,受命诏以昭诗。	昭诗	
《惜往日》	愿陈情以白行兮?得罪过之不意。	陈情	
《悲回风》	介眇志之所惑兮,窃赋诗之所明。	赋诗	
《远游》	遭沉浊而污秽兮,独郁结其谁语?	语	

以上,除了"赋诗"、"陈辞"等明确表示通过诗歌的形式来抒发个中情感的词汇之外,在楚辞的独特语境与情境中,"白"、"发"、"语"、"舒中情"等字、词,也无不表示用诗歌语言来抒发内心强烈的情感。例如,《思美人》:"蹇蹇之烦冤兮,陷滞而不发。"不发,王逸《章句》曰:"含辞不扬。"即有用辞章抒发内在烦冤之情的意思。此外,楚辞中还大量使用"太息以掩涕"等表示长歌以当哭的辞句与字词,更是楚辞抒发激愤情绪的独有特色,兹不赘述。

综而观之,比较以上关于《诗》三百篇与楚辞的统计情况,呈现出如下特点:

首先,表示赋诗而言情的句子,数量明显增多。《诗》三百篇为12句,楚辞为24句,另有2句拟作,呈现成倍增长的情形。说明经过诗歌自身的不断发展与成熟,在楚辞的创作中,抒发内在情感的文学表现因素得到加强,直抒胸臆的表意词汇大量出现,即是明显的标志之一。

第二,抒情主体角色的转换。从《诗》三百篇来看,从诗句本身所透露的信息可以清楚得知作者的有三首,分别是寺人孟子(《小雅·巷伯》)、尹吉甫(《大雅·嵩高》《大雅·烝民》)。另外,根据毛传,分别把作品的归属权明确为如下历史人物,"家父刺幽王也"(《小雅·节南山》),"苏公刺暴公也"(《小雅·何人斯》),"召康公戒成王也"(《大雅·卷阿》),"芮伯刺厉王也"(《大雅·桑柔》)。但是,毛诗此种附会历史以增饰的"诗本事"说诗方式,已经遭到朱熹等人抨击与否定,关于其作者归属权的可信度大为降低。其余多数篇章则无从得知确切的作者。因此,《诗》三百篇中,明确有以诗言情志诗句的作品,其抒情主体有三种情况,第一类为少数诗篇中本身明确作者的作品,如寺人孟子作《小雅·巷伯》、尹吉甫作《大雅·崧高》、《大雅·烝民》,在诗篇中作为第三人称的抒情主体出现;第二类,诗篇没有注明作者,但是毛传附会为某位历史人物创作的作品,其抒情主体是潜在而隐藏的;第三类,多数则是诗篇没有透露任何确切信息,而无从确认抒情主体的作品,这种现象恰好符合《诗》三百篇结撰过程中,广泛搜集民间歌谣的征诗与采诗、献诗的历史情况。因此,总的来看,《诗》三百篇的抒情主体大多属于非个人化的、无明确指向的创作主体,主观情感色彩因此而大打折扣。

然而,楚辞作为屈原呕心沥血之作品,诗人与作品抒情主人公合而为一,直抒胸臆而写就千古绝唱。其全部作品均是通过作者自己"抒中情"的方式来结撰,后人的拟作也继承了这种抒情方式。楚辞中开创如此个体化的抒情方式,与屈原成为我国诗歌史上第一个进行独立创作的诗人,这两种情形在我国诗歌史上是同时发生的。

三、儒学南渐:《孔子诗论》在楚地的流传

楚辞《悲回风》所提倡的"物有微而陨性兮,声有隐而先(不)倡",即强调"抒中情"说,以及楚辞创作所进行的诗学实践,无疑与儒家诗学理论《孔子诗论》"诗亡隐志"说是一脉相承的。代表楚地最高诗学成就的楚辞创作,受到流传于楚地的《孔子诗论》的启发与影响,这与春秋战国时期开始的儒学南渐息息相关。

春秋战国时期争霸战乱频繁、诸子思想蜂起,南方楚国与中原地区的联系日益紧密,楚地不可避免地受到中原文化的影响。例如王子朝之乱中,周代文献大量流传到楚地,《左传》昭公二十六年记载道:"召伯盈逐王子朝,王子朝及召氏之族、毛伯得、尹氏固、南宫嚚奉周之典籍以奔楚。"随着时间的推移,儒家思想也传播至南楚,具体来看,儒学南渐过程主要分为如下三个时期:

第一,交游期。在此期间,孔子作为儒家学说的创始者,为传播儒家思想而率众徒周游列国,曾经到访南楚。《史记·孔子世家》明确记载了孔子至楚的时间、地点,具体是在鲁哀公六年(公元前489年),入叶至楚,主要活动于楚国北部边境,停留两年后离开。因此,儒学南渐肇始于孔子适楚期间,孔门师徒与楚人一系列的交往、交游活动,包括与楚国高层政要、楚地平民隐士两大群体的交往,早期文献均有记载。

楚国高层政要阶层,包括楚昭王与叶公子高,均与孔子有过亲自接触与交往。楚昭王对这位流离在外的儒家创始人非常欣赏,《史记·孔子世家》记载:"昭王将以书社地七百里封孔子。"[1]孔子亦颇为认同楚昭王,《左传》哀公六年记载楚昭王不肯采取禳祭的方式把病患转

---

[1] [汉]司马迁:《史记》,中华书局,1982年版,第1932页。

嫁给朝廷重臣,严格遵循礼的规定而不肯为了除掉疾病而淫祀,孔子从而称道楚昭王是一位明君而叹道:"楚昭王知大道矣。其不失国也,宜哉!"[1]最终,子西担忧孔门师徒之贤能会威胁楚国而劝阻楚王封赏,使得孔子受封遭遇富于悲剧性结局。平定白公之乱的楚国显赫功臣叶公子高,曾问政于孔子。《论语·子路》记载道:"叶公问政。子曰:'近者悦,远者来。'"由于封地接近中原,叶公子高对中原儒家思想文化采取钦服追随的态度。在楚地道家思想沃土上生长起来的一批平民隐士,也遭遇了北方儒家孔子师徒,《论语·微子》篇集中记载了楚狂接舆歌而过孔子,以及长沮、桀溺、荷蓧丈人等楚地隐士与孔门师徒相交往的故事。

可见,相关史料记载表明,孔子及其弟子确实到达过楚国,并且与楚人发生了交游行为,并且这些真实可靠的史料成为后世文学演绎的源头。楚文化系统内的道家思想集大成者《庄子》一书,同时也是具有汪洋恣睢色彩的文学性典籍。《庄子·徐无鬼》篇写道:"仲尼之楚,楚王觞之,孙叔敖执爵而立。"[2]实则孙叔敖所处的时段早于孔子,孔子是在春秋后期于鲁哀公六年至楚,而孙叔敖作为楚庄王时期的贤臣始见于《左传》宣公十一年(公元前 598 年),相距时间超过百年。孙叔敖不可能陪同楚王欢迎孔子的到来。《庄子》把孙叔敖与孔子作为文学形象,整合到寓言故事中,是对两者的交往进行了文学演绎,但无疑印有历史胎记。

其次,传授期。澹台灭明和商瞿等孔子弟子及后学在儒学南传至楚国的过程中发挥了重要的作用。

《史记·仲尼弟子列传》对澹台灭明记载道:"南游至江,从弟子三百人,设取予去就,名施乎诸侯。"[3]对"南游至江"之语,司马贞《索隐》写道:"今吴国东南有澹台湖,即其遗迹所在。"[4]《史记·儒林列传》叙述孔门弟子在各地传播儒学的情况时也记载道:"澹台子羽居楚。"张守节《正义》:"今苏州城南五里有澹台湖,湖北有澹台。"[5]春秋末期,越灭吴;战国后期,楚又灭越,吴国旧地入楚,属于东楚之地,说明澹台灭明确实南传儒学至楚地,弟子多达三百人,规模甚众。与儒学南渐于楚发生关联的另一位孔门弟子是商瞿。《史记·仲尼弟子列传》写道:"孔子传《易》于瞿,瞿传楚人馯臂子弘,弘传江东人矫子庸疵,疵传燕人周子家竖,竖传淳于人光子乘羽,羽传齐人田子庄何,何传东武人王子中同,同传菑川人杨何。何元朔中以治《易》为汉中大夫。"[6]《史记·儒林列传》也有相关记载。这里叙述了从孔子到西汉武帝时杨何的《易》学八代传承学脉,儒学传播的队伍中包括楚人的身影,这是儒学南渐至楚的明证,同时也是儒学南渐进入传授期的真实反映。

最后,实践期。儒家思想与南方楚国进一步发生关联,《诗》、《易》等儒家经典得到普遍广

---

[1] 杨伯峻:《春秋左传注》,中华书局,1990 年版,第 1635~1636 页。
[2] [清]郭庆藩:《庄子集释》,中华书局,2004 年版,第 851 页。
[3] [汉]司马迁:《史记》,中华书局,1982 年版,第 2205~2206 页。
[4] [汉]司马迁:《史记》,中华书局,1982 年版,第 2206 页。
[5] [汉]司马迁:《史记》,中华书局,1982 年版,第 3116 页。
[6] [汉]司马迁:《史记》,中华书局,1982 年版,第 2211 页。

泛的运用,并且融入楚人的政治、外交生活与文学创作,真正运用于实践,属于儒学南渐的实践期。

上博简、清华简和马王堆汉墓帛书均有与《诗》、《易》相关的内容,这说明战国时期诗学、易学已在楚地传播开来。《战国策·秦策》记载,战国后期楚顷襄王二十一年(公元前 278 年),楚国春申君出使秦国游说秦王缓解白起伐楚之急,春申君对秦王的游说之辞,前后三次引《诗》、一次引《易》。这在战国策士的说辞中是很罕见的,《战国策》引《诗》共计八例[1],春申君占三例。《战国策》引《易》仅二例[2],春申君占一半。此外,《战国策·楚策四》记载春申君晚年时期的门客朱英,也采纳《周易·无妄》卦,反复以无妄为题对春申君进行劝谏。

《左传》、《国语》大量记载了春秋时期人们普遍引诗赋诗的现象。据董治安先生《从〈左传〉、〈国语〉看"诗三百"在春秋时期的流传》一文的统计,各诸侯国引诗赋诗次数,晋、鲁两国遥遥领先为第一集团,楚国居于第二集团的前列。以《左传》所载"引诗"为例,晋国为 42 次,鲁国为 18 次,楚国为 17 次,居于第三。再看《左传》、《国语》所载引诗、赋诗、歌诗、作诗总数,晋为 72 次,鲁为 67 次,郑为 32 次,楚为 24 次,则居于第四位。这足以说明《诗》在楚国的普及程度并不逊于其他诸侯国。同时,早先时期楚人对儒家经典《诗》的广泛运用与传播,为战国时期儒家诗学理论著作《孔子诗论》在楚地的流传奠定了一定的学养基础。

再从楚地自身的诗学观念传统来看,《国语·楚语》记载楚庄王聘请士亹担任太子之傅,士亹问于大夫申叔时,申叔时曰:"教之诗,而为之导广显德,以耀明其志。"[3]认为教习诗篇能够"耀明其志",使内在的情志得到光耀发扬,也即诗是人们内在情感表达的重要渠道与方式。从时间上来看,申叔时处于楚庄王时期(?～公元前 591 年),时当春秋中期,当时楚国贵族上层所流行的教育思想理念,就已经产生与《孔子诗论》"诗亡隐志"说相近的诗学观念。

在楚辞兴起过程中,儒学南渐经历了三个时期,从初期的交游期,楚人通过孔子师徒适楚而初步接触儒家思想;再到传授期,孔门弟子及其后学传授儒家经典至楚地;最后在战国时期,进入真正的实践期,楚地人们熟谙并广泛运用《诗》《易》等经典,信手拈来,为我所用,并且在楚辞这种崭新的诗歌体裁形成过程中,对《孔子诗论》性情说诗的"诗亡隐志"理论加以接受与生发,以及融合楚地认为诗歌应该"耀明其志"的传统观点,提出"赋诗之所明"、"发愤而抒情"的相关诗学理念,形成楚辞独特的抒情范式。

---

[1] 董治安:《先秦文献与先秦文学》,齐鲁书社,1994 年版,第 197～198 页。
[2] 董治安:《先秦文献与先秦文学》,齐鲁书社,1994 年版,第 88 页。
[3] 徐元诰:《国语集解》,中华书局,2002 年版,第 485 页。

"父为子隐,子为父隐"与相关简帛释读

刘信芳

(安徽大学 历史系)

一、"直"与"有大罪而大诛之"

《论语·子路》:"叶公语孔子曰:吾党有直躬者,其父攘羊,而子证之。孔子曰:吾党之直者异于是,父为子隐,子为父隐,直在其中矣。"《韩诗外传》卷四:"子为亲隐,义不得正。君诛不义,仁不得爱。虽违仁害法,义在其中矣。"另外《庄子》、《韩非子》、《吕氏春秋》皆载此事而文字有异,以其解释路径不同,本文不予涉及。

叶公所说直躬之"直"是义之"直"或法之"直"。包山简168:"鄟郢司悬秀鄢。""司悬"读为"司直"[1]。《诗·郑风·羔裘》:"彼其之子,邦之司直。"《九章·惜诵》:"命咎繇使听直。"《淮南子·主术》:"尧置敢谏之鼓,舜立诽谤之人,汤有司直之人。"高诱注:"司直,官名,不曲也。"古代司法,"直"为胜诉方,"不直"则为败诉方。《春秋·穀梁传》襄公二十七年:"是君不直乎喜也。"是卫君以喜为不直。《左传》昭公十四年:"晋邢侯与雍子争鄐田,……雍子自知其罪,赂以买直。"其时雍子自知败诉无疑,"纳其女于叔鱼",以贿赂争狱讼之胜,故史称"赂以买直"。可见"司直"作为职官名,也就是司法官员。鄐田争案由叔向审定,"叔向曰:三人同罪,施生戮死可也。"孔子对此判案有高度评价:"仲尼曰:'叔向,古之遗直也。治国制刑,不隐于亲,三数叔鱼之恶,不为末减。曰义也夫,可谓直矣!'"(同上引)"仲尼曰"句例中的"直"无疑是指司法之"直",由此也可以断定,"孔子曰:吾党之直者异于是,父为子隐,子为父隐,直在其中矣"句例中的"直"也只能是指司法之"直"。所以"异于是"者,孔子对法之"直"有更深的理解,但并未偏离法之"直"。

---

[1] 何琳仪:《包山楚简选释》,《江汉考古》,1993年第4期。

郭店简《五行》33、34:"审(中)心詁(辩)肰(然)而正行之,植(直)也。惪(直)而述之,遝(迣)也。遝(迣)而不畏弼(强)语(御),果也。不㠯(以)少(小)道寡(害)大道,柬(简)也。又(有)大辠(罪)而大耺(诛)之,行也。"帛书《五行·传》259、260:"閒(简)也者,不以小〔爱害大〕爱,不以小义害大义也。见其生也,不食其死也,紧(然)亲执株(诛),閒(简)也。"可见义包涵有"直"的含义,上引《五行》中的义之直即"执诛"之直,也就是法之直。

"攘羊"这一论题中的"直"有思想层面的意义,对此学者多有讨论[1]。梁涛将"直在其中矣"之"直"解为"率直"和"率真",认为以往学者把"直"理解成"公正"、"正直"是不合适的[2]。张志强、郭齐勇对此提出批评,"(梁涛)没有看到孔子之'直'应在儒家之'情'与'理'的融通层面上加以理解","梁文在主观上作了'情'与'理'二元对立的错误预设"[3]。笔者无意参与此类论争,谨就相关文例来看,"直在其中"之"直"首先应在法的层面作解释。儒家思想认为门内之治,仁之"恩"可以覆盖"义",那么父犯法自有国法治之,子于此隐于心可也,如此则直在其中,亦即《外传》"义在其中"。如果父子相互检举,亲亲之仁已遭践踏,义的根基被动摇,对当事人来说,已经用不着再谈义了。即令在实行法治的今天,如果人间失去仁之爱心(包含恻隐之心),法将不胜其治。不难体会,孔子所说"直在其中"之"直"较直躬之"直"的内涵要丰富。直躬之"直"、法之"直"以及法的规定是无情的,而法的精神则是维护亲情、维护人与人之间的爱心的。"直在其中"体现出孔子对于法之"直"的深度理解,孔子并不否定直躬之"直",而是在此基础之上进一步考虑到法的根基、法的目的、法与亲情的关系。

二、"隐"与温情

郭店简《性自命出》59:"门内之絧(治),谷(欲)示(其)鬺(温)也。门外之絧(治),谷(欲)示(其)折也。"[4]鬺,上博简《性情论》26作"爨"[5]。

相关文句又见于郭店简《六德》30、31:"门内之絧(治),纫(恩)穿(掩)宜(义),门外之絧(治),宜(义)斩纫(恩)。"《礼记·丧服四制》:"门内之治,恩揜义。门外之治,义断恩。"《大戴礼·本命》亦有类似文句[6]。

---

[1] 周海春:《〈论语〉中"直"的哲学意蕴》,《中国哲学史》,2005年第4期。
[2] 梁涛:《"亲亲相隐"与"隐而任之"》,《哲学研究》,2012年第10期。
[3] 张志强、郭齐勇:《也谈"亲亲相隐"与"罟而任"》,《哲学研究》,2013年第4期。
[4] 荆门市博物馆:《郭店楚墓竹简》,文物出版社,1998年版。本文凡引竹简帛书均附竹简编号或帛书行号,不另附页码。
[5] 马承源:《上海博物馆藏战国楚竹书(一)》,上海古籍出版社,2001年版。
[6] [清]王聘珍:《大戴礼记解诂》,中华书局,1983年版,第253页。

䛭字颜世铉先生读为"舍"[1]。李零先生认为应是"逸"字[2]。刘国胜先生解"逸"为隐匿之义[3]。刘钊先生读为"掩"[4]。李天虹先生认为或可读为"匽"，或可读为"宛"[5]。

依据后出上博藏楚简的相关辞例，已知䛭、夗读音如宛。上博简《诗论》8："《少（小）夗（宛）》亓（其）言不亚（恶），少（小）有悆（危）焉。"[6]少夗，今《诗·小雅》篇名作"小宛"。上博简《容成氏》38："记（起）帀（师）以伐昏（泯）山是（氏），取（娶）亓（其）两女晉（琰）、夗（琬）。"[7]夗，《竹书纪年》作"婉"。

门内之治的核心是仁的问题，门外之治的核心是义的问题。尽管我们已经知道"䛭"字读音如宛，但"䛭"何以与仁相联系？目前所能见到的各种解说还没有很好地解决这个问题。我认为"䛭"应读为"恩"或"温"。对此有必要从儒家仁的思想来作说明。

郭店简《五行》12、13："悬（仁）之思也清，清则詧（察），詧（察）则安，安则恩（温），恩（温）则兑（说），兑（说）则豪（戚），豪（戚）则新（亲），新（亲）则忞（爱），忞（爱）则玉色，玉色则型，型则悬（仁）。"[8]又32、33："颜色伀（容）仪（貌）恩（温），变（变）也。弖（以）亓（其）审（中）心与人交，兑（说）也。审（中）心兑（说）堇（焉），嚣（迁）于兄弟，豪（戚）也，豪（戚）而信之，新（亲）〔也〕。新（亲）而管（笃）之，忞（爱）也。忞（爱）父，亓（其）杀忞（爱）人，悬（仁）也。"[9]

什么是"变"？帛书《五行·传》第234行："戀（变）也者，宽（勉）也，仁气也。戀（变）而笱（后）能说（悦）。"[10]所谓"仁气"，帛书《十六经·行守》136下："气者，心之浮也。"浮者，如物之浮于水而显露在外，若沉没则不显矣。可知"仁气"即仁之外显。温既为仁之变，也就是内在之仁外显为温，实为由颜面之温所体现的亲亲之仁。

简本《五行》之"恩"，帛本《五行》作"温"，这一异文有利于我们解决简文"䛭"的释读问题。恩之古音在真部影纽，温之古音在文部影纽，宛之古音在元部影纽，于声纽为双声，于韵则有旁转关系。从谐声偏旁看，《荀子·富国》"使民夏不宛暍"，杨注："宛读为蕴。"《左传》昭公十年"蕴利生孽"，《晏子春秋·内篇·杂下》蕴作"怨"。《墨子·备城门》"辒辒"，《玉篇》作"辒辒"。可知读"䛭"为"恩"或"温"，于文义、音理、经史异文例都是合适的。

---

[1] 颜世铉：《郭店楚简浅释》，《张以仁先生七十寿庆论文集》，台湾学生书局，1999年版，第379～396页。
[2] 李零：《郭店楚简校读记（增订本）》，北京大学出版社，2002年版，第107、111页。
[3] 刘国胜：《郭店楚简释字八则》，《武汉大学学报》，1999年第5期。
[4] 刘钊：《郭店楚简校释》，福建人民出版社，2003年版，第91页。
[5] 李天虹：《郭店竹简〈性自命出〉研究》，湖北教育出版社，2003年版，第188页。
[6] 马承源主编：《上海博物馆藏战国楚竹书（一）》，上海古籍出版社，2001年版。
[7] 马承源主编：《上海博物馆藏战国楚竹书（二）》，上海古籍出版社，2002年版。
[8] 恩，原简字形上从"因"，下从"心"，《郭店楚墓竹简》第149页隶作左形右声之字，读为"温"，其字帛本作"温"。现在看来，该字可以直接隶作"恩"。恩，上古音在真部影纽，温，上古音在文部影纽，真、文旁转，"恩"与"温"是通假关系。
[9] 国家文物局古文献研究室：《马王堆汉墓帛书》，文物出版社，1980年版。
[10] 帛书《五行》之"传"，庞朴《帛书五行篇研究》，齐鲁书社，1988年版）称为"说"，李学勤（《从简帛佚籍〈五行〉谈到〈大学〉》，《孔子研究》，1998年第3期）称为"传"，刘信芳从李说（《简帛五行解诂》，艺文印书馆，2000年版，第183页）。

简文"谷(欲)其折"之"折",与《礼记·丧服四制》之"断"相涵。《书·吕刑》"折民惟刑",传:"教民而断以法。"简文"折"可以读为"制",包含有法的层面的意义。由此可知《礼记·丧服四制》"恩掩义"、"义断恩"之"义"指"义之直"。结合郭店简《六德》与《礼记·丧服四制》的文句,我们可以对"门内之绐(治),谷(欲)亓(其)鯹(温)也。门外之绐(治),谷(欲)亓(其)折也"的含义释译如下:

亲族之内的治理,旨在以恩情、温情处置(以亲情之恩覆盖义)。亲族之外的治理,旨在以折处置(以义或法作为判断准则,一般不以亲情为考虑因素)。

父子关系是"门内之治"的第一关系,一经点破,"门内之绐(治),谷(欲)亓(其)鯹(温)也"与"父为子隐,子为父隐"的关联性一眼就可以看出。正是因为"门内之治"的出发点是温情,是"仁",所以"父为子隐,子为父隐"是合情合理的。同样,正是因为"门外之绐(治),谷(欲)亓(其)折也",须"断以法",所以"其父攘羊,而子证之"是合义合法的。人类社会需要法制,从法的角度出发,父犯法而其子证之,其子是不受指责的;人类社会更需要亲情,从亲情的角度出发,父犯法若尚未造成一定危害[1],其子可以选择沉默,我们不能因其不作证而责以刑罚。

这一充满智慧的命题,出现于由"亲亲"走向"尊贤"的思想转折期,不仅在当时体现出对仁义礼法关系的深度思考,即令在今天亦具有后事之师的参考价值。

三、"苟志于仁,无恶也"新解

《论语·里仁》:"苟志于仁,无恶也。"孔子说的这句话与"父为子隐,子为父隐,直在其中"有高度关联性,对于我们理解亲亲相隐命题具有重要意义。以下先介绍历代学者的释读意见,然后结合相关简文作分析。

对于"恶"的释读意见略可归纳为三:

其一释为善恶之"恶"。孔安国曰:"苟,诚也,言诚能志于仁者,则其余无恶也。"[2]皇侃曰:"苟,诚也,言人诚能志在于仁,则是为行之胜者,故其所余行皆善,无恶也。"[3]朱熹曰:"恶,如字。苟,诚也。志者,心之所之也。其心诚在于仁,则必无为恶之事矣。"[4]

其二释为好恶之"恶"。苏辙《论语拾遗》曰:"能好能恶,犹有恶也,无所不爱,则无所恶矣。故曰:'苟志于仁,无恶也。'"[5]王闿运《论语训》曰:"《释文》'恶,又乌路切'是也。苟、假声近通用。上言仁者能恶,嫌仁者当用恶以绝不仁,故此明其无恶,仁者爱人,虽其摒弃放流,

---

[1] "攘羊"为不当占有他人财产,属民事侵权而尚未造成伤害。
[2] [宋]刑昺:《论语注疏》,北京大学出版社,2000年,第52页。
[3] [魏]何晏,[梁]皇侃:《论语集解义疏》,商务印书馆,1985年版,第45页。
[4] [宋]朱熹:《四书章句集注》,中华书局,1983年版,第70页。
[5] 程树德:《论语集释》,中华书局,1990年版,第231页。

皆欲其自新,务于安全。不独仁人无恶,但有志于仁,皆无所憎恶。"[1]刘宝楠曰:"前后章皆言好恶,此亦当读乌路,《春秋繁露·玉英篇》:'难者曰:'为贤者讳皆言之,为宣、穆讳独弗言,何也?'曰:'不成于贤也,其为善不法,不可取,亦不可弃。弃之则弃善志也,取之,则害王法。故不弃亦不载,以意见之而已。苟志于仁,无恶,此之谓也。'又,《盐铁论·刑德篇》:'故春秋之治狱,论心定罪,志善而违于法者免,志恶而合于法者诛。'亦是此义。"[2]俞樾《群经平议》曰:"上章云'惟仁者能好人,能恶人',此章云'苟志于仁,无恶也',两章文义相承,此恶字即上文'能恶人'之恶。《贾子·道术篇》:'心兼爱人谓之仁。'然则仁主于爱,古之通论。使其有恶人之一念,即不得谓之仁矣。此与上章或一时之语,或非一时语而记者牵连记之。"[3]程树德曰:"按前后章皆言好恶,此亦当读去声。""俞氏、王氏之说并是,集注失之。"[4]

其三为并存以上二说。《经典释文》:"恶,读如字,又,读乌路切。"此乃存旧说不作取舍之例。钱穆曰:"志,犹云存心也。志于仁,即存心在仁。此章恶字有二解,一读如好恶之恶,此紧承上章言,上章言,仁者能好人,能恶人,然仁者必有爱心,故仁者之恶人,其心仍出于爱,恶其人,仍欲其人自新,能反于善。是乃仁道也。故仁者恶不仁,其心仍本于爱人之仁。非真有所恶于其人也。若真有恶人之心,又何能好人乎?故上章能好人能恶人,乃指示人类性情之正,此章无恶也,乃指示人心大公之爱。必兼看此两章,乃能明白上章含义深处也。又一说,此章恶字读如善恶之恶,大义仍如前释,盖仁者爱人,存心于爱,可以有过,不成恶也。今姑从前说。"[5]钱穆读恶为好恶之"恶",但不废读为善恶之"恶"之"又一说",此存旧说而又倾向性取舍也。

由于《论语·里仁》"苟志于仁,无恶也"之上章为"惟仁者能好人,能恶人",俞樾引此内证力主读"苟志于仁,无恶也"之"恶"为好恶之"恶",经程树德明确评断"俞氏、王氏之说并是,集注失之",当代学者多从之,几乎很难再读到主张读为善恶之"恶"者。

不过学术研究中多数人的意见有时候并不一定正确。郭店楚简《性自命出》54:"亚(恶)之而不可非者,达于义者也。非之而不可亚(恶)者,篤(笃)于悬(仁)者也。"杜新宇硕士学位论文《〈性自命出〉与相关问题研究》指出:以上简文"与《论语》'苟志于仁,无恶也'具有巨大的关联,可以说是一句话的不同表述。孔门弟子众多,不同的记载导致语句略有不同。郭店楚简公布十余年来,学者们挂万漏一,尚未注意到二者之间的关系"[6]。杜说正确可信,作为硕士学位论文而能对经典释读有此发现,值得嘉许。不过杜新宇仍依俞樾、王闿运、程树德等读恶为好恶之"恶",则与正确的结论失之交臂。

---

[1] 程树德:《论语集释》,中华书局,1990年版,第231页。
[2] [清]刘宝楠:《论语正义》,中华书局,1990年版,第141页。
[3] [清]俞樾:《群经平议》,《续修四库全书》第178册,上海古籍出版社,2002年版,第490页。
[4] 程树德:《论语集释》,中华书局,1990年版,第231页。
[5] 钱穆:《论语新解》,巴蜀书社,1985年版,第81页。
[6] 杜新宇:《〈性自命出〉与相关问题研究》,安徽大学历史系2013年硕士学位论文,第12页。

上引郭店楚简《性自命出》"恶"乃人性善恶之"恶","非"乃法理是非之"非"。与之相应,《论语·里仁》"苟志于仁,无恶也"之"恶"也应理解为善恶之"恶",但凡解释为好恶之"恶"者,均有待商榷。对此我们有必要结合亲亲相隐相关文句作出以下说明:

"其父攘羊,而子证之",其子于人性已"恶",然秉持大义,合于法理,故虽有人性之"恶",然"不可非"也,此所谓"亚(恶)之而不可非者,达于义者也"。"父为子隐,子为父隐",于法理已"非",然合于人性根本之"仁"(爱心),故"不可亚(恶)"也,此所谓"非之而不可亚(恶)者,管(笃)于息(仁)者也"。

由此我们可以判定,郭店楚简《性自命出》"亚(恶)之而不可非者,达于义者也。非之而不可亚(恶)者,管(笃)于息(仁)者也",客观上对"其父攘羊,而子证之"以及"父为子隐,子为父隐,直在其中"给出了合理的解释。

现在再来看"苟志于仁,无恶也"句,若单就文句本身作分析,确实很难对"恶"的释读作出判断。但既经学者指出该句与上引郭店楚简《性自命出》文句的关联性,"苟志于仁,无恶也"同样在客观上对"父为子隐,子为父隐,直在其中"具有解释的意义。不难看出,"恶"乃善恶之"恶"。句意是:假设以仁为出发点,"无恶也"。所以然者,比如其父攘羊,其子因考虑亲情不作举证,于法不能定其"恶",有如《韩诗外传》所说"子为亲隐,义不得正"。

也许读者会问:"无恶也"何以能解释为不能以为恶?答曰:若单就句法来看,将"无恶也"解释为不能以为恶或不能定其恶,确实难以成立,但只要考虑到本文上引郭店楚简"非之而不可亚(恶)者,管(笃)于息(仁)者也","无恶"与"不可亚(恶)"是一个意思,就不必再做过多说明。

本文前引各家释恶为好恶之"恶"诸论,理由并不充分。如刘宝楠引及《盐铁论·刑德篇》"故春秋之治狱,论心定罪,志善而违于法者免,志恶而合于法者诛",主张释恶为好恶之"恶",而提出的证据中则"志善"与"志恶"相对而言,此恶明明白白是善恶之"恶"。刘氏论点与论据相违,应该不是疏忽,难免让人觉得刘氏很难自圆其说。俞樾因"苟志于仁,无恶也"与"惟仁者能好人,能恶人"两章文义相承,定恶为好恶之"恶"。此说有一定合理性,然常识告诉我们,《论语》乃孔门弟子所编,章与章之间原本不具有必然联系,俞樾提出的证据只具有指向正确的可能性,因而得出的结论不是必然的。

我们虽然否定刘宝楠、俞樾、程树德、钱穆的意见,但并不意味着完全肯定孔安国、皇侃、朱熹等人的说法。诚然,孔、皇、朱等释恶为善恶之"恶"是正确的,但孔安国所说"苟,诚也,言诚能志于仁者,则其余无恶也",不仅对于"苟"字的理解是错误的,而且"则其余无恶也"的定性判断也是有重大缺陷的。仍就"攘羊"话题论,"攘羊"乃民事侵权,其子隐之,可以不受法的处罚。但倘若其父严重危害国家利益,严重危害公众安全,造成严重后果,其子作为知情者再以亲情为借口逃避举证责任,则不能容忍。众人之亲情受到严重伤害,又岂能只顾一己之亲情?对此古今伦理都不会认定其为"无恶"。

由于孔安国、皇侃、朱熹等人已不知"苟志于仁,无恶也"的话语背景,其解释有明显漏洞,于是有读恶为好恶之"恶"诸说。现在看来,多数学者的解释走偏了方向。

四、与亲亲相隐命题有关的延伸性解读

正是因为"门内之治,恩揜义",父子之间才可以亲亲相隐,在一定程度、一定范围内,法律对此不必苛责。也正是因为"门外之治,义断恩",其父攘羊,其子可以作证,即令在亲情的范围内,亲族也不能否定其行为的正义性。郭店楚简"亚(恶)之而不可非者,达于义者也。非之而不可亚(恶)者,管(笃)于悬(仁)者也"的理论意义在于,亲亲之仁与法制之义处于互文并列关系,与孔子的相关言论合在一起,形成一个相对完整的伦理与法律解释体系。

"攘羊"命题由于涉及法与伦理的关系,其讨论甚为学者所关注。本文列出近出竹书与此有关的文句展开分析,可知孔子不仅提出"父为子隐,子为父隐,直在其中"的主张,而且孔子本人及其弟子还作有解释,这对于我们准确理解其内涵是有助益的。

孔子与子高因"攘羊"讨论提出的卓越见解,影响中国伦理及法制几千年,堪称古人思考人类游戏规则设立的经典范例。

亲情是人类社会本有的,而法是国家产生以后才有的。自从有了国家,情与法就不可偏废。但从人类历史发展的大轮回来看,法是手段,实现人与人之间的无疆大爱,实现今人所说的"和谐社会"才是目的。任何时候因为法而挤压人与人之间爱的权利与空间都是不可取的。这就是孔子所说"父为子隐,子为父隐,直在其中"给予我们的启示。

古今中外,但凡涉及情与法的案例往往成为难题,不仅涉案人员有取舍之难,也考验法官的智慧。下面我们就当代社会与亲亲相隐有关的案例试作延伸性说明。

1. 近年经郭齐勇草拟,全国人大代表彭富春关于"亲亲相隐"的提案(2007年)已于当年得到全国人大常委会法制工作委员会的肯定,并于2012年3月4日第十一届全国人大第五次会议通过的刑事诉讼法中部分地得到体现。新刑事诉讼法第一百八十八条规定:"经人民法院通知,证人没有正当理由不出庭作证的,人民法院可以强制其到庭,但是被告人的配偶、父母、子女除外。"(《中华人民共和国刑事诉讼法》,第95页)郭齐勇说:"该条明确规定了在一般刑事案件中,近亲属有权拒绝作证,充分说明了亲亲相隐制度的创造性转化,它可以保护私领域,促进社会和谐,更何况孔孟儒家本来就是基于对人性的理解和对人的关怀。更重要的是,'亲亲相隐'能在新刑事诉讼法中得到初步体现,说明它顺应世道人心,符合时代趋势。"[1]

如果考虑到"文化大革命"期间父子、夫妻相互检举带来的负面影响,我们将不难体会新

---

[1] 张志强、郭齐勇:《也谈"亲亲相隐"与"窃而任"》,《哲学研究》,2013年第4期。

刑事诉讼法第一百八十八条规定的进步意义,确实令人欣慰。但正如郭齐勇所说,"在一般刑事案件中,近亲属有权拒绝作证",也就是说,"被告人的配偶、父母、子女除外"是有条件的。倘若案件涉及国家利益、公众安全等重要问题,人民法院应在权衡利弊后作出明确裁定,责令近亲属出庭作证。只有这样,才能与郭店楚简"亚(恶)之而不可非者,达于义者也"相符。也就是说,当必须维护国家、人民重要利益之时,不仅法院要求近亲属作证是正义的,而且近亲属对涉案人员的犯罪行为出庭作证也是必需的。尽管法院要求近亲属作证以及近亲属的此类作证行为有不近人情之"恶",以其"达于义",不受任何非议。

由此我们不难看出,新刑事诉讼法第一百八十八条"但是被告人的配偶、父母、子女除外"一句是有缺陷的。但凡涉及公共安全、国家、人民利益的重大案件,每一位知情公民都有举证的责任或义务,作为国家颁布的法典而免除某一部分人的举证责任或义务是不妥当的。

2. 最近发生的"棱镜门"事件揭示,美国情报部门在全世界收集个人信息、监听私人电话,令人震惊。对此美国政府以反恐作为辩护,并指控揭秘者斯诺登犯有叛国罪、泄露国家机密罪。斯诺登是否犯有叛国罪,自有美国法院定谳,而泄露国家机密则是确实的。令美国政府头疼的是,斯诺登泄露国家机密恰恰与美国有关部门粗暴践踏基本人权,违背美国宪法相联系,在给斯诺登定罪之时,美国政府将面临如何解释美国宪法相关条款的适用难题,参众两院议员总不能说美国情报部门不受美国宪法的限制吧!

美国先贤在《独立宣言》中对人权的解释是富有远见的,其中包含的思想与孔子的仁爱主张以及对亲情与法的关系的思考具有相通之处,父子亲情与天赋人权的关联性是不言而喻的。据此我们有必要指出,任何时候以任何理由挤压人的隐私空间,践踏人的基本权利都是很难说过去的。

若参考本文上引郭店楚简《性自命出》的相关文句,我们还可以做出这样的分析:美国有关政府部门侵犯无数人的隐私权,严重超出反恐范围,斯诺登"证之",在美国这个大家庭中,斯诺登的做法明显不符合"美国人"的利益,其行为已"恶";然斯诺登的揭秘以维护人权为出发点,伸张大义,合于美国宪法,故虽有"美国人"不可容忍之"恶",然"不可非也",正好符合《性自命出》所说"亚(恶)之而不可非者,达于义者也"。

打一个也许不一定恰当的比方,美国乃国民之父,斯诺登乃美国之子,美国情报部门侵犯个人隐私,斯诺登证之,堪称"直斯"。孔子当年不否定"直躬"的合法性,看来美国法院将很难否定"直斯"行为中所包含的正义性。经过一段时间,历史学家、法学家对此将会看得更清楚。

以下是本文形成的结论:

1. 叶公所说直躬之"直"是义之"直"或法之"直"。

2. 孔子所说"父为子隐,子为父隐,直在其中"之"直"并不否定直躬之"直",而是在法之"直"的基础之上进一步考虑到法的根基、法的目的、法与亲情的关系而表达的见解。

3. "门内之治"的出发点是温情,是"仁",所以"父为子隐,子为父隐"是合情合理的。"门外之䋣(治),谷(欲)亓(其)折也",须"断以法",所以"其父攘羊,而子证之"所包含的正义性与合法性是不能否定的。

4. 依据郭店楚简《性自命出》54"亚(恶)之而不可非者,达于义者也。非之而不可亚(恶)者,管(笃)于悬(仁)者也",可以断定《论语·里仁》"苟志于仁,无恶也"之"恶"应理解为善恶之"恶",而不是多数学者所理解的好恶之"恶"。孔子不仅提出"父为子隐,子为父隐,直在其中"的主张,而且孔子本人及其弟子还作有解释,这对于我们准确理解其内涵是有助益的。在孔子及其弟子的相关言论中,亲亲之仁与法制之义处于互文并列关系,二者不可偏废。也就是说,"父为子隐,子为父隐"与"其父攘羊,而子证之"不是相互对立、相互排斥的,而是相互联系的相对完整的伦理与法律解释体系。

新蔡简"𨙶追"综论

蔡丽利

(北京师范大学　历史学院)

新蔡葛陵楚墓竹简甲三 11、24:"昔我先出自𨙶遣,宅兹沮、漳,以选迁处(为行文方便我们采用宽式隶定)。"这条简文内容十分珍贵,对于探索楚国历史文化有着非常重要的意义。为此,简文关键字词的释读便显得尤为重要,所谓一字之差,便会使简文文意谬之千里。新蔡简整理者释读基本准确,但对"𨙶遣"二字仅做出基本隶定,并未作更多说明。对"𨙶遣"二字的释读关系对整句简文文意的正确理解,因此正确释读"𨙶遣"是重中之重。"𨙶遣"究竟应该是一个人名还是一个地名?目前有两大分歧,一种观点主张"人名说",一种观点主张"地名说"。具体情况我们来看下文。

简文"𨙶遣"二字的字形作"",为方便行文我们分别用 A、B 来表示这两个字形。最早对 A、B 二字提出看法的是董珊先生,他认为此二字应释为"𨙶遣(遗)"而读为"颛顼",即"帝之苗裔颛顼"。董说:

A 写作左"邑"右"川",可隶定为"𨙶",应该是个以"川"为声符的字。川,昌钮三等合口文部字,颛,章钮三等合口元部字。二字声母同属正齿音章系,中古音等呼相同。上古音文部与元部韵尾相同,主要元音位置相近,因此这两部字有时读音相近,具有通假的条件。B 字形,声旁从裘锡圭先生之说,也应释为"𠷎",此字可隶定为"遣",即见于《说文》的"遗"字。从韵母上说,"𠷎"是觉部字,上古音都是屋部字。"顼"也是屋部字。从声母上说,"𠷎"是喻母四等字,而"顼"从疑母字"玉"得声,在韵书中也有疑母的读音;喻四字和疑母字可以有谐声关系。因此,此句可以读为:昔我先出自颛顼,宅兹沮、漳,以选迁处。[1]

依董珊先生释读,简文文意大致为:我先祖是帝苗裔颛顼之后,住在沮、漳一带,以选择迁移

---

[1] 董珊:《新蔡简所见的"颛顼"和"雎漳"》,简帛研究网,2003 年 12 月 7 日。

之处。简文释义看似文从字顺,且其音理论证有力,故多数学者从其说。如李家浩、郭永秉、宋华强等先生皆从之[1]。何琳仪先生对此提出不同看法,他认为 B 字形应该释为"追"字读为"归",并且断句也与整理者不同,何氏句读为:昔我先出自 A(均),追(归)宅兹沮、漳,以选迁处(于郢)。何考释说:

> "出自"从某某所出,其宾语既可以是人名,也可以是方位名词、国名或地名。而"A"恰好从"邑",这就基本限定了本简"A"为国名或者地名。与《三代》5.12.1 地名"A"正好相印证。"A"从"川"得声,可读为"均"。疑即"均陵"。"B",应隶定为"追","中"乃为饰笔。"追"可读"归"《广雅·释诂一》云"归,往也"。简文大意:过去我的先辈出自均陵,往居此沮、漳流域,又选择迁居在郢。此简与传世典籍完全吻合。[2]

针对何先生的说法,黄灵庚先生提出反对意见,黄氏认为释"A"为地名"均陵"不确,先秦文献未见这一地名。追,古属端纽;归,古属见纽。舌、牙二部相去甚远,不相通用,何氏谓通用非知音之选。同时,黄灵庚先生也把 A、B 二字形释读为"颛顼"[3],但是文中未提及董珊的释读意见,并且"B"读为"追"的论证也存在一定的问题,郭永秉先生曾撰文指出问题所在[4]。在一段时间内,学者们对 A、B 二字展开了激烈的讨论,似乎"人名说"的观点占了主导地位。2009 年周宏伟先生发文支持了何琳仪先生 AB 为"地名说"的观点,并从楚先王世系真假讨论以及楚墓竹简、帛书中有大量关于楚人祭祀祖先的实物材料两个方面来反对董珊先生的"颛顼"说。周先生虽然支持了何琳仪先生的"地名说",但周先生认为:

> 该字(按,字形 A)关键的右部首其实应该隶作"巛"。巛、川虽然字形接近,读音相同(《玉篇》有曰:"巛,齿缘切。注渎曰川也,流也,贯穿也,通也。"),一般认为巛即川本字……如果把该字的右部首隶为"巛",那么,该字的今释就可以迎刃而解:它简单就是"邕"字。古邕字,在春秋早期青铜器"邕子良人甗"之铭文中已见,形作 ,与上字之部首、结构完全一样(按,此字形何琳仪先生早已指出与新蔡简基本相似,见上文)。……据《集韵·用韵》:"雍,地名,古作邕。"是知邕、雍二字乃古今字,而雍,此句中当是指的古雍州……第二个字(按,字形 B)应改隶作"遳",从辵,从甾得声。……按《说文·叀部》有云:"甾,古文叀。"《玉篇·叀部》亦云:"叀,今作專。甾,古文。"由于"甾"即"専

---

[1] 郭永秉:《关于新蔡楚简的"颛顼"》,《文史》,2006 年第 4 辑,中华书局。李家浩:《楚简所记楚人祖先"鬻(鬻)熊"与"穴熊"为一人说——兼说上古音幽部与微、文二部音转》,《文史》,2010 年第 3 辑,中华书局。宋华强:《新蔡葛陵楚简初探》,武汉大学出版社,2010 年版,第 5 页。
[2] 何琳仪:《楚都丹淅说新证》,简帛研究网,2003 年 11 月 23 日首发。
[3] 黄灵庚:《简帛文献与〈楚辞〉研究》,《文史》,2006 年第 2 辑,中华书局。
[4] 郭永秉:《关于新蔡楚简的"颛顼"》,《文史》,2006 年第 4 辑,中华书局。

(专)"字的古文……知"遒"字亦当读"專"音。……笔者以为,这个"專"字的上古读音即与"商"字的上古读音近同。依上古音,專为章母元部,商为书母阳部。由于章母、书母发音部位相同(皆舌上音),可以互谐,而元、阳二韵部又相邻近(皆为阳声韵),故在南方楚地方言中,專、商二字的读音可能是十分接近的。简文中的"遒"当为"商"的假借字。……新蔡甲三:11、24 号楚简简文当改释如下(宽式释文):

☐昔我先出自邕(雍)、遒(商),宅兹沮(漳),章(漳),台(以)选迁处☐这句话的大体意思是说:以前,我们楚人的先辈本居住在雍、商一带,之所以来到这沮水、漳水流域安家,为的是找到一个更为满意的居处。[1]

周先生对 A 的观点有其新颖独到的一面,但对字形 B 的讨论,恐难成立(详下文),且周先生训释文意时用了太多的"增字训诂",难堪准确。陈伟先生等赞同董珊先生的意见[2]。笔者在做博士论文前期,曾就 AB 到底应为人名还是地名与李守奎先生讨论[3]。在没有更有力的证据之前,关于 AB 的讨论,孰是孰非,一时难以定夺。

2011 年 1 月 5 日,"清华简"首批成果——《清华大学藏战国竹简(壹)》发布[4],其中涉及了多篇有关先秦历史的重要文献。《楚居》是其中非常重要的一篇。因其首句"季连初降于隈山,抵于穴穷,遒(前)出于乔山,宅处爰波。逆上洲水,见盘庚之子,处于方山"与新蔡简甲三 11、24 句式相类,很多学者将二者联系起来讨论。清华简《楚居》整理者首先将二者联系起来[5],李学勤先生也撰文申其说,李先生赞同何琳仪先生读"隈"为"均",进一步认为"遒"就是"追"字,而不能像董珊先生隶写的那样。同时赞同董珊将 AB 理解为一个人名,但是不应该是"颛顼",而是清华简《楚居》传说中处于洲水地域的"妣佳"[6]。

随即笔者在撰写的博士论文初稿中论述道[7]:《新蔡葛陵楚墓》竹简中与"B"所从偏旁相同的还有"𱊛"(新蔡·零·526、甲三·37)、"𱊛"(新蔡·甲三·49),我们观察发现,他们所从偏旁"𱊛"是完全一致的,既然"𱊛"为"师"字,那么我们完全有理由将"B"隶定为"追"字,而不必迂曲隶定。清华简《保训》中亦有"遒"字,读为"归",与"假"对称,是明确的证据[8]。李守奎先生曾撰文《清华简〈系年〉中的"自"字及"自"之构形》,文中详尽论证了"自"的构形及发生讹变的情况,可相参看[9]。我们认为何琳仪先生所释"B"隶定为"追",甚确,但

---

[1] 周宏伟:《新蔡楚简与楚都迁徙问题的新认识》,《北大史学》14 辑,北京大学出版社,2009 年版。
[2] 陈伟主编:《楚地出土战国简册》,经济科学出版社,2009 年版,第 406 页。
[3] 李师与笔者更倾向于"地名说",然因无更有力的证据,只能将此问题暂时搁浅。
[4] 清华简(壹)。
[5] 清华简(壹),第 183 注[五]。
[6] 李学勤:《论清华简〈楚居〉中的古史传说》,《中国史研究》,2011 年第 1 期。
[7] 初稿已被改得面目全非,此处见笔者博士论文定稿,略有改动。蔡丽利:《楚卜筮简综合研究》,吉林大学 2012 年博士学位论文。
[8] 李学勤:《论清华简〈楚居〉中的古史传说》,《中国史研究》,2011 年第 1 期。
[9] 李守奎、肖攀:《清华简〈系年〉中的"自"字及"自"之构形》,《华夏文化论坛》,2012 年第 2 期。

其将"A"、"追"二字上下断读,非是[1]。我们赞同何先生对 A 字字形的分析,楚文字常常在原有字形的基础上加个"邑"旁来表示此字为处所名词,而加个"水"旁则表示河流。因此,"邑"旁或者"水"旁也就成了表示地点或水域的专有偏旁,虽不绝对,但基本上是如此,实例繁多,兹不赘述。因此,我们认为"A 追"应该连读,当为地名,应该是楚先祖早期的居住地。多位学者从董珊先生意见读为"颛顼",并举《史记·楚世家》:"楚之先祖出自帝颛顼高阳。高阳者,黄帝之孙,昌意之子也。高阳生称,称生卷章。"来佐证其说,这样我们就形成一种思维定式,与传世文献对读,认为简文的句式也应和传世文献相一致,"楚之先祖出自帝颛顼高阳",那么简文的"昔我先出自 AB"也应该和此句式对等,"帝颛顼高阳"表示楚先祖,则"A 追"也应该是个先祖名。然不知其为何人,于是从音理上寻求突破,把"AB"辗转读为"颛顼",从而找到了相对应的名称,这样大家便胶柱于固有的思维模式,以能和传世文献相印证为理据,似不可易。殊不知,这样的研究思路恰是一个误区。李学勤先生也认为"出自"某某者,是指族氏世系的来源而言,所"出自"的一般是人名,但不是董珊所说的"颛顼",而是"处于洲水地域的妣隹,即楚王系所自出"[2]。李先生的阐释我们认为更合理些,但是在此我们还有另外一种想法,仅供大家参考。经过仔细观察,我们可以发现"楚之先祖出自帝颛顼高阳"后紧跟着的是一系列楚之先祖名,先祖依次排出,而简文"昔我先出自 A 追"其后所跟的都是地名,阐述了楚先居住地点的迁移。横向比较,我们有理由相信"AB"同样是一个地名,这一点正与下文的一系列相关的地名相呼应。传世典籍阐述的是楚先祖世系情况,而简文所要说明的可能就是楚先祖居住地迁徙情况,是两个不同角度,两个不同的问题,可以相互参照,但不应当将二者糅合。这种情况我们在《清华简·楚居》一文中也能有所了解。《清华简·楚居》一文,介绍了楚都不断迁徙的情况,这也给本文将 A、B 二字释为地名提供了一个有力的证据。且《清华简·楚居》有"洲水",更可证明"A"所表示的是地理处所。清华简《楚居》整理者疑"昔我先出自 A 追,宅兹雎、漳"中"A 追"之"A"与《楚居》中洲水有关[3],这进一步证明 AB 表示的是一个地名。《墨子·非攻下》:"越王翳亏出自有遽,始邦于越",我们认为"有遽"也是一个表示地理处所的名词,至于所指何处,我们在此不作讨论。子居先生(网名)在《清华简解析》中也倾向于 AB 当是一个地名,由雎漳可以推测,新蔡简前文的"[邜]追"亦当是地名,今以《楚居》对观,则"[邜]追"似可读为"[邜]汸"[4]。王伟先生据《楚居》简文所述楚人直系先祖季连"逆上洲水"的故事,认为新蔡简的 ![字] 字很可能即指《楚居》简的"洲水",因为二者在字形上更具一致性[5]。王文说:"楚简中的'颛顼'之名还见于上博楚竹书《武王践阼》简1中的'颛顼'写

---

[1] 上述周文中已详细论述何先生断读之误。
[2] 李学勤:《论清华简〈楚居〉中的古史传说》,《中国史研究》,2011年第1期。
[3] 清华简(壹),第183注[五]。
[4] 子居:《清华简〈楚居〉解析》,简帛研究网,2011年3月30日。
[5] 王伟:《清华简〈楚居〉地名札记》(二则),复旦大学出土文献与古文字研究中心网,2011年4月28日。

作'嵞（▨）琂（▨）'，'琂'为从言玉声之字，与新蔡简 ▨▨ 在字形上差距甚大。"王文从字形上否定了"颛顼说"。凡国栋先生赞成子居先生的"洲渎"说法，但却支持了何琳仪先生的语句断读"昔我先出自洲，归宅兹□（沮）、章（漳）"[1]，不确（周文已指出何文断读之误）。宋华强先生一如既往地赞同着董珊先生"颛顼说"的观点[2]。

2012年8月，裘锡圭先生在《文史》上刊发了《说从"酓"声的从"贝"与从"辵"之字》文，裘文详细考察了"酓"字及其所从"贝"与从"辵"之字，对"酓"字构形作了深入阐释。裘先生认为"酓"乃"酓"之讹变，是"踾"的表意初文，并认为新蔡简B字即可释为"追"，也可认为与"穷达以时"的"遒"是一字。裘先生从音读上否定了何琳仪先生将"追"读"归"的观点，并肯定了AB二字应连读。同时裘先生针对AB为"人名说"的看法予以反驳，他说：

> "出自"后的宾语既有指人的，也有指地的。《诗·小雅·伐木》"出自幽谷，迁于乔木"，就是大家熟悉的指地的例子。将葛陵简的"昔我先出自郍遒，宅兹沮、漳"与《楚居》的"季连初降于騩山，抵于穴穷，遒（前）出于乔山，宅处爰波"仔细对读，可以看出"出自"和"出于"的宾语应是同性质的，"郍遒"跟"乔山"一样，也应该是个地名。董珊先生读"郍遒"为"颛顼"，李学勤先生释"郍遒"为"郍追"，认为即指居于郍地的姒佳，皆不可从。[3]

从裘文论述中可以看出，裘先生也是将简文前后对比。当前后都是地名时，一般不会突兀的出现一处人名，这与我们上文所持论据一致[4]。裘先生文中同意子居先生的AB是地名的看法，但认为"遒"读为"渎"更好些，他说：

> 古代地名有称某窦的，如"生窦"（《左传》庄公九年），"句窦之丘"（《左传·哀公六年》。同书桓公十二年作"句渎之丘"，"渎"读为"窦"）。从简文文义看，"郍窦"似非一般地名，而是实指郍地之窦而言。《礼记·礼运》："故礼仪也者，所以达天道、顺人情之大窦也。"郑注："窦，孔穴也。"穴窦和幽谷都有幽深的特点，所以有"出自幽谷"、"出自郍窦"的说法。……"郍窦"的性质应与读为"洞庭"的地穴之类相似，很可能就是指洲水流域的地下穴道而言。楚人传说中，季连等先人具有神性，当然能够

---

[1] 凡国栋：《清华简〈楚居〉中与季连有关的几个地名》，简帛网，2011年6月4日。
[2] 宋华强：《新蔡葛陵楚简初探》，武汉大学出版社，2010年版，第5页。宋华强：《清华简〈楚居〉1—2号与楚人早期历史传说》，《文史》，2012年第2辑，中华书局，第125页。
[3] 裘锡圭：《说从"酓"声的从"贝"与从"辵"之字》，《文史》，2012年第3辑，中华书局，2012年，第9~27页。
[4] 笔者博士论文初稿撰写时对此问题用相似观点阐述，见上文论述，而博士论文最终定稿在2012年4月，直至论文答辩时未曾见过裘先生文章。小文草成后蒙孙敬明先生审阅并提出宝贵意见，他说："出自AB，宅兹沮、漳"与"出自幽谷，迁于乔木"迥异者，第二句首字各为"宅"、"迁"，如何尊铭文：为唯王初壅，宅于成周……唯武王既克大邑商，则庭告于天：余其宅兹中国……所谓"宅"之前所承接者乃人名也。孙先生提示甚为宝贵，窃以为可能裘先生想更多地强调"出自"后所承接的是地名，而未虑及其他。

出入这种地下通道。[1]

裘先生认为"邔窦"与"洞庭"的地穴相似的观点,我们认为在诸家看法中更胜一筹。《山海经》称老童是"神耆童",《楚居》说季连"初降",李学勤先生认为"降"多指神的降临,所以季连带有神性[2]。神人才会从这种神秘的地方走出。湖北随州、古城和神农架是炎帝神农的主要活动地区,有许多民间传说和文化遗存。在这里,炎帝神农尝遍百草,为民治病,发展农业,教民农耕,其深厚的历史文化底蕴标志着中华文明从渔猎时代向农耕时代过渡。这也从另一个侧面有力说明了楚先人最早生活在河谷地带,以渔猎生活为主,同时也佐证了裘先生认为"'邔窦'很可能就是指洲水流域的地下穴道而言"的观点的正确性。且古人有攀龙附凤的心理,都有把自己祖先神化的倾向和意愿,楚先人喜依山傍水而居,无论是新蔡简还是清华简都证实了这一点。

近来,蒙李守奎先生惠赠其刚刚著录的未刊稿《出土文献中"迁"字的使用习惯与何尊"迁宅"补说》,文中亦涉及新蔡简甲三 11、24 有关问题,李师守奎也明确说明 AB 二字当释为地名:

> 笔者认为"宅"可训"度",意思是考虑度理,简文大意是:昔日我的先祖从邔追这个地方出来,考度沮、漳流域,以选择迁移的居所。《楚居》说季连"初降于騩山,抵于穴穷,逈(迁)出于乔山,宅处爰波,逆上洲水"与新蔡简的叙述方式基本一致,都是自某山迁出,在某水流域考度,选择居址,都是叙述先祖迁徙的。[3]

李守奎先生首先明确了将 AB 考释为地名;其次将"宅"训为"度",使文意豁然通畅,为点睛之笔;再次,将"逈"改读为"迁"[4],较之释读为"前"的说法更优。改动后我们对比两处简文:

> 新蔡简甲三 11、24:昔我先出自邔道,宅兹沮、漳,以选迁处。
> 楚居:季连初降于騩山,抵于穴穷,逈(迁)出于乔山,宅处爰波,逆上洲水。

两处简文无论是文意还是句法结构都遥相呼应。《楚居》"逈"的改读,同样使简文较之前通畅了许多,更与新蔡简"以选迁处"之"迁处"相合。由此,我们认为将 AB 释为地名理由充分。

在简文大意上,我们赞同李守奎先生的释读,即"昔日我的先祖从邔追这个地方出来,考度沮、漳流域,以选择迁移的居所……",前后相继,似乎更合乎人们的思维习惯。同时,也佐证了《清华简》记录楚人不断徙郢这一史实。《墨子·非攻》:"昔者楚熊丽始讨此睢山之间。"毕沅谓"讨"字当为"封"字。宝历本正作"封"。毕沅校注又说:"睢即漳沮之沮"。熊丽是鬻熊

---

[1] 裘锡圭:《说从"肙"声的从"贝"与从"辵"之字》,《文史》,2012 年第 3 辑,中华书局,2012 年版,第 9~27 页。
[2] 李学勤:《论清华简〈楚居〉中的古史传说》,《中国史研究》,2011 年第 1 期。
[3] 李守奎:《出土文献中"迁"字的使用习惯与何尊"迁宅"补说》,《出土文献》(第 4 辑),中西书局,2013 年版。
[4] 早在《论〈楚居〉中季连与鬻熊事迹的传说特征》一文中李守奎师认为"逈出"疑读为"迁出",其文详见《清华大学学报(哲学社会科学版)》,2011 年第 4 期。

的儿子,是熊绎的祖父。由墨子所说,楚之先也曾在沮水、漳水地区居住过。《水经注》:"沮水出汉中房陵县东山。"注:"沮水出东汶阳郡沮阳县西北景山,即荆山首也。高峰霞举,峻崠层云。《山海经》云:金玉是出,亦沮水之所导,故《淮南子》曰:沮水荆山。"《说文解字·水部》:"漳,南漳,出南郡临沮。"段玉裁注:"今湖北襄阳府南漳县西南六十里有临沮故城是也。《左传》曰:江汉雎漳,楚之望也。又楚子涉雎济江,雎即出汉中房陵之沮水。"[1] 由这些记载来看,漳沮二水在今湖北襄阳之南。楚之先人曾在漳沮一带生活过是无可置疑的事,虽正史中没有明确的记载,幸《墨子》书中尚存此,零星宝贵。由此看来,许多传世典籍并未记载楚之先祖曾在"漳沮一带"盘踞的史实,原因可能是古代文献的亡佚,即记载这一史实的远古文献湮没了,仅《墨子》一书一笔带过,并未引起众多史家的重视,可能多数学者以为无从考据,无以考证,而今新蔡葛陵楚墓"甲三11、24 简"恰恰揭示了这一史实,从而也印证了《墨子》的史料价值,出土文献的历史文化价值,由此可见一斑。

综上,我们将梳理结果总结如下:
1. 㫃逍,当隶定为"㫃追",连读,表地名。
2. 㫃逍,读为"㫃窦",指㫃地之窦,可能就是指洲水流域的地下穴道。
3. 简文大意为:昔日我的先祖从㫃追这个地方出来,考度沮、漳流域,以选择迁移的居所。

文章草成后,蒙李守奎先生、孙敬明先生指正,特致谢忱!

---

[1] 冯永轩:《说楚都》,《江汉考古》,1980 年第 2 期。

利簋为成王世作器考证

曹汉刚

（河南博物院）

利簋1976年出土于陕西临潼零口镇，因铭文记载了武王征商这一重大历史事件，从而受到学界广泛关注。其铭曰：

  珷征商，隹（唯）甲子朝，岁鼎克昏夙有商。辛未，王在𡺚（阑）𠂤（师），易（赐）右史利金，用作䃌公宝尊彝。

铭文前段叙述武王征商过程，由于内容过于简约，加之文字晦涩古奥，扞格难通，尤其是对"岁鼎克昏夙有商"七字，各家在句读、释义上分歧极大，聚讼纷纭，至今犹莫衷一是。有趣的是，与之形成鲜明对比，学界对铭文后段的释读却高度一致，以致有人提出："利簋铭文的后半段意思明确，没有什么争议，就不必再讨论了。"[1]由此而形成的观点是，作器者利在甲子征商后的第七天即受到武王赏赐，并用所赐之铜制做了这件簋，因此利簋被认为是迄今所发现的年代最早的西周铜器，在各种有关西周铜器的专著中，均将其排在首位，被誉为"西周第一青铜器"。然而，笔者研究发现，利簋后段铭文的释读多有可商之处，故不揣冒昧，在此略陈管见，并对利簋的作器年代、铭文所称王世等提出不同观点。如有不当，敬请教正。

一、利簋与"生称王谥"

铭文开头说，珷征商，后段又说王在阑师。珷是武王二字的合文，用作武王专称。后段的王，学界一致认为仍指武王，概无异辞。

然而笔者研究认为，铭文后段的王并非指武王，而是指成王。要厘清这一问题，先得从铜器铭文中"珷"与"王"的区别说起。

---

[1] 吴孙权：《〈利簋〉铭文新释》，《厦门大学学报（哲社版）》，1995年第4期。

关于"珷",有的铜器铭文又称"珷王",由于受王国维[1]、郭沫若[2]等人"生称王谥"观点的影响,所以利簋出土后,学者多认为铭文所称武王是生称。而持生称说者的观点也略有不同,有的认为是武王自称。如唐兰先生认为:"由这件铜器(按指利簋)的发现,知道珷字在武王时就已存在了。""珷即指武王,《礼记·坊记》引《泰誓》说:'予克受,非予武,惟朕文考无罪。'《孟子·滕文公》引《泰誓》说:'我武惟扬,侵于之疆。'均为武王自称武之证。研究西周铜器的人所说'生称王号',过去只有成王、穆王、共王和懿王四代是可信的,现在又增加了武王时代的一个例子。"[3]也有学者认为:"'武'不是周天子姬发的谥号。但说'是其自称'却未必确切,恐怕应当是臣下在姬发生前对他的一种美称。"[4]

唐兰先生所引《泰誓》中两句,从字面意思来看,武仅指一般意义上的"武力"、"勇武",非但不能成为"武王自称武之证",相反从"予克受,非予武"的表述来看,正可以说明武王自称"予"。更确凿的证据还能从西周金文中找到,如著名的何尊,铭文中成王引述武王当年廷告于天的祝辞是:"余其宅兹中国,自之乂民。"(《集成》6014)武王正是自称"余",没有自称王,更没有自称武王。后世的周王也是如此,如宣王时期的四十二年逨鼎:"王若曰:'……余唯闲乃先且(祖)考,有爵于周邦,辥(肆)余作[彤]沙。询,余肇建长父侯于杨,余令女(汝)奠长父休'……朕亲令赘女(汝)矩鬯一卣……"[5]自始至终,宣王都自称"余",偶尔或称"朕"。类似的例子甚多,在秦始皇规定皇帝自称"朕"之前,周王自称看来与臣民并无区别,并不像一些学者设想的那么高调,从金文材料看,周王从不自称王,更不可能自称王号。

至于臣下对王的称呼,学术界长期以来存在一种理论,认为西周前期诸王的王号与谥号相同,即所谓"生称谥号"。此说肇始于王国维所作《遹敦跋》,王氏据遹簋铭文称穆王,献侯鼎铭文称成王等,认为周初诸王如文、武、成、康、昭、穆皆生时称号而非死后之谥,推断谥法之兴当在西周中期恭懿以后[6]。陈梦家《西周铜器断代》云:"成王鼎既作于康世,则此器与小盂鼎上的成王都是成王死后的所称。成王的生称、死称如一,其他各王亦当如此。""周初文、武、成、康、昭、穆、共、懿八世王号除康王外,均见金文。"[7]马承源先生亦认为:"文、武、成、康、邵、穆、龚、懿、孝、㝬、剌等十一位王名是西周正式称谓,且王名是生称。"[8]郭沫若更在王国维说的基础上,进一步提出不仅西周诸王号为生称,而且补充了春秋时期的叔夷钟称灵公,洹

---

[1] 王国维:《观堂集林:遹敦跋》,中华书局,1984年版,第895页。
[2] 郭沫若:《金文丛考:谥法之起源》,东京开明堂石印本,1931年版。
[3] 唐兰:《西周青铜器铭文分代史征》,中华书局,1986年版,第7页注1。
[4] 省庐:《"周武王"的"武"也不是谥号》,《咬文嚼字》,1999年第8期。
[5] 陕西省考古研究院、宝鸡市考古研究所、眉县文化馆:《吉金铸华章——宝鸡眉县杨家村单氏青铜器窖藏》,文物出版社,2008年版,第32页。
[6] 王国维:《观堂集林:遹敦跋》,中华书局,1984年版,第895页。
[7] 陈梦家:《西周铜器断代》,中华书局,2004年版,第95、511页。
[8] 马承源:《陕西眉县出土窖藏青铜器笔谈》,《文物》,2003年第6期。

子孟姜壶称洹(桓)子等例证,认为谥法之兴当在春秋中叶以后,甚至是战国时代[1]。

以王国维、郭沫若为代表的"王号生称"说,由于其学术地位崇高,故而在学术界影响巨大,至今仍有不少学者认同其说。但从20世纪80年代起,已有学者对王郭二氏之说提出异议,认为金文中所谓"王号生称"实际上仍然是死后之谥[2]。其中尤以彭裕商先生在《谥法探源》一文中的观点最具代表性,彭说认为:1. 据《礼记·檀弓》《逸周书·谥法》等文献记载,谥法乃周公所作,此说历来影响最大。所以西周肯定是有谥法的,而且谥法的起源还应上溯到商代晚期。2. 在数以千计的西周铜器中,所谓生称王号者仅寥寥数器,绝大多数所称王号则是对已故先王的称呼。如西周时期王号果为生时美称,则器铭中应有大量生称的王号,而事实却正好相反,这说明所谓"生称王号"与史实不符。3. 西周铜器中何尊、德方鼎、作册大方鼎、宜侯夨簋、史墙盘的铭文,既有对前代先王的称呼,又有对时王的称呼,而前者都称王号,后者则仅称王。在传世西周文献如《尚书》中的《金縢》《洛诰》《君奭》《立政》《顾命》及《逸周书·祭公解》中,其称先王与时王的情况亦同。这充分说明西周诸王生时并无所谓美号,逝世后才有谥号。4. 目前所谓有王号生称的铜器铭文仅有利簋、献侯鼎、长由盉、遹簋、史䇂曹鼎、五祀卫鼎、匡卣七器,但只要认真考察,都可发现这七器铸器的时代应在下一王世之初或更晚的时候。5. 谥法的设立,其本质的作用还不是为了尊美已故的君上,而是为了区别已故的君上。6. 谥法的形成可分三个阶段,第一阶段在商文丁以前,为谥法的先期阶段;第二阶段从文丁到商末帝辛,为谥法的形成阶段;第三阶段为周文武以后,进入了谥法的成熟阶段,其谥法已与后代谥法无异[3]。

笔者同意彭先生的观点,谥法起源于商代,到西周趋于成熟。且西周文献明确记述周公制谥,遂叙谥法,《左传》文公元年、宣公十一年、襄公十三年均有死后议谥的记载。这些都足以证明两周时期历代周王及诸侯国君"临葬而谥"的历史事实,近代以前数千年间也从未有人怀疑其说。

那么王国维为何突然提出西周前期诸王"王号生称"之说,笔者推测是王氏对遹簋等西周铜器铭文的误解所致。要弄清楚这个问题,还得从遹簋铭文的释读着手。

唯六月既生霸,穆王在葊京,呼渔于大池。王飨酒,遹御,亡谴,穆王亲锡遹鬯。遹拜手稽首,敢对扬穆王休,用作文考父乙尊彝,其孙孙子子永宝。(《集成》4207)

王氏认为:"此敦(按器形应为簋)称穆王者三,余谓即周昭王之子穆王满也。何以生称穆

---

[1] 郭沫若:《金文丛考·谥法之起源》,东京开明堂石印本,1931年。
[2] 黄奇逸:《甲金文中王号生称与谥法问题的研究》,《中华文史论丛》,1983年第1期;盛冬铃:《西周铜器铭文中的人名及其对断代的意义》,《文史》(第17辑),中华书局,1983年;彭裕商:《谥法探源》,《中国史研究》,1999年第1期;杜勇:《金文"生称谥"新解》,《历史研究》,2002年第3期。
[3] 彭裕商:《谥法探源》,《中国史研究》,1999年第1期。

王？曰：周初诸王，若文、武、成、康、昭、穆，皆号而非谥也。"[1]然而笔者研究认为，遹簋所记实为追述遹在穆王生前的某年六月，在莽京受穆王赐觯，故作此器以为纪念。铭文称穆王，显然是遹作器时穆王已经过世。而其中有"王飨酒"一句，此前所有论者都将这个"王"理解为穆王，从而将"穆王"与"王"两个称呼相混淆，这也正是王氏产生"生称王号"误解的原因所在。事实上，"王飨酒"指的是时王，也就是恭王。穆王在莽京"呼渔于大池"时，恭王是以太子身份主持飨酒礼，但由于遹作器时，穆王已逝，而恭王已立，故此时追述往事，就必须称当时的太子为"王"，并以谥号称先王为"穆王"，这应是合乎情理的。

遹簋铭文是在穆王去世后，遹以追述的语境记录先王时的往事。故"穆王"是谥号，王是指时王（恭王）。所以并不存在"生称王号"的情况。由于王氏混淆了"穆王"与"王"的关系，提出了"生称王号"说，并因其在学术界的泰斗地位而影响巨大，为此后相当长一段时期学界所附丽。而且类似遹簋以追述语境记载先王时事的铜器铭文又屡有发现，有的铭文甚至仅记先王事迹，与时王无涉，就更易产生误解。如献侯鼎仅记成王时事，长由盉仅记穆王时事，等等。于是随着出土金文资料的增多，"生称王谥"的时间范围被不断扩大，由王国维氏主张的穆王之前，到陈梦家主张的文、武、成、康、昭、穆、共、懿八世，再到马承源主张的"文、武、成、康、邵、穆、龚、懿、孝、㝬、剌等十一位王名"，直至郭沫若认为谥法之兴当在春秋中叶，甚至是战国时代，都是由于对铭文追述语境的误解所致。

产生误解的原因，大概有以下几个方面：一是在近代疑古思潮中对古文献记载的怀疑，如对《礼记·檀弓》《逸周书·谥法》等文献记载周公制谥说的质疑；二是一些铜器铭文本身，由于文字简短，往往没有明显的时间限定词，在追述先王事迹的语境中，尤其是对先王的生前状态的描述，使得后人对铜器铸造时间的判断产生偏差。尽管如此，笔者经过对几件所谓"生称王谥"铜器铭文仔细分析后发现，所谓的"生称王谥"，其实都是作器者对先王事迹的追述，理由如下。

第一，在西周金文中，称名的体例相当严谨。李学勤在《班簋续考》一文中指出：如令尊、令方彝，器主开始只称其私名，受命同卿事僚后始自称"作册令"；宜侯簋器主先称"虞侯"，受命侯于宜后改称"宜侯"[2]。郭沫若也指出，班簋始称"毛伯"，受命后才改称毛公。因此，笔者认为金文对先王和时王的称呼也应该有严格区别，事实也正是如此，何尊、德方鼎、作册大方鼎、宜侯夨簋、史墙盘及近年新出的逑盘等铭文，对前代先王均称王号，对时王则仅称王，两者判然有别，一目了然。所以，所谓"生称王谥"的利簋称珷与王、遹簋称穆王与王、十五年趞曹鼎称恭王与王，也应是分别对先王与时王的称呼，不能混淆。

第二，所谓"生称王谥"诸器的纪年方式，与通常的金文纪年不同。西周金文纪年，尤其是

---

[1] 王国维：《观堂集林·遹敦跋》，中华书局，1984年版，第895页。
[2] 李学勤：《班簋续考》，《古文字研究》（第13辑），中华书局，1986年版，第181～188页。

记载时王事迹的铭文纪年,标准的格式为:"唯王某年某月+月相词+日干支"。如:

《师遽簋盖》:唯王三祀四月既生霸辛酉,王在周,格新宫。(《集成》4214)

《走簋》:佳王十又二年三月既望庚寅,王才周,各大室。(《集成》4244)

《望簋》:佳王十又三年六月初吉戊戌,王才周康宫新宫,旦,王各大室。(《集成》4272)

当然,在较多情况下,铭文纪年会省略其中的某些构件,如:《辅师嫠簋》:"佳王九月既生霸甲寅,王才周康宫。"(《考古学报》(1958·2))《訇簋》:"唯王十又七祀,王在射日宫。"(《集成》4321)前者省略王年,后者则仅记王年而省略其余构件。但毫无疑问,上举各例纪年铭文中的"王"都应指时王。然而,在追述语境中,由于是追述先王事迹,铭文纪年必然要考虑先王相对于时王的时空关系,所以不能出现"唯王某年"的格式。检索所谓的"生称王谥"各器,可以发现它们无一例外均未出现"唯王某年"的纪年格式:

献侯鼎:佳(唯)成王大裓才(在)宗周。(《集成》2626)

长甶盉:佳(唯)三月初吉丁亥,穆王才(在)下淢□。(《集成》9455)

遹簋:唯六月既生霸,穆王在葊京。(《集成》4207)

十五年趞曹鼎:佳(唯)十又五年五月既生霸壬午,龏(恭)王才(在)周新宫。(《集成》2784)

匡卣:佳四月初吉甲午,懿王才(在)射庐(庐)。(《集成》5423)

五器中有四器省略王年,唯十五年趞曹鼎纪年最详,写作"佳(唯)十又五年五月既生霸壬午",其纪年各要素俱全,却唯独省略"王"字,目的正是在于避免与时王(懿王)相混淆。这也从反面证明,所谓西周"生称王谥"的情况是不存在的。

二、利簋为成王世作器

彭裕商先生提出:利簋"学术界一致认为属武王时,至今无异辞。但仔细考察,就会发现此器虽记武王时事,但作器之年实在成王之初"。主要理由是:根据《金縢》等文献的记载,"武王克商后仅两年即故去,也就是说,克商是武王晚年之事","据《逸周书》、《史记》等文献,武王克商后政局未稳,庶务繁忙,且当时社会发生重大变革,正常秩序被打乱,利簋的作者虽得到武王的赏赐,也不可能立即就在殷都铸造铜器,铜器的铸造必然是从殷都返回以后的事,而武王返回镐京后不久即故去,所以铜器铸在武王去世后不久是极可能的"。至于十五年趞曹鼎等另外几件"生称王谥"诸器,彭先生认为也属于类似情形:"铜器铭文所记内容与铜器的铸造,二者之间是有一个或长或短的时间距离的,这就造成了少数铜器铭文提到的人物至铸器时已故去的例外现象","有充分理由将其理解为下一王初年所铸之器"[1]。

上文提到,彭先生对谥法起源的探讨,提出谥法起源于商代晚期,设立谥法的本质作用是为了区别已故的君上。这些观点是颇有见地的。然而,彭先生在运用这一观点考证利簋年代时,却存在严重的缺陷。

首先,彭说将利簋铭文中的"珷"和"王"混为一谈,将王于辛未日在阑师对利"赐金"理解为武王对利进行赏赐。彭先生曾举何尊、德方鼎、作册大方鼎、宜侯夨簋、史墙盘等西周铜器铭文,认为其对前代先王都称王号,对时王则仅称王。既然如此,为什么利簋中的"珷"和"王"就不是分别称先王和时王,而是皆称武王呢?这显然是自相矛盾的。

其次,关于铜器铭文所记内容与铜器铸造的时间差问题,应该说在某件铜器的铸造过程中遇到周王逝世的情况是有可能的,但如果将所有"生称王谥"诸器都视为铭文所记周王"至铸器时已故去的例外现象"则未免过于巧合,而且仔细考察诸器铭文,显然这种"例外现象"也是不可能存在的。此外,即便是铜器铸造过程中遇到周王逝世的情况,恐怕也需要对周王的称呼作出及时的调整,正如宜侯夨簋等铭文所表现的一样,宜侯改封前称虞侯,改封后立即称宜侯。这是因为古代社会中,名分始终是最重要的价值取向,而周王的名号更是如此,绝不会允许将先王与时王的名号相混淆。

正是由于彭先生对利簋作器年代的考证难以自圆其说,所以很快就遭到持"生称王号"说者的反驳。有研究者指出,利在克商后第八天受到武王的赏赐,而武王在克商后并未马上去世,"武王在克商回到宗周后(四月),还活了一年零八个月。利随武王征商,在军中当然不可能铸器,但回到宗周后完全可以,他为何会拖到武王逝世之后才铸呢?若真是如此,铭文似应有所反映。或者是利回到宗周后就着手准备铸器,一年多后武王逝世时此器仍未铸成,利仍有机会改变铭文对武王的称呼"。该研究者更以十五年趞曹鼎为例指出,鼎铭记恭王十五年事,而按照"断代工程"恭王在位 23 年的结论,则距懿王初年至少有八年多的时间,难道铸器竟需要这么长的时间?[2]

笔者研究认为,利簋确系成王世作器,这是基于以下几个方面的认识:

第一,上文已论证利簋铭文中的"珷"和"王",系分别指先王武王和时王成王。铭文前段追述武王征商业绩,后段则记时王成王对利赐铜及利因之铸器的情况。虽然前后两段铭文紧密相接,且叙事简洁,但两者以"珷"和"王"相区别,泾渭分明,不可混淆。西周铜器铭文中称先王用谥号,称时王为"王"的例证,除利簋及彭裕商先生所举何尊、德方鼎、作册大方鼎、宜侯夨簋、史墙盘诸器外,尚有以下数器:

---

[1] 彭裕商:《谥法探源》,《中国史研究》,1999 年第 1 期。
[2] 子乔:《关于西周前期王号的"生称"和"死谥"问题》,http://bbs.tianya.cn/post-no05-16926-1.shtml。

天亡簋：文王、王

遹簋：穆王、王

师虎鼎：穆王、王（天子）

十五年趞曹鼎：恭王、王

逨盘：文王、武王、成王、康王、邵（昭）王、穆王、龚（恭）王、懿王、考（孝）王、𢎛（夷）王、剌（厉）王、王（天子）

天亡簋被公认为武王世作器，故"文王"当为谥号。师虎鼎铭文中，时王称穆王为"朕皇考"，穆王显然是谥号，时王据唐兰先生考证系恭王之弟孝王[1]。逨盘据其文意，时王应为宣王，也很容易理解，其对历代先王均称谥号，唯独称时王为"王"。遹簋上文已作考证，为追述穆王时事。十五年趞曹鼎与遹簋类似，铭文追记恭王十五年事，由当时的太子代替年老的恭王"射于射卢（庐）"，而铸鼎时恭王已逝，太子已继位，故铭文须以"恭王"和"王"分别称呼当年的王和太子。

因此，利簋铭文中"珷"和"王"，分指武王和成王，当无疑问。

第二，利簋后段铭文"辛未"纪日，论者皆以为系武王灭商后第七日，其实不然。西周金文中，因功受赏赐的内容很多，如乖伯簋、不期簋、多友鼎、虢季子白盘、兮甲盘等，但都是在战争结束后才论功行赏的。利簋所记辛未日如果被视为武王甲子征商后的第七天，则显然不妥，因为武王虽然于甲子日在牧野一战击溃商王军队，但战争还远未结束。据《逸周书·世俘解》等文献记载，甲子日后，武王立即命太公望追击商王纣的余党恶来等，命吕他、侯来、百弇、陈本、百韦、新荒等人讨伐越戏方、陈、卫、磨、宣方、荀、厉等殷的方国诸侯，战事持续四十多天，直至辛亥日才告一段落，于是武王于纣郊社举行"荐俘殷王鼎、受天明命"大典，于成汤庙任命"国伯"。次日壬子任命"邦君"。丙辰开始归途狩猎，归途一月余。庚子，命伐剩余顽固三国。丁未，武王正式践天子位，通命四方，宣布有国。乙卯，武王率众诸侯祀于太庙。由此看来，牧野之战后的第七天，灭商战事仍在紧张激烈地进行，武王于此时赏赐右史利，于形势、情理不合。武王对臣下的封赏，只有在战事告一段落才有可能，而最有可能的情况是回到宗周以后，才会对文武大臣论功行赏。

所以，从时间上看，利簋所记的"辛未"日，不会是武王甲子克商后的第七天，而应是成王某年的纪日。此外，从成王时期的一些铜器来看，其纪时体例也与利簋相似。如保尊、保卣："乙卯，王令（命）保及殷东国五侯。"（《集成》6003、5415）寝农鼎："庚午，王令（命）寝农省北（邶）田四品。"（《集成》2710）均仅记日干支。再从利簋铭文的语气来看，是记述成王亲自对利进行赏赐，与周公摄政时期的几件铜器铭文不同，如小臣单觯（《集成》6512）、🅿方鼎（《集成》

---

[1] 唐兰：《用青铜器铭文来研究西周史——综论宝鸡市近年发现的一批青铜器的重要历史价值》，《文物》，1976年第6期。

2739)均记周公赐贝。所以笔者进一步推测,利簋更有可能是成王亲政(即成王七年,一说成王五年)后的作品。

第三,关于利的身份。铭文"又⚌",唐兰、张政烺先生读作"有司"[1],后人多从其说。按:将又⚌读作"有司"似不妥,金文中有司均写作有嗣,如毛公鼎"参(叁)有嗣",盠方彝"参(叁)有嗣:嗣土、嗣马、嗣工"即其证。赵诚、黄盛璋、刘钊先生均将又⚌读作"右史",其说可从。关于右史的职掌,各家均以为是掌管祭祀、贞卜,并联系前段铭文,认为"由于贞卜灵验了,所以武王赏赐他"[2]。"岁祭时贞问上帝,由右史利负责进行,得到了吉卜,从而使克商成了现实,用当时的观点来看,这是一个伟大的功绩"[3]。有的甚至认为牧野之战中由于纣卒易向,"周之将士,既无功可录,而利独受赏赐,无非因他对岁祭作了具体建议和安排,因而取得决定性胜利"[4]。

本人认为,利簋前段铭文中的"岁鼎"是否应读为"岁贞",目前尚存疑问;即便释为"岁贞",也不见得由利来主持,因为铭文中并无明确交待;再退一步说,即便由利来主持"岁贞",也不可能将利视作牧野之战的首功之人而"独受赏赐"。

关于右史的职掌,《礼记·玉藻》云:"(天子)玄端而居,动则左史书之,言则右史书之"。商代已有右史之职,花东卜辞有"癸卯卜,贞:吉,右史死","不其吉,右史其死"的卜问记录[5],据考为武丁时期史官[6]。《逸周书·史记解》记"左史戎夫"与三公一起为周穆王召见。《文选·思玄赋》李善注引《古文周书》提到周穆王曾请左史氏史豹、史良为他解卦。可见商周确设有左史、右史之职。然而,左史、右史之名却不见于《周礼》。《周礼·春官·宗伯第三》记有大史、小史、冯相氏、保章氏、内史、外史、御史之职。右史或相当于内史,为出纳王命、诏王听治的近御之臣。右史利是否参与牧野之战尚不得而知,作为周初史官,在其铜器铭文中记录武王征商这一重大历史事件,当是其职责所在,抑或是职业习惯使然。而作为成王的近侍之臣,当有较多的机会受到王的赏赐,至于受赐的具体原因,因铭文阙如,故不便臆测。类似的例子有成王时期的德鼎、叔德簋等,均径记王之赏赐,而具体受赐原因未详。

第四,关于𠣜(阑)师地望,黄盛璋先生认为:"𠣜"即"洹",即安阳殷墟,武王克商第八天就来到这里,说明其地位仅次于纣都朝歌,如此非安阳殷墟莫属[7]。于省吾先生认为:𠣜应读为管蔡之管,管之称管𠣜,犹"成周"金文也称"成𠣜",管为管叔所封地,《括地志》谓在"郑州管

---

[1] 唐兰:《西周时代最早的一件铜器利簋铭文解释》,《文物》,1977年第8期;张政烺:《〈利簋〉释文》,《考古》,1978年第1期。
[2] 黄盛璋:《关于利簋铭文考释的讨论》,《文物》,1978年第6期。
[3] 赵诚:《关于利簋铭文考释的讨论》,《文物》,1978年第6期。
[4] 徐中舒:《关于利簋铭文考释的讨论》,《文物》,1978年第6期。
[5] 中国社会科学院考古研究所:《殷墟花园庄东地甲骨》,云南人民出版社,2003年版,第1707页。
[6] 刘源:《殷墟花园庄东地甲骨文研究概况》,《历史研究》,2005年第2期。
[7] 黄盛璋:《关于利簋铭文考释的讨论》,《文物》,1978年第6期。

县"[1]。王震中先生认为商代的管邑和周初作为三监之一管叔封地的管，不在郑州一带，而在商的朝歌以东商代卫地范围内的濮阳一带[2]，蔡运章先生认为"𥦣师"应即偃师，因武王克商回师途中在此停留，故称𥦣师，或书作偃师[3]。李学勤先生根据新发现的𣪘方鼎铭文，认为𥦣师在殷都附近距帝乙宗庙不远的地方[4]。

本文对𥦣师地望不作具体考证，但提出一些思路供研究者参考。首先，利簋阑师与商晚期铜器铭文所见阑是否即为一地，尚需讨论。其次，对阑师地望的研究，不能拘泥于武王克商后七八天内能够到达这一时间限制，本文认为，利簋所记为辛未这天成王在阑师对利进行赏赐，所以，探讨阑师所在的范围可以宽泛得多。蔡运章先生认为阑师即偃师，"武王伐纣时，从正月戊午师渡孟津，到二月癸亥抵达牧野前线，历时六天。二月甲子到乙丑，牧野一战，商纣败亡，武王祭祀社稷，宣告周朝建立，历时两天。二月丙寅，武王罢兵西归，到二月辛未抵达偃师，其间共历六天，恰与武王伐纣师渡孟津到达牧野前线的进军日程相同"[5]。然而武王进兵时，兵贵神速，必以急行军速度向牧野行进，而甲子战后，武王在殷都于乙丑仅作一日停留，便从丙寅至辛未日复以急行军速度返归偃师，即无必要，也不合理，更与武王征商的史实不符。不过，倘若是成王时期，成王由成周来到偃师，倒是完全可能的（见王奠新邑鼎），因而蔡先生所论阑师即偃师，也就可备一说了。另外，由沬司徒簋（《集成》4059）及小臣单觯（《集成》6512）等铜器铭文可以发现，周公东征时，成王也曾跟随而至殷都，所以，设使阑师在殷都附近，成王也是可能到达的。

三、结　　语

利簋铭文分别记载了武王征商与成王赐右史利铜两件史事，由于学界长期以来受"生称王谥"说的影响，混淆了利簋铭文中的"珷"和"王"两者的关系，从而将利簋视作武王世作器。其实，所谓"生称王谥"诸器，多为追述先王事迹的生态描写。文献资料与青铜器铭文表明，周王从不自称王，更不会自称王号；而臣下对周王的称呼，对先王则称"谥号"，对时王则但称"王"，并不存在"生称王号"的情况。在西周金文中，称名的体例相当严谨，这是因为古代社会中，名分始终是最重要的价值取向，周王的名号更是如此，绝不会允许将先王与时王的名号相混淆。所谓"生称王谥"诸器的纪年方式，由于是追述先王事迹，铭文纪年必然要考虑先王相对于时王的时空关系，所以不能出现"唯王某年"的格式，其目的正是在于避免与时王相混淆。

---

[1] 于省吾：《利簋铭文考释》，《文物》，1977年第8期。
[2] 王震中：《商代周初管邑新考》，《2004年安阳殷商文明国际学术研讨会论文集》，社会科学文献出版社，2004年版。
[3] 蔡运章：《〈𥦣师〉新解》，《中原文物》，1988年第4期。
[4] 李学勤：《试论新发现的𣪘方鼎和荣仲方鼎》，《文物》，2005年第9期。
[5] 蔡运章：《〈𥦣师〉新解》，《中原文物》，1988年第4期；蔡运章：《周初金文与武王定都洛邑——兼论武王伐纣的往返日程问题》，《中原文物》，1987年第3期。

利簋铭文中的"珷"和"王",系分别指武王和成王。铭文前段追述武王征商业绩,后段则记成王对利赐铜及利因之铸器的情况。利簋的"辛未"纪日,不会是武王甲子牧野之战后的第七日,其时灭商战事仍在紧张激烈地进行,武王于此时赏赐右史利,于形势、情理不合。事实上,利簋"辛未"纪日,与多件成王世铜器纪时方式相同,应属成王纪时。利的身份应是右史而非有司。作为周初史官,利在其铜器铭文中记录武王征商这一重大历史事件,当是其职责所在抑或职业习惯使然。对利簋阑师地望的研究,不能拘泥于武王克商后七八天内能够到达这一时间限制,而应考虑成王的活动所至。利簋铭文记述成王亲自对利进行赏赐,与周公摄政时期的铜器铭文不同,所以利簋铸造的时间更有可能在成王亲政以后。

附 录

清华简(肆)相关图表

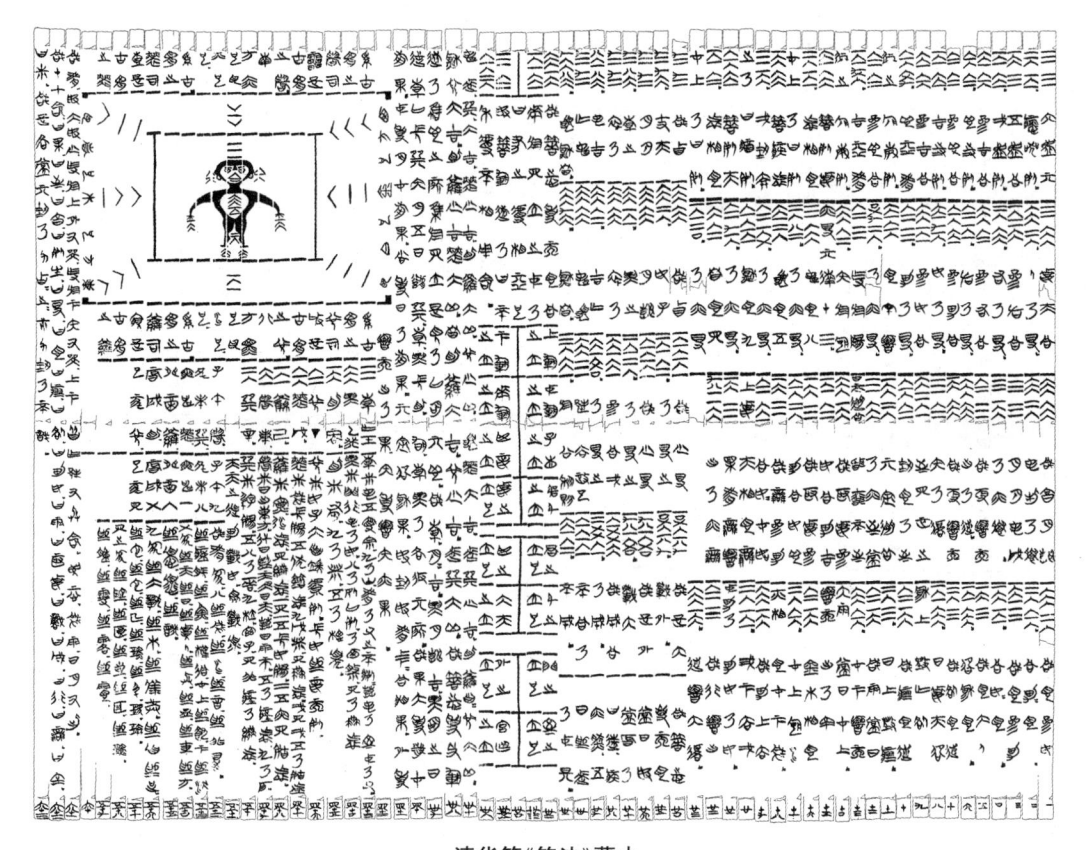

清华简《筮法》摹本

清华简《算表》摹本

清华简《别卦》摹本

后　　记

　　清华大学藏战国竹简(简称"清华简")自 2008 年面世以来,由于其数量多,内容广泛,对中国古代文明研究具有极高的学术价值,遂引起了国内外学术界的深切关注和热烈讨论,大量研究成果不断被推出,成为学界盛事。

　　2014 年 1 月,经清华大学出土文献研究与保护中心主任李学勤先生及其研究团队的努力,《清华大学藏战国竹简(肆)》正式出版。这批材料主要涉及与儒家元典《周易》关系密切的《筮法》和《别卦》,以及目前发现最早的数学算具文献《算法》。这些罕见的出土文献再次吸引了学者们的关注,掀起了又一轮的学术争鸣与思想碰撞。

　　烟台大学中国学术研究所所长、山东省"泰山学者"特聘专家江林昌教授及其研究团队,一直与清华大学出土文献研究与保护中心保持着密切的科研与教学交流,对"清华简"的研究及其重要价值极其重视,多次参与清华简国内外学术会议,并推出了系列研究成果。2014 年在山东省教育厅的大力资助下,研究所获批承办山东省"泰山学术论坛",经与李学勤等先生商得一致,将论坛主题定为"清华简与儒家经典国际学术研讨会",与清华大学共同主办,并联合中国先秦史学会、山东大学、山东师范大学、烟台市博物馆等承办。研讨会于当年 12 月在烟台大学顺利举行。本次研讨会邀请到了 60 余位来自国内外本研究领域享有盛名的专家与会,其中包括多位来自美、德等国的知名汉学家,与会者以清华简及相关出土文献为研究对象,就其对重新认识和评估中国古代思想史、文化史、学术史等的重要性进行了阐释,尤其对易学的有关问题进行了深入讨论,推动了儒家经典的研究工作。为了使学术界能够更多地了解此次研讨会的成果,本编委会将会议论文集结成书,以飨学界。

　　在论文集出版之际,要特别向李学勤先生表示最真挚和真诚的感谢!研讨会召开之时,李先生已年过八旬,健康状况已不适宜长途奔波。但为了助推本次研讨会的学术氛围,阐发最新研究见解,李先生不顾严寒,在师母和家人的陪护下莅临烟台,并在开幕式上做了一个多小时的专题报告,引起了与会学者的极大关注。清华大学出土文献研究与保护中心赵平安、刘国忠、李守奎等多位清华简整理研究专家,也莅临会议并为研讨会提供了大量第一手学术信息,在此向他们表示感谢!

本次研讨会从申办到顺利召开,得到了时任省教育厅科研处高磊先生及相关领导的信任支持,在此谨致感谢。

在上海古籍出版社的大力支持下,论文集得以顺利编辑出版。在此,我们谨向惠赐弘文并认真核校文稿的各位作者以及出版社的吴长青先生、责任编辑贾利民先生深表谢意。

编委会

2017 年 2 月

图书在版编目(CIP)数据

清华简与儒家经典:国际学术研讨会论文集/江林昌,孙进主编.—上海:上海古籍出版社,2017.10
ISBN 978-7-5325-8384-3

Ⅰ.①清… Ⅱ.①江… ②孙… Ⅲ.①简(考古)-中国-战国时代-文集②儒家-文集 Ⅳ.①K877.54-53 ②B222.05-53

中国版本图书馆 CIP 数据核字(2017)第 044444 号

清华简与儒家经典
国际学术研讨会论文集
江林昌 孙 进 主编
刘国忠 代 生 副主编
李秀亮 马 兴

上海古籍出版社 出版
(上海瑞金二路 272 号 邮政编码 200020)
(1)网址:www.guji.com.cn
(2)E-mail:guji1@guji.com.cn
(3)易文网网址:www.ewen.co
上海世纪出版股份有限公司发行中心发行经销
常熟人民印刷有限公司印刷
开本 787×1092 1/16 印张 22.5 插页 5 字数 463,000
2017 年 10 月第 1 版 2017 年 10 月第 1 次印刷
印数 1—1,300
ISBN 978-7-5325-8384-3
K·2302 定价:98.00 元
如有质量问题,读者可向工厂调换